해커스 **LEET**

전진명
추리논증 기본

해커스로스쿨

전진명

이력
- 고려대학교 법학전문대학원 14기 재학
- 서울대학교 행정대학원 석사과정 수료
- 서울대학교 언론정보학과 졸업
- (현) 해커스로스쿨 추리논증 전임
- (현) 베리타스 법학원 상황판단 전임
- (현) 법률저널 전국모의고사 출제 검수위원
- (전) 황남기 스파르타 법학원 PSAT 대표강사
- 서울대, 성균관대, 한양대, 전남대, 충남대, 충북대 등 다수 대학 초빙강사

저서
- 해커스 LEET 전진명 추리논증 기본(2023)

추리논증 고득점을 위한 필수 기본서!

법학적성시험 점수는 타고나지 않는다. 타고나는 것은 학습영역에 대한 취향 차이일 뿐이다. 법학적성시험과 관련이 있는 영역에 관심이 있었는지, 그렇지 않았는지가 점수 차의 근본적인 원인이다. 물론 관심은 적성의 영역이다. 하지만 적성시험의 점수는 이런 '관심'만을 대표하는 것이 아니다. '관심'과 '학습 능력', 이 두 가지가 종합적으로 점수에 반영된다.

저자는 긴 시간 동안 적성시험을 준비하는 수험생들과 만나왔다. 극소수의 경우를 제외하면 그들의 '학습 능력'에 극복할 수 없는 차이란 존재하지 않았다. 그렇다면 법학적성이 뛰어나다고 평가받는 사람들의 '관심' 영역을 명확히 파악하고, 이를 학습하는 것으로 '관심'을 대체한다면 충분히 높은 적성시험 점수를 받을 수 있을 것이다.

본서는 이러한 점에 착안하여 집필되었다. 대부분의 추리논증 대비서들이 논리학에 집중하는 경향을 보이는 현시점에, 실제 시험에서 여러 번 고득점을 한 저자의 시선에서 재해석한 추리논증을 수험생분들께 알려 주고 싶었다. 특히 법학적성시험이 요구하는 필수적 교양 영역과 관련 쟁점들을 유형별로 학습하고, 능동적으로 문제를 예측하는 방법을 제시하고자 하였다. 법학전문대학원협의회의 기준을 세분화하고, 실제 기출 및 인접시험을 비교하여 정리한 필수 소재와 쟁점을 학습하고 나면, 퀴즈와 수리추론을 제외한 대부분의 문제를 완벽히 해결할 수 있게 될 것이다.

수험생 여러분과 같은 길을 조금 먼저 걸어간 선배의 입장에서 후배들에게 조금이라도 도움이 되는 책을 쓰고자 노력했다. 비록 초판의 부족함은 있겠지만, 여러분들의 성적에 조금이나마 도움이 될 수 있길 바란다.

전진명 JJMT

목차

PART 1 추리논증 일반

PART 2 규범

PART 3 순수철학

추리논증 고득점을 위한 이 책의 활용법

① 최신 출제 경향을 파악하여 시험을 전략적으로 대비한다.

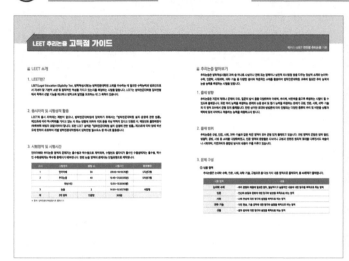

LEET 추리논증의 최신 출제 경향을 반영한 고득점 가이드

최신 기출문제를 포함한 역대 기출문제의 출제 경향을 학습하여 추리논증에 대한 이해를 높이고 효과적으로 LEET 추리논증을 대비할 수 있습니다.

② 필수 이론으로 논리·비판적 사고력을 향상시킨다.

LEET 추리논증 문제풀이에 특화된 필수 이론

LEET 추리논증 필수 이론을 학습하여 문제풀이의 기본이 되는 논리·비판적 사고력을 향상시킬 수 있습니다. 이를 통해 어떤 문제라도 문제풀이의 정확도를 높일 수 있습니다.

③ 기출문제로 문제풀이 능력을 향상시킨다.

LEET 전문가가 엄선한 필수 기출문제

LEET 전문가가 엄선한 기출문제들을 풀어보면서 문제풀이 실력을 키우고, 실전 감각을 익힐 수 있습니다.

④ 상세한 해설로 완벽하게 정리한다.

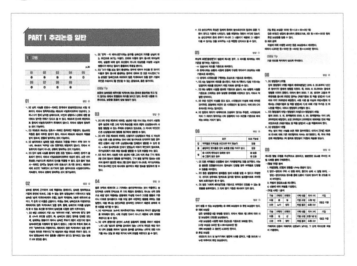

문제풀이에 대한 이해를 도와주는 상세한 해설

- 선택지에 상세하고 이해하기 쉽게 정답 및 오답의 이유가 제시되어 있어 꼼꼼히 학습할 수 있습니다.
- 선생님 Tip으로 기출문제에 대한 효과적인 풀이법을 명확하게 파악할 수 있습니다.

기간별 맞춤 학습 플랜

자신의 학습 기간에 맞는 학습 플랜을 선택하여 계획을 수립하고, 그 날에 해당하는 분량을 공부합니다.

2주 완성 학습 플랜

	___월___일	___월___일	___월___일	___월___일	___월___일
1주 차	PART 1 학습	PART 2 학습	PART 2 학습	PART 3 학습	PART 3 학습
	___월___일	___월___일	___월___일	___월___일	___월___일
2주 차	PART 1~3 복습	PART 4 학습	PART 4 학습	PART 5 학습	PART 4~5 복습

4주 완성 ｜ 학습 플랜

	___월___일	___월___일	___월___일	___월___일	___월___일
1주 차	PART 1 학습	PART 1 학습	PART 1 복습	PART 2 학습	PART 2 학습
2주 차	PART 2 학습	PART 2 복습	PART 3 학습	PART 3 학습	PART 3 학습
3주 차	PART 3 복습	PART 4 학습	PART 4 학습	PART 4 학습	PART 4 복습
4주 차	PART 5 학습	PART 5 학습	PART 5 학습	PART 5 복습	PART 1~5 전체 복습

注: 각 주차 헤더 행에 "___월___일" 이 5개 반복됨.

LEET 추리논증 고득점 가이드

■ LEET 소개

1. LEET란?

LEET(Legal Education Eligibility Test, 법학적성시험)는 법학전문대학원 교육을 이수하는 데 필요한 수학능력과 법조인으로서 지녀야 할 기본적 소양 및 잠재적인 적성을 가지고 있는지를 측정하는 시험을 말합니다. LEET는 법학전문대학원 입학전형에서 적격자 선발 기능을 제고하고 법학교육 발전을 도모하는 데 그 목적이 있습니다.

2. 응시자격 및 시험성적 활용

LEET의 응시 자격에는 제한이 없으나, 법학전문대학원에 입학하기 위해서는 『법학전문대학원 설치·운영에 관한 법률』 제22조에 따라 학사학위를 가지고 있는 자 또는 법령에 의하여 이와 동등 이상 학력이 있다고 인정된 자, 해당년도 졸업예정자(학위취득 예정자 포함)이어야 합니다. 또한 LEET 성적은 『법학전문대학원 설치·운영에 관한 법률』 제23조에 따라 당해 학년도에 한하여 유효하며 개별 법학전문대학원에서 입학전형 필수요소 중 하나로 활용됩니다.

3. 시험영역 및 시험시간

언어이해와 추리논증 영역의 문제지는 홀수형과 짝수형으로 제작되며, 수험번호 끝자리가 홀수인 수험생에게는 홀수형, 짝수인 수험생에게는 짝수형 문제지가 배부됩니다. 한편 논술 영역의 문제지는 단일유형으로 제작됩니다.

교시	시험영역	문항 수	시험시간	문제형태
1	언어이해	30	09:00~10:10(70분)	5지선다형
2	추리논증	40	10:45~12:50(125분)	5지선다형
	점심시간		12:50~13:50(60분)	
3	논술	2	14:00~15:50(110분)	서답형
계	3개 영역	72문항	305분	

※ 출처: 법학전문대학원협의회 홈페이지

■ 추리논증 알아보기

추리논증은 법학적성시험의 과목 중 하나로 사실이나 견해 또는 정책이나 실천적 의사결정 등을 다루는 일상적 소재와 논리학·수학, 인문학, 사회과학, 과학·기술 등 다양한 분야의 학문적인 소재를 활용하여 법학전문대학원 교육에 필요한 추리 능력과 논증 능력을 측정하는 시험을 말합니다.

1. 출제 방향

추리논증은 지문의 제재나 문제의 구조, 질문의 방식 등을 다양화하여 이해력, 추리력, 비판력을 골고루 측정하는 시험이 될 수 있도록 출제됩니다. 또한 추리 능력을 측정하는 문제와 논증 분석 및 평가 능력을 측정하는 문제가 규범, 인문, 사회, 과학·기술의 각 영역 모두에서 균형 있게 출제됩니다. 한편 상이한 토대와 방법론에 따라 진행되는 다양한 종류의 추리 및 비판을 상황과 맥락에 맞게 파악하고 적용하는 능력을 측정하고자 합니다.

2. 출제 범위

추리논증은 규범, 인문, 사회, 과학·기술과 같은 학문 영역이 모두 균형 있게 출제되고 있습니다. 규범 영역의 문항은 법학 일반, 법철학, 공법, 사법 등 소재를 다양화하였고, 인문 영역의 문항들은 지식이나 규범과 관련된 원리적 토대를 다루면서도 예술이나 사회과학, 자연과학과 융합된 방식의 내용이 주를 이루고 있습니다.

3. 문제 구성

① 내용 영역

추리논증은 논리학·수학, 인문, 사회, 과학·기술, 규범으로 총 다섯 가지 내용 영역으로 출제되며, 총 40문제가 출제됩니다.

내용 영역	내용
논리학·수학	· 추리 문항의 해결에 필요한 원리, 일상적이고 실용적인 내용에 대한 탐구를 목적으로 하는 영역
인문	· 인간의 본질과 문화에 대한 탐구와 설명을 목적으로 하는 영역
사회	· 사회 현상에 대한 탐구와 설명을 목적으로 하는 영역
과학·기술	· 자연 현상, 기술 공학에 대한 탐구와 설명을 목적으로 하는 영역
규범	· 법과 윤리에 대한 탐구와 설명을 목적으로 하는 영역

② 인지 활동 유형

추리논증은 크게 '추리 영역'과 '논증 영역'으로 나눌 수 있습니다. 추리 영역의 언어 추리 유형에서는 법학과 과학·기술을 중심으로 꾸준히 출제되고 있으며, 사회과학은 매년 비중이 다르게 출제되고 있습니다. 또한 인문학 소재의 논증 지문을 통해 추리할 수 있는 문제도 출제되고 있습니다. 논증 영역의 논증 분석 유형에서는 비교 분석과 논증의 구조 파악이 출제되고 있으며, 논쟁 및 반론 유형에서는 분석과 반론을 보여주고 판단하는 문제의 비중이 높아졌고, 논증의 강화와 약화 판단 문제도 꾸준하게 출제되고 있습니다.

구분	인지 활동 유형	내용
추리	형식적 추리	· 명제 논리적 연결사들의 진리 조건에 따라서 추리하여 해결하거나 다이어그램이나 모델을 만들어서 해결할 수 있는지 묻는 유형
	언어 추리	· 원리 적용: 개념이나 원리 원칙을 파악하고 이를 실제 사례에 적용할 수 있는지 묻는 유형 · 함축 및 귀결: 텍스트 안에 함축되어 있거나 정보로부터 귀결되는 바를 파악할 수 있는지 묻는 유형 · 사실관계로부터의 추리: 사건이나 사실을 토대로 추리할 수 있는지 묻는 유형
	논리게임	· 배열하기나 속성 매칭하기, 그룹핑 등 연역적인 추리 능력을 검사할 수 있는지 묻는 전형적인 논리 퍼즐 유형
	수리 추리	· 간단한 수 계산이나 방정식을 포함한 대수식을 이용하여 해결하거나 경우의 수, 도형, 이산수학/게임 이론을 통해 문제를 해결할 수 있는지 묻는 유형
논증	논증 분석	· 논증의 주장과 제시된 근거를 파악, 논증의 원리, 생략된 전제를 찾거나 논증의 구조를 정리할 수 있는지 묻는 유형
	논쟁 및 반론	· 논쟁의 쟁점이나 전제를 파악하거나 주어진 논증에 대하여 반론, 오류를 제기할 수 있는지 묻는 유형
	평가 및 문제해결	· 귀납 논증에서 결론의 정당성을 강화하거나 약화하는 사례 내지 조건을 파악하거나 논증에 대하여 종합적으로 평가할 수 있는지 묻는 유형

■ 최신 출제 경향

1. 출제 비중

2019년 이후로는 세분화된 출제 방침에 따라 전형적인 유형의 문제들이 출제되고 있습니다. 과학 지문에서 소폭 변동이 있어왔으나 유의미한 차이는 아닙니다. 소재적 측면에서는 규범 4 : 인문 4 : 사회과학 2 : 과학 2 : 퀴즈 1 정도의 비중을 유지하고 있습니다. 언제나 가장 중요한 것은 견해대립, 논증에서의 강화약화 문제와 정형화된 규범 문제들입니다.

2. 난이도

개별 문제의 난이도는 큰 변동이 없으나, 유입인원의 증가로 높은 백분위를 확보하는 것이 어려워지고 있습니다. 또한 규범 문제의 계산 난이도도 소폭 상승하고 있는 점을 고려할 필요가 있습니다.

3. 지문 및 소재

지문 길이는 1,000자 내외로 변동이 없으며, 규범 소재는 민법, 형법, 공법, 가치론이 대등한 비중으로 출제되고 있으나, 공법은 헌법적 가치를 다루는 철학 지문의 비중이 좀 더 높습니다. 인문 소재는 언어철학을 위시한 인식론 계통 주제의 비중이 높아지고 있습니다. 존재론과 심리철학 문제 또한 자주 출제되고 있습니다. 사회과학 영역에서는 여전히 수리추론을 기반으로 한 경제 문제와 사회학 문제가 주를 이룹니다. 퀴즈 영역에서는 논리 2문제, 수리 1문제로 고정된 듯합니다. 과학 지문은 실험, 이해, 과학철학의 비중이 일정한 상태로 유지되어 왔으나 2023학년도에는 실험 문제의 비중이 대폭 축소되었습니다. 경향이 유지될지 귀추를 주목할 필요가 있습니다.

■ 대비 전략

① 시험 문제의 출제 방식에 대한 이해가 필요합니다.

적성시험의 문제는 암기형 시험의 문제와 다르므로, 문제 전체의 프레임을 이해하지 않으면 풀이 시간이 배로 소모될 것입니다.

② 소재 영역별로 배경지식 확보가 필요합니다.

적성시험의 소재 영역별로 언어적인 문제와 수리적인 문제의 출제 비중이 달리 결정됩니다. 특히 언어에 기반한 문제의 경우, 개념 간의 관계를 사전적으로 이해하고 있어야 합니다. 수리에 기반한 문제는 PSAT 문제를 활용해 법계산 문제와 실험해석 수준을 대비하는 것이 바람직합니다.

③ 실전적 연습이 필요합니다.

문제를 대량으로 풀이하는 것이 중요합니다. 속칭 '양치기'는 적절한 공부법이 아니라는 말이 많지만, 이는 잘못된 방식으로 연습하기 때문입니다. 무작정 모의고사 형태로 풀이하기보다는 유형별 학습이 우선되어야 합니다. 유형별로 실력을 최대한, 충분히 쌓는 과정을 거쳐 유형별 반사신경을 확보하는 것이 중요한 것입니다.

④ 피드백은 필수입니다.

문제를 풀이한 과정을 나름의 해설로 작성하고, 이에 대해 고득점자에게 피드백을 받는 것은 LEET 추리논증 시험에서 점수를 끌어올리기 위해 필수적인 과정입니다.

합격을 꿈꾼다면, 해커스로스쿨
lawschool.Hackers.com

PART 1

추리논증 일반

I. 평가 영역 및 필수 제재

1 평가 영역

추리논증 문제는 법학전문대학원협의회의 이원분류표에 따라 학문의 전 영역에서 출제된다. 공식적인 출제 영역은 규범, 인문·철학, 사회·경제, 과학·기술, 논리·수리의 5개 영역이며, 규범 영역과 인문·철학 영역의 비중이 전체의 60% 이상으로 높다. 다음은 법학적성시험 시행결과 보도자료 및 총 문항수 변경 이후의 영역별 출제 비중을 정리한 자료이다.

2022학년도 법학적성시험 시행결과 보도자료 中

2. 출제 범위
규범, 인문, 사회, 과학기술과 같은 학문 영역별 문항 수는 예년과 큰 차이 없이 균형 있게 출제되었다. ⓐ 규범 영역의 문항은 법학 일반, 법철학, 공법, 사법 등 소재를 다양화하였고, ⓑ 인문학 영역의 문항들은 지식이나 규범과 관련된 원리적 토대를 다루면서도 ⓒ 예술이나 사회과학, 자연과학과 융합된 방식의 내용이 주를 이루었다.

3. 문항 구성
전체 문항은 규범 영역 15문항, 철학, 윤리학을 포함한 인문학 영역 11문항, 사회와 경제 영역 5문항, 과학기술 영역 6문항, 그리고 논리·수리적 추리 영역 3문항으로 이루어져 있다. 전체 문항에서 추리 문항과 논증 문항의 비중은 각각 50%로 양쪽 사고력이 골고루 평가될 수 있도록 하였다.

※ 2023학년도 보도자료의 경우, 문항 구성이 구체적이지 않아 2022학년도로 제시함

2019~2023학년도 영역별 출제 비중

(단위: 문항)

구분	2023학년도	2022학년도	2021학년도	2020학년도	2019학년도	평균
규범	14 (▼1)	15 (▲3)	12 (▼1)	13 (▼1)	14	13.60
인문·철학	11	11 (▼2)	13 (▲1)	12 (▲3)	9	11.20
사회·경제	6 (▲1)	5 (▼1)	6	6	6	5.80
과학·기술	6	6	6	6 (▼1)	7	6.20
논리·수리	3	3	3	3 (▼1)	4	3.20

※ 2019~2023학년도 법학적성시험 시행결과 보도자료 재구성함

2019학년도부터 40문제 체제가 시행된 이후 각 영역의 출제 비중은 변화가 거의 없다. 개별 영역을 기준으로 규범 영역의 비중이 가장 높게 출제되고 있으며, 그 다음으로는 인문·철학 영역이 뒤를 잇는다. 반면, 사회·경제, 과학·기술, 논리·수리 영역의 출제 비중은 나머지 영역의 절반에 불과하다. 법학적성시험은 학문의 전 영역에서 출제되는 만큼 배경지식만으로 문제를 풀이하는 것은 현실적으로 어려움이 있다. 그러나 문제풀이를 위한 최소한의 배경지식은 존재한다. 특히 누적된 기출문제에서 확인할 수 있는 빈출쟁점과 시의성 있는 시사이슈에 대한 분석은 필수적이다.

배경지식의 필요성
• 배경지식 공부만으로 추리논증 성적을 올릴 수 있다. X
• 빈출 소재에 대한 핵심 쟁점 분석으로 추리논증 성적을 올릴 수 있다. O

필자가 제시하는 레이아웃 풀이 전략에 최소한의 배경지식이 더해지면 추리논증 문제를 풀이하는 것이 한층 더 쉬워진다. 레이아웃 풀이 전략은 문제의 구조를 신속히 검토하고 대응하는 것을 목적으로 한다. 모든 문제는 제재와 문제의 레이아웃 사이에 밀접한 관련성이 있다. 출제의도는 제재에 의해 결정되며, 출제의도에 따라 문제의 레이아웃이 결정되기 때문이다. 곧, 제재를 파악하고 레이아웃을 검토하는 것으로 글 전체의 쟁점 및 주제, 선지의 검토지점은 예측할 수 있다. 이를 학습하기 위해 기초 과정에서는 레이아웃과 제재 사이의 관련성을 검토한 바 있다. 기본 과정에서는 추리논증에 자주 출제되었고, 앞으로도 출제 가능성이 높은 핵심 쟁점들을 검토한다. 본 교재에서 다루는 법학적성시험의 핵심 쟁점은 다음 3가지이다.

> **법학적성시험의 핵심 쟁점**
>
> 1. 규범
> 법 이해의 초석이 되는 법률문장 독해력과 사례 적용력, 규범 계산에 요구되는 필수지식, 법철학 정보 등을 검토한다.
> 2. 철학
> 순수철학에서 응용철학까지 추리논증에 자주 출제되는 인문·철학 요소를 학습하고, 출제될 수 있는 다양한 쟁점을 검토한다.
> 3. 연구방법론
> 가설추론, 실험추론의 근간이 되는 연구방법론의 주요 이론을 학습한다.

1. 규범

규범 영역은 법조문·규정에 대해 정확히 이해할 수 있는 능력이 있는지, 이를 사례에 적용할 수 있는지 평가하는 법이해, 법계산 문제와 법적 사고력을 바탕으로 규범적 대립 상황에 대해 평가하는 법추론, 법철학 문제로 구분된다. 이 중 법계산은 수리적 능력을 평가하는 이질적인 영역이지만 PSAT 상황판단을 통해 추가적으로 학습할 수 있다. 본 교재에서는 세부적인 유형분류를 먼저 학습하고 기출문제를 통해 연습한다.

2. 철학

인문·철학 영역은 사실상 철학 영역 단독으로 출제된다고 보아도 무방하다. 언어학은 언어철학의 범위를 벗어나지 않으며, 미학은 언어이해에서 출제될 뿐 추리논증에서는 찾아보기 어렵다. 문헌정보학, 인류학, 심리학, 종교학, 사학 등도 응용철학과 연계하여서만 출제된다. 즉, 인문·철학 영역은 사회·과학 영역에 비해 출제 영역과 쟁점이 제한적이다. 기출문제로 출제되는 세부 제재 또한 반복되는 경향이 있어 효율적으로 대비할 수 있다. 본 교재에서는 철학 영역을 순수철학과 응용철학으로 나누어 세부 쟁점을 학습하고 기출문제의 쟁점을 비교·검토한다.

3. 연구방법론

연구방법론은 사회·과학·논리 영역의 문제를 대비하기 위한 필수 학문이다. 과학적 이론을 구성하는 세부 요소와 과학적 추론에서 발생할 수 있는 다양한 오류를 사전에 검토하는 것은 추리논증을 관통하는 '논리적 사고'의 기반이 될 것이다. 즉, 사회·경제 영역과 과학·기술 영역의 가설·실험추론 문제와 논리학의 인과추론 문제를 해결하기 위한 초석이 연구방법론이다. 본 교재에서는 연구방법론을 통해 다양한 인과이론과 가설검증의 기준, 오류의 사례 등을 검토하고 기출문제와 비교한다.

> **더 알아보기**
>
> **법추론·법철학**
> 학설 대립 등에 근거하는 경우 법추론 문제, 철학적 대립에 근거하는 경우 법철학 문제로 구분한다.
>
> **연구방법론**
> 논리학과 과학철학을 실용적으로 집대성한 학문이다.

2 빈출 영역

분류		중요도	난이도	내용과 쟁점
규범	법이해	★★★★★	★★☆☆☆	법문에 대한 이해력 [법독해력] 법적 상황에 대한 이해력 [법문제해결능력]
	법추론·법철학	★★★★★	★★★★☆	법(法)의 본질(本質)·목적(目的)·원리(原理)·가치(價値) 등을 평가 "권리란 무엇인가?" "법의 해석 기준은 무엇인가?" "법을 지켜야 하는 이유는 무엇인가?"
	법계산	★★★★☆	★★★★★	법문에 근거한 사례 평가 및 계산
순수철학	존재론	★★★★☆	★★★★☆	추상적(抽象的)이며 본질적(本質的)인 것에 대해 연구하는 학문[1] "존재란 무엇인가?" "인과란 무엇인가?" "변화와 지속은 무엇인가?
	인식론	★★★★☆	★★★★☆	지식(智識)의 본성(本性)과 탐구 주체[人間=我]와 지식의 관계를 분석하는 학문 "앎은 무엇인가?" "앎과 믿음의 차이는 무엇인가?" "무엇을 어디까지 알 수 있는가?"
	가치론	★★★☆☆	★★☆☆☆	옳고 그름과 미의 기준 등을 따지는 학문[2] "마땅히 해야 할 행위는 무엇인가?" "무엇이 아름다운가?"
응용철학	언어철학	★★★★☆	★☆☆☆☆[3]	언어(言語)와 표현(表現)의 의미를 따지는 학문 "의미란 무엇인가?" "단어와 개념, 실체 사이의 관계는 어떻게 이해되는가?" "언어는 어떻게 구성되는가?"
	자연·과학·기술철학	★★★☆☆	★★★☆☆	과학(科學)과 기술(技術)의 본성과 근거(根據) 등에 대한 학문 "과학이란 무엇인가?" "과학은 어떻게 만들어지는가?" "기술과 인간 사이의 관계는 어떤 양상을 보이는가?"
	기타철학	★★☆☆☆	★★★★☆	• 심리철학 마음, 정신(情神), 의식(意識)과 관련된 문제를 다루는 학문 "몸과 마음 사이의 관계는 무엇인가?" "심적 속성은 물적 속성에 종속되는가?" • 수리철학 수학적 실재론과 논리학 등을 다루는 학문 "수학적 지식은 선험적인가?" "수학의 보편성은 어디에 기인하는가?"
논리학·연구방법론	논리학	★★★☆☆	★★★★★	올바른 추론의 요건과 방식을 탐구하는 학문 "무엇이 올바른 추론인가?" "결론을 뒷받침하는 근거의 조건은 무엇인가?"
	연구방법론	★★★★★	★★☆☆☆	학술연구의 기초소양 "과학적 방법론이란 무엇인가?" "오류를 통제하는 방법은 무엇인가?"

※ 1) 응용철학 분과로 분류되는 종교철학, 수학철학 등도 포함될 수 있음
　 2) 윤리학과 미학을 포함함
　 3) 언어철학은 학습 전에는 ★★★★☆ 이상의 높은 체감 난이도를 보이지만, 핵심 쟁점을 학습한 후에는 매우 쉬움

1 규범

법이해

01. 조직폭력단의 일원으로 알려진 갑이 소년 K를 차에 태우고 간 것이 목격되었고 이후 K가 실종되었다. K를 납치한 혐의를 받고 있는 갑은 친구 을을 변호사로 선임하였다. <규정>에 근거한 판단으로 옳은 것만을 <보기>에서 있는 대로 고른 것은?

11 LEET 문7

〈규정〉

제3조 [변호사 비밀유지의무]

변호사 또는 변호사이었던 자(이하 '변호사')는 의뢰인이 법적 자문을 구하기 위해 변호사에게 알려준 비밀을 누설하여서는 아니 된다. 다만, 타인의 생명이나 신체에 대한 중대하고 임박한 위해를 방지하기 위한 경우에는 그러하지 아니한다.

제4조 [비밀유지의무의 대상]

비밀유지 대상은 변호사와 의뢰인 간 직무상 나눈 비밀 대화 및 문서를 포함한다.

제5조 [비밀유지의 기간]

비밀유지의무는 의뢰인이 포기하지 않는 한 '변호사―의뢰인 관계'가 종료된 후에도 지속된다.

〈보 기〉

ㄱ. 갑이 납치사실을 인정하고 비밀을 지켜 달라고 부탁하면서 K의 소재를 알려주었다면, 을은 이 사실을 경찰에 알려주어서는 안 된다.

ㄴ. 갑의 소송 진행 중, 갑의 사무실을 청소하던 직원이 갑 몰래 을에게만 갑이 살해한 K의 소재를 알려주었다면, 을은 이 사실을 경찰에 알려줄 수 있다.

ㄷ. 갑의 소송 진행 중, 갑과 을이 친구들과 함께 한 술자리에서 자신이 K를 납치했다고 갑이 공개적으로 실토하여 을이 K의 소재를 알게 되었다면, 을은 이 사실을 경찰에 알려주어서는 안 된다.

ㄹ. 갑으로부터 K를 잔혹하게 살해하였다는 것을 듣게 된 을이 변호사의 양심상 더 이상 갑의 변호사가 될 수 없어 사임하였더라도, 을은 K의 소재를 경찰에 알려주어서는 안 된다.

① ㄱ, ㄴ   ② ㄴ, ㄹ   ③ ㄷ, ㄹ

④ ㄱ, ㄴ, ㄷ   ⑤ ㄱ, ㄷ, ㄹ

02. 고대 국가 R의 상속법 〈원칙〉에 근거해서 〈판단〉을 평가할 때, 옳은 것만을 〈보기〉에서 있는 대로 고른 것은?

17 LEET 문6

〈원칙〉

상속은 가장(家長)의 유언에 따라야 한다. 유언으로 정한 대로 상속이 이루어질 수 없으면, 법이 정한 방법에 따라 상속이 이루어져야 한다. 법정상속은 직계비속이 균분으로, 직계비속이 없을 경우 직계존속이 균분으로, 직계존속이 없으면 배우자의 순으로 이루어진다. 태아는 상속인의 지위를 갖는다. 가장은 배우자 및 직계비속 중 상속인에서 제외하려는 자가 있을 경우 반드시 유언으로 그를 지정해야 한다. 만약 상속인으로 지정되지도 제외되지도 않은 직계비속이 있을 경우 가장의 유언은 무효이다. 상속인의 지위를 상실하게 할 수 있는 조건을 부가하여 상속인을 지정한 가장의 유언은 무효이다.

〈판단〉

아직 자녀가 없는 가장 A는 아내가 임신한 상태에서 "태아와 아내만을 상속인으로 지정한다. 만약 아들이 태어나면, 그가 내 재산의 2/3를 상속받고 나머지는 내 아내가 상속받는다. 그러나 만약 아들이 아니라 딸이 태어나면, 그녀가 내 재산의 1/3을 상속받고 나머지는 아내가 상속받는다."와 같은 유언을 남기고 사망하였다. 그런데 아내는 A의 예상과 달리 아들 1명과 딸 1명의 쌍둥이를 출산하였다. 이에 대해 법률가 X는 "유언자의 의사에 따라 유산을 7등분하여 아들이 4, 아내가 2, 딸이 1을 갖도록 하는 것이 올바르다."고 판단하였다.

─〈보 기〉─

ㄱ. X는 "아들과 딸은 각각 1/2씩 상속을 받아야 하며 아내는 상속을 받을 수 없다."고 판단해야 했다.
ㄴ. X는 "'만약 ……이 태어나면'이라는 조건을 부가하여 상속인을 지정하고 있기 때문에 A의 유언은 처음부터 무효이다."고 판단해야 했다.
ㄷ. X는 "A가 아들 또는 딸이 출생하는 경우에 대하여 유언을 한 것이지 아들과 딸이 동시에 출생하는 경우에 대하여 한 것은 아니었다."고 판단해야 했다.

① ㄴ   ② ㄷ   ③ ㄱ, ㄴ
④ ㄱ, ㄷ   ⑤ ㄱ, ㄴ, ㄷ

X국은 출산과 관련된 산모의 비밀 유지를 보장하고 신생아의 생명과 신체의 안전을 보장하기 위하여 익명출산제를 시행하기로 하였다. 이에 따라 의료기관의 적극적인 협조를 포함하는 다음의 〈규정〉이 제정되었다.

〈규정〉

제1조 ① 익명출산을 하고자 하는 자(이하 신청자라 한다)로부터 익명출산 신청을 받은 의료기관은 의료기록부에 신청자의 이름을 가명으로 기재한다.

② 신청자는 자녀가 출생한 때로부터 7일 내에 다음 사항을 포함하는 신상정보서를 작성하여 출산한 의료기관에 제출한다.

(1) 자녀의 이름을 정한 경우 그 이름, 성별, 출생 일시, 출생 장소 등 자녀에 관한 사항

(2) 신청자의 이름 및 주소, 익명출산을 하게 된 사정 등 자녀의 부모에 관한 사항

제2조 신청자는 신상정보서를 작성한 때로부터 2개월이 경과한 때 자녀에 관한 모든 권리를 상실한다.

제3조 국가심의회는 성년에 이른 자녀(자녀가 사망한 경우에는 성년에 이른 그의 직계 후손)의 청구가 있으면 제1조 ②의 신상정보서의 사항을 열람하게 한다.

제4조 제3조에도 불구하고 제1조 ② (2)의 사항은 신청자의 동의를 받은 때에만 열람하게 한다. 그러나 신청자가 신상정보서 작성 시 자신이 사망한 이후에 이를 공개하는 것에 대하여 명시적으로 반대하지 않으면, 신청자가 사망한 이후에는 청구에 따라 언제든지 열람할 수 있게 한다.

〈사례〉

X국에 살고 있는 甲(여)은 乙(남)과의 사이에 丙을 임신하였고, 甲은 익명출산을 신청하였다.

───────── 〈보 기〉 ─────────

ㄱ. 甲과 乙이 혼인관계에 있다면, 乙이 甲의 출산 사실 및 丙에 대한 신상정보의 열람을 청구한 경우, 국가심의회는 甲의 동의를 받아 열람을 허용한다.

ㄴ. 성인이 된 丙이 신상정보서상 자신의 혈연에 관한 정보, 출생 당시의 정황에 관한 정보의 공개를 청구한 경우, 甲의 사망 사실이 확인되는 이상 국가심의회는 해당 정보를 열람할 수 있게 허용하여야 한다.

ㄷ. 丙이 사망한 후 그의 딸 丁(23세)이, 丙이 출생할 당시 甲이 丙에게 지어 준 이름, 丙의 출생 일시, 출생 장소에 관한 정보의 열람을 청구한 경우, 국가심의회는 甲의 명시적인 반대의 의사에도 불구하고 해당 정보를 열람하게 할 수 있다.

① ㄱ　　　　　　　　② ㄷ　　　　　　　　③ ㄱ, ㄴ

④ ㄴ, ㄷ　　　　　　　⑤ ㄱ, ㄴ, ㄷ

04. 다음 글로부터 추론한 것으로 옳은 것만을 <보기>에서 있는 대로 고른 것은? 15 LEET 문3

법은 여러 종류의 규칙들이 결합하여 이루어지는 체계이고, 그 기저에는 '무엇이 법인가'에 대한 규칙인 '승인규칙'이 자리한다. 승인규칙은 '사회적 규칙'의 일종이다. 사회적 규칙은 어떤 집단에서 구성원 대부분이 어떤 행위를 반복적으로 할 때 존재한다는 점에서 집단적인 습관과 비슷하지만, 그에 대한 준수의 압력이 있고, 그로부터의 일탈은 잘못된 것으로 비판받으며, 그래서 적어도 일부 구성원들이 그 행동을 집단 전체가 따라야 하는 일반적인 기준으로 보는 반성적이고 비판적 태도를 가진다는 점에서 습관과 구별된다. 사회적 규칙에 대하여 사회구성원 다수는 그것을 행동의 기준이나 이유로 받아들이고 사람들의 행위에 대한 비판적인 태도를 정당화하는 근거로 여기는 '내적 관점'을 취한다.

승인규칙은 법관들과 공직자들 및 시민들이 일정한 기준에 비추어서 법을 확인하는 관행 또는 실행으로 존재한다. 그럴 때 그들은 그 규칙에 대하여 내적 관점을 가지고 있다. 그 체계의 다른 규칙들에 대한 효력기준을 제공하는 궁극적인 규칙이기 때문에, 승인규칙에 대하여는 다시 효력을 물을 수는 없고, 과연 그것이 실제와 부합하는지, 그런 승인규칙을 가진 법체계가 없는 것보다 나은지, 그것을 지지할 타산적 근거나 도덕적 의무가 있는지 등의 문제가 제기될 수 있을 뿐이다. 어딘가에 법이 있다고 할 수 있기 위해서는 법관들이 그 규칙을 내적 관점에서 올바른 판결의 공적이고 공통된 기준으로 여겨야 한다. 이는 법체계 존재의 필수조건이다. 통일적이고 계속적이지 않다면 법체계가 존재한다고 할 수 없고, 법체계의 통일성과 계속성은 법관들이 법적 효력에 대한 공통의 기준을 수용하는 데 달려 있기 때문이다.

〈보 기〉

ㄱ. 어떤 사회에 소수의 채식주의자가 있다면, "육식을 하면 안 된다."는 것이 그 사회의 사회적 규칙이다.

ㄴ. 법으로 음주를 금지하지 않는 나라의 국민이 법으로 음주를 금지하는 나라의 이야기를 하면서 "그 나라에서는 술을 마시면 안 된다."고 할 때, 그는 '내적 관점'을 취하고 있다.

ㄷ. 군주가 법을 제정하는 나라와 의회에서 법을 제정하는 나라의 승인규칙은 다르다.

① ㄱ   ② ㄷ   ③ ㄱ, ㄴ

④ ㄴ, ㄷ   ⑤ ㄱ, ㄴ, ㄷ

> P: 법문(法文)은 '의미의 폭'을 보유하고 있습니다. 예컨대, "음란한 문서를 반포, 판매 또는 임대한 자는 1년 이하의 징역에 처한다."라는 법률 규정에서 '음란한' 문서가 무엇을 의미하는지에 대해서는 사람마다 다른 표상(表象)을 가질 수 있습니다. 이런 경우 법문의 의미를 바르게 한정하는 것이 법률가가 행해야 하는 법해석의 과제입니다. 문제는 법해석 시 누구의 표상을 기준으로 삼을 것인가 입니다.
>
> A: 법문의 의미 해석은 입법자의 의도가 최우선의 기준일 수밖에 없습니다. 법의 적용은 법률의 기초자(起草者)가 법률과 결부하려고 했던 표상을 기준으로 삼는 것이 옳습니다.
>
> P: 시간이 흐르면서 입법자가 표상했던 것이 시대적 적실성을 잃을 수도 있지 않을까요?
>
> B: 법문의 해석이 문제시되는 상황과 시점에서 법 공동체 구성원의 대다수가 표상하는 바를 법문의 의미로 보는 것이 옳다고 생각합니다. 이 규정과 관련해서는 변화된 사회 상황에서 사람들 대다수가 무엇을 '음란한' 문서로 간주하고 있는가를 알아내야 합니다.
>
> P: 다수의 견해가 항상 옳다고 할 수 있나요?
>
> C: 다수의 표상보다는 당대의 시대정신을 구현하는 표상이 법문의 의미를 결정하는 기준이 되어야 합니다. 시대정신은 결코 머릿수의 문제가 아닙니다.

─────────────────〈 보 기 〉─────────────────

ㄱ. A는 법률가가 법문의 의미를 알아내기 위해 국회 속기록과 입법 이유서를 검토하는 것이 중요하다고 볼 것이다.

ㄴ. B의 주장에 대해 A는 법문의 해석에서 시점과 상황 변화를 고려하는 것은 법의 불확실성을 초래한다고 반박할 수 있다.

ㄷ. 인간은 누구나 이성을 갖고 있고 시대정신은 시대적 상황에 부합되게 이성에 의해 파악된 것이라고 한다면, B와 C 사이의 차별성이 분명해진다.

ㄹ. B와 C는 법문의 의미가 내재적으로 고정되어 있으며 이를 발견하는 것이 법률가가 행해야 할 법해석 작업이라고 본다.

① ㄱ, ㄴ　　　　　　　　② ㄱ, ㄷ　　　　　　　　③ ㄱ, ㄹ
④ ㄴ, ㄷ　　　　　　　　⑤ ㄷ, ㄹ

〈논쟁〉

　X국의 「형법」은 음란물의 제작·배포를 금지하는 한편, 「저작권법」은 문화 및 관련 산업의 향상과 발전을 위해 인간의 사상 또는 감정을 표현하는 창작물을 저작물로 보호하고 있다. 음란물을 「저작권법」상 저작물로 보호해야 하는지를 두고 논쟁이 있다.

갑: 「저작권법」은 저작물의 요건으로 창의성만 제시할 뿐 도덕성까지 요구하지는 않는다. 창작의 장려와 문화의 다양성을 위해서는 저작물로 인정함에 있어 가치중립적일 필요가 있다.

을: 「형법」에서는 음란물 제작·배포를 금지하면서, 그 결과물인 음란물은 저작물로 보호하는 것은 법이 '불법을 저지른 더러운 손'에 권리를 부여하고, 불법행위의 결과물에 재산적 가치를 인정하여 보호할 가치가 없는 재산권의 실현을 돕는 꼴이 된다. 이는 법의 통일성 및 형평의 원칙에 반한다.

병: 아동포르노나 실제 강간을 촬영한 동영상 등 사회적 해악성이 명백히 확인되는 음란물은 저작물로 인정하지 않고, 그 외의 음란물에 대해서는 저작물로 인정함으로써 음란물 규제로 인한 표현의 자유와 재산권의 침해를 최소화할 필요가 있다.

──────〈보 기〉──────

ㄱ. 갑은 음란한 표현물에 대해서는 창의성을 인정할 수 없다는 것을 전제로 한다.

ㄴ. 을은 법적으로 금지된 장소에 그려진 벽화나 국가보안법에 위반하여 대중을 선동하는 작품을 저작권법의 보호대상으로 보지 않는다.

ㄷ. 병은 같은 시대, 같은 지역에서도 배포의 목적, 방법, 대상에 따라 음란성에 대한 법적 평가가 달라질 수 있다는 것을 전제로 한다.

① ㄱ　　　　　　　② ㄴ　　　　　　　③ ㄱ, ㄷ
④ ㄴ, ㄷ　　　　　　⑤ ㄱ, ㄴ, ㄷ

07. **<X법>을 <사례>에 적용할 때 갑이 지급받을 수 있는 보상금의 총합은?** 18 LEET 문7

〈X법〉

제1조(재해 등에 대한 보상) 국가의 업무 수행 중에 부상을 입거나 사망하면 재해 보상금을 지급하고, 치료로 인하여 생업에 종사하지 못하면 그 기간 동안 휴업 보상금을 지급한다. 다만, 다른 법령에 따라 국가의 부담으로 같은 종류의 보상금을 받은 자에게는 그 보상금에 상당하는 금액은 지급하지 아니한다.

제2조(재해 보상금의 지급) ① 제1조에 따른 재해 보상금은 사망 보상금과 장애 보상금으로 구분하며, 그 지급액은 다음과 같다.

　1. 사망 보상금은 고용노동부에서 공표하는 전체 산업체 월평균임금총액(사망한 해의 전년도를 기준으로 한다)의 36배에 상당하는 금액

　2. 장애 보상금은 장애등급에 따라 다음과 같이 정한다.

　　가~마. 장애등급 1급~5급: (생략)

　　바. 장애등급 6급: 사망 보상금의 $\frac{1}{2}$

제3조(휴업 보상금의 지급) 제1조에 따른 휴업 보상금은 통계청이 매년 공표하는 도시 및 농가가계비를 평균한 금액(전년도를 기준으로 한다)의 100분의 60에 해당하는 금액을 월 30일을 기준(31일이 말일인 경우에도 같다)으로 하여 1일 단위로 계산한 금액에 치료로 인하여 생업에 종사하지 못한 기간의 일수를 곱한 금액으로 한다.

〈사례〉

　자영업자 갑은 2016년 8월 예비군 훈련 중 자신의 과실 없이 사고로 부상을 입어 60일간의 입원 치료로 생업에 종사하지 못하였고, 장애등급 6급 판정을 받았다. 갑의 월평균 수입은 360만 원이고, 고용노동부에서 공표하는 전체 산업체 월평균임금 총액은 2015년 240만 원, 2016년 250만 원이다. 통계청이 공표하는 도시 및 농가가계비를 평균한 금액은 2015년 월 100만 원, 2016년 월 120만 원이다. 한편, 갑은 위 부상과 관련하여 X법이 아닌 다른 법령에 따라 국가로부터 재해 보상금으로 400만 원을 지급받았다.

---

① 4,040만 원　　　② 4,120만 원　　　③ 4,440만 원

④ 4,464만 원　　　⑤ 4,840만 원

[규정]
제1조 행정청은 무도장업자의 위반사항에 대하여 아래의 〈처분기준표 및 적용 방법〉에 따라 처분한다.
제2조 무도장업자가 그 영업을 양도하는 경우에는 행정청에 신고하여야 하며, 양수인은 그 신고일부터 종전 영업자의 지위를 이어받는다. 종전 영업자에게 행한 제재처분의 효과는 그 제재처분일부터 1년간 양수인에게 미치고, 제재처분을 하기 위한 절차가 진행 중인 경우 그 절차는 양수인에 대하여 계속하여 진행한다. 다만, 양수인이 양수할 당시에 종전 영업자의 위반사실을 알지 못한 경우에는 그 절차를 계속하여 진행할 수 없다.

〈처분기준표 및 적용 방법〉

위반사항	처분기준		
	1차위반	2차위반	3차위반
주류판매	영업정지 1개월	영업정지 3개월	영업정지 5개월
접대부 고용	영업정지 2개월	영업정지 5개월	등록취소
호객행위	시정명령	영업정지 10일	영업정지 20일

가. 위반사항이 서로 다른 둘 이상인 경우(어떤 위반행위에 대하여 제재처분을 하기 위한 절차가 진행되는 기간 중에 추가로 다른 위반행위가 있는 경우 포함)로서 그에 해당하는 각각의 처분기준이 다른 경우에는 전체 위반사항 또는 전체 위반행위에 대하여 하나의 제재처분을 하되 각 위반행위에 해당하는 제재처분 중 가장 무거운 것 하나를 택한다.
나. 어떤 위반행위에 대하여 제재처분을 하기 위한 절차가 진행되는 기간 중에 위반사항이 동일한 위반행위를 반복하여 한 경우로서 처분기준이 영업정지인 때에는 각 위반행위에 대한 제재처분마다 처분기준의 2분의 1씩을 더한 다음 이를 모두 합산하여 처분한다.
다. 위반행위의 차수는 최근 1년간 같은 위반행위로 제재처분을 받은 횟수의 순서에 따르고, 이 경우 기간의 계산은 위반행위에 대하여 제재처분을 받은 날과 그 처분 후 같은 위반행위를 하여 적발된 날을 기준으로 한다.

─────────〈보 기〉─────────

ㄱ. 무도장업자 갑이 주류판매로 2019. 6. 20. 영업정지 1개월을 받은 후, 이를 알고 있는 을에게 2020. 6. 30. 그 영업을 양도하고 신고를 마쳤는데, 을이 2020. 7. 25. 접대부 고용과 주류판매로 적발되었다면, 행정청은 을에게 영업정지 3개월의 처분을 한다.
ㄴ. 호객행위로 2020. 3. 15. 시정명령을 받은 무도장업자 병이 2020. 5. 15. 호객행위로 적발되었고 제재처분 전인 2020. 5. 30. 또 호객행위로 적발되었다면, 이 두 위반행위에 대하여 행정청이 병에게 처분할 영업정지 기간의 합은 45일이 된다.
ㄷ. 주류판매로 2019. 5. 10. 영업정지 5개월을 받은 무도장업자 정은 2020. 5. 5. 접대부 고용으로 적발된 후 그 제재처분을 받기 전에 이를 모르는 무에게 2020. 5. 7. 이 무도장을 양도하고 신고를 마쳤다. 무가 이 무도장 운영 중 2020. 5. 15. 주류판매로 적발되었다면, 행정청은 무에게 영업정지 2개월의 처분을 한다.

① ㄱ　　　　　　② ㄴ　　　　　　③ ㄱ, ㄷ
④ ㄴ, ㄷ　　　　　⑤ ㄱ, ㄴ, ㄷ

09. 옛날 어떤 나라에 살던 노비 '흥'은 동료 셋과 함께 양민인 주인의 숙부를 구타하여 손가락 3개를 부러뜨리고 도망하였다가 동료 한 명을 붙잡아 자수하였다. 당시의 <형벌 규정>과 이를 적용한 <처벌 사례>를 근거로 판단할 때, '흥'이 받았을 처벌은?

〈형벌 규정〉

○ 장형에는 60대, 70대, 80대, 90대, 100대의 다섯 등급이 있다. 그 위로는 도형에 처해지는데, 도형에는 1년, 1년 반, 2년, 2년 반, 3년의 다섯 등급이 있다.

○ 양민이 양민을 물건으로 구타하면 장형 60대에 처한다. … 물건으로 상해하면 장형 80대에 처한다. … 치아나 손가락을 1개 부러뜨리면 도형 1년에 처한다. 치아나 손가락을 2개 이상 부러뜨리면 도형 1년 반에 처한다. 칼날로 상해하거나 늑골을 부러뜨리면 도형 2년에 처한다. 팔이나 다리를 부러뜨리거나 한 쪽 눈을 실명케 하면 도형 3년에 처한다.

○ 여럿이 함께 사람을 구타하여 상해하였다면 1등급씩 감한다. 범인이 자수를 하면 2등급을 감하고, 같이 범행을 저지른 범인을 붙잡아 자수할 경우 다시 1등급을 감하고, 반수 이상을 붙잡아 자수할 경우 다시 1등급을 감한다.

○ 가해자와 피해자 신분이 양민, 상급천민인 부곡, 하급천민인 노비로 서로 다른 경우, 신분의 고하에 따라 1등급을 차등적으로 가감하고, 가해자나 피해자에 주인의 친족이 포함된 경우 다시 1등급을 차등적으로 가감한다.

〈처벌 사례〉

○ 양민 갑의 노비 을은 양민 병과 싸우다 병의 치아를 하나 부러뜨려 도형 2년에 처해졌고, 병의 부곡 정은 갑과 싸우다 갑의 치아를 2개 부러뜨려 도형 2년에 처해졌다.

○ 갑의 노비 을은 갑의 숙부 무와 싸우다 무를 벽돌로 쳐서 상해를 입혀 도형 1년에 처해졌고, 무는 을의 늑골을 부러뜨려 장형 100대에 처해졌다.

① 도형 2년 반
② 도형 2년
③ 도형 1년 반
④ 도형 1년
⑤ 장형 100대

정답 및 해설 p.224

존재론

01. A와 B의 논쟁에 대한 판단으로 옳지 <u>않은</u> 것은?

15 LEET 문30

A₁: 유기체란 특정 유전자가 더 많은 복제본을 만들어 내는 영속적인 과업을 위해 이용하고 버리는 꼭두각시이다. 유기체는 유전자로 알려진 '이기적' 분자들을 보존하기 위해 프로그램된 생존 기계에 불과하기 때문이다.

B₁: 우리는 누구나 '이기적'이라는 말이 부정적인 의미의 용어임을 잘 알고 있다. 바이러스도 유전자와 마찬가지로 자기 복제의 경향을 강하게 지니고 있다. 그러면 바이러스도 이기적인가? 유전자가 이기적이라는 것은 바이러스가 부끄러움을 많이 탄다고 말하는 것과 같은 말장난에 지나지 않는다.

A₂: 유전자가 심성을 지닌 목적 지향적 존재라는 것은 아니다. 내가 의도한 바는, 유기체란 유전자가 자기 복제본의 수를 늘리는 과정의 한 부분으로서 기획, 구축, 조작하는 수단이자 도구라는 것이다. 만약 개코원숭이의 어떤 행동이 자신의 생존 및 번식 가능성을 낮추고 다른 존재의 생존 기회를 증진하는 결과를 낳았다면, 그 행동을 이타적이라 말할 수 있을 것이다. '이기적인'이라는 말도 마찬가지 방식으로 이해될 수 있다.

B₂: 이기적이라는 말을 그렇게 이해한다고 하자. 그런데 과학자인 내가 나 자신의 복제본을 만들어 냈다고 가정해 보자. 이때 내 복제본은 '내 이기심'이 귀속되는 대상이 아니다. 그것은 나에게 만족감은 줄지 모르지만, 자기 복제를 하는 주체인 나의 수명은 단 1초도 늘려주지 못한다.

A₃: 여기서 내가 말하는 이기적 유전자란 DNA의 한 특수한 물리적 조각이 아니라 그것의 '모든 복제'를 통칭한다. 특정의 물리적 DNA 분자는 생명이 매우 짧지만, 자신의 복사본 형태로는 1억 년을 생존하는 것도 가능하다.

B₃: 그렇다면 같은 논리로, 예컨대 마이클 잭슨과 똑같은 복제 마이클 잭슨을 만들 수 있다면, 마이클 잭슨이 지금도 생존하고 있다고 말할 수 있는가? 만약 그렇다면, 우리는 자신을 복제한 존재를 계속 만들어 냄으로써 영생을 누릴 수 있을 것인가? 이는 '생존'이라는 말의 의미 또한 바꾸자는 소리이다.

① B₁은 유전자와 바이러스의 유비를 통하여 유기체가 유전자의 꼭두각시라는 주장을 비판하고 있다.

② A₂는 '이기적'의 개념을 재정의함으로써 B₁에 대응하고 있다.

③ B₂는 A₁이 특정 유전자와 그것의 복제 유전자는 서로 구분되는 독립적인 존재라는 사실을 무시하고 있음을 비판하고 있다.

④ A₃은 '이기적임'의 성질이 적용되는 대상의 수준이 유기체의 경우와 유전자의 경우에 서로 다름을 들어서 B₂에 대응하고 있다.

⑤ B₃은 A₁의 주장과 반대로 유전자가 유기체의 꼭두각시일 수 있음을 주장하고 있다.

갑: 당신 진열장이 마음에 들어 내가 어제 당신이 요구한 대로 100만 원을 주고 구입했는데, 왜 물품을 인도하지 않습니까?

을: 그 100만 원 외에 그 진열장을 이루고 있는 부품 가격으로 100만 원을 더 지불해야합니다. 진열장을 사려면 부품들도 함께 구입해야 하는데, 그 금액을 아직 받지 못했습니다.

갑: 진열장과 그 부품들이 따로따로라고요? 도대체 무슨 근거로 그 둘이 다르다는 겁니까?

을: 진열장과 그 부품들은 성질이 다릅니다. 진열장은 세련된 조형미를 갖추고 있지만 그 부품들엔 그런 것이 없습니다. 또 진열장을 분해하면 진열장은 더 이상 존재하지 않지만 그 부품들은 여전히 존재합니다. 따라서 둘은 별개의 사물입니다.

갑: 당신은 마치 가구 판매자로서의 당신과 가구 제작자로서의 당신이 별개의 사람인 듯이 이야기하는군요. 그건 관념적인 구별이고 실제 당신은 하나가 아닙니까? 진열장은 특정한 형태로 조합된 부품들일 뿐입니다. 둘은 다르지 않습니다. 나는 특정한 형태로 조합되어 진열장을 만드는 부품들을 구매했고, 따라서 그 부품들은 자동으로 따라오는 것입니다. 당신은 분해된 부품들이 아니라 특정한 형태로 조합된 부품들을 저에게 건네주기만 하면 됩니다.

〈보 기〉

ㄱ. 을은 '서로 다른 성질을 지녔다면 서로 다른 사물'이라고 가정하고 있다.

ㄴ. 부품이 진열장으로 조립·가공되면서 창출되는 가치의 대가가 처음 지불한 100만 원에 이미 포함되어 있다면 을의 주장은 강화된다.

ㄷ. 을의 논리에 따르면 부품 역시 부분들로, 또 그것들을 더 작은 부분들로 나눌 수 있으므로, 부분들에도 값이 있다면 진열장을 받기 위해 거의 무한대의 비용을 지불해야 할 수도 있다.

① ㄴ　　　　　　② ㄷ　　　　　　③ ㄱ, ㄴ

④ ㄱ, ㄷ　　　　　⑤ ㄱ, ㄴ, ㄷ

검찰은 10년 전 발생한 이리나 씨 살인 사건의 범인을 추적하던 중 범인이 박을수라는 것을 밝혀내었다. 하지만 박을수는 7년 전 김갑수로 개명 신청하였다. 또한 5년 전에 일본인으로 귀화하여 대한민국 국적을 잃었고 주민등록까지 말소되었다. 하지만 검찰은 김갑수를 10년 전 살인 사건의 피의자로 기소했다. 김갑수는 성형수술로 얼굴과 신체의 모습이 달라졌을 뿐만 아니라 지문이나 홍채 등 개인 신체 정보로 활용되는 생체 조직을 다른 사람의 것으로 바꾸었다.

김갑수의 변호사는 법정에서 다음과 같이 변호했다. "비록 10년 전 박을수가 그 사건의 살인범이라 하더라도 지금의 피고인은 몸뿐만 아니라 성격도 박을수와 완전히 딴판입니다. 심지어 피고인의 가족도 그를 박을수로 여기지 않습니다." 변호사의 논변을 이루는 전제들은 모두 참이다. 판사는 변호사의 전제들로부터 "따라서 현재의 피고인은 살인을 저지른 그 박을수가 아니다."라는 결론을 도출해서는 안 되는 이유가 있는지 살펴보았다. 성형수술로 신체 일부가 달라졌을 뿐만 아니라 성격마저 딴판으로 변한 현재의 피고인을 10년 전의 박을수와 동일한 인물로 간주해야 하는가?

검사는 김갑수와 박을수가 동일 인물이라면서 다음 사례를 들었다. "불국사의 다보탑은 천오백 년의 시간 동안 낡고 훼손되었을 뿐만 아니라 몇 차례의 보수 작업을 통해 상당한 수준의 물리적 변화를 겪었습니다. 하지만 그것은 다보탑 2.0 같은 것이 아니라 여전히 다보탑입니다."

이에 대해 변호사는 다음 사례를 들어 반론했다. "한 화가가 유화 작품 한 점을 제작하고 있다고 합시다. 그는 일단 작품을 완성했지만 그림의 색조에 변경을 가하기로 마음먹고 화폭 전반에 걸쳐 새로운 색을 덧입히기 시작했습니다. 또 그 과정에서 화면의 새로운 색조와 어울리지 않는 모티프를 제거했습니다. 이렇게 해서 나온 작품을 원래 작품과 '동일한' 작품이라고 부르기 어려울 것입니다. 경우에 따라서 화가가 그림에 새로 찍은 점 몇 개가 그림을 완전히 다른 작품으로 만들 수 있습니다."

03. 변호사가 반론을 위해 추가로 사용할 수 있는 사례로 가장 적절한 것은?

① 생수 한 통에 독극물을 넣어 독약으로 만든 경우
② 구겨진 지폐를 다려서 빳빳한 새 지폐처럼 만든 경우
③ 첫째 아이 이름을 '철수'로 지으려다 '칠수'로 지은 경우
④ 유명 화가의 작품에 관람 온 아이가 자기 이름을 쓴 경우
⑤ 관절염 환자가 인공관절 수술을 받아 잘 걸을 수 있게 된 경우

04. 다음 <원칙>에 따를 때, 김갑수의 유죄 여부에 관한 판단으로 적절하지 않은 것은?

〈원 칙〉

○ 사람은 책임을 물을 수 있는 존재이다.
○ 시공간에 따라 지속되는 정체성을 갖지 못하는 것에게 책임을 물을 수 없다.
○ 과거의 대상이 시간의 흐름 속에서 끊어지지 않고 주변 환경과 인과 관계를 맺으면서 현재의 대상까지 이어져 왔다면, 과거의 대상과 현재의 대상 사이에 역사적 연속성이 있다.
○ 책임을 물을 수 있는 두 대상 사이에 역사적 연속성이 있는 경우, 그리고 오직 그 경우에만 둘의 정체성이 일치한다.

---

① 만일 박을수가 주변 환경과 인과 관계를 맺으면서 현재의 김갑수가 되었다면, 김갑수는 이리나 씨를 죽인 사람이다.

② 김갑수가 박을수와 역사적 연속성을 갖고 있다 하더라도, 이리나 씨를 죽인 사람이 김갑수라고 판단해서는 안 된다.

③ 김갑수에게 유죄 판결을 내리기 위해서는 무엇보다 그가 시공간에 따라 지속되는 정체성을 갖고 있다고 가정해야 한다.

④ 만일 국적, 생김새, 성격 등의 변화가 역사적 연속성을 깨뜨리지 않는다면, 변호사의 변론은 김갑수의 무죄를 입증하지 못한다.

⑤ 만일 지문, 홍채 등과 같은 개인 생체 정보의 지속만이 개인 정체성 지속의 요건이라면, 이리나 씨의 살인범으로 김갑수에게 책임을 묻기 어렵다.

05. 다음 글을 분석한 것으로 옳은 것만을 <보기>에서 있는 대로 고른 것은? 21 LEET 문18

A: '인식적 객관성'은 어떤 주장의 참 거짓 여부보다 그 주장을 어떤 방식으로 정당화했느냐 하는 측면과 관계가 있다. 주장을 제기하는 과정에서 자신을 포함해 그 누구의 것이든 편향성, 선입견, 동조심리, 개인적인 희망사항 등 주관적인 요소들의 개입으로 인해 이성의 건전한 상식과 합리성이 굴절되는 일이 없도록 해야 한다는 것이다. 이런 의미에서 인식적 객관성을 확보한 판단은 일반적인 설득력을 지닌다.

B: 예술작품이 의도된 효과를 발휘하기 위해서는 어떤 특정한 관점에서 감상되어야 한다. 비평가의 상황이 작품이 요구하는 상황에 적합하지 않으면 그 비평가는 작품에 대해 적절하게 판단할 수 없다. 가령 변론가는 특정한 청중을 향해 연설하기에, 그 청중에게 고유한 특질, 관심, 견해, 정념, 선입견을 고려해야 한다. 만일 다른 시대 혹은 다른 나라의 비평가가 이 변론을 접한다면, 이 변론에 대해 올바른 판단을 내리기 위해 이러한 모든 상황을 고려하여 자기 자신을 당시의 청중과 동일한 상황에 대입해야 한다. 예술작품의 경우도 마찬가지이다. 설사 비평가 자신이 예술가와 친구라 할지라도, 혹은 적대하고 있다고 해도, 그는 이러한 특수한 상황에서 벗어나 이 작품이 전제로 하는 관점을 취할 필요가 있다.

―――――――――〈보 기〉―――――――――

ㄱ. 두 사람이 어떠한 주장에 대해 동일한 판단을 내렸다면, A에 따를 때 그들의 판단은 인식적 객관성을 가진다.

ㄴ. A에 따를 때, B의 비평가가 예술작품에 대해 내리는 판단은 인식적 객관성을 갖지 않는다.

ㄷ. 서로 다른 시대나 나라에 살았던 어떤 두 비평가가 동일한 예술작품에 대해 동일한 판단을 내렸다면, B에 따를 때 그들의 판단은 그 작품이 전제로 하는 관점에서 이루어진 것이다.

① ㄱ   ② ㄴ   ③ ㄱ, ㄷ

④ ㄴ, ㄷ   ⑤ ㄱ, ㄴ, ㄷ

> ⓐ 다른 지식에서 추론됨으로써 정당화되는 지식이 있다.
> ⓑ 이러한 지식을 '추론적 지식'이라고 하고, 추론적 지식이 아닌 지식을 '비추론적 지식'이라고 하자.
> ⓒ 모든 지식이 추론적 지식이라고 가정해 보자.
> ⓓ 어떤 추론적 지식을 G_1이라고 하면, G_1을 추론적으로 정당화하는 다른 지식이 있다.
> ⓔ 그중 어떤 것을 G_2라고 하면, G_2는 추론적 지식이다.
> ⓕ G_2를 추론적으로 정당화하는 다른 지식이 있고, 그중 하나를 G_3이라고 하면 G_3도 추론적 지식이다.
> ⓖ 이런 과정은 무한히 계속될 것이다.
> ⓗ 정당화의 과정이 무한히 이어질 수는 없다.
> ⓘ 정당화의 과정이 끝나려면 다른 지식을 정당화하는 어떤 지식은 비추론적 지식이어야 한다.
> ⓙ 그러므로 비추론적 지식이 존재한다.

① ⓔ는 ⓒ와 ⓓ로부터 도출된다.

② ⓒ~ⓖ는, ⓒ의 '가정'이 주어지는 한, 지식을 정당화하는 과정이 끝나지 않는다는 것을 보여 준다.

③ ⓖ의 '과정'이 순환적일 가능성을 배제할 수 없으므로, ⓖ가 참이기 위해 무한히 많은 추론적 지식이 존재할 필요는 없다.

④ ⓖ와 ⓗ가 충돌하므로 ⓐ도 부정되고 ⓒ의 '가정'도 부정된다.

⑤ 이 논증이 타당하다면 '비추론적 지식이 없으면 추론적 지식도 있을 수 없다'는 것이 증명된다.

A1: 많은 사람들이 마음과 뇌를 동일시하는데, 왜 그렇게 잘못된 생각이 퍼져 있는지 모르겠어.

B1: 카페인을 섭취하면 각성 효과가 나타나고 우리가 통증을 느낄 때마다 뇌의 특정 영역의 신경세포가 활성화되듯, 마음과 뇌 작용 사이에 체계적 상관관계가 성립한다는 것은 잘 알려진 사실이야. 마음과 뇌가 동일하다는 가설을 받아들이면 이 사실이 잘 설명되잖아.

A2: 한 가설이 어떤 사실을 잘 설명한다고 해서 그 가설을 무작정 받아들일 수는 없어. 천동설은 화성의 역행 운동을 잘 설명하지만 그렇다고 천동설을 받아들이는 사람은 없잖아.

B2: 천동설과 내 가설의 경우는 전혀 달라. 천동설이 화성의 역행 운동은 잘 설명할지 몰라도 천동설로는 설명되지 않는 중요한 천문 현상들이 많아.

A3: 너의 가설도 똑같은 문제가 있어. 내가 통증을 느낀다는 것을 나는 잘 알지만, 나는 내 뇌의 신경상태에 대해서는 아무것도 몰라. 너의 가설이 맞다면 어떻게 이런 일이 가능하겠니?

B3: 그건 얼마든지 가능해. 물이 액체라는 것은 알면서 H_2O가 액체라는 것은 얼마든지 모를 수 있어. 그렇다고 물과 H_2O가 다른 것은 아니잖아.

──────────〈보 기〉──────────

ㄱ. A2가 B1을 반박하는 근거는 '마음과 뇌가 동일하다는 가설이 마음과 뇌 작용 사이의 상관관계를 설명하지 못한다'는 것이다.

ㄴ. B2는 '설명하지 못하는 중요한 현상이 많은 가설은 거부해야 한다'는 데에 동의한다.

ㄷ. B3은 'X에 대해 잘 알면서 Y에 대해 모른다면, X와 Y는 동일한 것일 수 없다'는 가정을 반박함으로써 A3을 비판하고 있다.

① ㄱ   ② ㄷ   ③ ㄱ, ㄴ

④ ㄴ, ㄷ   ⑤ ㄱ, ㄴ, ㄷ

08. 가설 A, B에 대한 평가로 옳은 것만을 <보기>에서 있는 대로 고른 것은?   19 LEET 문18

사람들은 고난에 빠진 사람을 볼 때 종종 그 사람을 돕는 행동을 한다. 왜 사람들은 그런 행동을 하게 되는가?

가설 A에 따르면, 사람들은 불쌍한 사람을 보면 공감하게 되고, 공감을 느끼는 것이 이타적인 욕구를 일으켜 돕는 행동을 하게 된다. 이 가설에 따르면 불쌍한 사람에게 더 많이 공감할수록 이타적인 욕구가 강해지고, 따라서 그 사람을 돕는 행동을 할 가능성이 높아진다.

한편 이 가설과 달리, 불쌍한 사람을 보고도 돕지 않는다는 것이 알려진다면 나쁜 사람으로 평가되어 사회적 제재나 벌을 받을 것이라고 두려워하기 때문에 돕는다는 견해가 있다. 그러나 이 견해는 가설 A와 달리 공감의 역할을 적절히 반영하지 못한다. 이를 보완하기 위해 제시된 가설 B에 따르면, 불쌍한 사람에게 더 많이 공감할수록, 그를 돕지 않는 것이 알려질 경우 사회적 비난이 더 커질 것이라고 두려워하고, 따라서 사회적 비난을 피하기 위해 돕는 행동을 할 가능성이 더 높아진다.

─────────── 〈보 기〉 ───────────

ㄱ. 불쌍한 X를 돕지 않는 것이 알려지지 않을 것이라고 믿더라도 X에 대해 공감하는 정도가 높아질수록 X를 도울 가능성이 높아지는 것으로 밝혀지면, 가설 A는 약화되지 않는다.

ㄴ. 불쌍한 X를 돕지 않는 것이 알려진다고 믿는지 여부와 상관없이 X를 돕는 행동을 할 가능성에 큰 차이가 없는 것으로 밝혀지면, 가설 B는 강화된다.

ㄷ. 불쌍한 X를 돕지 않는 것이 알려지지 않을 것이라고 믿을 때 X에 대해 공감하는 정도가 높아짐에도 불구하고 X를 도울 가능성이 높아지지 않는 것으로 밝혀지면, 가설 B는 약화된다.

① ㄱ   ② ㄴ   ③ ㄱ, ㄷ
④ ㄴ, ㄷ   ⑤ ㄱ, ㄴ, ㄷ

A: 악(惡)이 존재가 아니라 결여에 불과하다고 주장하는 사람들이 있다. 그런데 결여에 대해서는 더함과 덜함을 말할 수 없다. '이것이 빠져 있다'라는 진술과 '이것이 빠져 있지 않다'라는 진술은 모순 관계에 있기 때문이다. 모순 관계에서는 중간의 어떤 것이 허용되지 않는다. 반면, 존재에 대해서는 더함과 덜함을 말할 수 있다. 존재에는 완전함의 정도 차이가 있을 수 있기 때문이다. 그렇다면 악은 어떤가? 악한 것들 중에서 어떤 것은 다른 것보다 더 악하다.

B: 우리가 어떤 것이 다른 것보다 더 악하거나 덜 악하다고 말할 때, 우리는 그것들이 선(善)으로부터 얼마나 떨어져 있는가를 말하는 것이다. 이런 의미에서, 예컨대 '비동등성'과 '비유사성'처럼 결여를 내포하는 개념에 대해서도 더함과 덜함을 말할 수 있다. 즉, 동등성에서 더 멀리 떨어져 있는 것에 대해서 우리는 '더 비동등하다'라고 말하고, 유사성에서 더 떨어져 나온 것은 '더 비유사하다'라고 말한다. 따라서 선을 더 많이 결여한 것은, 마치 선에서 더 멀리 떨어져 있는 것처럼 '더 악하다'라고 말할 수 있다. 결여는 결여를 일으키는 원인의 증가 또는 감소에 의해서 더해지거나 덜해질 뿐 그 자체로 존재하는 어떤 성질이 아니다. 어둠은 그 자체로 존재하거나 그 자체로 강화되는 것이 아니다. 다만, 빛이 더 많이 차단될수록 더 어두워지고 밝음에서 더 멀어지게 되는 것이다.

〈보 기〉

ㄱ. B는 A와 달리 악이 결여라고 주장한다.
ㄴ. A는 악에 정도의 차이가 있다는 것을 인정하고 B도 그것에 동의한다.
ㄷ. 악 없이 존재하는 선은 가능해도 선 없이 존재하는 악은 불가능하다는 관점은 A보다 B에 의해 더 잘 지지된다.

① ㄱ　　　　　　　　② ㄷ　　　　　　　　③ ㄱ, ㄴ
④ ㄴ, ㄷ　　　　　　⑤ ㄱ, ㄴ, ㄷ

갑: 법적으로 장기는 판매 대상이 되지 못합니다. 장기는 인신의 일부이고, 인신은 인간 존엄성의 기반이기 때문입니다. 성매매는 비록 단기간이라고 해도 성판매자의 인신에 대한 사용권한을 매수자에게 준다는 점에서 인간 존엄성 원칙에 위배됩니다.

을: 성적 서비스 제공 역시 노동의 일종이지 않을까요. 노동을 제공하고 그 대가로 금전적 보상을 받는다는 점에서는 다른 직업과 다를 바 없다고 봅니다. 직업선택의 자유를 보장하는 것은 인간 존엄성의 중요한 내용을 이룹니다.

갑: 모든 선택의 자유가 인정되어야 하는 것은 아닙니다. 마약복용은 그것이 자율적 선택에 기인하는 것이라고 해도 국가의 개입이 가능합니다. 어떻게 사는 것이 인간의 존엄성을 지키는 것인지를 전적으로 국민 개인의 판단에 맡길 수는 없습니다.

을: 마약복용을 성매매와 같은 것으로 볼 수 없습니다. 성매매가 당사자들에게 어떤 해악을 끼치는지 의심스러우며, 설령 해악을 끼친다고 해도 그것이 정상적인 인지능력을 가진 성인들 간에 이뤄지는 것이라면 당사자들 스스로 위험을 감수한 해악입니다.

갑: 성매매가 상호 선택에 의한 것이라 할지라도 성매매를 통해 팔리는 것은 남성이 마음대로 권력을 행사할 수 있는 여성상, 즉 종속적 여성상입니다. 성매매는 여성의 종속성을 재생산함으로써 여성 억압의 전형을 보여줍니다.

을: 우리 사회의 다양한 제도와 관행을 살펴볼 때 결혼, 외모성형 등도 성매매 못지않게 여성의 고정된 성정체성을 재생산하는데, 유독 성매매만 법적으로 금지하는 것은 설득력이 없습니다.

---

① 유모(乳母)가 자신의 인신에 대한 사용권한을 매수자에게 준다고 해서 비난받지 않는다는 사실은 을의 입장을 강화한다.

② 성매매의 불법화로 인해 성판매자가 범죄자로 취급받는 적대적 환경 때문에 자신의 권리조차 행사할 수 없게 된다는 주장은 을의 입장을 지지한다.

③ 자발적 선택으로 노예가 되기로 계약했다고 하더라도 노예노동이 금지되고 있다는 사실은 갑의 입장을 강화한다.

④ 마약복용은 행위자가 인지능력을 제대로 발휘하지 못하는 상태에서 행해진다는 주장은 갑의 입장을 지지한다.

⑤ 미스 코리아 대회가 여성의 고정된 성정체성을 확대 재생산함에도 불구하고 시행되고 있다는 사실은 을의 입장을 강화한다.

정답 및 해설 p.226

언어철학

01. 다음 글에 따라 <상황>을 분석한 것으로 옳지 <u>않은</u> 것은?

12 LEET 문11

> 우리가 말하는 문장은 사실의 기술(記述) 이외에도 많은 기능을 수행할 수 있다. 하나의 문장은 단순히 발화(發話)되기도 하지만, 그것을 넘어 정보를 전달하는 행위, 무엇을 물어보는 질문, 무엇을 지시하는 명령 등에도 사용된다. 발화된 문장이 어떤 기능을 수행하는지는 화자의 의도 및 발화의 맥락에 주로 의존한다.
>
> (1) 어느 겨울 날 혼자 길을 걷던 갑순이 전광판에 표시된 기온을 확인하고 "날씨가 춥다."라고 말했다면, 이때 이 문장은 특정한 기상 상황을 기술하는 기능을 수행한 것이다. (2) 갑순이 갑돌에게 날씨 정보를 전달하려는 의도에서 "날씨가 춥다."라고 말했다면 이는 사실의 기술을 넘어 정보 전달 기능을 수행한 것이다. 그런데 (3) 만약 갑순이 갑돌로 하여금 어떤 비언어적 행동을 일으킬 의도, 예컨대 목도리를 풀어 달라는 의도로 그 문장을 말한 것이라면, 이는 사실의 기술 및 정보 전달 기능뿐 아니라 갑돌로 하여금 어떤 행위를 하도록 유발하는 기능을 수행한 것이다.
>
> 이때 발화된 문장은 (1)에서는 사실을 기술하는 문자 그대로의 의미, 즉 '문장 의미'만을 지니는 반면, (2)에서는 날씨가 춥다는 것을 알리려는 화자의 의도가 포함된 의미, 즉 '화자 의미'를 지닌다. 또한 (3)에서도 목도리를 풀어 달라는 화자의 의도가 포함된 화자 의미를 지닌다. 그런데 (3)에서는 "문 좀 닫아주실래요"처럼 문장 의미와 화자 의미가 가까운 경우도 있는 반면, 문을 닫게 할 의도로 "바람이 차네요."라고 말하는 경우처럼 문장 의미와 화자 의미의 거리가 더 먼 경우도 있다.
>
> **〈상황〉**
>
> ㉠ "플로렌스의 추억, 차이코프스키."라고 중얼거리면서, 큰테이블 곁에 혼자 서서 예나는 멜로디를 흥얼거렸다. 멀리서 현악기의 소리가 은은히 들렸고, 사람들은 행복해 보였다. "클래식 음악 좋아하시나 봐요? ㉡ 저편으로 가셔서 신랑 신부에게 인사하시지요." 석하가 다가오며 말을 건넸다. ㉢ "다른 하객 분들도 거기 모여 계십니다."라는 석하의 말에 예나는 그 자리를 떠나고 싶지 않아 말했다. ㉣ "이 자리에 있으면 안 되나요" 이 말을 더 이상 귀찮게 하지 말라는 의도로 이해한 석하는 쓸쓸한 표정으로 저편에 있는 사람들에게 돌아갔다.

① ㉠이 대화 상황에서 말해졌다면, (2)는 ㉠이 수행하는 기능 중의 하나일 것이다.

② (3)은 ㉡이 수행하는 기능 중의 하나이다.

③ (2)는 ㉢이 수행하는 기능 중의 하나이다.

④ 화자의 의도를 고려할 때, ㉣은 ㉡보다 문장 의미와 화자 의미의 거리가 멀다.

⑤ ㉣의 경우, 석하가 이해한 문장 의미와 화자 의미의 거리는 예나가 의도한 문장 의미와 화자 의미의 거리보다 가깝다.

'맛있다' 혹은 '재밌다'와 같은 사람들의 취향과 관련된 술어를 취향 술어라고 한다. 취향 술어를 포함한 문장에 관하여 갑과 을이 다음과 같이 논쟁하였다.

갑: "곱창은 맛있다."라는 문장은 사실 'x에게'라는 숨겨진 표현을 언제나 문법적으로 포함한다. 이때 'x'는 변항으로서, 특정 맥락의 발화자가 그 값으로 채워진다. 예를 들어, 곱창을 맛있어 하는 지우가 "곱창은 맛있다."라고 말한다면, 지우의 진술은 〈곱창은 지우에게 맛있다〉라는 명제를 표현하는 참인 진술이 된다. 반면, 곱창을 맛없어 하는 영호가 동일한 문장을 말한다면, 영호의 진술은 〈곱창은 영호에게 맛있다〉라는 다른 명제를 표현하는 거짓인 진술이 된다.

을: 지우가 "곱창은 맛있다."라고 말하는 경우, 영호는 "아니, 곱창은 맛이 없어!"라고 반박할 수 있고, 그렇다면 둘은 이에 대해 논쟁하기 시작할 것이다. 하지만 만일 갑의 견해가 맞는다면, 지우는 단지 〈곱창은 지우에게 맛있다〉라는 명제를 표현하고, 영호는 그와는 다른 명제의 부정을 표현하는 것이므로, 이 둘은 진정한 논쟁을 하는 것이 아니다. 그러나 분명히 두 사람은 이러한 상황에서 진정한 논쟁을 할 수 있으며, 이는 갑의 견해에 심각한 문제가 있음을 보여 주는 것이다. 이를 해결하기 위해서는, "곱창은 맛있다."라는 문장은, 누가 말하든지 〈곱창은 맛있다〉라는 명제를 표현한다고 간주해야 한다.

─────── 〈보 기〉 ───────

ㄱ. 갑에 따르면, 곱창을 맛있어 하는 사람들의 진술 "곱창은 맛있다."는 모두 같은 명제를 표현하지만, 이는 곱창을 맛없어 하는 사람들의 진술 "곱창은 맛있다."가 표현하는 명제와는 다르다.

ㄴ. 영호가 곱창을 맛없어 하는 경우, 영호의 진술 "곱창은 맛있다."는, 갑에 따르면 참이 될 수 없지만 을에 따르면 참이 될 수 있다.

ㄷ. 을의 논증은, 같은 명제에 대해 두 사람의 견해가 불일치한다는 사실이 그들의 논쟁이 진정한 논쟁이 되기 위한 필요조건임을 가정하고 있다.

① ㄱ   ② ㄴ   ③ ㄱ, ㄷ
④ ㄴ, ㄷ   ⑤ ㄱ, ㄴ, ㄷ

갑: 소설 『주홍색 연구』에서 "홈즈는 탐정이다."라는 진술이 명시적으로 나타나며, 따라서 〈홈즈는 탐정이다〉는 이 소설에서 명시적으로 참인 명제이다. 그런데 『주홍색 연구』의 어디에도 홈즈의 콧구멍 개수에 대한 명시적인 진술은 나타나지 않는다. 하지만 작품 내에서 홈즈는 사람이며, 사람은 보통 두 개의 콧구멍을 가지고 있다는 것은 상식이므로, 〈홈즈의 콧구멍은 두 개다〉와 같은 명제 역시 『주홍색 연구』에서 참이 된다. 사실, 명시적인 진술로 표현되지 않았지만, 〈지구는 둥글다〉, 〈모든 사람은 죽는다〉와 같은, 『주홍색 연구』에서 암묵적으로 참인 명제들은 많이 있다.

을: 허구에서 암묵적으로 참이 되는 명제가 있다는 것을 받아들이는 것은 불합리한 귀결을 낳는다. 우선 허구 작품들의 속편이 나타날 수 있다는 것에 주목해 보자. 속편은 전작에 명시되지 않은 것들의 참을 결정하는 힘을 갖는다. 예를 들어, 소설 『호빗』에서는 빌보가 소유한 반지가 무엇인지 명시되지 않지만, 그 속편인 반지의 제왕 시리즈에서 그 반지가 절대반지라는 것이 명시된다. 이 경우 빌보가 소유한 반지가 절대반지라는 것은 『호빗』에서도 참이라고 보는 것이 합당하다. 이제 다음을 가정해 보자. 코난 도일은 『주홍색 연구』의 속편 『빨간색 연구』를 썼으며, 그 소설에서는 "사실 태어날 때부터 세 개의 콧구멍을 가졌던 홈즈는 냄새를 잘 맡을 수 있었다."라는 명시적 진술이 나타난다. 이때, 〈홈즈의 콧구멍은 세 개다〉라는 명제가 『빨간색 연구』뿐만 아니라 『주홍색 연구』에서도 명시적 참이라고 보는 것이 합당할 것이다. 하지만 만일 〈홈즈의 콧구멍은 두 개다〉가 『주홍색 연구』에서 암묵적으로 참이라면, 『주홍색 연구』에서 홈즈의 콧구멍 개수는 두 개인 동시에 세 개가 되어야만 할 것이다. 이는 명백히 불합리한 귀결이다. 따라서 허구에서 명시적 참 이외에 암묵적 참과 같은 것은 없다고 결론 내릴 수 있다.

─── 〈보 기〉 ───

ㄱ. 갑은, 어떤 명제도 특정 허구에서 참이거나 거짓 둘 중 하나여야 한다는 것을 전제하고 있다.

ㄴ. 을에 따르면, 명제 〈홈즈의 콧구멍은 두 개다〉는 『주홍색 연구』에서 참이었다가 나중에 거짓으로 바뀔 수도 있다.

ㄷ. 을에 따르면, "지구는 둥글다."라는 진술이 『주홍색 연구』에 명시되지 않은 경우에도, 명제 〈지구는 둥글다〉가 『주홍색 연구』에서 참이 되는 상황이 있을 수 있다.

① ㄱ
② ㄷ
③ ㄱ, ㄴ
④ ㄴ, ㄷ
⑤ ㄱ, ㄴ, ㄷ

04. 다음 논증에 대한 분석으로 가장 적절한 것은?   13 LEET 문29

> "'과학의 힘'이란 사실상 '주술의 효력'과 비슷한 수준에서 평가될 수 있는 표현"이라고 주장하는 이들이 있다. 주술도 과학도 모두 특정 사회와 문화의 산물이라는 이유에서다. 그들은 아리스토텔레스의 운동이론보다 뉴턴의 운동이론을, 또는 창조론보다 다윈의 이론을 선호해야 할 이유를 자연 자체에서는 찾을 수 없다고 본다. 중세 유럽인이나 오스트레일리아 원주민의 자연관과 마찬가지로 과학이 제공하는 이론들도 특정 사회의 정치적, 경제적 목적과 결부된 문화적 산물일 뿐만 아니라 과학이론에 대한 평가 역시 특정한 사회적 배경의 제약을 벗어날 수 없다는 것이다. 그러나 과학과 사회의 관계에 관한 이런 주장은 두 가지 점에서 타당하지 않다. 먼저, 문학이나 예술과 마찬가지로 과학 역시 특정한 사회적 환경 속에 존재하는 개인이나 집단에 의해 산출되지만, 과학은 그런 개인의 특성이나 사회 환경에 의해 속박되지 않는다. 『햄릿』이나 「B단조 미사」는 셰익스피어와 바흐가 없었더라면 영원히 존재하지 않았겠지만 과학은 이와 다르다. 뉴턴이 어려서 죽는 바람에 1687년에 『프린키피아』가 저술되지 않았다고 해도 필시 다른 누군가가 몇 년 혹은 늦어도 몇 십 년 뒤에 그 책에 담긴 역학의 핵심 내용, 즉 보편중력의 법칙과 운동 3법칙에 해당하는 것을 발표했을 것이다. 여러 명의 과학자가 같은 시기에 서로 독립적으로 동일한 과학적 발견에 도달하는 동시발견의 사례들이 이를 간접적으로 입증한다. 또 과학적 발견을 성취해 낸 과학자가 지닌 고유한 품성은 설령 그것이 그 발견에 중요한 역할을 한 경우라 해도 그 성과물이 일단 그의 손을 떠나고 난 뒤에는 과학자들의 연구 활동에 아무런 영향도 미치지 않는다. 둘째로, 근대 이후 과학이 확산된 모습을 보라. 16세기 이후 최근에 이르기까지 실질적으로 모든 과학적 발견은 유럽 문명의 울타리 안에서 이루어졌지만 그 열매인 과학 이론은 전 세계에 확산되어 활용되고 있다. 모든 문화권이 이렇게 과학을 수용한 것과 대조적으로 유럽의 정치체제나 종교나 예술이 그처럼 보편적으로 수용된 것은 아니다. 과학은 특정한 개인들이 특정한 문화 속에서 만든 것이지만 이처럼 개인과 문화를 초월하는 보편적인 것이다. 과학 이외에 이런 특성을 지니는 것은 없는 듯하다.

① 뉴턴의 과학적 성과가 역학의 몇몇 핵심 법칙에 국한되지 않고 『프린키피아』에 나타난 문체와 탐구정신 같은 요소들까지 포함한다고 보면 논증의 설득력은 커진다.

② 글쓴이는 과학과 사회적 배경의 관계를 평가할 때 과학 이론이 탄생하는 과정보다 그 이론이 수용되고 사용되는 맥락이 더 중요하다고 전제하고 있다.

③ 유럽의 정치체제나 사회사상이 유럽의 과학보다 먼저 세계의 다른 지역에 전파된 경우가 확인된다면 논증의 설득력은 약화된다.

④ 글쓴이는 과학적 업적의 탄생 과정에 과학자의 개인적 특성이나 문화적 환경은 영향을 미치지 않는다고 전제하고 있다.

⑤ 과학에서 동시발견이 이루어진 사례들이 특정 문화권에 국한되어 있음이 입증되는 경우 논증의 설득력은 커진다.

우리는 지식을 얻는 다양한 방법을 갖고 있는데 만일 우리의 방법이 신뢰할 만하지 않다면 우리는 그 방법을 사용할 때마다 노심초사해야 한다. 여기서 한 방법이 '신뢰할 만하다'는 것은 그 방법이 미래에도 계속 참된 앎을 제공한다는 것을 뜻한다. 우리가 가장 흔히 사용하는 방법은 귀납이다. 이것은 우리의 과거 경험들이 미래에도 반복될 것이라고 추정하는 방법이다. ⓐ 자연이 한결같다면 귀납의 신뢰성은 보장된다. 흄은 자연이 한결같다는 것을 확신할 근거가 없다는 것을 논증했다. 하지만 라이헨바흐는 귀납이 신뢰할 만한 방법이라는 점을 입증할 수는 없지만 그것이 그 어떤 대안 방법들보다 낫다는 점은 보일 수 있다고 주장한다.

라이헨바흐의 논증은 간단하다. 자연은 한결같거나 한결같지 않다. 자연이 한결같다면 귀납은 확실히 신뢰할 만하고, ⓑ 자연이 한결같지 않다면 귀납은 신뢰할 만하지 않다. 이제 점을 치는 방법처럼 귀납과는 다른 대안 방법을 채택할 경우 어떻게 될까? 불행히도 ⓒ 자연이 한결같다고 가정하더라도 그런 대안 방법들이 신뢰할 만하다는 것을 입증할 수 없다. 그러므로 ⓓ 자연이 한결같을 경우, 귀납은 신뢰할 만하다는 것이 보장되지만 그 이외의 방법은 신뢰할 만하다는 것이 보장되지 않는다. 이 경우 귀납이 우월하다는 점은 명백하다.

이번에는 자연이 한결같지 않아서 귀납이 때때로 작동하지 않는다고 가정해 보자. 라이헨바흐는 ⓔ 귀납이 신뢰할 만하지 않을 경우 대안 방법들도 마찬가지로 신뢰할 만하지 않다고 주장한다. 자연이 한결같지 않음에도 불구하고 대안 방법들 중 하나가 현재까지는 아주 잘 작동했다고 가정해보자. 하지만 그 방법이 미래에도 계속 작동될 것이라는 귀납이 결국 실패하는 것으로 드러난다면, 그 방법은 장차 참된 앎을 산출하지 못한다고 결론 내려야 한다. 다시 말해 귀납이 신뢰할 만하지 않다면 점쟁이의 방법도 신뢰할 만하지 않다. 이를 통해 라이헨바흐는 ⓕ 자연이 한결같지 않다면 대안 방법들도 신뢰할 만하지 않다고 결론 내린다. 그래서 ⓖ 자연이 한결같지 않을 경우, 귀납이든 대안 방법이든 모두 신뢰할 만하지 않다.

만약 귀납을 채택했는데 그것이 실패로 끝난다면, 우리는 아무 것도 잃지 않는다. 따라서 귀납을 채택하면 얻는 것 뿐이며 잃는 것은 아무 것도 없다. 라이헨바흐는 자연이 한결같거나 귀납이 신뢰할 만하다는 점을 입증했다고 주장하지 않으며, 자연이 한결같다는 것을 미리 가정하지도 않는다. 그는 귀납이 신뢰할 만한 것으로 드러나든 그렇지 않든 지식을 확장하는 최선의 추론 방법임을 보이고자 했다.

05. 위 글의 ⓐ~ⓖ에 대해 바르게 기술한 것을 <보기>에서 모두 고르면?

〈보 기〉

ㄱ. ⓐ와 ⓒ가 참이면 ⓓ도 참이다.
ㄴ. ⓑ와 ⓔ가 참이면 ⓕ도 참이다.
ㄷ. ⓔ와 ⓕ가 참이면 ⓖ도 참이다.

① ㄴ
② ㄱ, ㄴ
③ ㄱ, ㄷ
④ ㄴ, ㄷ
⑤ ㄱ, ㄴ, ㄷ

06. 위 글에 나온 라이헨바흐의 논증을 비판하는 방법으로 적절한 것을 <보기>에서 모두 고르면?

───〈보 기〉───
ㄱ. 자연이 한결같을 경우, 대안 방법들도 귀납만큼 신뢰할 만하다는 점을 밝힌다.
ㄴ. 자연이 한결같지 않을 경우, 대안 방법들이 신뢰할 만하다는 점을 밝힌다.
ㄷ. 자연이 한결같지 않을 경우, 대안 방법들이 신뢰할 만하지 않다면 귀납도 신뢰할 만하지 않다는 점을 밝힌다.
─────────────

① ㄴ
② ㄷ
③ ㄱ, ㄴ
④ ㄱ, ㄷ
⑤ ㄴ, ㄷ

㉠ 개념 역할 의미론에 따르면, 단어의 의미 이해는 그 단어의 사용 규칙을 따를 줄 아는 능력에 의존한다. 단어의 사용 규칙을 따른다는 것은 단지 그 규칙대로 단어를 사용한다기보다 그 규칙에 대한 이해를 기반으로 사용한다는 것을 의미한다. 그렇다면, 단어의 사용 규칙을 이해하지 못하고 있다는 것은 곧 그 단어의 의미를 이해하지 못한다는 말이 된다.

하지만 이 이론을 반박하기 위해 ㉡ 다음 논증이 제기되었다. 가령 '뾰족하다'라는 단어의 의미를 이해하려 한다고 해 보자. 이 이론에 근거할 때, 그 단어의 의미를 이해하려면 그 단어의 사용 규칙을 이해해야 한다. 그런데 그런 이해가 성립하려면, 우선 그 규칙이, 이를테면, ㉢ "'뾰족하다'는 무언가를 뚫을 수 있는 끝이 매우 가느다란 사물에 적용하라"와 같이 언어적으로 명료하게 표현되어야 할 것이다. 하지만 문제는 이 규칙을 표현하는 데에도 여러 개의 단어가 사용되었다는 것이다. 이 규칙을 이해하려면 그런 여러 단어의 의미를 모두 이해해야 할 것이며, 예를 들어, 이 규칙에 들어 있는 '뚫다'의 의미를 이해하지 못한다면 이 규칙을 이해할 수 없을 것이다. 그렇다면 '뚫다'의 의미를 이해하기 위해 무엇이 필요한가? 바로 그 단어의 사용 규칙에 대한 이해이다. 그런데 '뚫다'라는 단어의 사용 규칙도 여러 단어로 구성되어 있을 것이고, 그 규칙을 이해하기 위해서는 그 규칙을 표현하는 데 사용된 단어들의 의미를 또 이해해야 할 것이며, 이런 식의 퇴행은 무한히 거듭될 것이다. 이런 퇴행이 일어난다는 것은 궁극적으로 우리가 '뾰족하다'라는 단어의 의미를 이해하지 못한다는 뜻이며, 그런 문제는 다른 모든 단어에 똑같이 발생할 것이다. 따라서 개념 역할 의미론을 받아들이면, 우리가 사용하는 그 어떤 단어에 대해서도 그 의미를 이해하는 사람은 아무도 없다는 매우 불합리한 결론을 얻게 된다.

① 한국인 못지않게 한국어를 완벽히 구사하는 인공지능이 등장하더라도, ㉠은 약화되지 않는다.

② 단어의 사용 규칙이 반드시 언어적으로 표현되어야 하는 것이 아니라면, ㉡은 약화된다.

③ ㉢에 들어 있는 모든 단어의 의미를 이해하고 있는 사람이 실제로 있다면, ㉠은 강화된다.

④ 어떤 진술 안에 의미를 이해하지 못하는 단어가 포함되어 있어도 그 진술의 의미를 이해하는 것이 가능하다면, ㉡은 약화된다.

⑤ 어떤 단어의 의미를 이해하지 못하는 행위자가 그 단어를 사용 규칙대로 쓰고 있는 모습이 관찰되더라도, ㉠은 약화되지 않는다.

08. ⊙에 대한 반론으로 적절한 것만을 <보기>에서 있는 대로 고른 것은?   17 LEET 문12

> 인간은 생각하고, 대화하는 등의 '인지 기능'도 하고, 음식을 소화시키고, 이리저리 움직이는 등의 '신체 기능'도 한다. 이 두 기능 모두 인간의 몸이 하는 기능이다. 인간에게 죽음이란 인간의 몸이 하는 기능이 멈추는 사건이다. 그런데 사람에 따라서는 인지 기능은 멈추었지만 신체 기능은 멈추지 않은 시점을 맞기도 한다. 이 시점의 인간은 죽은 것인가? 인간의 몸이 가진 두 기능 중 죽음의 시점을 정하는 데 결정적인 기능은 무엇인가?
>
> 죽음의 시점을 정하는 데 결정적인 요소는 인지 기능이라는 견해를 취해 보자. 이 견해에 따르면 죽음은 인지 기능의 정지이다. 하지만 예를 들어 어젯밤 당신은 아무런 인지 작용도 없는 상태에서 꿈도 꾸지 않는 깊은 잠에 빠져 있었다고 해보자. 죽음이 인지 기능의 정지라면, 당신은 어젯밤에 죽어 있었다고 해야 한다. 하지만 당신은 오늘 여전히 살아 있다. 이런 반례를 피하기 위해서 이 견해를 수정할 필요가 있다. 즉, 죽음은 인지 기능이 일시적으로 정지하는 것이 아니라 영구히 정지하는 것이다. 이 ⊙<u>수정된 견해</u>에 따르면 당신은 어젯밤 죽은 상태에 있지 않았다. 왜냐하면 오늘 당신은 살아 있기 때문이다.

─────────────〈보 기〉─────────────

ㄱ. 철수는 어제 새벽 2시부터 3시까지 꿈 없는 잠을 자고 있다가, 3시에 심장마비로 사망했다. 3시부터 철수는 인지 기능과 함께 신체 기능도 멈추게 된 것이다. ⊙에 따르면 철수는 어제 새벽 2시부터 이미 죽어 있었다. 하지만 이때 철수는 분명 살아 있었다고 해야 한다. 그때 철수를 깨웠다면 그는 일어났을 것이기 때문이다.

ㄴ. '부활'은 모순적인 개념이 아니다. 죽었던 철수가 부활했다고 상상해 보자. 부활한 철수는 다시 인지 기능을 갖게 될 것이다. ⊙에 따르면, 철수는 부활 이전에도 죽어 있던 것이 아니라고 해야 한다. 하지만 철수는 부활 이전에 죽어 있었다. 그렇지 않았다면 철수가 '죽음에서 부활했다'고 말할 수조차 없고 '부활'은 모순적인 개념이 되고 만다.

ㄷ. 철수가 주문에 걸려서 인지 기능이 작동하지 않은 상태로 잠을 자게 되었다고 해보자. 그런데 이 주문은 영희가 철수에게 입맞춤을 하면서 풀려 버렸다. ⊙에 따르면, 철수는 주문에 걸려 있던 동안 죽은 것이다. 하지만 잠에 빠져든 후에도 철수는 분명 살아 있다고 해야 한다. 영희의 입맞춤으로 철수는 깨어났기 때문이다.

① ㄱ   ② ㄷ   ③ ㄱ, ㄴ
④ ㄴ, ㄷ   ⑤ ㄱ, ㄴ, ㄷ

A: 요즘 자연과학이 발전함에 따라 뇌과학을 통해 인간에 대해 탐구하려는 시도가 유행하고 있지만, 나는 인간의 본질은 뇌세포와 같은 물질이 아니라 영혼이라고 생각해. 어떤 물질도 존재하지 않지만 나 자신은 영혼 상태로 존재하는 세계를, 나는 상상할 수 있어. 따라서 나는 존재하지만 어떤 물질도 존재하지 않는 세계는 가능해. 나는 존재하지만 어떤 물질도 존재하지 않는 세계가 가능하다면, 나의 본질은 물질이 아니야. 따라서 나는 본질적으로 물질이 아니라고 할 수 있어. 나의 본질이 물질이 아니라면 무엇일까? 그것은 바로 영혼이지. 결국 물질적인 뇌세포를 탐구하는 뇌과학은 인간의 본질에 대해 알려 줄 수 없어.

B: 너는 ㉠잘못된 생각을 암묵적으로 전제하고 있어. 수학 명제를 한번 생각해 봐. 어떤 수학 명제가 참이라면 그 명제가 거짓이라는 것은 불가능해. 마찬가지로 어떤 수학 명제가 거짓이라면 그 명제가 참이라는 것도 불가능하지. 그럼 아직까지 증명되지 않아서 참인지 거짓인지 모르는 골드바흐의 명제를 생각해 봐. 그 명제는 '2보다 큰 모든 짝수는 두 소수의 합이다.'라는 거야. 분명히 이 명제가 참인 세계를 상상할 수 있어. 물론 거짓인 세계도 상상할 수 있지. 그렇지만 이 수학 명제가 참인 세계와 거짓인 세계 중 하나는 분명히 가능하지 않아. 앞에서 말했듯이, 그 수학 명제가 참이라면 그것이 거짓이라는 것은 불가능하고, 그 수학 명제가 거짓이라면 그것이 참이라는 것은 불가능하기 때문이야.

① 인간의 본질은 영혼이거나 물질이다.
② 우리가 상상할 수 있는 모든 세계는 가능하다.
③ 우리가 상상할 수 없는 어떤 것도 참일 수 없다.
④ 물질이 인간의 본질이 아니라는 것은 상상할 수 없다.
⑤ 뇌과학이 다루는 문제와 수학이 다루는 문제는 동일하다.

10. 다음 글에 대한 분석으로 적절한 것만을 <보기>에서 모두 고르면? 19 행시 PSAT 언어논리 문32

"1 더하기 1은 2이다."와 "대한민국의 수도는 서울이다."는 둘 다 참인 명제이다. 이 중 앞의 명제는 수학 영역에 속하는 반면에 뒤의 명제는 사회적 규약 영역에 속한다. 그리고 위 두 명제 모두 진리 표현 '~는 참이다'를 부가하여, "1 더하기 1은 2라는 것은 참이다.", "대한민국의 수도는 서울이라는 것은 참이다."와 같이 바꿔 말할 수 있다. 이 '~는 참이다'라는 진리 표현에 대한 이론들 중에는 진리 다원주의와 진리 최소주의가 있다.

진리 다원주의에 의하면 ㉠ 수학과 사회적 규약이라는 서로 다른 영역에 속한 위 두 명제들의 진리 표현은 서로 다른 진리를 나타낸다. 한편, ㉡ 진리 표현은 명제가 속한 영역에 따라서 다른 진리를 나타낸다는 주장은 진리가 진정한 속성일 때에만 성립한다. 만약 진리가 진정한 속성이 아니라면 영역의 차이에 따라 진리를 구별하는 것은 무의미할 것이기 때문이다. 그러므로 진리 다원주의는 ㉢ 진리가 진정한 속성이라는 것을 받아들여야 한다. 한편, ㉣ 언어 사용을 통해 어떤 속성에 대한 모든 것을 알 수 있다면, 그것은 진정한 속성이 아니다. 진리가 진정한 속성이라면 언어 사용을 통해 진리에 관한 모든 것을 알 수 있는 것은 아니다. 진리 최소주의자들은 ㉤ 우리는 언어 사용을 통해 진리에 관한 모든 것을 알 수 있다고 주장한다. 그러므로 만약 진리 최소주의가 옳다면 어떤 결론이 따라 나오는지는 명확하다.

─〈보 기〉─

ㄱ. ㉠과 ㉡은 함께 ㉢을 지지한다.
ㄴ. ㉣과 ㉤은 함께 ㉢을 반박한다.
ㄷ. ㉠, ㉡, ㉣은 함께 ㉤을 반박한다.

① ㄱ
② ㄷ
③ ㄱ, ㄴ
④ ㄴ, ㄷ
⑤ ㄱ, ㄴ, ㄷ

정답 및 해설 p.228

01. 다음 글에 대한 분석으로 옳은 것만을 <보기>에서 있는 대로 고른 것은?　20 LEET 문21

한 명제가 다른 명제를 필연적으로 함축한다면 전자가 참일 가능성은 후자가 참일 가능성을 필연적으로 함축한다. 예를 들어 지구에 행성이 충돌하는 것이 인간이 멸종하는 것을 필연적으로 함축한다면, 지구에 행성이 충돌할 가능성은 인간이 멸종할 가능성을 필연적으로 함축한다. 왜 그럴까?

㉠ 지구에 행성이 충돌한다는 것이 인간 멸종을 필연적으로 함축하지만, 그런 충돌 가능성이 있는데도 인간 멸종의 가능성은 없다고 가정해 보자. 사람들은 지구에 행성이 충돌하는 일이 실제로 일어나겠느냐고 의심할지 모르지만, 그런 충돌이 가능하다고 가정했기 때문에, 그런 일이 실제로 일어나는 상황이 있다고 해도 아무런 모순이 없다. 그리고 그런 일이 실제로 일어난다는 것은 인간 멸종을 필연적으로 함축하므로, 그 상황에서는 인간이 멸종한다. 그런데 인간이 멸종하는 상황은 없다고 가정했으므로 모순이 발생한다. 그러므로 ㉡ 지구에 행성이 충돌한다는 것이 인간 멸종을 필연적으로 함축한다면, 행성 충돌의 가능성은 인간 멸종의 가능성을 필연적으로 함축한다.

〈보 기〉

ㄱ. ㉡을 도출하는 과정에서 인간 멸종이 가능하지 않다는 것과 인간이 멸종하는 상황이 없다는 것을 동일한 의미로 간주하고 있다.

ㄴ. 지구에 행성이 충돌할 가능성이 실제로는 없다고 밝혀지더라도, ㉠으로부터 ㉡을 추론하는 과정에 아무런 문제가 없다.

ㄷ. ㉠으로부터 ㉡으로의 추론은, 어떤 가정으로부터 모순이 도출된다면 그 가정의 부정은 참이라는 원리를 이용한다.

---

① ㄱ　　　　　　② ㄴ　　　　　　③ ㄱ, ㄷ

④ ㄴ, ㄷ　　　　　⑤ ㄱ, ㄴ, ㄷ

02. 다음 글에 대한 분석으로 옳은 것만을 <보기>에서 있는 대로 고른 것은? 21 LEET 문33

다음 두 정의를 받아들여 보자.
(정의 1) '사건 Y가 사건 X에 인과적으로 의존한다'는, X와 Y가 모두 실제로 일어났고 만약 X가 일어나지 않았더라면 Y도 일어나지 않았을 것이라는 것이다.
(정의 2) '사건 X가 사건 Y의 원인이다'는, X로부터 Y까지 이르는 인과적 의존의 연쇄가 있다는 것이다.

갑이 치사량의 독약을 마시자마자 건물 10층에서 떨어졌고 땅바닥에 부딪쳐 죽었다. 사건 A~E는 다음과 같다.
A: 갑이 독약을 마시는 사건
B: 독약이 온몸에 퍼지는 사건
C: 갑이 건물 10층에서 떨어지는 사건
D: 갑이 땅바닥에 부딪치는 사건
E: 갑의 죽음

C로부터 D를 거쳐 E까지 모두 실제로 일어났다. 하지만 ㉠B는 실제로 일어나지 않았다. 즉, 독약이 온몸에 퍼지기 전에 갑은 이미 죽었다. 반면에 ㉡'만약 C가 일어나지 않았더라면 E는 일어나지 않았을 것이다'는 거짓이다. C가 일어나지 않은 경우에는, A로부터 B를 거쳐 E까지 이르는 인과적 의존의 연쇄가 실현되었을 것이기 때문이다. 그래서 ㉢C는 E의 원인이 아니라는 귀결이 도출되는 듯 보인다. 하지만 Z가 X에 인과적으로 의존하지 않더라도, Y가 X에, Z가 Y에 인과적으로 의존할 수 있다. C가 일어나지 않았더라면 D가 일어나지 않았을 것이고, D가 일어나지 않았더라면 E가 일어나지 않았을 것이다.

─────〈보 기〉─────

ㄱ. 위 글로부터 '갑이 건물 10층에서 떨어진 것이 갑의 죽음의 원인이다'가 따라 나온다.

ㄴ. (정의1)과 ㉠으로부터 '어떠한 사건도 B에 인과적으로 의존하지 않는다'가 따라 나온다.

ㄷ. (정의1), ㉡, 그리고 'C가 E의 원인이라면 E는 C에 인과적으로 의존한다'로부터, ㉢이 따라 나온다.

① ㄱ   ② ㄷ   ③ ㄱ, ㄴ

④ ㄴ, ㄷ   ⑤ ㄱ, ㄴ, ㄷ

다음 글에 대한 분석으로 옳은 것만을 <보기>에서 있는 대로 고른 것은?

투표소 출구조사는 유권자가 아니라 실제 투표자를 조사함으로써 투표 결과 예측의 정확도를 높이는 방법이다. 선거구 안에서 조사 대상 투표구를 어떻게 선정하느냐가 출구조사에서 중요하다. 투표구가 선정되면 해당 투표구에 속한 투표소에서 조사가 이루어진다. 출구조사 방법으로 A, B, C가 있다.

A: 직전 선거에서 해당 선거구의 전체 개표 결과와 각 투표구별 개표 결과를 비교하여, 그 차이가 가장 작은 투표구의 투표소를 대상으로 조사한다.
B: 직전 선거에서 정당별 투표 결과가 유사한 투표구들을 층위가 있는 몇 개의 집단으로 묶어 구분하고, 각 층의 유권자 비율에 따라 일정 수의 투표구를 무작위로 선정하여, 해당 투표구의 투표소를 대상으로 조사한다.
C: 투표구를 미리 정하여 그곳에서 투표 시간 내에 조사하는 것이 아니라, 선거구 내 투표구를 모두 순회하면서 조사한다. 한 투표구에서 일정 시간 조사한 후 다음 투표구로 이동하여 일정 시간 조사하는 방식으로 투표구들을 순회하는 것이다. 투표구별 표본 크기는 유권자의 수에 비례하여 결정된다.

〈보 기〉

ㄱ. 직전 선거 이후 투표구의 인구 사회적 특성에 심한 변화가 있을 경우, A는 활용하기 어렵다.
ㄴ. B는 유권자의 정치적 성향 측면에서 동일 선거구 내 투표구들은 대체로 동질적일 것이라고 가정하고 있다.
ㄷ. C에는 해당 선거구의 투표구별 직전 선거 득표 자료가 필수적이다.

① ㄱ   ② ㄷ   ③ ㄱ, ㄴ
④ ㄴ, ㄷ   ⑤ ㄱ, ㄴ, ㄷ

정답 및 해설 p.231

합격을 꿈꾼다면, 해커스로스쿨
lawschool.Hackers.com

PART 2

규범

I. 법이해·법계산

II. 법추론·법철학

I. 법이해 · 법계산

1 법이해의 개념

법이해는 법조문 또는 법지문을 이해·적용하는 능력을 평가하는 유형이다. 법조문으로 구성된 법이해 문제는 조문 구조를 이해하는 것이 가장 중요하다. 표제를 활용하거나 주어진 여러 표지들을 통해 조문의 맥을 짚어야 한다. 지문으로 구성된 법이해 문제는 지문에 제시된 법률 개념 또는 법논리를 정확히 이해하고 이를 사례에 적용하는 것이 핵심이다. 법이해 문제는 수리추리와 결합하여 법계산 문제로 제시될 수도 있다. 법이해 유형은 추리논증 문제 외에도 5급 공채와 입법고시 PSAT의 상황판단 문제를 함께 검토하는 것이 중요하다.

> **법이해의 요구 능력**
> ① 조문을 빠르게 읽고 이해하는 능력
> ② 사례나 선지의 쟁점 요소를 파악하는 능력
> ③ 사례·상황에 제시된 정보를 정리하는 능력
> ④ 빈출 법령, 계산 매커니즘의 숙련도

2018년 전의 법학적성시험에서는 짧은 조문에 깊은 이해를 요구하는 문제가 출제되어 PSAT 상황판단과 차이가 있었으나, 2018년 이후로는 상황판단과 비슷한 길이의 조문을 제시하고, 세부적인 정보를 엄밀히 파악하는 능력을 함께 평가하고 있다.

법이해 문제의 난이도를 높이는 방법은 2가지가 있다. ① 조문에 대한 문언적 해석 이상의 정보를 제시하고 이를 적용케 하는 것과 ② 수리추리와 접목하여 계산을 요구하는 것이다. 전자는 법조문의 형태가 아닌 법지문의 형태로 출제되어, 행정고시, 입법고시, 법학적성시험을 불문하고 출제된다. 후자는 조문이나 지문의 형태 모두 취할 수 있다.

법이해의 세부 유형

조문형	• 조문의 문언적 의미 파악 • 조문의 사례 적용 • 적용 대상 조문의 판단
지문형	• 법논리의 이해 및 적용 • 법적용 알고리즘의 이해
계산형	• 금전 계산 • 기간 계산 • 정족수 등

② 법이해와 법학적성시험

법학적성시험의 법이해는 PSAT 상황판단과 비슷하면서도 다른 점이 많다. 5급 공채 PSAT의 경우 조문과 규정을 근거로 하여 단순히 적용 능력만을 평가하는 것에 비해, 법학적성시험에서는 제시된 여러 기준 중에서 어느 것이 적용되었는지, 주어진 결론을 도출하기 위해 필요한 법적 논리는 무엇인지 등을 묻기도 하여, 더욱 심층적으로 평가한다.

1. 조문형

법학적성시험에서 법이 조문으로 제시될 때는 상황판단에 비해 엄밀한 이해를 요구한다. 단순히 문언적 변주를 주는 선지가 아닌 복잡하고 다양한 조건이 부가된 상황을 제시하거나, 유사한 문구 안에서 엄밀한 평가를 요구하는 문제가 출제된다. 법학적성시험의 조문형은 입법고시와 비슷한 수준으로 출제되고 있다.

2. 지문형

법이 지문으로 제시될 때에는 민법, 형법, 상법 등 추가적인 설명이 필수적인 법을 소재로 하는 만큼, 수험생에게 생소한 소재와 논리를 제시해 난이도를 높인다. 빈출 소재에 대해서는 법률 용어와 적용 알고리즘 등에 대한 충분한 지식을 확보하여야 한다.

3. 계산형

일반적으로 복잡한 반복 계산이 수회 요구되거나, 본문을 적용해야 할 상황이 2개 이상이라면 고난도 법계산이라 할 수 있을 것이다. 법계산은 전반적으로 난이도가 높지만, 수리추리 문제 중 가장 연습하기 용이한 문제이므로 반드시 정복하여야 한다.

법계산의 세부 유형

금전 계산	과태료, 세금 등
기간 계산	기산점, 송달, 구속기간, 형량 등
정족수	의결, 선거 등

법이해 유형 학습 방법

① 기출문제 분석 및 이슈 정리
② 빈출 소재 분석 및 연습
③ 모의고사 등 다량의 문제 풀이

---

01. <규정>에 따라 X국 감독당국에 신고의무가 있는 경우만을 <보기>에서 있는 대로 고른 것은?

21 LEET 문7

X국은 X국 회사가 외국에서 증권을 발행하는 경우뿐만 아니라 외국 회사가 외국에서 증권을 발행하는 경우에도 다음 <규정>에 따라 X국 감독당국에 대한 신고의무를 부과하고 있다.

<규정>
제1조 X국 회사가 외국에서 증권을 발행하는 경우 X국 감독당국에 신고하여야 한다. 다만, 그 증권이 X국 거주자가 발행일부터 2년 이내에 그 증권을 취득하는 것을 허용하지 않는 때에는 그러하지 아니하다.
제2조 외국에서 증권을 발행하는 외국 회사가 X국 주식시장에 상장되어 있거나 X국 거주자의 주식보유비율이 20% 이상인 경우 제1조를 준용한다.
제3조 제2조의 외국 회사가 외국에서 외국 통화로 표시한 증권을 발행하는 경우 그 증권이 X국 거주자가 발행일부터 1년 이내에 그 증권을 취득하는 것을 허용하지 않는 때에는 제1조의 신고의무가 없다.

─── <보 기> ───

ㄱ. X국 주식시장에 상장된 Y국 회사(X국 거주자의 주식보유비율 10%)가 '발행일로부터 2년이 경과하지 않으면 X국 거주자가 취득할 수 없다'는 조건이 포함된 증권(X국 통화로 표시)을 Y국에서 발행하는 경우
ㄴ. Y국 주식시장에 상장된 Z국 회사(X국 거주자의 주식보유비율 15%)가 '발행일로부터 1년이 경과하면 X국 거주자가 취득할 수 있다'는 조건이 포함된 증권(X국 통화로 표시)을 Y국에서 발행하는 경우
ㄷ. Y국 주식시장에 상장된 Z국 회사(X국 거주자의 주식보유비율 20%)가 '발행일로부터 6개월이 경과하면 X국 거주자가 취득할 수 있다'는 조건이 포함된 증권(Z국 통화로 표시)을 Y국에서 발행하는 경우

① ㄱ   ② ㄷ   ③ ㄱ, ㄴ
④ ㄴ, ㄷ   ⑤ ㄱ, ㄴ, ㄷ

02. [규정]과 <사례>를 근거로 판단할 때 <보기>에서 [규정]을 준수한 것만을 있는 대로 고른 것은?

22 LEET 문6

[규정]

제1조 ① '개인정보처리자'란 업무를 목적으로 개인정보를 처리하는 자를 말한다.

② '업무수탁자'란 개인정보처리자가 본래의 개인정보 수집·이용 목적과 관련된 업무를 위탁한 경우 위탁자의 이익을 위해 개인정보를 처리하는 자를 말한다.

③ '제3자'란 개인정보처리자와 업무수탁자를 제외한 모든 자를 말한다.

제2조 ① 개인정보처리자는 정보주체의 동의를 받은 경우에 한하여 개인정보를 수집할 수 있으며 그 수집 목적의 범위에서 이용할 수 있다.

② 전항의 개인정보처리자는 수집 목적 범위에서 개인정보를 제3자에게 제공(공유를 포함)할 수 있다. 다만 제공 후 1주일 이내에 제공사실을 정보주체에게 알려야 한다.

③ 개인정보처리자는 정보주체의 이익을 부당하게 침해할 우려가 없는 경우에 한하여 정보주체로부터 별도의 동의를 받아 개인정보를 수집 목적 이외의 용도로 이용하거나 이를 제3자에게 제공할 수 있다.

④ 개인정보처리자는 개인정보 처리업무를 위탁하는 경우에 위탁 후 위탁사실을 정보주체에게 알려야 하고, 정보주체가 확인할 수 있도록 공개하여야 한다.

<사례>

숙박예약 전문사이트를 운영하는 P사는 숙박예약 및 이벤트 행사를 위한 목적으로 회원가입시 이용자의 동의를 받아 개인정보를 수집하였다.

⟨보 기⟩

ㄱ. P사는 회원들로부터 별도의 동의 없이 숙박시설 운영자 Q에게 해당 숙박시설을 예약한 회원의 정보를 제공하고 즉시 그 회원에게 제공사실을 알려주었다.

ㄴ. P사는 여행사 S사와 사업제휴를 맺고 회원들로부터 별도의 동의 없이 S사가 S사의 여행상품을 홍보할 수 있도록 회원정보를 공유하였다.

ㄷ. P사는 항공권 경품이벤트를 알리기 위해 홍보업체 R사와 이벤트안내 메일발송업무에 관한 위탁계약을 체결하고 회원정보를 R사에게 제공한 후, 10일이 경과한 후에 제공사실을 회원들에게 알리고 공개하였다.

ㄹ. P사는 인터넷 불법도박사이트 운영업체 T사가 불법도박을 홍보할 수 있도록, 회원들로부터 별도의 동의를 받아 T사에게 회원정보를 유료로 제공하였다.

① ㄱ, ㄷ   ② ㄱ, ㄹ   ③ ㄴ, ㄹ

④ ㄱ, ㄴ, ㄷ   ⑤ ㄴ, ㄷ, ㄹ

갑: 법적 추론의 목적은 결론을 정당화하는 것이다. 어떤 판단은 그러한 결론을 내리게 된 근거가 법에 있을 때 법적으로 정당화된다.

을: 법적 추론의 더 중요한 목적은 결과에 대한 예측이다. 사람들이 추론을 통해 알고 싶은 것은, 자기와 다투는 사람이 소송을 할지, 소송에서 어떤 주장을 펼칠지, 특히 법관이 어떤 판결을 내릴지와 같은 문제이기 때문이다.

갑: 사람들이 원하는 것은 예측 가능한 판결이 아니라 법에 비추어 올바른 판결이다. 판단이 옳다는 점은 정당화를 통해서만 드러나므로, 법률가는 자신의 결론이 관련된 모든 법을 고려해 추론했을 때 가장 잘 정당화된 것이라고 생각할 근거를 제시해야 한다.

을: 그러나 사람들의 예측과 다른 판결이 내려진다면, 사람들은 판결 전까지 법이 무엇인지 알 수 없게 된다. 따라서 판결과 다양한 사회적·심리적 배경 사이의 인과 관계도 법적 추론의 대상으로 받아들임으로써, 판결을 더 과학적으로 예측할 필요가 있다.

갑: 법률가들은 대부분의 경우 법적 정당화 관계를 추론함으로써 결론을 쉽게 예측할 수 있다.

① 갑은 법률가들이 정당화 관계를 추론함으로써 동일한 사안에 대해서는 대체로 동일한 결론에 도달한다고 전제한다.

② 을은 판결이 사회적·심리적 요인에 의해 영향을 받는 경우가 있다고 전제한다.

③ 정당화가 어렵지만 결론을 예측하기는 쉬운 판결이 있다면, 을의 주장은 설득력을 갖는다.

④ 을은 법적 정당화 여부가 판사의 결정에 인과적 영향을 미치더라도, 예측을 위해 정당화 관계를 고려할 필요가 없다고 볼 것이다.

⑤ 갑이 전제하는 법적 추론의 주체는 문제에 대해 최선의 답을 찾으려는 판사에 가깝고, 을이 전제하는 법적 추론의 주체는 의뢰인의 이익을 우선시하는 변호사에 가깝다.

04. **<규정>으로부터 추론한 것으로 옳은 것만을 <보기>에서 있는 대로 고른 것은?** 21 LEET 문4

〈규정〉

제1조 ① 근로자는 자녀가 만 8세 이하인 동안 양육을 위한 휴직을 신청할 수 있다. 사업주는 근로자가 양육휴직을 신청하는 경우 이를 허용하여야 한다.

② 양육휴직 기간은 자녀 1명당 1년이다.

제2조 ① 근로자는 자녀가 만 8세 이하인 동안 양육을 위하여 근로시간 단축을 신청할 수 있다. 사업주는 근로자가 근로시간 단축을 신청하는 경우 이를 허용하여야 한다.

② 제1항의 경우 단축 후의 근로시간은 주당 15시간 이상이어야 하고 주당 35시간을 초과할 수 없다.

③ 근로시간 단축 기간은 자녀 1명당 1년이다. 다만 제1조제1항의 양육휴직을 신청할 수 있는 근로자가 제1조제2항의 휴직 기간 중 사용하지 않은 기간이 있으면 그 기간을 가산한다.

제3조 ① 근로자는 양육휴직 기간을 1회에 한하여 나누어 사용할 수 있다.

② 근로자는 근로시간 단축 기간을 나누어 사용할 수 있다. 이 경우 나누어 사용하는 1회의 기간은 3개월 이상이어야 한다.

〈보 기〉

ㄱ. 만 6세 딸과 만 5세 아들을 양육하는 갑이 지금까지 딸을 위해서만 8개월간 연속하여 양육휴직을 하였다면, 앞으로 그 자녀들을 위해 양육휴직을 할 수 있는 기간은 최대 16개월이다.

ㄴ. 만 2세 두 자녀를 양육하는 을이 지금까지 양육휴직 및 근로시간 단축을 한 적이 없고 앞으로 근로시간 단축만을 하고자 한다면, 그 자녀들을 위해 근로시간 단축을 할 수 있는 기간은 최대 2년이다.

ㄷ. 만 4세 아들을 양육하는 병이 그 아들이 만 1세일 때 6개월간 연속하여 양육휴직을 하였을 뿐 지금까지 근로시간 단축을 한 적이 없다면, 앞으로 그 아들을 위해 근로시간 단축을 최대 6개 기간으로 나누어 사용할 수 있다.

① ㄱ ② ㄴ ③ ㄱ, ㄷ

④ ㄴ, ㄷ ⑤ ㄱ, ㄴ, ㄷ

인터넷이나 모바일 등에서 거래를 중개하는 사업 모델 중 포털사이트나 가격비교사이트는 판매 정보를 제공하고 판매자의 사이트로 연결하는 통로의 역할만 한다. 이에 비해 오픈마켓 형태의 모델은 사이버몰을 열어 놓고 다수의 판매자가 그 사이버공간에서 물건을 판매하도록 한다. 후자의 모델은 중개자가 거래 공간을 제공할 뿐만 아니라 계약 체결이나 대금 결제의 일부에 참여하기도 하여 소비자가 중개자를 거래 당사자로 오인할 가능성이 크다. 이러한 판매 중개와 관련하여 X국의 법률은 다음과 같이 규정하고 있다.

(1) '사이버몰판매'란 판매자가 소비자와 직접 대면하지 않고 사이버몰(컴퓨터, 모바일을 이용하여 재화를 거래할 수 있도록 설정된 가상의 영업장을 말한다)을 이용하고 계좌이체 등을 이용하는 방법으로 소비자의 청약을 받아 재화를 판매하는 것이다.

(2) '사이버몰판매중개'란 사이버몰의 이용을 허락하거나 중개자 자신의 명의로 사이버몰판매를 위한 광고수단을 제공하거나 청약의 접수 등 사이버몰판매의 일부를 수행하는 방법으로 거래 당사자 간의 사이버몰판매를 알선하는 행위이다.

(3) 사이버몰판매중개자는 사이버몰 웹페이지의 첫 화면에 자신이 사이버몰판매의 당사자가 아니라는 사실을 고지하면 판매자가 판매하는 상품에 관한 손해배상책임을 지지 않는다. 다만, 사이버몰판매중개자가 청약의 접수를 받거나 상품의 대금을 지급받는 경우 사이버몰판매자가 거래상 의무를 이행하지 않을 때에는 이를 대신하여 이행해야 한다.

<보 기>

ㄱ. P는 인터넷에서 주문을 받아 배달하는 전문 업체로서, 유명 식당에 P의 직원이 직접 가서 주문자 대신 특정 메뉴를 주문하고 결제하여 주문자가 원하는 곳으로 배달까지 해 주는 서비스를 제공한다. 이 경우 P는 사이버몰판매중개자가 아니다.

ㄴ. Q는 모바일 어플리케이션을 이용하여 원룸과 오피스텔의 임대차를 전문적으로 중개하는 사업자이다. 이 경우 Q는 사이버몰판매중개자이다.

ㄷ. R은 인터넷에서 테마파크의 할인쿠폰을 판매하는 업체이다. R은 인터넷 쇼핑몰 웹페이지에 자신이 사이버몰판매의 당사자가 아니라고 고지한 경우 상품에 관한 손해배상책임에서 면제된다.

① ㄱ   ② ㄷ   ③ ㄱ, ㄴ

④ ㄴ, ㄷ   ⑤ ㄱ, ㄴ, ㄷ

06. [규정]을 <사례>에 적용한 것으로 옳은 것만을 <보기>에서 있는 대로 고른 것은? 22 LEET 문13

혼인하려는 당사자들은 혼인의 성립을 가능하게 하는 요건을 모두 충족하고 혼인의 성립을 불가능하게 하는 요건에 하나도 해당하지 않아야 혼인할 수 있다. 같은 국적을 가진 당사자들에게는 그들이 국적을 가진 국가의 규정을 적용하면 충분하나, 서로 다른 국적을 가진 당사자들에게는 어느 국가의 규정을 적용할지가 문제된다. 서로 다른 국적을 가진 당사자들이 X국에서 혼인할 수 있는지를 판단하려면, 혼인 적령(適齡)은 각 당사자가 자신의 국적을 가진 국가에서 정한 요건만 검토하면 충분하고, 중혼(重婚)·동성혼(同性婚)은 쌍방 당사자가 국적을 가진 각 국가에서 정한 요건을 모두 검토해야 한다.

[규정]
X국: 18세에 이르면 혼인할 수 있다. 기혼자도 중복으로 혼인할 수 있다. 같은 성별 간에도 혼인할 수 있다.
Y국: 남성은 16세, 여성은 18세에 이르면 혼인할 수 있다. 남성은 기혼자도 중복으로 혼인할 수 있다. 같은 성별 간에는 혼인할 수 없다.
Z국: 여성은 16세, 남성은 18세에 이르면 혼인할 수 있다. 쌍방 당사자 모두 미혼이어야 혼인할 수 있다. 같은 성별 간에도 혼인할 수 있다.

〈사례〉
갑: X국 국적의 19세 미혼 여성이다.
을: Y국 국적의 17세 기혼 남성이다.
병: Z국 국적의 17세 미혼 여성이다.

─────────〈보 기〉─────────
ㄱ. 갑과 을은 X국에서 혼인할 수 있다.
ㄴ. 갑과 병은 X국에서 혼인할 수 있다.
ㄷ. 을과 병은 X국에서 혼인할 수 있다.

① ㄴ   ② ㄷ   ③ ㄱ, ㄴ
④ ㄱ, ㄷ   ⑤ ㄱ, ㄴ, ㄷ

X국의 법에 의하면, 누구나 유언을 통하여 한 사람 또는 여러 사람의 상속인을 지정할 수 있다. 그리고 임의로 각 상속분도 정할 수 있다. 상속인을 지정하는 유언이 없는 경우에는 일정한 범위의 혈연관계 내지 가족관계에 있는 자들이 상속인 지위를 얻어 상속재산을 취득하는데, 자녀, 손자 같은 직계비속 및 배우자가 1순위 상속인이고, 부모, 조부모와 같은 직계존속이 2순위 상속인이며, 형제, 자매 같은 방계의 친족이 3순위를 이룬다. 선순위의 상속인이 상속을 받으면 후순위의 상속인은 상속을 받을 수 없다. 같은 순위의 공동상속인 사이의 상속분은 균등하다.

혈연관계 내지 가족관계에 있지 않은 사람도 유언을 통하여 상속인으로 지정될 수 있고, 직계존비속을 포함한 친족을 상속인으로 지정하지 않는 유언도 유효하다. 그렇지만 친족이면서도 상속인으로 지정되지 않아 상속에서 배제된 자가 사정에 따라서는 유언한 자의 사후에 경제적으로 매우 곤궁한 상태에 처하게 될 우려도 있다. 이와 같은 경우에 X국에서는 법이 정하고 있는 상속 순위에 있는 자 중 상속에서 배제된 자에 한하여 그 유언이 윤리에 반한다고 주장하면서 해당 유언의 무효를 선언해 줄 것을 요구하는 소(이하 반윤리의 소라 한다)를 제기할 수 있다. 판사가 유언의 반윤리성 여부를 심사할 때에는 그 상속 사안에서 상속 순위에 있는 친족들에게 존재하는 사정만을 판단의 근거로 삼을 수 있다. 유언의 반윤리성이 인정되어 유언이 효력을 잃으면 유언이 없는 것과 같은 상태가 된다.

〈사례〉

X국에 사는 甲에게는 혈연관계 내지 가족관계에 있는 사람으로는 자녀 乙과 동생 丙만 있고, 평소 친하게 지내는 친구 丁이 있다.

① 甲이 유언으로 丙과 丁만을 상속인으로 지정하였다면, 이때 乙이 반윤리의 소를 제기하여 승소하지 않는 한 乙은 상속에서 배제된다.

② 甲은 유언으로 乙과 丁만을 상속인으로 지정하면서 상속분을 균등하게 정할 수 있다.

③ 甲이 유언으로 丁을 유일한 상속인으로 지정하였고 이에 대해 乙이 반윤리의 소를 제기한 경우, 판사는 丁이 甲의 생전에 甲을 부양해 왔다는 丁의 주장을 반윤리성 판단의 근거로 삼을 수 없다.

④ 甲이 유언으로 乙과 丁만을 상속인으로 지정하면서 丁에게 더 많은 상속분을 정한 경우, 乙은 반윤리의 소를 제기할 수 있다.

⑤ 甲이 유언으로 丁을 유일한 상속인으로 지정한 경우, 丙이 제기한 반윤리의 소에 대하여 승소 판결이 내려지면 乙이 단독으로 상속재산을 취득한다.

행정청이 허가를 내린 후에 허가의 효력을 상실시키기 위해서 그 허가를 취소하는 경우가 있다. 이러한 허가 취소는 두 유형으로 나눌 수 있다.

유형 A는 허가를 내릴 당시에는 허가를 받을 요건을 모두 갖추고 있어 허가가 내려졌는데 그 후에 의무를 위반하는 등으로 허가를 받은 자에게 책임이 있거나 공익을 위해 허가를 거둬들여야 하는 새로운 사정이 발생하여 행정청이 장래를 향해 허가의 효력을 소멸시키는 것이다. 허가가 발령 당시에는 정당하게 내려진 허가이므로 행정청은 함부로 이 유형의 허가 취소를 할 수 없고, 법에 이러한 사정이 개별적으로 허가 취소의 사유로 규정되어 있어야 한다. 허가를 받은 자에게 책임이 있어서 내려지는 유형 A의 허가 취소는 제재적 의미를 갖기 때문에 허가를 받은 자가 이미 받은 허가에 대한 신뢰를 보호해 달라고 주장할 수 없지만, 공익을 위해 허가를 거둬들여야 하는 새로운 사정이 발생해서 내려지는 유형 A의 허가 취소에 대해서는 허가에 대한 신뢰를 보호해 달라고 주장할 수 있다.

유형 B는 애초에 허가를 받을 요건을 구비하지 못하였음에도 허가가 위법 또는 부당하게 내려진 것에 대하여 행정청이 이를 바로잡기 위해 허가의 효력을 소급해서 소멸시키는 것이다. 유형 B의 허가 취소는 법에 이를 할 수 있는 사유에 관한 규정이 없어도 이뤄질 수 있다. 또한 이 유형의 허가 취소는 허가를 받은 자가 스스로 위법 또는 부당한 방법으로 허가를 받았거나 허가가 위법 또는 부당하게 내려진 사실을 알 수 있었기 때문에, 허가를 받은 자가 허가에 대한 신뢰를 보호해 달라고 주장할 수 없다.

① 허가를 받은 자가 행정청의 정당한 약관변경명령을 이행하지 않아 행정청이 허가 취소를 하는 경우는 유형 A에 해당한다.

② 허가에 필요한 시설을 갖춘 것처럼 허위의 자료를 제출하여 허가를 받은 자에 대해 행정청이 허가 취소를 하는 경우는 유형 B에 해당한다.

③ 허가가 내려진 이후 해당 사업을 폐지하기로 행정정책이 바뀌어 행정청이 그 허가를 취소하려는 경우, 허가를 받은 자는 허가에 대한 신뢰를 보호해 달라고 주장할 수 있다.

④ 허가에 필요한 동의서의 수가 부족하였으나 이를 간과하고 허가가 내려진 것이 발견되어 행정청이 허가 취소를 하는 경우, 법에 이 사유가 허가 취소 사유로 규정되어 있지 않으면 행정청이 허가 취소를 할 수 없다.

⑤ 허가를 받은 자가 허가를 받은 날부터 정당한 사유 없이 2년이 지나도록 사업을 개시하지 않고 있어 이를 이유로 행정청이 허가 취소를 하는 경우, 법에 이 사유가 허가 취소 사유로 규정되어 있어야 행정청이 허가 취소를 할 수 있다.

　　채무자가 채무를 이행할 수 있는데도 하지 않을 경우, 채권자가 직접 돈을 뺏어오거나 할 수 없고 법원에 신청하여 강제적으로 채무를 이행하게 할 수밖에 없다. 이렇게 강제로 이행하게 하는 방법은 상황에 따라 다른데, K국에서 법으로 인정하고 있는 방법은 세 가지이다. 'A방법'은 채무자가 어떤 행위를 하여야 하는데 하지 않는 경우, 채무자의 비용으로 채권자 또는 제3자에게 하도록 하여 채권의 내용을 실현하는 방법이다. 'B방법'은 목적물을 채무자로부터 빼앗아 채권자에게 주거나 채무자의 재산을 경매하여 그 대금을 채권자에게 주는 것과 같이, 국가 기관이 직접 실력을 행사해서 채권의 내용을 실현하는 방법이다. 이 방법은 금전·물건 등을 주어야 하는 채무에서 인정되며, 어떤 행위를 해야 하는 채무에 대하여는 인정되지 않는다. 'C방법'은 채무자만이 채무를 이행할 수 있는데 하지 않을 경우에 손해배상을 명하거나 벌금을 과하는 등의 수단을 써서 채무자를 심리적으로 압박하여 채무를 강제로 이행하도록 만드는 방법이다. 'C방법'은 채무자를 강제하여 자유의사에 반하는 결과에 이르게 하는 것이므로 다른 강제 수단이 없는 경우에 인정되는 최후의 수단이다.

〈사실 관계〉
ㅇ K국은 통신회사가 X회사 하나였는데 최근 통신서비스 시장 개방에 따라 다수의 다른 통신회사가 설립되어 공급을 개시하였다.
ㅇ K국의 X회사는 소비자 Y에게 계약에 따라 통신서비스를 제공할 의무가 있는데 요금 인상을 주장하며 이행하지 않았다. Y가 X회사의 강제 이행을 실현할 수 있는 방법은 통신서비스 시장 개방 전에는 　(가)　방법, 시장 개방 후에는 　(나)　방법이다.

	(가)	(나)
①	A	C
②	B	A
③	B	B
④	C	A
⑤	C	C

1940년대 말 이후부터 A국은 제2차 세계대전의 패배에 따른 여러 가지 법적 청산 작업을 진행하였다. 이때 나치 체제에 협력하였던 나치주의자들은 형사상 책임을 졌을 뿐만 아니라 회사로부터도 해고되었다. 더 나아가 당시에는 회사의 사용자가 나치 체제에 동조한 '혐의'가 있는 근로자에 대하여도 해고하는 일이 자주 있었고, 이러한 해고의 유효 여부의 다툼에서 A국 법원은 혐의가 있다는 것만으로도 해고의 정당한 이유가 있다고 보았다. 그런데 당시 A국 Y사의 기능공이었던 갑은 1951년 3월 나치 체제에 동조한 사실이 있다는 혐의로 A국 검찰에 소환 조사를 받고 형사재판을 기다리고 있었는데, 이러한 일이 발생하자 Y사의 사용자 을은 갑에게 해고 통고를 하였다. 갑이 이 해고의 무효를 주장하였지만 A국 법원은 1951년 12월 을의 해고는 정당한 이유 있는 해고라고 판시하였다. 그런데 그 후 1954년 갑은 나치 체제에 동조한 사실이 없었던 것으로 최종 밝혀졌다. 이에 갑은 1955년 법원을 상대로 자신의 해고가 잘못된 것임을 주장하면서 해고 무효를 구했으나, 법원은 당시 해고가 무효는 아니라고 했다. 근로 계약의 양 당사자에게 중요한 것은 '신뢰'로서 사용자가 근로자에 대하여 인간적 신뢰를 잃게 되면 근로 관계를 지속하게 하는 것을 기대할 수 없기 때문이라는 것이 그 이유이다. 하지만 갑의 사정을 고려하여 특이한 청구권을 갑에게 인정하는 판결을 내렸다. 즉, 갑에게 Y사 사용자 을로 하여금 자신을 신규로 고용해 줄 것을 요구할 수 있는 청구권을 인정하였던 것이다. 그리고 이러한 청구권을 행사할 경우, 을은 갑을 고용할 의무가 발생한다고 판결하였다.

① 갑의 해고 결정은 무죄 판결에 의해 소급적으로 소멸한다.

② 갑의 해고에 대한 정당성의 판단 기준 시점은 해고 통고 시이다.

③ 해고의 정당한 사유나 원인이 없는 경우라도 갑의 해고는 적법하다.

④ 해고와 달리 갑의 신규 고용 여부를 정당화하는 사유에서는 신뢰관계가 고려되지 않는다.

⑤ 무죄 추정의 원칙에 따라 갑에게 범죄 혐의가 있다는 사실만 가지고는 근로 관계 지속을 위한 신뢰가 깨진다고 볼 수 없다.

X국, Y국 법원이 자국 규정에 따라 재판할 때 <사례>의 갑, 을, 병에게 선고되는 형 중 최저 형량과 최고 형량을 옳게 짝지은 것은?

[X국 규정]

제1조 ① 강간한 사람은 징역 7년형에 처한다.

② 전항은 X국 영역 내에서 죄를 범한 내국인과 외국인에게 적용한다.

제2조 ① 해상에서 강도한 사람은 징역 8년형에 처한다.

② 전항은 X국 영역 내에서 죄를 범한 내국인과 외국인 및 X국 영역 외에서 죄를 범한 내국인에게 적용한다.

제3조 X국의 국적만 가진 사람을 내국인으로 본다.

제4조 처벌대상이 되는 동종 또는 이종의 범죄가 수회 범해진 경우, 개별 범죄에서 정한 형을 전부 합산하여 하나의 형을 선고한다. 이때 한 행위자가 동종의 범죄를 범한 경우, 1회의 범죄를 1개의 범죄로 본다.

[Y국 규정]

제1조 ① 강간한 사람은 징역 6년형에 처한다.

② 전항은 Y국 영역 내에서 죄를 범한 내국인과 외국인 및 Y국 영역 외에서 죄를 범한 내국인에게 적용한다.

제2조 ① 해상에서 강도한 사람은 징역 9년형에 처한다.

② 전항은 Y국 영역 내·외에서 죄를 범한 내국인과 외국인에게 적용한다.

제3조 Y국의 국적을 가진 사람을 내국인으로 본다.

제4조 ① 처벌대상이 되는 동종 또는 이종의 범죄가 2회 범해진 경우에는 개별 범죄에서 정한 형 중 중한 형을 선택하여 그 형에 그 2분의 1을 더한 형만 선고하고, 3회 이상 범해진 경우에는 개별 범죄에서 정한 형 중 가장 중한 형을 선택하여 그 형에 그 3분의 2를 더한 형만 선고한다.

② 전항에서 한 행위자가 동종의 범죄를 범한 경우, 1회의 범죄를 1개의 범죄로 본다.

〈사례〉

○ X국 국적의 갑이 X국에서 1회 강간을 하고 1회 해상강도를 한 후 Y국에서 다시 1회 해상강도를 하였다. 갑은 Y국에서 재판을 받는다.

○ Y국 국적의 을이 Y국에서 2회 강간을 하고 X국에 가서 1회 강간을 하였다. 본국으로 강제 송환된 을은 Y국에서 재판을 받는다.

○ X국과 Y국의 국적을 모두 가진 병이 Y국에서 1회 해상강도를 한 후 X국에서 2회 강간을 하였다. 병은 X국에서 재판을 받는다.

---

① 10년 – 13년 6개월

② 10년 – 14년

③ 10년 – 15년

④ 12년 – 13년 6개월

⑤ 12년 – 14년

12. [규정]에 따라 <사실관계>를 판단할 때 갑의 운전면허는 최종적으로 언제까지 정지되는가?

[규정]

제1조(정의) ① '벌점'은 교통법규위반에 대하여 그 위반의 경중에 따라 위반행위자에게 배점되는 점수를 말한다.

② '처분벌점'은 교통법규위반시 배점된 벌점을 누적하여 합산한 점수에서 기간경과로 소멸한 벌점 점수와 운전면허 정지처분으로 집행된 벌점을 뺀 점수를 말한다.

제2조(벌점의 배점 등) ① 속도위반을 제외한 교통법규위반에 대하여 배점되는 벌점은 아래 표와 같다.

사유	벌점	사유	벌점
신호위반	15점	정지선위반	18점
앞지르기금지위반	20점	갓길통행	25점

② 속도위반에 대하여 배점되는 벌점은 아래 표와 같다.

초과된 속도	20km/h 초과 40km/h 이하	40km/h 초과
벌점	15점	40점

③ 벌점은 해당 교통법규위반일로부터 3년이 지나면 소멸하고, 30점 미만인 처분벌점은 최종 교통법규위반일로부터 교통법규위반 없이 1년이 지나면 소멸한다.

제3조(운전면허정지처분 등) ① 처분벌점이 40점 이상이 되면 운전면허정지처분을 하되, 최종 교통법규위반일 다음날부터 운전면허가 정지되며 처분벌점 1점을 정지일수 1일로 계산하여 집행한다.

② 운전면허정지 중에 범한 교통법규위반행위에 대해서는 벌점을 2배로 배점한다.

③ 운전면허정지 중에 새로운 운전면허정지처분을 추가로 받는 경우, 추가된 운전면허정지처분은 집행 중인 운전면허정지처분의 기간이 종료한 다음날부터 집행한다.

<사실관계>

갑은 그 이전까지는 교통법규위반 전력이 없었는데, 2017. 5. 1.에 신호위반을 하고, 2020. 7. 1.에 정지선위반을 하고, 2021. 3. 1.에 갓길통행을 하고, 2021. 4. 1.에 규정속도를 45km/h 초과하여 속도위반을 하였다. 갑은 위 모든 교통법규위반행위들에 대해 위반일자에 [규정]에 따른 벌점 또는 운전면허정지처분을 받았다.

① 2021. 5. 23. ② 2021. 6. 7. ③ 2021. 6. 14.
④ 2021. 7. 2. ⑤ 2021. 7. 17.

X국은 〈규정〉과 같이 미술품에 대한 저작자의 권리를 인정한다.

〈규정〉

제1조 '미술상'은 저작권협회 회원으로서 미술품을 영업으로 매도·매수·중개하는 자이다.

제2조 미술저작물의 원본이 최초로 매도된 후에 계속해서 거래되고, 각 후속거래에서 미술상이 매도·매수·중개한 경우, 저작자는 매도인을 상대로 ㉠ 거래가액의 일정 비율의 금액을 청구할 수 있다. 거래가액이 40만 원 미만이면 그러하지 아니하다.

제3조 제2조에 의하여 청구할 수 있는 금액은 다음과 같이 거래가액을 기준으로 산정한다.

　(1) 5천만 원 이하: 거래가액의 1%

　(2) 5천만 원 초과 2억 원 이하: 거래가액의 2%

　(3) 2억 원 초과: 거래가액의 3%. 단, 상한은 1천만 원으로 한다.

제4조 저작자는 미술상에게 최근 3년간 미술상이 관여한 자기 저작물의 거래 여부에 관한 정보를 요구할 수 있고, 미술상은 이에 응하여야 한다.

제5조 저작자는 제2조의 권리를 행사하기 위해, 거래에 관여한 미술상에게 매도인의 이름, 주소, 거래가액에 관한 정보를 요구할 수 있고, 미술상은 이에 응하여야 한다.

〈사례〉

화가 갑은 자신이 그린 그림 A를 40만 원에 미술상 을에게 판매하였다. 한 달 후 을은 친구 병에게 A를 20만 원에 판매하였다. 5년이 지나 병은 을의 중개로 미술상 정에게 A를 2억 원에 판매하였다. 그로부터 1년 후 사업가 무가 정에게서 A를 3억 원에 구입하였고, 다시 3년이 지나 무는 기에게 A를 선물하였다.

① 갑이 청구할 수 있는 ㉠은 총 1천3백만 원이다.

② 을은 갑에게 ㉠으로 4천 원을 지급할 의무가 없다.

③ 병은 갑에게 ㉠을 지급할 의무가 있다.

④ 갑은 을을 상대로 병의 이름과 주소, 병이 정에게 매도한 금액에 관한 정보의 제공을 요구할 수 있다.

⑤ 갑이 정에게 A의 거래 여부에 관한 정보를 요구할 경우, 기가 현재 A를 보유하고 있다는 사실을 알고 있는 정은 그 정보를 제공할 의무가 있다.

14. <규정>을 <사례>에 적용한 것으로 옳은 것만을 <보기>에서 있는 대로 고른 것은? 21 LEET 문11

〈규정〉

제1조 상속인은 상속재산 한도에서 사망자의 빚을 갚는 것을 조건으로 상속('조건부 상속')할 수 있다.

제2조 상속인은 금전이 아닌 상속재산을 현금화하는 경우 법원의 허가를 얻어 경매하여야 한다. 여러 재산을 경매한 경우, 상속인은 각 재산으로부터 생긴 금전을 섞이지 않게 분리해 두어야 한다.

제3조 ① 사망자의 특정 재산에 대해 우선적으로 채권을 회수할 권리를 가진 채권자('우선권 있는 채권자')가 있는 경우, 상속인은 그 재산이 현금화된 때에는 다른 채권자보다 우선권 있는 채권자에게 먼저 빚을 갚아야 한다. 우선권 있는 채권자의 채권회수 후에 남은 재산이 있으면 제2항에 의한다.

② 상속인은 사망자의 특정 재산에 대해 우선권 있는 채권자가 없는 경우, 그 재산이 현금화된 때에는 빚을 갚아야 할 시기의 선후, 청구의 순서, 빚의 크기 등에 관계없이 자신의 의사에 따라 자유롭게 빚을 갚을 수 있다.

③ 특정 재산에 대해 우선권 있는 채권자가 그 재산으로부터 회수하지 못한 채권은 우선권 없는 채권으로 남는다.

제4조 제3조에 의하여 빚을 갚고 남은 상속재산이 없으면, 상속인은 더 이상 사망자의 빚을 갚을 책임이 없다.

〈사례〉

갑이 사망하면서 유일한 상속인 을에게 집 한 채와 자동차 한 대, 그리고 1억 7천만 원의 빚을 남겼고, 을은 조건부 상속을 하였다. 집에 대해서는 갑에게 7천만 원의 채권이 있던 병이 우선권을 가지고 있고, 자동차에는 누구도 우선권이 없다. 정과 무도 갑에게 5천만 원씩의 채권을 가지고 있었다.

〈보 기〉

ㄱ. 집만 1억 원에 경매된 경우, 을은 병에게 7천만 원을 갚고, 나머지는 정과 무 중 빚을 갚을 것을 먼저 요구한 자에게 지급하여야 한다.

ㄴ. 집과 자동차가 동시에 각각 5천만 원, 2천만 원에 경매되고, 병, 정, 무가 동시에 지급을 요구한 경우, 을은 병에게 7천만 원 전부를 지급할 수 있다.

ㄷ. 집과 자동차가 동시에 각각 1억 원, 2천만 원에 경매되고, 병, 정, 무가 동시에 지급을 요구한 경우, 을이 병에게 7천만 원, 무에게 5천만 원을 지급하면 정에게는 지급하지 않아도 된다.

① ㄱ
② ㄷ
③ ㄱ, ㄴ
④ ㄴ, ㄷ
⑤ ㄱ, ㄴ, ㄷ

15. <규정>에 따라 <사례>의 갑이 추가로 갖추어야 할 최소 주차대수는?

21 LEET 문10

〈규정〉

제1조 주차수요를 유발하는 건축물 등('시설물')을 건축하거나 설치하려는 자는 〈표〉의 용도별 설치기준에 따라 부설주차장을 설치하여야 한다.

제2조 ① 부설주차장에 설치된 기계식주차장치가 노후·고장 등의 이유로 작동이 불가능하거나 안전상 철거가 불가피한 경우 이를 철거할 수 있다.

② 시설물의 소유자는 제1항에 따라 기계식주차장치를 철거함으로써 제1조에 따른 부설주차장의 설치기준에 미달하게 되는 경우에는 부설주차장을 추가로 설치하여야 한다.

③ 구청장은 제1항에 따라 기계식주차장치를 철거하는 경우 〈표〉의 부설주차장 설치기준을 2분의 1로 완화하여야 한다.

④ 제3항에 의해 완화된 설치기준에 따라 부설주차장을 설치한 이후 해당 시설물이 증축되거나 부설주차장 설치기준이 강화되는 용도로 변경될 때에는 그 증축 또는 용도변경하는 부분에 대해서만 〈표〉의 부설주차장 설치기준을 적용한다.

제3조 시설물의 용도를 변경하는 경우 용도변경 시점의 부설주차장 설치기준에 따라 변경 후 용도의 최소 주차대수를 갖추도록 부설주차장을 설치하여야 한다.

〈표〉

시설물의 용도	설치기준(최소 주차대수)
위락시설	시설면적 100m²당 1대
판매시설	시설면적 150m²당 1대

〈사례〉

갑은 판매시설로 사용되는 시설면적 6,000㎡의 시설물의 소유자이다. 40대를 수용하는 기존 기계식주차장치가 고장으로 작동이 불가능하자 갑은 이 기계식주차장치를 전부 철거하고, 구청장으로부터 부설주차장 주차기준을 2분의 1로 완화 적용받아 20대를 수용하는 부설주차장을 설치하였다. 갑은 이 시설물의 시설면적 중 3,000㎡를 위락시설로 용도변경하려 한다.

① 0대   ② 5대   ③ 10대
④ 15대   ⑤ 20대

16. 다음으로부터 추론한 것으로 옳은 것만을 <보기>에서 있는 대로 고른 것은? 22 LEET 문7

X국은 "교통사고 당시 운전자의 혈중알코올농도가 0.03% 이상인 것이 확인되면 면허를 취소한다."는 규정을 두고 있다. 그런데 교통사고 시점으로부터 일정 시간이 경과한 이후에 음주 측정이 이루어진 경우에는 교통사고 시점의 혈중알코올농도를 직접 확인할 수 없다. 이런 경우에 대비하여 X국 법원은 사고 후에 측정한 혈중알코올농도를 근거로 교통사고 시점의 혈중알코올농도를 추정하는 A공식을 도입하여 면허취소 여부를 판단하고자 한다.

A공식은 섭취 후 일정 시간 동안은 알코올이 소화기관에 의하여 혈액에 일정량 흡수되어 혈중알코올농도가 증가(상승기)하지만 최고치에 이른 시점 이후부터는 분해작용에 따라 서서히 감소(하강기)한다는 점에 착안한 것이다. A공식은 측정한 혈중알코올농도에 시간의 흐름만큼 감소한 혈중알코올농도를 더하는 방식이므로 교통사고가 혈중알코올농도 하강기에 발생한 경우에만 적용될 수 있다.

A공식: $C = r + b \times t$

(C: 확인하고자 하는 시점의 혈중알코올농도, r: 실측 혈중알코올농도, b: 시간당 알코올 분해율, t: 경과시간)

A공식에서 b는 시간당 0.008~0.03%로 사람마다 다른데 X국 법원은 개인별 차이를 고려하지 않고 위 범위에서 측정대상자에게 가장 유리한 값을 대입한다. 또한 t는 확인하고자 하는 시점부터 실제 측정한 시간까지의 경과시간을 시간 단위(h)로 대입한다.

한편 혈중알코올농도가 증가하는 '상승기 시간'은 음주종료시점부터 30분에서 1시간 30분까지로 사람마다 다른데 X국 법원은 역시 개인별 차이는 고려하지 않고 일괄적으로 음주종료시부터 1시간 30분 후에 최고 혈중알코올농도에 이르는 것으로 본다.

〈보 기〉

ㄱ. 20:00까지 술을 마신 후 운전을 하다 21:00에 교통사고를 냈고 같은 날 21:30에 측정한 혈중알코올농도가 0.031%인 사람은 면허가 취소된다.

ㄴ. 20:00까지 술을 마신 후 운전을 하다 교통사고를 냈고(시간 미상), 같은 날 23:30에 측정한 혈중알코올농도가 0.012%인 사람은 이후 사고시간이 밝혀지더라도 면허가 취소되지 않는다.

ㄷ. 20:00까지 술을 마신 직후 자가측정한 혈중알코올농도가 0.05%이었고 이후 운전을 하다 22:30에 교통사고를 냈으며 같은 날 23:30에 측정한 혈중알코올농도가 0.021%인 사람의 면허는 취소되지 않는다.

① ㄱ   ② ㄴ   ③ ㄱ, ㄷ

④ ㄴ, ㄷ   ⑤ ㄱ, ㄴ, ㄷ

규범 해커스 LEET 전진명 추리논증 기본

I. 법이해·법계산 **71**

17. 다음으로부터 추론한 것으로 옳은 것만을 <보기>에서 있는 대로 고른 것은? 20 LEET 문7

X협회는 전국의 소상공인들이 결성한 단체로서, 회원총회와 대의원회를 두고 있다. 회원총회는 X협회의 재적회원 전원으로 구성된다. 대의원회는 소관 전문위원회와 전원위원회를 둔다. 전문위원회는 대의원회의 의장이 필요하다고 인정하거나 전문위원회 재적위원 4분의 1 이상의 요구가 있을 때에만 개최될 수 있다. 전문위원회는 재적위원 과반수의 출석과 출석위원 과반수의 찬성으로 의결한다.

대의원회는 전문위원회의 심사를 거친 안건 중 협회 구성, 회비 책정, 회칙 변경, 회원 징계, 협회 해산 등 주요 사항의 심사를 위하여 대의원회 재적의원 4분의 1 이상이 요구할 때에만 대의원 전원으로 구성되는 전원위원회를 개최할 수 있다. 전원위원회는 재적위원 4분의 1 이상의 출석과 출석위원 과반수의 찬성으로 의결한다.

회칙의 변경, 회원의 징계, 협회의 해산에 관한 사항은 대의원회 전원위원회를 거쳐서만 회원총회에 상정된다. 회원총회는 재적회원 과반수의 출석과 출석회원 과반수의 찬성으로 의결한다.

〈사례〉

X협회는 재적회원이 10,000명이다. 대의원회는 재적의원이 300명이고, 각 전문위원회는 재적위원이 20명이다. 대의원회 재적의원의 종사 업종 비율은 A업종 40%, B업종 35%, C업종 15%, D업종 10%이다. 이 협회의 재적회원 및 각 전문위원회의 재적위원의 종사 업종 비율도 위와 동일하다. 단, 각 회원, 의원, 위원은 하나의 업종에만 종사하고 있다. 회칙의 변경을 위한 안건(이하 안건이라 한다)이 대의원회 소관 전문위원회에서 의결된 후 전원위원회를 거쳐 회원총회에 상정되었다. 각 회의의 표결 결과 무효표나 기권표는 없는 것으로 한다.

〈보 기〉

ㄱ. 회비 인상에 대한 사항이 소관 전문위원회의 심사를 거친 때에는 대의원회의 의장이 필요하다고 인정하면 그 사항을 심사하기 위한 전원위원회가 개최될 수 있다.

ㄴ. A업종 종사 전문위원들만 안건 심사를 위한 전문위원회의 개최를 요구하고 다른 업종 종사 전문위원들이 그에 반대한다면, 전문위원회는 열리지 못한다.

ㄷ. 전문위원회에서 A업종 종사 전문위원 전원과 B업종 종사 전문위원 전원만 출석하여 투표하고 A업종 종사 전문위원 전원이 안건에 찬성한다면, 안건은 가결된다.

ㄹ. 회원총회에서 재적회원 전원이 출석하여 투표하고 A업종에 종사하는 회원 전원과 D업종에 종사하는 회원 전원만 안건에 찬성한다면, 안건은 부결된다.

① ㄱ, ㄴ
② ㄱ, ㄹ
③ ㄴ, ㄷ
④ ㄴ, ㄹ
⑤ ㄷ, ㄹ

민사소송에서 판결은 다음의 어느 하나에 해당하면 확정되며, 확정된 판결에 대해서 당사자는 더 이상 상급심법원에 상소를 제기할 수 없게 된다.

첫째, 판결은 선고와 동시에 확정되는 경우가 있다. 예컨대 대법원 판결에 대해서는 더 이상 상소할 수 없기 때문에 그 판결은 선고 시에 확정된다. 그리고 하급심 판결이라도 선고 전에 당사자들이 상소하지 않기로 합의하고 이 합의서를 법원에 제출할 경우, 판결은 선고 시에 확정된다.

둘째, 상소기간이 만료된 때에 판결이 확정되는 경우가 있다. 상소는 패소한 당사자가 제기하는 것으로, 상소를 하고자 하는 자는 판결문을 송달받은 날부터 2주 이내에 상소를 제기해야 한다. 이 기간 내에 상소를 제기하지 않으면 더 이상 상소할 수 없게 되므로, 판결은 상소기간 만료 시에 확정된다. 또한 상소기간 내에 상소를 제기하였더라도 그 후 상소를 취하하면 상소기간 만료 시에 판결은 확정된다.

셋째, 상소기간이 경과되기 전에 패소한 당사자가 법원에 상소포기서를 제출하면, 제출 시에 판결은 확정된다.

───────〈상 황〉───────

원고 甲은 피고 乙을 상대로 ○○지방법원에 매매대금지급 청구소송을 제기하였다. ○○지방법원은 甲에게 매매대금지급청구권이 없다고 판단하여 2016년 11월 1일 원고 패소 판결을 선고하였다. 이 판결문은 甲에게는 2016년 11월 10일 송달되었고, 乙에게는 2016년 11월 14일 송달되었다.

① 乙은 2016년 11월 28일까지 상소할 수 있다.

② 甲이 2016년 11월 28일까지 상소하지 않으면, 같은 날 판결은 확정된다.

③ 甲이 2016년 11월 11일 상소한 후 2016년 12월 1일 상소를 취하하였다면, 취하한 때 판결은 확정된다.

④ 甲과 乙이 상소하지 않기로 하는 내용의 합의서를 2016년 10월 25일 법원에 제출하였다면, 판결은 2016년 11월 1일 확정된다.

⑤ 甲이 2016년 11월 21일 법원에 상소포기서를 제출하면, 판결은 2016년 11월 1일 확정된 것으로 본다.

정답 및 해설 p.232

II. 법추론·법철학

1 법철학의 개념

'철학(哲學)'은 세계와 인간의 삶에 대해 탐구하는 학문이다. 철학은 합리적이며, 체계적인 고찰을 요구한다. 그런 의미에서 법(法)철학은 '법을 대상으로 하는 철학적 탐구'이다. 다른 철학의 분과 학문과 마찬가지로 법을 대상으로 한다는 점에서 여타 철학과 구분된다.

> **법철학의 의미**
> • 분과 학문으로서의 법철학
> • 개인의 인식틀로서의 법철학

법철학은 무엇이 법이며, 어째서 법을 따라야만 하는지, 법이 어떻게 변화해 가야하는지에 대해 논한다. 즉, 법철학의 주제는 ① 법개념과 ② 법실천이다. 법개념에 관한 주제는 법의 정의, 본성, 도덕과의 관계 등을 다루며, 법실천에 관한 주제는 법치주의, 생명윤리, 인공지능 등의 특수하고 개별적인 소재를 다룬다. 법개념에 대한 철학적 고찰은 "법이란 무엇인가?"에서부터 출발하며, 흔히 알려진 '악법도 법이다'와 이에 대립하는 시민불복종의 개념까지 확장된다. 법철학의 핵심 쟁점을 정리하면 다음과 같다.

핵심 쟁점

자연법론과 법실증주의	• 법의 본성 내지 법의 개념에 대한 논의: 자연법 vs 실정법 • 자연법론 "부정의한 법은 법이 아니다" 　- 강성: 언어적 표현 그대로 법의 효력을 부정 　- 온건: 질적요건이 부족한 법의 복종의무나 도덕적 효력을 부정 • 법실증주의 "현실로 존재하는 법만이 법이다" 　- 분리설: 법률은 도덕과 별개의 개념
법과 도덕의 관계	• 도덕과 법의 인과관계 　"도덕의 구체화로서 법이 존재하는가?" "법이 도덕을 형성하는가?" • 도덕과 법의 공통용어 　"법이 도덕적 표현을 내포하는 것이 필연적인가?" • 법에 대한 도덕적 비판 　"법에 대한 도덕적 비판이 가능한가?" "법은 도덕적 비판을 배제하는가?" • 법의 도덕성 강제 　"부도덕함을 법으로 처벌할 수 있는가?" 　(선결) "도덕적인 것은 무엇인가?"
자유주의와 공동체주의	• 개인의 정치적 자유와 공동체의 공적 손실 • 공정한 절차의 중립성
정의	• "정의란 무엇인가?" → "정의와 도덕의 차이는 무엇인가?" • "법은 정의로워야 한다" vs "법은 정의와 무관하다"
권리	• "권리의 본질은 무엇인가?" 　- 선택설: 권리는 의무 수행의 선택에 의해 형성 　- 이익설: 의무를 지닌 권리자의 반사적 이익 보장
법치주의	• 법의 지배 　- 법의 절대적 우위에 의한 평등한 지배 　- "이성의 우위", "상위법과 최고성", "시민주권" • 법치국가의 원리 　- 실질적 법치주의 vs 형식적 법치주의
법준수의무와 시민불복종	• 법준수의무 　- 동의이론: 법에 대한 복종 의무는 개인의 묵시적 동의에 근거(로크) 　- 공정성이론: 공정한 규칙으로서의 법에 대한 자연적 준수 의무(롤즈) • 시민불복종 cf. 저항권 　정당화 불가능 vs 관대한 처벌 vs 헌법적 정당화 vs 법적 존중
사회현상과 법의 변화	• 젠더법학 • 생명윤리 • 기술윤리

2 법철학과 법학적성시험

법학적성시험은 수험생의 법학적성을 평가한다. 이때 법학적성은 법을 해석하고 적용하는 능력만을 의미하지 않으며, 법의 적실성을 합리적으로 평가할 수 있는 능력 또한 포함한다. 법을 대하는 법조인으로서의 자세와 관점 또한 중요한 평가요소인 것이다. 법철학 제재들은 수험생이 법조인으로서 응당 가져야 할 문제의식을 다룬다. 추리논증에 제시되는 문제들은 비록 비판적 사고력과 추리능력을 평가하지만, 그 내용적 측면은 대부분 법철학적 쟁점과 맞닿아 있다. 아래 예비시험 문제를 통해 추리논증에서 법철학 제재의 의도를 고민해보자.

다음의 논증이 범하고 있는 오류를 가장 잘 지적한 것은?   09 LEET 예비 문27

우리나라의 『장기 등 이식에 관한 법률』은 ⓐ 자율성 존중의 원칙에 따라 뇌사자 또는 사망한 자의 장기에 대해서 본인의 사전 동의가 있는 경우에 장기를 적출할 수 있도록 규정하고 있다. 하지만, ㉠ 장기 기증에 대한 거부감이 많이 줄어든 지금도 장기 기증 희망자는 전체 국민에 비하면 소수에 불과하다. 그리하여 『장기 등 이식에 관한 법률』은 본인의 의사가 불분명한 경우에도 가족들의 동의가 있으면 뇌사자 또는 사망한 자의 장기 적출을 허용하고 있다. 그런데 실제로 가족들은 뇌사자 또는 사망한 자의 신체를 훼손하는 것을 꺼리기 때문에 선뜻 동의하지 않는다고 한다. 그 결과, 뇌사자 또는 사망한 자가 사전에 장기 기증의 의사가 있었다고 할지라도 뇌사 또는 사망한 이후에는 ㉡ 그 의사를 확인하기 어려우므로 장기를 적출하는 것이 쉽지 않다. 그로 인하여 우리나라는 아직도 장기 이식 대기자에 비하여 장기가 턱없이 부족한 상황이다. 이러한 상황을 타개하기 위해서는 뇌사자 또는 사망한 자의 장기 기증에 있어서 이른바 ⓑ 추정적 동의 원칙을 채택하여야 한다. 추정적 동의 원칙은 장기 기증에 대한 국민적 공감대가 형성되어 있다는 것을 전제로, 장기 기증자가 사전에 장기 기증을 거부하지 않는 한 장기 기증의 의사가 있는 것으로 추정하여 장기 적출을 허용하자는 것이다. 실제로 장기 기증이 널리 이루어지는 일부 선진국에서는 추정적 동의 원칙을 받아들이고 있다. 이제 우리도 추정적 동의 원칙을 받아들여 ㉢ 만성적인 장기 부족 사태를 해결하여야 한다.

① 장기 기증을 위해서는 충분한 설명을 받은 이후에 동의가 있어야 한다는 점을 부당하게 가정하고 있다.
② 뇌사의 판정 기준이 명확하지 아니하여 뇌사를 사망의 기준으로 받아들이기 어렵다는 점을 간과하고 있다.
③ 추정적 동의 원칙을 받아들여야 한다는 자신의 결론을 정당화하기 위하여 부당하게 여론에 호소하고 있다.
④ 우리나라의 『장기 등 이식에 관한 법률』이 장기 기증의 자유를 침해하고 있다고 단정하는 잘못을 저지르고 있다.
⑤ 추정적 동의 원칙이 성립하기 위하여 필요한 요건이 현실에 대한 자신의 기술과 상충한다는 점을 간과하고 있다.

• 원칙: ⓐ, ⓑ   목표: ㉢   현실: ㉠, ㉡

이 문제는 "㉠ 만성적인 장기 부족 사태를 해결"하기 위해 원칙 ⓐ(자율성 존중 원칙)에서 원칙 ⓑ(추정적 동의 원칙)로 변화해야 한다고 주장하며, 그 이유로 다음 2가지를 제시하고 있다. 하나는 시대의 변화에도 불구하고 문제가 해결되고 있지 않다는 점(㉠)이고, 다른 하나는 ⓐ의 한계(㉡)이다. 이 문제에서도 알 수 있듯, 추리논증은 고도의 법학지식을 요구하지 않는다. 법과 관련하여 철학적, 논리적 판단을 할 수 있는지를 평가할 뿐이다.

> • 추리논증은 고도의 지식을 요구하는 시험이 아니다.
> • 추리논증의 규범 문제들은 철학적, 논리적 판단 능력(소위 비판적 사고력)을 평가한다.

또한 여기에서 시대의 변화에 따른 생명윤리와 법 사이의 관계가 제재로 제시됨을 알 수 있다. 이처럼 실천적 관점에서 법철학이 문제로 출제되는 것은 다양한 관점에서 법리적 판단을 할 수 있는 능력이 좋은 법조인의 필수요건이기 때문이다. 그러나 현실적으로 법학을 전문적으로 공부하지 않고 법철학과 관련된 수많은 제재를 전부 학습할 수는 없으며, 입학하기도 전에 이에 투자하게끔 하는 것은 사회적 낭비이다.

그렇다면 수험생 입장에서 법철학 제재를 학습하기 위한 적절한 전략은 무엇인가? 첫째, 기출문제를 분석하여 이슈를 정리한다. 법철학과 관련된 문제들은 유사 제재가 반복적으로 출제되는 경향이 있다. 둘째, 개론서 수준에서 중요 법철학 쟁점을 검토한다. 대부분의 법철학 개론서는 앞서 제시한 법철학의 핵심 쟁점을 간단한 사례와 함께 설명한다. 셋째, 논술 수업 또는 스터디를 통해 시사이슈를 법철학적 관점에서 분석한다. 시사이슈를 선별하는 과정에서 쟁점을 탐색하는 연습을 할 수 있으며, 집단 지성에 의해 짧은 시간 내에 사안에 대한 다양한 시각을 습득할 수 있다.

> **법철학 제재 학습 방법**
> ① 기출문제 분석 및 이슈 정리
> ② 핵심 법철학 쟁점 검토
> ③ 시사이슈 분석

3 추리논증에서의 법철학

아래는 최근 5년간 출제된 법철학 제재의 목록이다. 개별법이나 다른 철학 분과에서 검토 가능한 제재는 최대한 배제하였다. 비고란을 활용하여 2017학년도의 기출문제와 PSAT, 모의고사 등을 추가로 정리해보자.

최근 5개년 법철학 제재

학년도	번호	핵심제재	확장 개념	비고
2022	01	형사책임	주체성, 합리적 행위능력, 책임능력, 신경과학	
	02	법해석	법의 형성과 발견, 법	
	03	헌법우위	최고성, 법률우위, 위헌판단	
	15	법과도덕	도덕적 무지, 비난가능성	
2021	13	예측치안	미수론, 예비와 결심, 범죄예측제도	
2020	02	권리	권리의 범위, 정의(正義)	
	03	법조윤리	기소권 오남용	
	04	생명윤리	선택출산, 공리주의, 의무	
	05	권리	이익설, 의사설	
	16	형사책임	행위능력, 비난가능성의 요건	
2019	01	법치주의	법의 지배, 기본권, 행정의 근거	
	02	처벌범위	자유주의의 한계, 자기결정권	
2018	01	법치주의	행정의 자유영역	
	05	형사책임	인식능력, 책임능력	
	11	권리	동물, 로봇의 권리 주체성 인정	

※ 개별법에 대한 해석요소는 제외함

법철학 제재는 매해 3문항 정도가 출제되고 있다. 특히 2018학년도와 2019학년도 모두 첫 번째 문항에서 법치주의와 행정의 근거를 검토하는 문제가 출제되었다. 이미 출제된 쟁점이라 하더라도 세부 쟁점 중 출제되지 않은 것이 있다면 다시 출제될 수 있는 것이다. 따라서 출제된 쟁점을 정리하고 분석함에 있어 능동적이고 확장적인 자세가 요구된다. 더하여 교재에서는 다루지 않은 기본육법의 대원칙을 검토하는 것도 적극 추천한다.

01. 다음 글에 대한 평가로 옳은 것만을 <보기>에서 있는 대로 고른 것은?   22 LEET 문1

머지않은 미래에 신경과학이 모든 행동의 원인을 뇌 안에서 찾아내게 된다면 법적 책임을 묻고 처벌하는 관행이 근본적으로 달라질 것이라고 생각하는 사람들이 있다. 어떤 사람의 범죄 행동이 두뇌에 있는 원인에 의해 결정된 것이어서 자유의지에서 비롯된 것이 아니라면, 그 사람에게 죄를 묻고 처벌할 수 없다는 것이 이들의 생각이다. 그러나 이는 법에 대한 오해에서 비롯된 착각이다. 법은 사람들이 일반적으로 합리적 선택을 할 수 있는 능력을 가지고 있다고 가정한다. 법률상 책임이 면제되려면 '피고인에게 합리적 행위 능력이 결여되어 있다는 사실'이 입증되어야 한다는 점에 대해서는 일반적으로 동의한다. 여기서 말하는 합리적 행위 능력이란 자신의 믿음에 입각해서 자신의 욕구를 달성하는 행동을 수행할 수 있는 능력을 의미한다. 범행을 저지른 사람이 범행 당시에 합리적이었는지 아닌지를 결정하는 데 신경과학이 도움을 줄 수는 있다. 그러나 사람들이 이러한 최소한의 합리성 기준을 일반적으로 충족하지 못한다는 것을 신경과학이 보여 주지 않는 한, 그것은 책임에 관한 법의 접근 방식의 근본적인 변화를 정당화하지 못한다. 법은 형이상학적 의미의 자유의지를 사람들이 갖고 있는지 그렇지 않은지에 대해서는 관심을 두지 않는다. 법이 관심을 두는 것은 오직 사람들이 최소한의 합리성 기준을 충족하는가이다.

───────〈보 기〉───────

ㄱ. 인간의 믿음이나 욕구 같은 것이 행동을 발생시키는 데 아무런 역할을 하지 못한다는 것을 신경과학이 밝혀낸다면, 이 글의 논지는 약화된다.
ㄴ. 인간이 가진 합리적 행위 능력 자체가 특정 방식으로 진화한 두뇌의 생물학적 특성에서 기인한다는 것을 신경과학이 밝혀낸다면, 이 글의 논지는 약화된다.
ㄷ. 범죄를 저지른 사람들 중 상당수가 범죄 유발의 신경적 기제를 공통적으로 지니고 있다는 것을 신경과학이 밝혀낸다면, 이 글의 논지는 강화된다.

① ㄱ   ② ㄷ   ③ ㄱ, ㄴ
④ ㄴ, ㄷ   ⑤ ㄱ, ㄴ, ㄷ

02. 다음으로부터 추론한 것으로 옳은 것만을 <보기>에서 있는 대로 고른 것은? 22 LEET 문15

> A: "미처 몰랐어."라는 말은 나쁜 행위에 대한 변명이 될 수 있고 비난의 여지를 줄여줄 수 있다. 가령 내가 친구의 커피에 설탕인 줄 알고 타 준 것이 독약이었다고 하자. 이는 분명 나쁜 행위이지만, 내가 그것을 몰랐다는 사실은 나에 대한 비난가능성을 줄여줄 것이다. 사실에 대한 무지가 도덕적 비난가능성을 줄일 수 있다면, 도덕에 대한 무지라고 다를 리 없다. 가령 어떤 사람이 노예제도가 도덕적으로 옳지 않다는 것을 모른 채 노예 착취에 동참했다고 해 보자. 이런 무지는 노예를 착취한 행위에 대해서 그 사람을 비난할 가능성을 줄여준다. 어떤 사람이 전쟁에서 적군을 잔인하게 죽이는 것이 옳다고 강하게 믿고 의무감에서 적군을 잔인하게 죽였다면, 그런 행위로 인해 그 사람은 심지어 칭찬받을 여지도 생길 수 있다.
>
> B: 도덕적 무지가 나쁜 행위의 비난가능성을 줄일 수 있다면, 극악무도한 행위에 대해서도 "도덕적으로 그른 일인지 몰랐어."라는 변명이 통할 것이다. 그러나 이는 불합리하다. 어떤 행위를 한 사람이 칭찬받을 만한지 비난받을 만한지는 그 사람이 가진 옳고 그름에 대한 믿음에 따라 결정되는 것이 아니라, 행위가 드러내는 그 사람의 도덕적 성품에 따라 결정되어야 할 문제이다. 도덕적으로 선한 성품을 가진 사람은 그가 가진 도덕적 믿음에 상관없이 나쁜 것에 거부감을 느끼고 좋은 일에 이끌리기 마련이고, 그런 성품의 결과로 나온 행동은 칭찬받을 만하다. 사실 극단적인 형태의 도덕적 무지는 악한 성품에서 생겨나는 것이라 볼 수밖에 없다. 잘못된 도덕적 믿음과 의무감으로 인해 잔인하게 사람들을 죽이는 사람이 비난받아 마땅한 이유이다.

〈보 기〉

ㄱ. 노예제도가 당연시되던 시대에 살던 갑은 노예를 돕는 행위가 도덕적으로 옳지 않다고 믿음에도 불구하고 곤경에 빠진 노예를 돕는다. A에 따르면 갑은 이 행위로 인해 비난받을 만하고, B에 따르더라도 그러하다.

ㄴ. 을은 고양이를 학대하는 것이 도덕적으로 나쁘지 않다고 믿고 있다. 이 때문에 그는 거리낌 없이 고양이를 잔인하게 학대한다. A에 따르면 을의 도덕적 무지는 그에 대한 비난가능성을 낮추지만, B에 따르면 그렇지 않다.

ㄷ. 병은 식당에서 나오는 길에 다른 사람의 비싼 신발을 자기 것으로 착각하고 신고 가버렸다. A에 따르면 병의 착각은 그에 대한 비난가능성을 낮춘다.

① ㄱ
② ㄷ
③ ㄱ, ㄴ
④ ㄴ, ㄷ
⑤ ㄱ, ㄴ, ㄷ

갑은 오늘 고속도로에서 과속 운전을 할 계획이다. 이런 계획을 좌절시킬 어떠한 환경적 요인도 없고 갑의 결심도 확고하다. 또한 갑은 한 번 마음을 먹으면 절대로 마음을 되돌리지 않는다. ㉠이 모든 것을 알고 있는 경찰은 갑이 오늘 고속도로에서 과속할 것이라는 것을 알고 있다. 갑은 실제로 고속도로에서 과속 운전을 하였다. 이런 경우에 갑이 고속도로에 진입하기 전에 경찰이 미리 과속 벌금을 부과하는 것이 정당한가? 즉, 아직 벌어지지 않은 일에 대해서 그것이 벌어질 것을 안다고 해서 사전 처벌하는 것이 정당한가?

A: 처벌의 의의는 어떤 사람에 의해서 잘못이 행해진다면 그에 상응하는 해를 그 사람에게 입혀 그 균형을 맞추는 데에 있다. 잘못이 행해진다는 것이 알려진 한, 처벌의 시점은 전혀 중요하지 않다. TV를 구입할 때 그 비용을 TV를 인수하기 전에 지불하든 후에 지불하든 상관이 없는 것과 같은 이치이다. 경찰이 사전에 벌금을 부과하든 부과하지 않든 갑은 과속을 할 것이 틀림없고 경찰은 그것을 알고 있다. 그렇기 때문에 그에 대한 균형을 맞추기 위한 경찰의 사전 처벌은 정당화될 수 있다.

B: 무고한 사람을 처벌하는 것은 어떤 경우에도 정당화될 수 없다. 갑의 결심이 확고하다고 해도 마지막 순간에 마음을 고쳐먹어 과속을 하지 않을 능력이 그에게 있다는 것을 부정할 수 없다. 갑이 그런 능력을 가지고 있는 한, 과속을 하기 전의 갑은 엄연히 무고한 사람이다. 따라서 갑에 대한 사전 처벌은 정당화될 수 없다.

─── 〈보 기〉 ───

ㄱ. ㉠이 거짓이라면, A의 결론은 따라 나오지 않는다.

ㄴ. 행위자가 어떤 행위를 하느냐 마느냐를 결정할 능력이 있다면, 그가 그 행위를 할지에 대해서 타인이 미리 아는 것이 불가능하다는 견해가 있다. 이런 견해가 옳다면, B는 ㉠과 양립 불가능하다.

ㄷ. 테러리스트가 시민들을 죽음으로 몰아넣을 공격을 준비하고 있고, 경찰은 이 테러리스트를 그대로 두면 이 공격이 성공할 것이라는 사실을 알고 있다. 이에 경찰은 그 테러리스트를 가두고 그 공격으로 발생할 수 있는 피해에 상응하는 처벌을 미리 내려 테러 공격을 막는 데 성공한다. A에 따르면, 이 경우에도 사전 처벌은 정당화될 수 있다.

① ㄱ   ② ㄷ   ③ ㄱ, ㄴ

④ ㄴ, ㄷ   ⑤ ㄱ, ㄴ, ㄷ

〈사례〉

X국에서는 장애아동보호법에 "장애아동은 각자의 능력과 필요에 따라 적절한 공교육을 무상으로 받을 권리를 가진다"고 규정하고 있다. 적절한 공교육의 범위에 관해 다음과 같이 견해가 나뉜다.

〈견해〉

甲: 잠재능력을 발현할 수 있도록 장애아동에게 제공되는 기회는 비장애아동에게 주어진 기회와 상응하는 수준이어야 한다. 이를 위해 공교육이 실시되기 전에 장애아동과 비장애아동의 잠재능력을 측정하고, 공교육의 결과 장애아동과 비장애아동이 잠재능력을 어느 정도 발현하고 있는지 확인해야 한다. 그런 다음 장애아동과 비장애아동이 각각 자신의 잠재능력에 비례하는 성과를 내는 데 차이가 나지 않도록 개별 장애아동에게 필요한 추가적인 학습 과정과 지원 서비스를 무상으로 제공해야 한다.

乙: 공교육이 적절하다는 것은 어떤 특별한 교육적 수준의 보장이나 능력에 관계없는 절대적 교육 기회의 평등을 의미하기보다는 장애아동에게 기본적 수준의 교육 기회에 평등하게 접근할 수 있도록 공교육을 무상으로 제공하는 것을 의미한다. 장애아동이 수업을 이수하고 과목별 합격 점수를 받아 상급 학년으로 진급하는 학업 성취 결과가 나왔다면 그러한 평등이 실현된 것으로 볼 수 있다.

─── 〈보 기〉 ───

ㄱ. 청각장애가 갑자기 생겨 성적이 떨어졌지만 상급 학년으로 진급하는 데에는 어려움이 없는 아동에게 부모가 자비로 수화 통역사를 제공하였더니 종전의 성적을 회복한 경우, 공교육이 그 아동에게 수화 통역사를 무상으로 제공해야 하는지 여부에 대하여 甲과 乙의 견해가 일치한다.

ㄴ. 乙의 견해에 따르면, 청각장애아동들이 공교육의 수업을 이수하고 과목별 합격 점수를 받아 중학교 1학년 과정에서 2학년 과정으로 모두 진급하는 데 성공하는 경우, 공교육 기관은 그 중학교 1학년 과정에 이전까지는 제공되지 않았던 학습 과정과 지원 서비스를 요청하는 청각장애아동의 요구를 받아들이지 않아도 된다.

ㄷ. 공교육 기관은 장애아동이 공교육에서 배제되지 않도록 하면 되고 공교육을 통한 장애아동의 학업 성취 결과까지는 고려하지 않아도 된다는 주장을 甲은 받아들이지 않고 乙은 받아들인다.

① ㄱ   ② ㄴ   ③ ㄱ, ㄷ
④ ㄴ, ㄷ   ⑤ ㄱ, ㄴ, ㄷ

X국에서 甲은 불법 도박장을 운영하면서 乙, 丙, 丁을 종업원으로 고용하였다. 甲은 乙이 열심히 일하자 乙을 지배인으로 승진시켜 丙, 丁을 관리하게 하였다. 그러던 중 甲은 경찰의 단속을 피해 해외로 도주하였고 乙, 丙, 丁은 체포되었다. 검사는 乙, 丙, 丁 중 乙만 기소하고 丙, 丁은 기소하지 않았다. 검사의 기소와 관련하여 다음과 같은 논쟁이 전개되었다.

A: 乙만 기소하고 丙과 丁을 기소하지 않았다면, 이것은 차별적 기소로 검사가 권한을 남용한 것이야.

B: 범죄의 혐의가 있더라도 검사는 재량으로 기소하지 않을 수 있어. 경미한 범죄를 저지른 사람은 기소하지 않을 수 있게 해 주면, 법관이 중요한 사건의 재판에 전념할 수 있게 되어 사회 전체적으로 더 이득이 될 수 있어.

C: 기소에 있어서 검사의 재량을 인정하면, 검사는 권한을 독선적으로 사용하게 되고, 누군가가 검사에 대해서 압력을 행사하는 것을 배제할 수 없어.

D: 인권을 생각해 봐. 기소의 필요성이 적은 사람이 기소되지 않으면, 재판 절차를 거치지 않고서 빨리 자유롭게 생활할 수 있어. 그런 점에서 검사의 기소에 대한 재량을 인정하는 것이 인권 보호에 유리해.

E: 지금 인권이 보호된다고 말하는데, 내가 말하고 싶은 것은 기소된 乙의 입장이야. 乙도 인권이 있는데, 검사의 권한 남용으로 乙만 혼자 기소되면 乙의 인권은 충분히 보호받지 못하잖아.

F: 검사가 범죄 혐의자들을 차별적으로 기소했다고 바로 권한 남용이라고 볼 수는 없지. 검사가 최소한 어떤 부당한 의도를 가지고 차별적으로 기소한 경우에만 권한 남용이라고 해야 하는데 이 사안에서는 그런 의도를 찾을 수가 없어.

〈보 기〉

ㄱ. 乙은 범행에 가담한 정도가 크지만 丙과 丁은 그렇지 않다는 사실을 검사가 기소 여부의 근거로 삼았다면, A를 강화하고 F를 약화한다.

ㄴ. 외부 압력에 의해 중한 범죄 혐의자도 기소하지 않은 경우가 많았고 그로 인해 검찰에 대한 국민들의 신뢰도가 낮아졌다는 조사 결과는 B를 약화하고 C를 강화한다.

ㄷ. D와 E는 모두 범죄 혐의자의 인권 보호에 대해 언급하고 있지만, 각 주장이 보호하고자 하는 구체적 대상이 다르다.

① ㄱ　　　　　　　② ㄴ　　　　　　　③ ㄱ, ㄷ

④ ㄴ, ㄷ　　　　　　⑤ ㄱ, ㄴ, ㄷ

X국에서는 유전자 검사를 통해 건강하고 재능 있는 자녀를 출산하려는 '선택적 출산'이 우려되었다. 이에 X국은 법률을 개정하여 의료인이 태아의 유전적 우열성 판별을 목적으로 임신 여성을 진찰하거나 검사하는 것을 금지하고, 의료인이 태아의 유전적 우열성을 알게 된 경우에도 태아의 부모 또는 다른 사람에게 알릴 수 없도록 하였다. 甲, 乙, 丙은 이 법률의 존속 여부에 대해 논쟁을 벌이고 있다.

甲: 무분별한 선택적 출산을 막을 필요는 있다고 생각하지만, 의료인이 임신 여성에게 태아의 상태나 유전적 질환 등을 무조건 알려 주지 못하게 한 것은 임신 여성의 알 권리를 침해할 소지가 커.

乙: 낙태를 할 경우 임신 여성의 생명이나 건강에 중대한 위험을 초래하여 낙태가 거의 불가능하게 되는 시기가 있어. 그러한 시기에는 태아의 유전적 소질을 부모에게 알려 줘도 무방하다고 생각해.

丙: 태아의 유전적 우열성에 따른 낙태가 계속된다면 생명과 인간의 존엄성이 경시될 수 있어. 이를 방지하기 위해서는 임신 여성이 태아의 유전적 소질에 대해 궁금하더라도 출산할 때까지 참아야 해. 태아의 유전적 소질에 관한 정보를 임신여성에게 알려 주는 경우, 어떤 시기라 하더라도 낙태의 가능성이 완전히 사라지는 것은 아니야.

〈보 기〉

ㄱ. 甲은 유전적 질환의 발생이 염려되어 진료 목적상 태아 상태의 고지가 필요한 경우 이를 고지할 수 있어야 한다고 본다.

ㄴ. 임신 말기로 갈수록 낙태 건수가 현저히 줄어든다는 통계는 乙의 견해를 강화한다.

ㄷ. 장래 가족의 일원이 될 태아의 유전적 우열성에 대해 미리 알고 싶은 인간의 본능에 가까운 호기심의 충족은 태아의 생명에 비해 중시될 이익이 아니라는 주장은 丙의 견해를 지지하지 않는다.

① ㄱ   ② ㄷ   ③ ㄱ, ㄴ
④ ㄴ, ㄷ   ⑤ ㄱ, ㄴ, ㄷ

　　甲, 乙, 丙 세 사람 모두 약속 위반이 잘못된 행위이며 특별한 사정이 없는 한 그런 행위자를 도덕적으로 비난할 수 있다고 생각한다. 이들이 인정하는 특별한 사정이란 "당위는 능력을 함축한다"라는 근본적인 도덕 원리와 관련된 것으로서, 만약 약속을 지킬 수 있는 능력이 없는 경우라면 약속 위반자를 도덕적으로 비난하지 않겠다는 것이다. 이와 더불어 세 사람은 모두 행위자가 물리력을 행사하여 수행할 수 있는 범위 내에 있는 행위라면 '그 행위자에게 그 행위를 할 수 있는 능력이 있는 것'으로 간주한다. 하지만 행위 능력이 있더라도 행위자가 그 능력을 인지하는지 여부에 따라 추가로 특별한 사정이 생길 수 있다는 ㉠입장과 그런 여부와 상관없이 특별한 사정은 생기지 않는다는 ㉡입장이 갈릴 수 있다.

〈사례〉

　　丁은 오늘 정오에 戊를 공항까지 태워 주기로 약속했지만 끝내 제시간에 약속 장소에 나타나지 않았다. 밝혀진 바에 따르면, 丁은 약속을 분명히 기억하고 있었고 시간을 착각한 것도 아니면서 제때 방에서 나오지 않았다. 하지만 약속 위반자인 丁에게 특별한 사정이 있었을 수도 있다. 이제 다음 세 가지 상황을 고려해 보자.

〈상황〉

(1) 丁은 집주인이 방문을 잠가 놓았다는 사실을 알게 되었다. 밖에서 방문을 열어 주지 않는 한 그가 나갈 수 있는 방법은 전혀 없었고 외부와의 연락 수단도 없었다.

(2) 丁은 집주인이 방문을 잠가 놓았다는 사실을 알게 되었다. 밖에서 열어 주지 않는 한 방문을 열 수 있는 방법은 전혀 없었고 외부와의 연락 수단도 없었다. 하지만 방 안에는 丁이 전혀 모르는 버튼이 있는데, 그 버튼을 누르면 비밀 문이 열린다. 버튼을 누르는 일은 丁이 물리력을 행사하여 수행할 수 있는 범위 내에 있었다.

(3) 집주인이 방문을 잠가 놓았고 밖에서 방문을 열어 주지 않는 한 丁이 방에서 나갈 수 있는 방법은 전혀 없었다. 방에는 외부와의 연락 수단도 없었다. 하지만 丁은 귀찮아서 방을 나가려 하지 않았고 방문이 잠겨 있다는 사실을 전혀 몰랐다.

─────〈보 기〉─────

ㄱ. 甲이 (1)과 (3)의 상황에서 丁에 대한 도덕적 판단이 서로 달라야 할 이유가 없다고 생각한다면, 甲은 ㉡을 채택한 것이다.

ㄴ. ㉡을 채택한 乙은 (2)의 상황에서 丁을 도덕적으로 비난하지 않을 것이다.

ㄷ. 丙은 ㉠을 채택하든 ㉡을 채택하든 (3)의 상황에서 丁이 도덕적 비난의 대상이 될 수 있다는 것을 설명할 수 없다.

① ㄱ　　　　　　　② ㄷ　　　　　　　③ ㄱ, ㄴ
④ ㄴ, ㄷ　　　　　　⑤ ㄱ, ㄴ, ㄷ

A국은 마약류(마약·향정신성의약품 및 대마를 통칭함)로 인한 사회적 폐해를 방지하기 위하여 마약류의 제조 및 판매에 관한 '유통범죄'뿐 아니라 마약류의 단순 '사용범죄'까지도 형벌을 부과하는 정책을 시행하고 있다.

갑과 을은 이러한 자국의 마약류 정책에 대하여 다음과 같은 논쟁을 벌였다.

갑1: B국을 여행했는데 B국은 대마초 흡연이 합법이라 깜짝 놀랐어. 대마초의 성분은 중추 신경에 영향을 주어 기분을 좋게 하고, 일단 이를 접한 사람은 끊을 수 없게 만드는 중독성이 있잖아. 이러한 폐해를 야기하는 대마초 흡연은 처벌하는 것이 맞아.

을1: 어떤 개인이 자신에게만 피해를 주는 행위를 했다는 이유로 처벌을 받아야 한다는 것이 이해가 되지 않아. 인간은 타인에게 피해를 주지 않는 한 자신의 생명과 신체, 건강에 대해서 스스로 결정할 자기 결정권을 가지고 있는데 그 권리 행사를 처벌하는 것은 최후의 수단이 되어야 할 형벌의 역할에 맞지 않아.

갑2: 그건 아니지. 마약을 사용하는 것은 스스로를 해치는 행위이기도 하지만, 마약을 사용한 상태에서는 살인, 강간 등의 다른 범죄를 저지를 가능성이 높아져. 타인에게 위해를 가할 위험성을 방지하기 위한 형벌은 필요해.

을2: 그 위험성을 인정하더라도 그런 행위는 타인을 위해할 목적으로 일어난 것이 아니라 중독 상태에서 발생하는 것이잖아. 중독은 치료와 예방의 대상이지 처벌의 대상이어서는 안 된다고 생각해.

갑3: 중독은 사회 전체의 건전한 근로 의식을 저해하기 때문에 공공복리를 위해서라도 형벌로 예방할 필요가 있어.

― <보 기> ―

ㄱ. 전쟁 중 병역 기피 목적으로 자신의 신체를 손상한 사람을 병역법 위반으로 형사처벌하는 A국 정책이 타당성을 인정받는다면 을1의 주장은 약화된다.

ㄴ. 자해행위에 대한 형사처벌은 그 행위가 타인에게 직접 위해를 가하는 경우에만 정당화될 수 있고 위해의 가능성만으로 정당화되어서는 안 된다는 견해가 타당성을 인정받는다면 갑2의 주장은 약화된다.

ㄷ. 인터넷 중독과 관련하여 예방교육과 홍보활동을 강조하며 형벌을 가하지 않는 A국 정책이 타당성을 인정받는다면 을2의 주장은 약화된다.

① ㄴ
② ㄷ
③ ㄱ, ㄴ
④ ㄱ, ㄷ
⑤ ㄱ, ㄴ, ㄷ

A는 B가 뒤따라오고 있다는 것을 알면서도 출입문을 세게 닫아 B의 손가락이 절단되는 사건이 발생하였다. A가 B의 손가락을 절단하려 했는지가 밝혀지지 않은 상황에서, 갑, 을, 병은 A를 상해죄로 처벌할 수 있는지에 대해서 대화를 나누고 있다.

갑: B의 손가락이 절단된 결과에 대해서 A를 처벌할 수는 없어. A는 자신의 행위로 인해 B의 손가락이 잘리는 것까지 의도한 것은 아니니까. A가 자신의 행위로 인해 B의 손가락이 잘리는 것까지 의도했을 때만 처벌해야지.

을: A에게 B의 손가락을 절단하려는 의도는 없었어. 하지만 A는 어쨌든 자신의 행위가 B의 손가락을 절단할 수도 있다는 것을 몰랐을 리 없어. A는 B의 손가락이 절단된 결과에 대해서 처벌을 받아야 해.

병: A가 자신의 행동으로 인해 B의 손가락이 절단될 수도 있다는 것을 알고 있었다고 인정하지는 못하겠어. 그래도 A는 B의 손가락이 절단된 결과에 대해서 처벌을 받아야 해. 어쨌든 A는 B의 신체에 조금이라도 해를 입힐 의도는 있었으니까.

―――――――――――〈보 기〉―――――――――――

ㄱ. 갑과 을은 A의 처벌 여부에 대해서는 다른 의견이나, A의 의도에 대해서는 같은 의견이다.

ㄴ. 을과 병은 A의 처벌 여부에 대해서는 같은 의견이나, A의 인식에 대해서는 다른 의견이다.

ㄷ. 갑의 견해에서 상해죄의 처벌 대상이 되는 행위는 병의 견해에서도 모두 처벌의 대상이 된다.

ㄹ. 을의 견해에서 상해죄의 처벌 대상이 되는 행위는 병의 견해에서도 모두 처벌의 대상이 된다.

① ㄱ, ㄴ　　　　② ㄱ, ㄹ　　　　③ ㄷ, ㄹ
④ ㄱ, ㄴ, ㄷ　　　⑤ ㄴ, ㄷ, ㄹ

10. **A~C에 대한 평가로 옳은 것만을 <보기>에서 있는 대로 고른 것은?** 18 LEET 문1

> X국은 "국가의 행정은 법적 근거를 갖고서 이루어져야 한다." 라는 원칙을 세우고, 헌법에 "국민의 모든 자유와 권리는 필요한 경우에 한하여 법으로써 제한할 수 있다."라고 규정하였다. 그런데 모든 행정 영역에서 행정의 내용을 법에 미리 정하기는 쉽지 않다. 그렇다면 법으로 그 내용을 정하지 않은 행정 영역에 대하여도 이 원칙이 적용되는가? 이에 관해 견해의 다툼이 있다.
>
> A: 자유권, 재산권 등 국민의 기본적인 권리를 제한하고 침해 하는 행정에 대해서만큼은 행정의 자율에 맡겨둘 수 없고 법에 근거를 두어야 하지만, 기본적 권리를 제한하지 않고 국민에게 이익이 되는 행정은 법적 근거가 없어도 행정부에서 자유롭게 시행할 수 있다.
> B: 법적 근거 없이 이뤄질 수 있는 행정의 자유영역은 존재하지 않는다. 행정이 법에 근거할 때 행정기관의 자의가 방지되고 행정작용의 적법성이 확보되므로 국가의 모든 행정작용은 법에 근거해야 한다.
> C: 이 원칙을 모든 행정 영역에 무조건 적용하기보다 개인과 공공에게 영향을 미치는 중요한 행정의 영역에서만 적용하는 것이 타당하다. 개인과 공공에게 영향을 미치는 중요한 사항에 대해서는 입법자가 사전에 그 근거를 법으로 정해야 한다.

〈보 기〉

ㄱ. A에 따르면, 법에 시위 진압에 관한 근거가 없는 경우, 교통 편의를 위해 시위를 진압할 필요가 있더라도 행정부는 집회의 자유권을 제한하는 시위진압행위를 해서는 안 된다.
ㄴ. B에 따르면, 구호품 지급에 관한 사항이 국민에게 이익이 되더라도 법에 그 내용이 규정되어 있지 않으면 행정부는 재난 시 이재민에게 구호품을 지급할 수 없다.
ㄷ. C에 따르면, 초등학교 무상급식 정책이 개인과 공공에 영향을 미치는 중요한 사항일 경우, 이 정책은 권리를 제한하지 않는 행정이어도 그 시행에 있어 사전에 법적 근거가 필요하다.

---

① ㄱ   ② ㄴ   ③ ㄱ, ㄷ
④ ㄴ, ㄷ   ⑤ ㄱ, ㄴ, ㄷ

11. <견해>에 따라 판단한 것으로 옳은 것만을 <보기>에서 있는 대로 고른 것은? 18 LEET 문5

〈견해〉

갑: '행위 당시 행위자가 인식한 사실' 또는 '행위 당시 행위자 이외의 일반인이 인식·예견 가능했던 사실'에 기초해서 판단할 때, 그 행위에 의해 그 결과가 발생하는 것이 이례적이지 않은 경우에는 그 행위와 그 결과 사이의 인과관계가 인정된다.

을: '행위 당시 행위자의 인식 여부 또는 일반인의 인식·예견 가능성 유무와 상관없이 그 당시 객관적으로 존재한 모든 사실'에 기초해서 판단할 때, 그 행위에 의해 그 결과가 발생하는 것이 이례적이지 않은 경우에는 그 행위와 그 결과 사이의 인과관계가 인정된다.

─────〈보 기〉─────

ㄱ. A가 땅콩에 대해 특이체질이라는 것을 알고 있는 X가 A에게 땅콩이 든 빵을 주어 이를 먹은 A가 땅콩에 대한 특이체질 반응을 일으켜 상해를 입은 경우, 갑과 을 모두 X의 행위와 A의 상해 사이의 인과관계를 인정한다.

ㄴ. 대낮에 보행신호에 따라 횡단보도를 건너던 B를 Y가 운전하는 트럭이 치고 지나가 B가 즉사했는데 Y는 운전 중 조는 바람에 이를 인식하지 못한 경우, 갑은 Y의 행위와 B의 사망 사이의 인과관계를 인정하지 않지만 을은 인정한다.

ㄷ. Z가 시속 10km로 자전거를 타다가 건장한 보행자 C와 부딪쳤는데 C가 아무렇지도 않다고 하여 그 자리를 떴다. 그 후 5분 정도 지나 C는 갑자기 의식을 잃고 쓰러져 병원으로 이송되었는데, 고혈압이 있는 C는 고혈압성 뇌출혈로 사망하였다. 이 경우 갑과 을 모두 Z의 행위와 C의 사망 사이의 인과관계를 인정한다.

① ㄱ

② ㄴ

③ ㄱ, ㄷ

④ ㄴ, ㄷ

⑤ ㄱ, ㄴ, ㄷ

12. ⊙과 ⓒ에 대한 평가로 옳은 것만을 <보기>에서 있는 대로 고른 것은? 18 LEET 문11

많은 사람들은 ⊙ 동물에게도 도덕적 지위를 인정해야 한다고 주장한다. 어떤 대상에게 도덕적 지위를 부여하려면 적어도 그것이 쾌락과 고통의 감각 능력뿐만 아니라 주체적으로 지각하고 판단할 수 있는 능력까지 갖고 있어야 할 것이다. 사람들은 많은 고등 동물들이 이 두 가지 능력을 갖추었다고 판단한다. 물론 개나 고양이의 지각·판단 능력은 인간에 비해 열등하지만, 그렇다고 동물들이 주체적이지 않다고 하기는 어렵다. 단지 인간 수준에 못 미치는 것이 이유라면, 혹시라도 인간보다 훨씬 우월한 외계 종족 앞에서 우리가 주체적이지 않은 존재로 무시될 가능성이 있다. 그런 가능성이 우려된다면, 우리도 개나 고양이의 주체적 지각·판단 능력을 인정하는 편이 낫다.

로봇의 경우는 어떤가? 일반적으로 로봇의 핵심 특성으로 간주되는 지각, 정보처리, 행동 출력의 세 요소는 동물의 주요 특징이기도 하다. 게다가 외부 자극을 수용하고 그 정보를 처리 하여 적절한 반응을 출력하는 능력을 인정한다면, 쾌락과 고통의 감각 능력도 함께 인정하는 것이 자연스럽다. 이를테면, 로봇의 팔을 송곳으로 찔렀을 때 팔을 움츠리며 "아야!" 한다면 지금 고통을 느끼고 있다고 판단할 수 있다는 것이다. 또한 로봇을 금속이나 플라스틱이 아니라 동물의 신체와 동질적인 유기물 재료로 구성하는 일도 얼마든지 가능하다. 그렇게 보면 아마도 로봇과 동물의 차이가 분명해지는 측면은 양자의 발생적 맥락뿐일 것이다. 이렇듯 동물과 로봇의 유사성이 충분히 인정되는 상황에서, 적어도 동물에게 도덕적 지위를 부여할 수 있다고 생각하는 사람이라면, 심지어 지각 및 정보처리 능력에서 인간 수준에 필적해 있는 ⓒ 로봇에게 도덕적 지위를 부여하지 못할 이유는 없을 것 같다.

─── 〈보 기〉 ───

ㄱ. 동물과 로봇의 발생적 이력 차이가 쾌락 및 고통의 감각 능력을 평가하는 데 매우 중요한 요소로 밝혀진다면, ⊙에는 영향이 없고 ⓒ은 약화된다.

ㄴ. 동물과 로봇의 구성 소재 차이가 극복할 수 없는 것으로 밝혀진다면, ⊙은 강화되지만 ⓒ은 약화된다.

ㄷ. 인간보다 우월한 지각 및 판단 능력을 가진 대상이 존재하지 않는다면, ⊙은 약화되지만 ⓒ은 강화된다.

① ㄱ
② ㄴ
③ ㄱ, ㄷ
④ ㄴ, ㄷ
⑤ ㄱ, ㄴ, ㄷ

X국 헌법에 따르면 정당의 목적이나 활동이 민주적 기본질서에 위배될 때, 정부는 헌법재판소에 그 해산을 제소할 수 있고, 정당은 헌법재판소의 심판에 의하여 해산된다. 이는 정당 존립의 특권을 보장하기 위해, 법령으로 해산되는 일반 결사와는 달리 헌법재판소의 판단으로 해산 여부가 결정되도록 한 것이다. 강제 해산의 대상이 되는 정당은 정당으로서의 등록을 완료한 기성(旣成) 정당에 한한다. 정당이 설립한 연구소와 같은 방계조직 등은 일반 결사에 속할 뿐이다. 그런데 중앙선거관리위원회에 창당신고를 하였으나 아직 정당으로서 등록을 완료하지 않은 창당준비위원회를 기성 정당과 동일하게 볼 수 있는지에 대하여 견해가 대립한다.

A: 창당준비위원회는 정치적 목적을 가진 일반 결사일 뿐이다. 그 해산 여부는 정당 해산의 헌법상 사유와 절차가 요구되지 않고 일반 결사의 해산 방식으로 결정해야 한다.
B: 창당준비위원회는 정당에 준하는 것이다. 그 해산 여부는 기성 정당과 같이 헌법상의 사유와 절차가 요구된다.
C: 정당설립의 실질적 요건을 기준으로, 아직 이를 갖추지 못한 창당준비위원회는 일반 결사와 동일하게 보고, 이미 이를 완비하였지만 현재 등록절차를 진행하고 있는 창당준비위원회는 정당에 준하는 것으로 보아야 한다.

① 창당준비위원회는 등록기간 안에 등록신청을 하지 아니하면 X국 '정당법'에 따라 특별한 절차 없이 자동 소멸된다는 주장이 옳다면, 이는 A의 설득력을 높인다.
② 집권 여당과 정부가 그 목적이나 활동이 민주적 기본질서에 반하지 않는 반대당의 성립을 등록 이전에 손쉽게 봉쇄할 수 있다는 주장이 옳다면, 이는 A의 설득력을 낮춘다.
③ 창당준비위원회는 앞으로 설립될 정당의 주요 당헌과 당규를 실질적으로 입안한다는 주장이 옳다면, 이는 B의 설득력을 높인다.
④ 정당설립의 실질적 요건을 갖춘 창당준비위원회에게 정당등록은 지극히 통과의례의 과정이라는 주장이 옳다면, 이는 C의 설득력을 낮춘다.
⑤ 정당설립의 실질적 요건을 강화할수록 C는 A와 비슷한 결론을 내릴 것이다.

> X국 헌법 제34조는 "모든 국민은 인간다운 생활을 할 권리를 가진다."라고 정하고 있는데, 이 조항의 해석으로 여러 견해가 제시되고 있다.
>
> A: 법적 권리는 그 내용이 구체적이고 의미가 명확해야 한다. 그런데 '인간다운 생활'이라는 말은 매우 추상적이고, 사람마다 그 의미를 다르게 해석할 수 있는 여지를 광범위하게 제공한다. 따라서 위 조항은 국민에게 법적 권리를 부여하는 것이 아니라 모든 국민이 인간다운 생활을 할 수 있도록 노력하라고 하는 법률 제정의 방침을 제시하고 있을 뿐이며, 그것을 재판의 기준으로 삼을 수는 없다.
>
> B: 위 조항은 국민에게 법적 권리를 부여하고 있다. 하지만 그 자체로는 아직 추상적인 권리에 불과하기 때문에 그에 근거하여 국가기관을 상대로 구체적인 요구를 할 수는 없고, 입법부가 그 권리의 내용을 법률로 구체화한 다음에라야 비로소 국민은 국가기관에 주장하여 실현할 수 있는 구체적인 법적 권리를 가지게 된다.
>
> C: 위 조항은 국민에게 법적 권리를 부여하지만, 그 권리의 구체적인 내용은 잠정적이다. 그 권리의 확정적인 내용은 국민이나 국가기관이 구체적인 사태에서 다른 권리나 의무와 충돌하지는 않는지, 충돌할 경우 어느 것이 우선하는지, 그 권리를 실현하는 데 재정상황 등 사실적인 장애는 없는지 등 여러 요소를 고려하여 판단한다. 국민은 이렇게 확정된 권리를 국가기관에 주장하여 실현할 수 있다.
>
> D: 위 조항에 규정된 '인간다운 생활'의 수준은 최소한의 물질적인 생존 조건에서부터 문화생활에 이르기까지 여러 층위로 나누어 생각할 수 있다. 위 조항은 그중에서 적어도 최소한의 물질적인 생존 조건이 충족되는 상태에 대하여는 어떤 경우에도 구체적인 법적 권리를 인정하는 것이며, 사회의 여건에 따라서는 이를 넘어서는 상태에 대한 구체적인 법적 권리도 바로 인정할 수 있다.

① A에 대하여는, 헌법 제34조의 문언에 반하는 해석을 하고 있다는 비판을 할 수 있다.

② B에 의하면, 국가가 그 권리의 구체적인 내용을 법률로 정하지 않을 경우 국민은 자신의 권리를 실현할 수 없다.

③ C에 대하여는, 헌법 제34조의 구체적인 내용을 사람마다 달리 이해할 수 있어서 권리의 내용이 불안정하게 된다고 비판할 수 있다.

④ D가 인정하는 구체적인 법적 권리가 실현될 수 있을지는 사회 여건에 따라 다를 수 있다.

⑤ A, B, C는 국가의 다른 조치가 없다면 헌법 제34조를 근거로 법원에 구체적인 권리 주장을 할 수 없다는 점에 견해를 같이한다.

　　제대로 조직된 국가에서 사형은 정말 유용하고 정당한가? 인간들은 무슨 권리로 그들의 이웃을 살해할 수 있는가? 주권과 법의 토대를 이루는 권리가 그것이 아님은 분명하다. 법은 각자의 개인적 자유 중 최소한의 몫을 모은 것일 뿐인데, 자신의 생명을 빼앗을 권능을 타인에게 기꺼이 양도할 자가 세상에 어디 있겠는가? 개인의 자유 가운데 희생시킬 최소한의 몫에 어떻게 모든 가치 중 최대한의 것인 생명 자체가 포함될 수 있겠는가? 만약 그렇다 하더라도, 자살을 금지하는 다른 원칙과 어떻게 조화될 수 있겠는가?

　　그러니 사형은 권리의 문제가 아니라, 사회가 자신의 존재를 파괴당하지 않기 위해서 시민에 대하여 벌이는 전쟁행위이다. 따라서 국가가 자유를 상실할 기로에 서거나, 무정부상태가 도래하여 무질서가 법을 대체할 때가 아니라면 시민의 죽음은 불필요하며, 그런 비상한 상황이 아닌 다음에는 한 사람의 죽음이 타인들의 범죄를 억제하는 유일한 방법이어서 사형이 필요하고 정당한 경우가 있을 수 있는지만이 문제된다.

　　결심이 선 인간이 사회를 침해하는 것을 사형이 막지 못한다는 것을 모든 시대의 경험이 입증하고 있지만, 이것으로는 부족하다고 의심하는 이들을 설득하는 데는 인간의 속성을 살펴보기만 해도 된다. 인간의 정신에 무엇보다 큰 효과를 미치는 것은 형벌의 강도가 아니라 지속성이다. 우리의 감수성은 강력하지만 일시적인 충격보다는 미약하더라도 반복된 인상에 훨씬 쉽고도 영속적으로 영향을 받기 때문이다. 범죄자가 처형되는 무섭지만 일시적인 장면을 목격하는 것이 아니라, 일하는 짐승처럼 자유를 박탈당한 채 노동해서 사회에 끼친 피해를 갚아나가는 인간의 모습을 오래도록 보는 것이 범죄를 가장 강력하게 억제한다.

　　　　　　　　　　　　　　　　　　　　　－ 베카리아(1738-1794), 『범죄와 형벌』 －

<보 기>

ㄱ. 법에 따른 지배가 구현되고 있는 평화로운 나라에서 사형은 허용되지 않는다.
ㄴ. 형벌의 주된 목적은 범죄자의 잘못된 습관을 교정하는 데 있다.
ㄷ. 형벌의 공개집행에 반대한다.

① ㄱ　　　　　　　　② ㄴ　　　　　　　　③ ㄱ, ㄷ
④ ㄴ, ㄷ　　　　　　⑤ ㄱ, ㄴ, ㄷ

정답 및 해설 p.237

PART 3

순수철학

I. 존재론

1 존재론의 개념

형이상학(形而上學)은 유형물(有形物)을 대상으로 하는 형이하학의 반대 개념으로, 무형의 추상적 대상을 철학적 탐구 대상으로 다루는 학문이다. 혹자는 이 형이상학의 시대적 계보를 고대로부터 현대까지 존재론(存在論), 인식론, 언어철학으로 구분하기도 한다. 특히 존재론은 존재의 의미를 탐구한다는 점에서 가장 전통적인 주제이다. 존재의 개념, 즉 '있음'을 정의하는 것은 여러 의미에서 중요하다. 세상을 인식하는 나[我]와 내가 아닌 외적세계(外的世界)를 이해하는 일의 시작은 두 대상이 실제로 있음을 이해하는 것에서 출발한다. 또한 타(他)를 이해하기 위해서는 아(我)를 이해하는 것이 선행되어야 한다. 이처럼 존재와 존재함에 대해서, 존재의 변화에 대해서 분석하는 것이 곧 존재론이다. 존재론은 모든 적성시험의 단골소재이지만, 비중이 높은 소재는 아니다. 다양한 소재와 결합해 꾸준히 출제되는 것이 존재론 제재의 특징이다. 존재론의 기본 개념과 핵심 쟁점을 정리하면 다음과 같다.

기본 개념과 핵심 쟁점

존재	• 있음(being) vs 없음 • 존재(存在, exist): 있을 存 + 있을 在 　vs 존립(存立, subsist): 있을 存 + 세울 立 • '존재'란 무엇인가? • '무엇'은 무엇인가? • '있음'의 근원은 무엇인가? • 현존재(dasein): '나'를 중심으로 밖의 세계를 이해할 때의 기준 　- 외부에 무언가가 실재(實在)하는가? • 유물론 vs 유심론, 실재론 vs 관념론
존재자	• 인간에게 가까이 다가와 이미 드러나 있는 것(현전자, 現前者)이 곧 존재자 • 어떤 존재자는 왜 영속적이지 않고 일시적인가? 　- 영속적인 존재자는 존재하는가? → 변화 참조 • 유한 존재자 vs 무한 존재자
개별자와 보편자	• 이른바 보편자는 개별적인 것들의 공통 징표에 의한 이상인가? 유명론(唯名論) 　- 보편자라는 원본을 본뜬 것인가? 실재론(實在論) → 보편논쟁 　- 속성과 개체 사이의 관계는 무엇인가? 　- 속성을 가진다는 것은 절대적인가? 예 해안선 문제
우연과 필연	• 일어난 사건은 우연인가, 필연인가? 　- 참(진리)은 우연인가, 필연인가? 　- 가능한 세계는 무한한가, 유한한가? *양상논리 　- 제한된 가능 세계 안에서 자유란 있는가?
변화	• 존재는 변화하는가? 　- 사물이 '그' 사물로 존재하기 위한 조건은 무엇인가?: 동일성 문제 　　예 테세우스의 배, 생물체 순환, 순간이동, 뇌 이식, 복제인간, 문화재 복원 　- 변화는 어떤 원인에 '의해 일어난' 결과일 것이다. 결국 인과란 무엇인가?
시간과 공간	• 공간(空間), 시간(時間): 존재자의 좌표 • 시간과 공간은 존재자와 독립하여 존재하는가? 아니라면 관계의 표상인가? • 시간과 공간은 실체를 지니는가? • 시간과 공간은 연속적인가? • 시간의 방향을 결정하는 것은 무엇인가? 　- 시간이 역방향으로 진행될 수 있는가? 　- 관계로서의 시간과 과거, 현재, 미래로서의 시간 중 더 옳은 것은? *현재성 문제

❷ 존재론과 법학적성시험

존재론이 법학적성시험에 출제되는 이유는 법적 인과추론의 기반이 곧 존재론적 질문에 대한 해답이기 때문이다. 행위 주체로서의 자아가 존재할 때, 처벌에 의미가 부여된다. 사건이 필연이 아닌 자의에 의한 가능성이 있을 때, 책임이 발생한다. 시간적 선행성을 규명할 때, 인과를 추론할 수 있다. 이처럼 철학 분과로서 존재론은 그 제문제뿐만 아니라 다양한 사례에 응용해 문제를 출제할 수 있다. 법학적성시험에서는 법철학, 과학철학에서 주로 응용된다. PSAT에서도 종종 출제되는 경향이 있어 함께 학습할 필요가 있다. 다음 예시 문제를 보자.

다음 논쟁에 대한 평가로 적절한 것만을 <보기>에서 있는 대로 고른 것은?　　　　17 LEET 문17

> 갑: 당신 진열장이 마음에 들어 내가 어제 당신이 요구한 대로 100만 원을 주고 구입했는데, 왜 물품을 인도하지 않습니까?
>
> 을: 그 100만 원 외에 그 진열장을 이루고 있는 부품 가격으로 100만 원을 더 지불해야합니다. 진열장을 사려면 부품들도 함께 구입해야 하는데, 그 금액을 아직 받지 못했습니다.
>
> 갑: 진열장과 그 부품들이 따로따로라고요? 도대체 무슨 근거로 그 둘이 다르다는 겁니까?
>
> 을: 진열장과 그 부품들은 성질이 다릅니다. 진열장은 세련된 조형미를 갖추고 있지만 그 부품들엔 그런 것이 없습니다. 또 진열장을 분해하면 진열장은 더 이상 존재하지 않지만 그 부품들은 여전히 존재합니다. 따라서 둘은 별개의 사물입니다.
>
> 갑: 당신은 마치 가구 판매자로서의 당신과 가구 제작자로서의 당신이 별개의 사람인 듯이 이야기하는군요. 그건 관념적인 구별이고 실제 당신은 하나가 아닙니까? 진열장은 특정한 형태로 조합된 부품들일 뿐입니다. 둘은 다르지 않습니다. 나는 특정한 형태로 조합되어 진열장을 만드는 부품들을 구매했고, 따라서 그 부품들은 자동으로 따라오는 것입니다. 당신은 분해된 부품들이 아니라 특정한 형태로 조합된 부품들을 저에게 건네주기만 하면 됩니다.

―――――〈보 기〉―――――

> ㄱ. 을은 '서로 다른 성질을 지녔다면 서로 다른 사물'이라고 가정하고 있다.
>
> ㄴ. 부품이 진열장으로 조립·가공되면서 창출되는 가치의 대가가 처음 지불한 100만 원에 이미 포함되어 있다면 을의 주장은 강화된다.
>
> ㄷ. 을의 논리에 따르면 부품 역시 부분들로, 또 그것들을 더 작은 부분들로 나눌 수 있으므로, 부분들에도 값이 있다면 진열장을 받기 위해 거의 무한대의 비용을 지불해야 할 수도 있다.

① ㄴ　　　　　　② ㄷ　　　　　　③ ㄱ, ㄴ

④ ㄱ, ㄷ　　　　　⑤ ㄱ, ㄴ, ㄷ

이는 이미 PART 1에서 존재론 제재의 예제 중 하나로 제시한 바 있다. 개체를 정의하는 기준에 대한 문제로 존재론적 함의를 담고 있다. 이는 또한 법학에서의 개체와 개체의 동일성에 대한 논의로 확장될 수 있다. 아래 보기는 법학 문제에서 존재론적 관점이 적용될 수 있는 예시이다. "범죄자의 동일성이란 무엇이며, 어떻게 판단할 것인가?"에 대한 질문으로, 이와 관련된 문제가 PSAT와 법학적성시험 모두 출제된 바 있다.

2014년 행시 PSAT 언어논리 문39~40

> B: 이름을 바꾸는 것은 이름을 짓는 것과 달라서 사회적 질서나 신뢰에 영향을 주어 혼란을 초래할 수 있어. 개명은 개인의 자유로운 의사에 맡기면 범죄를 은폐하는 수단으로 활용될 수도 있어. 그러니 개명은 독립된 사회생활의 주체라 할 수 없는 아동에 대해서만 제한적으로 허용해야 해.
>
> ㄴ. 수사 과정에서 범죄자의 동일성 식별에 이름 대신 주민등록번호가 사용된다는 사실은 B를 약화한다.

이외에도 형이상학은 인간, 영혼, 신을 다루는 경우도 있는데, 신이나 영혼의 존재 유무, 인간 마음의 성질 등을 분석한다. 존재론은 응용철학에 포섭되어 활용되는 경우가 많으므로 별도로 학습하는 것의 효용이 높지는 않다. 기출문제를 꼼꼼히 분석하고, 응용철학과의 연계성을 검토하는 것으로 충분하다. 단, 존재론만을 다루는 기출문제는 비중이 낮으므로 출제된 모든 문제를 검토할 수 있도록 한다.

존재론 제재 학습 방법
① 기출문제 분석: 가능한 모든 문제 검토
② 응용철학 문제와의 관련성 검토

---

③ 추리논증에서의 존재론

아래는 최근 5년간 출제된 존재론 제재의 목록이다. 인과추론 제재의 경우 기초 과정에서 실용적 풀이를 제시한 바 있으므로 과감히 별개의 유형으로 구분하였으며, 이에 따라 최근 5개년 제재를 정리한 것은 다음과 같다. 내용의 난이도에 비해 법학적성시험에 출제된 문제의 수가 적어 참고할 만한 과거의 기출문제들을 추가로 수록하였다. 비고란을 활용하여 PSAT, 모의고사 등을 추가로 정리해보자.

최근 5개년 존재론 제재

학년도	번호	핵심제재	확장 개념	비고
2021	35	개념 정의		언어철학에서 다룸
2020	18	신		
	22	마음		
2019	16	인간	동일성	
2018	18	존재	지칭체, 추상	언어철학에서 다룸

참고용 존재론 제재

학년도	시험	번호	핵심제재	확장 개념	비고
2017	논리	13	신		
2016	논리	30	영혼	영원성, 유한 존재자, 무한 존재자	
2014	추리	23	감각		
	추리	30	종의 개념		
2012	추리	26	개체	테세우스의 배	
2010	추리	16	영혼	동일성, 유한 존재자, 무한 존재자	

이외에도 존재론 제재의 고난도 문제를 학습하고 싶다면, 입법고시 PSAT 언어논리 기출문제를 검토하는 것을 추천한다.

01. 다음 대화에 대한 분석으로 옳은 것만을 <보기>에서 있는 대로 고른 것은?   23 LEET 문14

> 갑: 죽은 사람이 물리적으로 해를 입을 수는 없지만, 여전히 그에게 무언가 이롭거나 해로운 일을 할 수 있다고 잘못 생각하는 경우가 있어. 죽은 사람에 관해 거짓 소문을 비열하게 퍼뜨리는 것이 그에게 실제로 해를 끼치지는 않아. 다만 그와 관련된 살아 있는 사람들, 즉 그의 자손이나 그를 존경하는 다른 사람들의 마음에는 상처가 될 수 있지.
>
> 을: 하지만 살아 있는 사람들이 왜 마음에 상처를 입겠니? 비열한 소문이 고인에게도 해를 끼쳤다고 그들은 생각할 거야. 가령, 어떤 어머니가 생전에 자신이 살던 집을 절대 팔지 않겠다고 단언했고, 자신이 죽고 난 후에도 그럴 일이 없기를 희망했다고 해 보자. 어머니가 돌아가신 후 집을 상속받은 딸이 어머니의 뜻에 따라 집을 매각할 생각이 전혀 없다면, 그 이유는 그렇게 하면 어머니가 좋아하지 않는다고 생각하기 때문일 거야. 이 경우, 딸의 행동은 어머니가 생전에 갖고 있었지만 현존하지 않는 욕구를 실현한 거야. 어떤 사람의 욕구 충족을 돕는 일은 그 사람의 생사와 무관하게 그에게 이로운 일이 아닐까?
>
> 갑: 그렇지 않을 거야. 과거에 있었던 것이든 미래에 있을 것이든, 현존하지 않는 욕구는 언제 충족되더라도 그 사람에게 이로울 리 없어. 딸의 행동은 돌아가신 어머니에게 이롭지도 해롭지도 않다고 보아야 하는 게 맞지.
>
> 을: 그럼 이런 사례는 어떨까? 부모가 스무 살 아들에게 앞날을 대비하여 전문직 자격증을 따라고 권하지만, 아들은 지금 돈에 대한 욕구는 전혀 없고 봉사활동을 하고 싶어 해. 부모는 몇 년 안에 아들의 마음이 분명히 바뀌어 돈을 원하게 될 것이라고 예측하면서, 그때 가면 자격증을 따지 않은 것을 후회하게 될 것이라고 말하지. 고민 끝에 아들은, 여전히 돈에 대한 욕구는 없지만, ㉠부모의 예측에 동의하면서 지금 자신이 해야 할 일은 자격증을 따는 것이라고 판단하지.

───────────────〈보 기〉───────────────

ㄱ. ㉠이 합리적이라고 인정된다면, 갑의 주장은 약화된다.

ㄴ. 시신을 훼손하는 행위가 죽은 당사자에게 해를 입히는 행위인지에 대해 갑과 을의 견해는 같다.

ㄷ. 을은 어떤 사람에게 이롭거나 해로운 일이 그 사람의 욕구 충족과 관련이 있다고 주장하지만, 갑은 이 주장에 동의하지 않는다.

① ㄱ   ② ㄴ   ③ ㄱ, ㄷ
④ ㄴ, ㄷ   ⑤ ㄱ, ㄴ, ㄷ

甲: 신은 완전한 존재이다. 이는 첫째로 신이 전능함을 함축한다. 따라서 신은 자신이 원한다면 무슨 일이든지 할 수 있을 것이다. 기적을 일으켜 자연법칙을 거스를 수도 있고 이미 지나가 버린 과거를 바꿀 수도 있다. 둘째로 신의 완전함은, 신이 이 세상을 완벽하게 창조했으며 자신이 계획한 그대로 역사를 진행시킨다는 것을 함축한다. 신의 이러한 계획에 개입할 수 있는 존재는 없다.

乙: 甲의 주장에는 문제가 있다. 우선 甲의 두 주장은 서로 상충한다. 신이 완벽하게 과거 현재 미래를 이미 결정한 채 역사를 진행시키고 있다는 것이 사실이라면, 신이 그렇게 진행되어 온 과거를 결코 바꾸지 않을 것이다. 게다가 각 주장도 거짓이라 볼 이유가 있다. 첫째, 신은 엄청난 능력을 가지고 있기는 하나 무엇이든지 다 할 수 있다고 보는 것은 문제가 있다. 신은 아직 결정되지 않은, 장차 벌어질 사건들에서는 무한한 능력을 발휘할 수 있다. 하지만 신조차도 시간의 흐름만은 통제할 수 없기에, 과거로 거슬러 올라가 이미 벌어진 사건을 바꿀 수는 없다. 둘째, 만일 신이 자신이 계획한 대로 역사를 진행시킨다면, 우리가 신에게 기도하는 현상을 설명할 수 없다. 우리는 기도를 통해 우리가 신의 계획에 영향을 줄 수 있다고 믿는다. 이 믿음이 옳다면, 신이 세상을 계획에 따라 창조했더라도 신의 계획은 변경될 수 있을 것이다.

─────〈보 기〉─────

ㄱ. 甲과 乙은 둘 다 기적이 있을 수 있다고 믿는다.
ㄴ. 甲과 乙은 신이 역사를 진행시키는 방식에 대한 견해가 다르다.
ㄷ. 乙은 신이 과거를 바꾼다는 것은 신의 계획이 완전하지 않음을 의미한다고 여긴다.

① ㄱ   ② ㄴ   ③ ㄱ, ㄷ
④ ㄴ, ㄷ   ⑤ ㄱ, ㄴ, ㄷ

03. 다음 논증에 대한 평가로 옳은 것만을 <보기>에서 있는 대로 고른 것은? 20 LEET 문22

인간의 마음을 연구하는 많은 학자들은 정신적인 현상이 물리적인 현상에 다름 아니라는 물리주의의 입장을 받아들인다. 물리주의는 다음과 같은 원리들을 받아들일 때 자연스럽게 따라 나온다고 생각된다. 첫 번째 원리는 모든 정신적인 현상은 물리적 결과를 야기한다는 원리이다. 이는 지극히 상식적이며 우리 자신에 대한 이해의 근간을 이루는 생각이다. 가령 내가 고통을 느끼는 정신적인 현상은 내가 "아야!"라고 외치는 물리적 사건을 야기한다. 두 번째 원리는 만약 어떤 물리적 사건이 원인을 갖는다면 그것은 반드시 물리적인 원인을 갖는다는 원리이다. 다시 말해 물리적인 현상을 설명하기 위해서 물리 세계 밖으로 나갈 필요가 없다는 것이다. 세 번째 원리는 한 가지 현상에 대한 두 가지 다른 원인이 있을 수 없다는 원리이다.

이제 이 세 가지 원리가 어떻게 물리주의를 지지하는지 다음과 같은 예를 통해서 살펴보자. 내가 TV 뉴스를 봐야겠다고 생각한다고 하자. 첫 번째 원리에 의해 이는 물리적인 결과를 갖는다. 가령 나는 TV 리모컨을 들고 전원 버튼을 누를 것이다. 이 물리적 결과는 원인을 가지고 있으므로, 두 번째 원리에 의해 이에 대한 물리적 원인 또한 있다는 것이 따라 나온다. 결국 내가 리모컨 버튼을 누른 데에는 정신적 원인과 물리적 원인이 모두 있게 되는 것이다. 정신적 원인과 물리적 원인이 서로 다른 것이라면, 세 번째 원리에 의해 이는 불가능한 상황이 된다. 따라서 정신적인 원인은 물리적인 원인에 다름 아니라는 결론이 따라 나온다.

─────────────────────〈보 기〉─────────────────────

ㄱ. 어떤 물리적 결과도 야기하지 않는 정신적인 현상이 존재한다면, 이 논증은 이런 정신적 현상이 물리적 현상에 다름 아니라는 것을 보여 주지 못한다.

ㄴ. 아무 원인 없이 일어나는 물리적 사건이 있다면, 위의 세 원리 중 하나는 부정된다.

ㄷ. 행동과 같은 물리적인 결과와 결심이나 의도와 같은 정신적인 현상을 동시에 야기하는 정신적 현상이 존재한다면, 이 논증이 의도한 결론은 따라 나오지 않는다.

① ㄱ   ② ㄷ   ③ ㄱ, ㄴ

④ ㄴ, ㄷ   ⑤ ㄱ, ㄴ, ㄷ

04. 다음 논쟁에 대한 분석으로 옳은 것만을 <보기>에서 있는 대로 고른 것은? 19 LEET 문16

수정란으로부터 태아를 거쳐 유아로의 발달은 점진적이고 연속적인 과정이다. 수정 이후 어느 시점부터 인간이라 할 수 있겠는가? 갑, 을, 병은 아래와 같이 주장한다.

갑: 출생이 기준이 된다고 해 보자. 그렇다면 7개월 만에 태어난 조산아는 인간인데, 그보다 더 발달한 9개월 된 임신 말기 태아는 인간이 아니게 된다. 이는 말이 되지 않는다. 출생만으로는 인간인지 여부의 기준이 될 수 없다.

을: 의식과 감각의 존재 여부가 중요한 기준이다. 일반적으로 태아의 두뇌는 18주부터 25주 사이에 충분히 발달하여 신경 전달이 가능하게 되는 수준에 이른다. 수정란은 의식을 갖지 않고 고통도 느끼지 않겠지만, 충분히 발달한 태아가 의식과 감각 능력을 갖게 된다면 인간으로 간주해야 한다.

병: 태아가 발달 과정의 어느 시점엔가 의식과 감각을 갖게 된다는 것은 분명하다. 그러나 언제부터 태아가 의식을 가지며 고통을 느끼기 시작하는지에 대한 직접적 증거는 원리적으로, 적어도 현재 기술로는 찾을 수 없다. 과학자들은 고통과 같은 감각의 생리학적 상관 현상으로서 두뇌 피질이나 행동을 관찰할 뿐, 고통을 직접 관찰하는 것이 아니다.

〈보 기〉

ㄱ. 갑에 따르면, 태아가 인간인지의 여부는 태아가 얼마나 발달했는지와 무관하다.

ㄴ. 을에 따르면, 아무런 의식이나 감각을 갖지 않는 임신 초기의 태아는 인간으로서의 지위를 갖지 않는다.

ㄷ. 병에 따르면, 의식이나 감각의 존재 여부는 인간인지의 여부와 무관하다.

① ㄴ
② ㄷ
③ ㄱ, ㄴ
④ ㄱ, ㄷ
⑤ ㄱ, ㄴ, ㄷ

05. ⑦을 지지하는 사례로 옳은 것만을 <보기>에서 있는 대로 고른 것은?

사람들의 선호는 항상 일정해서 변하지 않는 것이 아니라 시간의 경과에 따라 변할 수 있고 이런 현상을 '시간적 비정합성'이라고 부른다. 미래의 결과들 A, B에 대해 처음에는 A를 B보다 더 선호하다가 시간이 경과함에 따라 선호가 역전되거나 선호의 차이가 좁혀지는 현상이다. 이러한 현상을 설명하는 이론으로 ⑦ 시간해석이론이 있다. 이 이론에 따르면, 사람은 어떤 대상의 가치를 평가할 때 마음속으로 해석하여 선호를 결정하며, 동일한 대상이라도 시간적으로 멀리 있는 경우와 가까운 경우에 대상을 바라보는 관점이 달라진다는 것이다. 사람들은 시간적으로 멀리 있는 대상에 대해서는 더 본질적인 점에 주목하는 '고차원적 수준'의 해석에 상대적으로 강하게 의지하고, 시간적으로 가까운 대상에 대해서는 더 부수적인 점에 착안하는 '저차원적 수준'의 해석에 집착한다. 예를 들어, 미래 이익에 대한 평가에서 이익의 크기 변화는 고차원적 수준이고, 그 실현 시점의 다소간 차이는 저차원적 수준이다. 결국 시간적 거리에 따라 대상에 대한 해석 수준이 달라지면서 시간적 비정합성이 발생한다고 본다.

─〈보 기〉─

ㄱ. 5천 원인 노트를 반값에 구매하기 위해 20분 동안 운전할 용의는 있지만, 202만 원인 냉장고를 200만 원에 구매하기 위해 20분 동안 운전하려 하지 않는다.

ㄴ. 여행 출발이 많이 남은 시점에서는 좋은 경치, 맛있는 음식 등을 상상하면서 기대에 부풀지만, 여행 출발이 다가올수록 준비물, 교통수단 등 세부 사항을 걱정하게 된다.

ㄷ. "60일 후에 배달 예정인 냉장고를 배달이 하루 늦어지면 5% 할인해 주겠다."는 제안을 받아들이지만, "내일 배달 예정인 냉장고를 배달이 하루 늦어지면 5% 할인해 주겠다."는 제안은 거부하였다.

① ㄱ ② ㄴ ③ ㄱ, ㄷ
④ ㄴ, ㄷ ⑤ ㄱ, ㄴ, ㄷ

> 필로누스: 우리가 감각을 통해 뜨거움이나 차가움을 지각할 때, 그 뜨거움이나 차가움은 우리 마음 바깥의 사물에 있는 것일까, 아니면 그것들은 우리의 마음에 의해 지각되는 것으로만 존재하는 것일까? 자네는 뜨거움이나 차가움에 관해서 어떻게 생각하는가?
>
> 하일라스: 강렬한 뜨거움이나 차가움은 통증으로 지각되네. 통증이란 지독한 불쾌감의 일종이므로, 강렬한 뜨거움과 강렬한 차가움은 지독한 불쾌감에 불과하네. ⓐ 그러므로 강렬한 뜨거움과 강렬한 차가움은 사물에 있는 것이 아니네. 그러나 그보다 덜한 정도의 뜨거움이나 차가움은 통증과는 무관한 것이네. 우리는 그것들을 뜨거움이나 차가움으로 지각할 뿐 아니라 '더 뜨거운 것'과 '덜 뜨거운 것' 등을 구별하여 지각하네. ⓑ 그러므로 이런 정도의 뜨거움은 사물에 있다고 여겨지네.
>
> 필로누스: 우리 모두가 인정하듯이, 어떤 것이 동시에 차기도 하고 뜨겁기도 할 수는 없네. 그러면 이제 자네의 한 손은 뜨겁고 다른 한 손은 차다고 가정해 보세. 그리고 두 손을 모두 한꺼번에 미지근한 물에 넣었다고 해보세. 그러면 뜨겁던 손에는 그 물이 차갑게 느껴지고 차갑던 다른 한쪽 손에는 뜨겁게 느껴질 것이야. 그 물에서 자네의 한 손은 뜨거움을 느끼고 다른 한 손은 차가움을 느끼는 것이네. ⓒ 그러므로 자네의 손이 느끼는 뜨거움과 차가움이 그 물에 있다고 말할 수는 없네.

─〈보 기〉─

ㄱ. ⓐ의 추리는 "쾌감이나 불쾌감은 그것들을 지각하는 주체에만 존재하는 것이다."라는 것을 전제하고 있다.

ㄴ. ⓑ의 추리는 "사물의 성질 중에 인간이 지각할 수 없는 것이 있다."라는 것을 전제하고 있다.

ㄷ. ⓒ의 추리는 "어떤 주장이 불합리한 귀결을 갖는다면 그 주장은 참일 수 없다."는 원리를 이용하고 있다.

① ㄴ   ② ㄷ   ③ ㄱ, ㄴ
④ ㄱ, ㄷ   ⑤ ㄱ, ㄴ, ㄷ

(가) 분류학자들은 생물 종을 분류하기 위해, 종을 규정하는 형태가 종을 구성하는 개체들 사이에서 충분히 일정하게 유지되고 다른 종의 형태와 분명히 확인될 수 있을 만한 차이를 보이는지 여부와, 만약 그런 차이가 있다면 새로운 종으로 이름을 부여할 만큼 그 차이가 충분히 중요한 것인지 여부만을 결정하면 된다. 후자의 결정은 현재 받아들여지고 있는 것보다 종 지위 결정에 있어서 훨씬 더 본질적인 사안이 될 것이다. 왜냐하면 그 둘을 연결해 주는 중간 형태가 없다면, 두 형태 사이의 차이가 아무리 사소하더라도 대부분의 분류학자들은 두 형태 각각에 종의 지위를 부여하는 것이 마땅하다고 생각할 것이기 때문이다. 그러므로 우리는 한 종과 그 종과는 뚜렷이 구별되는 변종을 식별하는 유일한 기준은, 변종은 현 상태에서 중간 형태를 통해 특정 종과 연결된다고 알려져 있거나 믿어지는 데 반해, 서로 다른 종들 사이에는 그러한 방식의 연결이 오직 과거에만 있었다는 점임을 인정해야만 한다.

(나) 종이라는 용어가 서로 닮은 개체들의 집합에 대해 편의상 임의적으로 붙인 것이라는 점, 그리고 종이라는 용어가 변종이라는 용어와 본질적으로 다른 것이 아니라는 점은 이제 분명하다. 단지 변종에 속하는 개체는 같은 종에 속한다고 보기에는 다른 개체와의 차이가 큰 형태이면서도, 종으로 분류하기에는 그 차이의 정도가 좀 덜 분명한 것일 뿐이다. 그런 점에서 종과 변종을 구별하는 차이는 같은 종에 속하는 개체들 사이의 차이와 비교할 때 편의상 임의적으로 구별한 것에 불과하다. 이런 생각은 분류학자들에게 기분 좋은 소식이 아닐 것이다. 하지만 우리는 이 견해를 따름으로써, 적어도 아직 발견되지 않은 그리고 발견될 수 없을 종의 본질을 헛되이 찾는 일로부터는 자유롭게 될 것이다.

– 찰스 다윈, 「종의 기원」 –

① (가)는 종이란 분류의 편리함을 위해 임의적으로 이름 붙인 것에 불과하다고 주장하고 있다.

② (나)는 종과 변종의 차이는 그 둘 사이의 연결 고리가 현재 존재하는지의 여부라고 주장하고 있다.

③ (가)와 (나)는 종의 본질을 찾는 노력이 헛된 일이라는 견해를 받아들이지 않을 것이다.

④ (가)와 (나)는 종이 다른 종들과 구별될 수 있는 불변하는 속성을 가지고 있다는 견해를 받아들이지 않을 것이다.

⑤ (가)와 (나)는 종과 변종 사이의 차이가 개체들 사이의 차이보다 그 정도가 큰 것일 뿐이라는 견해를 받아들이지 않을 것이다.

가정부 로봇에 대한 갑, 을, 병의 판단을 기준으로 하여, 몇 가지 가상 사례들에 대하여 동일성 여부를 판단해 보았다.

철수는 시점 t_1에 가정부 로봇을 하나 구입하였다. 인공지능 회로에 고장이 나서 t_2에 같은 종류의 새 부품으로 교체하였으며, t_3에 새로운 소프트웨어로 로봇을 업그레이드하였고, t_4에 로봇의 외형을 새로운 모습으로 바꾸었다. 화재로 t_4의 로봇이 망가지자 철수는 t_4 시점의 로봇을 복제한 새 로봇을 t_5에 구입하였다. 시점 t_1에서 t_5에 이르는 로봇의 동일성 여부에 대하여 갑, 을, 병은 각기 다른 기준에 따라 다음과 같이 판단하였다.

갑: 시점 t_1과 t_4의 로봇은 동일하지만, t_5의 로봇은 이들과 동일하지 않다.
을: 시점 t_2와 t_3의 로봇은 동일하지만, t_1의 로봇은 이들과 동일하지 않다.
병: 시점 t_3과 t_5의 로봇은 동일하지만, t_2의 로봇은 이들과 동일하지 않다.

우리는 인간의 신체와 정신의 관계에 대하여 다음 가정을 받아들이기로 한다.

ㅇ 신체와 정신의 관계는 하드웨어와 소프트웨어의 관계와 같다. 두뇌를 포함한 인간의 신체가 하드웨어라면, 정신은 신체를 제어하는 소프트웨어이다.
ㅇ 만약 두뇌가 복제되면, 정신도 함께 복제된다.

─────────〈보 기〉─────────

ㄱ. 왕자와 거지의 심신이 뒤바뀌어서 왕자의 정신과 거지의 몸이 결합된 사람을 을은 거지라고, 병은 왕자라고 판단할 것이다.
ㄴ. 사고로 두뇌와 신체를 크게 다친 철수는 첨단 기술의 도움으로 인간과 기계가 결합된 사이보그가 되었다. 갑과 을은 둘 다 원래의 철수와 사이보그가 된 철수를 다른 사람이라고 판단할 것이다.
ㄷ. 한 개인의 신체에 관한 모든 정보를 다른 장소로 원격 전송한 다음에, 인근에 있는 분자를 이용하여 그 정보에 따라 신체를 똑같이 조합하였다. 원래의 존재와 조합된 존재를 갑은 다르다고, 병은 같다고 판단할 것이다.

① ㄱ   ② ㄴ   ③ ㄱ, ㄷ
④ ㄴ, ㄷ   ⑤ ㄱ, ㄴ, ㄷ

09. 다음 논증의 구조를 분석한 것으로 가장 적절한 것은?(단, '↓'는 글쓴이가 위 진술을 아래 진술의 근거로 사용하고 있음을 의미하며, '+'는 앞뒤의 진술이 합쳐짐으로써 아래 진술에 대한 근거를 구성함을 의미한다.)

10 LEET 문16

ⓐ 영혼의 동일성을 확인할 길은 없다. 예를 들어 나의 영혼과 소크라테스의 영혼이 같은지 다른지 확인할 길이 없다. ⓑ 영혼은 물질적인 것이 아닌 신비로운 것이기 때문이다. ⓒ 이것이 행위의 책임 소재를 영혼의 동일성에서 찾을 수 없는 이유이다. 그런데 ⓓ 행위 주체와 책임주체가 동일한 육체를 가지고 있는지 여부는 경험적으로 확인할 수 있다. 그렇다면 ⓔ 주체의 동일성을 육체의 동일성에서 찾을 수 있는 것처럼 보인다. ⓕ 육체의 동일성이 유지된다 하더라도 기억상실증 환자처럼 의식이 동일하지 않을 수 있는데, 의식이 전혀 다른 주체의 행위에 대해 책임을 지는 것은 부당하다. 따라서 ⓖ 단지 행위주체와 육체가 동일하다는 이유만으로 과거 행위에 대해 책임을 져야 한다고 말할 수 없다. ⓗ 의식의 동일성이 유지되지 않으면 주체의 동일성이 유지된다고 말할 수 없기 때문이다. ⓘ 의식의 동일성은 경험적으로 확인할 수 있다. 그러므로 ⓙ 영혼의 동일성이나 육체의 동일성이 아니라 의식의 동일성이 유지되어야 행위에 대한 책임을 물을 수 있다.

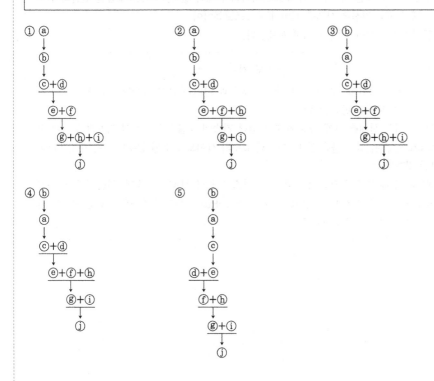

10. 다음 글의 ⓐ~ⓔ에 대한 평가로 적절한 것만을 <보기>에서 모두 고르면?

16 행시 PSAT 언어논리 문30

영혼이 영원한 존재라는 것을 증명하기 위해서는 먼저 소멸 가능한 존재에 관해 생각해 볼 필요가 있다. 예를 들어, 종이나 연필은 소멸 가능한 존재이다. 그것들을 소멸시키는 방법은 아주 간단하다. 그것들을 구성요소들로 해체시키면 된다. 소멸 가능한 존재는 여러 구성요소들로 이루어져 있다. 이제 소멸 불가능한, 즉 영원한 존재에 대해 생각해 보자. 예를 들어, 칠판에 적힌 숫자 '3'과는 달리 수 3은 절대로 소멸되지 않는다. 그 이유는 무엇일까? 그것은 바로 수 3은 구성요소들로 이루어진 결합물이 아니기 때문이다. 따라서 ⓐ 구성요소들로 이루어진 결합물일 경우에만 소멸 가능하다고 할 수 있다. 결합물에 대해서는 그 구성요소들을 해체한 상태를 상상할 수 있지만, 수 3과 같은 존재는 해체를 통한 소멸을 상상할 수 없다. 그것은 해체할 수 있는 구성요소들이 없는 단순한 존재이기 때문이다. 여기서 '단순한 존재'란 구성요소들로 이루어져 있지 않은 존재를 의미한다.

어떤 것이 결합물인지 단순한 존재인지를 가릴 수 있는 객관적 기준은 무엇일까? 그것은 바로 '변화'라고 할 수 있다. 예를 들어, 우리가 쇠막대기를 구부린다고 해보자. 쇠막대기를 파괴한 것은 아니고 단지 변화시켰을 뿐이다. 우리는 이렇게 어떤 존재를 구성하고 있는 요소들 사이의 관계를 새롭게 형성하는 방식으로 그 존재를 변화시킬 수 있다. 따라서 ⓑ 어떤 존재가 변화하지 않는다면, 그 존재는 구성요소들로 이루어진 결합물이 아니다.

변화하는 존재들에는 무엇이 있을까? 종이, 연필 등 우리가 일상적으로 볼 수 있는 모든 것들이다. 반면에 ⓒ 우리가 일상적으로 볼 수 없는 것들은 변화하지 않는다. 수 3을 다시 생각해 보자. 칠판에 적힌 숫자 '3'과는 달리 수 3은 절대로 변화하지 않는다. 어제도 홀수였고 내일도 모레도 홀수로 남아 있을 것이다. 수 3이 짝수가 될 가능성은 없다. 영원한 홀수이다. 우리는 영혼에 대해서도 똑같이 말할 수 있다. ⓓ 영혼은 일상적으로 볼 수 있는 것이 아니다. 우리가 일상적으로 볼 수 있는 것은 영혼을 가진 사람의 육체와 그것의 움직임일 뿐이다. 이제 우리는 다음과 같은 결론에 다다랐다. ⓔ 영혼은 소멸하지 않는 존재이다.

〈보 기〉

ㄱ. ⓐ, ⓑ, ⓒ를 모두 받아들인다고 해도, 일상적으로 볼 수 없는 것들은 소멸하지 않는다는 것은 도출되지 않는다.

ㄴ. ⓒ에 대한 정당화가 충분하지 않다. 비록 수 3과 같은 수학적 대상이 변화하지 않는다는 것을 받아들인다고 해도, 일상적으로 볼 수 없는 모든 것이 변화하지 않는다는 것을 반드시 받아들일 필요는 없다.

ㄷ. ⓐ, ⓑ, ⓒ, ⓓ를 모두 받아들인다고 해도, ⓔ는 도출되지 않는다.

① ㄱ 　　　　② ㄴ 　　　　③ ㄱ, ㄷ

④ ㄴ, ㄷ 　　　⑤ ㄱ, ㄴ, ㄷ

11. 다음 글의 (가)~(다)에 들어갈 내용으로 적절한 것을 <보기>에서 골라 바르게 짝지은 것은?

21 입법 PSAT 언어논리 문6

자아와 신체와 세계의 관계에 대하여 다음의 질문을 생각해보자. 자아는 존재하는가? 만약 존재한다면, 세계는 자아의 외부에 존재하는가? 먼저 자아가 있다고 인정해 보자. 생리학적 지식에 따르면 자아가 느끼는 모든 감각은 자신의 신체가 겪는 물질적 변화들과 필연적으로 연관성을 지닌다. 따라서 신체가 파괴되면 자아도 해소된다고 믿을 수밖에 없다. 나아가 세계가 자아의 외부에 존재한다고는 인정할 수 없다. 왜냐하면 자아를 이루는 경험적 요소들과 세계를 이루는 경험적 요소들은 같기 때문이다. 다시 말해 세계라는 말이 지칭하는 것은 모두 자아를 이루는 바로 그 요소들로 이루어져 있기 때문이다. 가령 세계라는 복합체는 자아의 한 부분이다. 그러나 신체라는 복합체는 세계라는 복합체의 한 부분이다. 이로부터 (가) 는 결론이 도출된다. 그렇다면 세계는 아주 작은 한 부분을 파괴하기만 해도 완전히 사라질 것이다.

슈뢰딩거는 이러한 결론이 터무니없다고 보았다. 그 이유는 위의 결론이 다음의 암묵적 논리와 모순으로 귀결되기 때문이다. (나) . 그런데 신체는 세계의 부분이므로 신체가 없어져도 세계는 없어지지 않는다. 이러한 명제는 앞에서 도출한 결론과 모순된다. 이는 한편으로는 세계가 자아의 부분이라고 보면서도 다른 한편으로는 자아의 신체가 세계의 부분이라고 보는 데서 나온다.

 (다) 면, 자아의 신체가 파괴된다고 해서 세계도 사라질 이유는 없어진다. 그러나 이 경우 한 가지 역설이 나타난다. 두 개의 구별되는 신체인 갑과 을이 있다고 가정하자. 그리고 갑을 어떤 외적인 상황으로 데려가면 어떤 이미지가 보이는데, 가령 정원 풍경이 보인다고 하자. 한편 을은 캄캄한 방에 있다. 이제 갑을 캄캄한 방에 넣고 을은 갑이 있던 상황으로 데려가면, 정원 풍경은 전혀 보이지 않고 완전히 캄캄해진다. 갑은 나의 신체이고 을은 다른 사람의 신체이기 때문이다. 여기에서 나타나는 모순은 명백하다. 세계의 존재 속에서 자아의 신체에 따라 다르게 나타나는 경험을 설명할 수 없다는 것이다. 신체는 언제나 고유하고 유일한 존재이다.

―――――〈보 기〉―――――

ㄱ. 부분이 없어져도 전체는 없어지지 않는다

ㄴ. 자아의 신체가 죽으면 세계는 사라진다

ㄷ. 자아를 인정하지 않고 오직 세계만을 인정할 수 있다

	(가)	(나)	(다)
①	ㄱ	ㄴ	ㄷ
②	ㄱ	ㄷ	ㄴ
③	ㄴ	ㄱ	ㄷ
④	ㄷ	ㄱ	ㄴ
⑤	ㄷ	ㄴ	ㄱ

실체는 자체적으로 존재하는 것이고 자체적으로 파악되는 것이다. 즉 다른 어떤 것의 도움도 없이 스스로 존재하고, 자기 외부에 자기 존재를 간섭하는 그 어떤 것도 두지 않는다. 실체의 본질은 속성들로 구성되어 있다. 따라서 실체의 본질을 규정하기 위해서는 무엇보다 실체의 속성들을 알아야 한다. 실체는 실체 외부의 사물이 아니라 실체에 내재하는 속성을 통해서 파악해야 하는데, 실체란 그 개념을 형성하기 위해 다른 것의 개념을 필요로 하지 않기 때문이다. 실체의 속성은 무한히 많다. 물체들이 가지고 있는 공통 속성, 즉 길이, 크기, 운동의 변화와 같은 것을 연장속성이라고 한다. 한편 감정이나 생각이 품고 있는, 크기도 길이도 없는 것의 공통 속성을 사유속성이라고 부른다. 실체의 본질은 최소한 연장속성과 사유속성으로 구성되어 있다.

양태란 실체가 변화한 것으로서 인간, 동물, 책상, 구름, 바람, 식욕, 지구, 우주와 같은 만물을 지시하는 개념이다. 이러한 것들은 스스로 존재할 수 없는 의존적인 사물들로 이뤄져 있으며 결코 실체일 수 없는 존재이다. 따라서 양태는 실체의 변용이라고도 하는데, 실체의 창조물이 아니라 실체가 자신을 변화시켜 만들어낸 상태의 하나라는 것이다. 그러므로 인간이라는 양태를 알기 위해서는 실체와 속성을 먼저 알아야 한다.

사물들은 속성의 차이에 의해 구별되거나 양태의 차이에 의해서 구별된다. 책상과 컵이라는 두 사물은 크기와 모양의 차이에 의해 구별되지만 연장속성이라는 공통점을 가지고 있다. 이처럼 속성의 동일성 하에서도 구별이 가능한 것이 바로 양태들이다. 다수의 인간들은 동일한 연장과 사유를 갖고 있음에도 분명히 구별되는데 이것을 양태적 구별이라고 한다.

반면 속성이 다르면 서로 다른 실체다. 그렇다면 하나의 속성을 공유하는 실체가 여럿 있을 수 있을까? 이 경우 두 실체는 속성이 동일하므로 양태상의 차이에 의해서만 구별되어야 할 것이다. 그런데 동일한 속성을 가진 실체를 양태적으로 구별하는 것은 실체를 사실상 양태로 간주하는 것이 된다. 따라서 자연 안에 동일한 본성이나 속성을 갖는 둘 이상의 실체는 없다. 실체들 사이에는 공통성도 없고 인과관계도 없으며, 실체는 최소한 다른 실체로부터 산출되면 안 되는 성격을 가진다. 스피노자는 이를 '자기원인'이라고 하는데, 자기원인이란 그 본질이 존재를 포함하는 것 또는 존재하는 것으로서가 아니고는 그 본성을 생각할 수 없는 것이다.

───────────〈보 기〉───────────

ㄱ. 인간은 자기 외부에 자기 존재를 간섭하는 그 어떤 것도 두지 않는다.

ㄴ. A와 B가 스스로 존재하는 현상이라는 사실과, A가 발생하여야만 B가 발생한다는 사실은 서로 모순된다.

ㄷ. 책상은 크고 작음을 비교할 수 있지만 선망하는 감정은 존재하거나 존재하지 않는 경우로만 구분할 수 있다면, 책상과 선망은 양태적으로 구별된다.

① ㄴ

② ㄷ

③ ㄱ, ㄴ

④ ㄱ, ㄷ

⑤ ㄱ, ㄴ, ㄷ

정답 및 해설 p.240

II. 인식론

1 인식론의 개념

인식론(認識論)은 지식의 본질(本質)이나 그 획득 방법 등에 대해서 논하는 철학의 분과이다. 인식(認識)은 어떤 것을 인간이 받아들이는 일련의 과정을 의미하며, 인식론은 이 인식을 철학적으로 탐구하는 학문인 만큼 앎의 대상과 안다는 것의 의미, 감각과 경험, 참과 거짓, 타당성 등에 대해 다루게 된다. 언어철학이 학문 활동의 인지적·수단적 기반이 된다면, 인식론은 학문 활동의 본질적 기반이 된다. 인식론의 기본 개념과 핵심 쟁점을 정리하면 다음과 같다.

기본 개념

지식(知識)	• 앎. 대상 또는 어떤 개념에 대해 아는 것 • 지식 ↔ 개인적 추측 / 과학적 지식 / 경험적 지식 vs 이념적 지식 • 지식에 대한 지식적 탐구
인식(認識)	• ≒ 지식, 지식을 '알아가는 작용' • 의식활동, 인식활동의 대상: 지각, 상상, 기억 등 • 감각과 경험
타당성	• 판단의 인식가치 cf. 논리학에서의 타당성 • 구성주의, 상대주의, 회의주의
감각질(感覺質)	• 감각을 통해 주관적으로 느끼는 것

핵심 쟁점

지식의 정의	• 정당화(justified)된 참(true)인 믿음(belief) vs 직관적 반례 [게티어 문제] 　① 믿음의 대상이 참이며, 그 믿음의 근거가 정당화될 수 있을 때 지식 　② 반례1: 우연의 문제 　　　반례2: p → p or q 　③ 거짓 전제의 부재 조건, 파기가능성 cf. 데이터 > 정보 > 지식 • 사실의 나열(data)에서 의미있는 데이터(information)를 추출하고, 정보들 사이의 관계를 가치 있게 정리한 정보(knowledge)가 지식 • 지식의 종류 　- 선언적 지식: 사실지, 명제지 　- 절차적 지식: 능력지, 방법지, 실천지, 절차지 　- 숙지된 지식: 익숙지, 사물지, 대상지, 표상지 • 지식이란 무엇인가? 지식이 참이라 판단할 수 있는 근거는? 　자신과 타인, 세계를 있는 그대로 알 수 있는가? 　지식은 소유 가능한 대상인가?
지식의 정당화	• 내재주의 vs 외재주의 　- 내재주의: 인식적 의무론, 토대론, 정합론 　- 외재주의: 신빙론 • 토대론, 후퇴 논증 vs 정합론, 순환 논증 　- 토대론: 지식의 대상이 되는 기초 믿음과 이에 기반한 비기초 믿음 　- 후퇴 논증: 정당화되는 믿음(B1) → B1 기초 or 비기초 　　　　　　　if B1 비기초 → B1을 정당화하는 B2 → B2 기초 or 비기초 　- 한계점: 회의론 지지, 무한 후퇴, 정당화 불가능성 　- 정합론: 순환적 정당화, 승인과 믿음, 경쟁 주장의 배제 • 진리를 얻는 것(오류를 피하는 것)만이 삶의 목적인가? 　믿음의 종류를 구분할 수 있는가? 　사실적 개연성과 인식적 개연성을 구분할 수 있는가?

믿음과 앎
회의주의와 반회의주의
	• 회의주의적 유아(唯我)론, 반실재론 vs 합리론, 실재론 → 과학철학
	• 데카르트의 악마, 통 속의 뇌 cf. 시뮬레이션 이론
	• 철학적 좀비, 중국어방 등
	• 합리적 믿음
	• 스스로 현실을 인식하고 있다는 믿음은 정당화될 수 있는가?
	  인식이 정당화될 수 있는 근거는 무엇인가?
	  가짜 정보를 주입 받고 있는 것과 현실을 인식하는 것의 차이는?
	  나의 두뇌가 곧 나라고 할 수 있는가?

경험과 선험	• 선험주의 vs 경험주의 / 연역논증 vs 귀납논증
	• 지각(知覺)과 오감(五感) → 현대적 감각
	• 지각의 요소: 지각자(perceiver), 대상(object), 감각경험(experience) 관계(relation)
	  – 내부 지각과 외부 지각
	  – 단순 지각, 대상 지각, 사실 지각
	  – 경험 지식: 신체 의존성, 두뇌 의존성
	  – 선험 지식: 공리, 정의 명제, 형이상학 명제, 윤리 명제
	      cf. 본유(本有) 지식
	• 귀납 회의론 vs 반증주의, 신빙론, 정합론, 실천 추론
	• 선험 회의론 vs 비경험 선험지식
	• 필연성 vs 가능성
	• 지식을 얻는 방법의 종류는 어떤 것이 있는가?
	  지각이 지식을 얻는 신빙성 있는 원천이 될 수 있는가?
	  선험 추론으로 실질적 지식을 얻을 수 있는가?
	  객관적 지식을 얻을 수 있는가?
	  반증주의는 귀납 회의론에 대한 적절한 해결책인가?

진리에 대한 의견	• 대응론: 참인 말과 사실 사이의 일대일 대응 → 의미지칭론 • 최소주의: 최소한의 공리 • 정합론: 합리적 수용 가능성 • 실용주의

2 인식론과 법학적성시험

인식론은 지식의 본성(本性)에 대해 다루는 만큼 대다수 적성시험의 핵심 주제로 사용되어 왔다. 어느 업종에서건 역량의 핵심이 지적(知的) 활동에 기반한다면, 합리적 판단 능력에 대한 평가는 필수적이다. 법학적성시험에서 인식론적 쟁점을 다루는 것은, 법의 본성에 대한 이해와 맞닿아 있다. 법은 임의적·인위적 지식체계이며, 실정법을 이해하고 적용하는 것과 윤리적 판단 사이에는 간극이 존재한다. 인식론적 쟁점은 법과 사실에 대한 엄밀한 이해, 정당화 능력을 종합적으로 평가할 수 있는 수단이다. 다음 예비시험 문제를 통해 인식론 제재의 의도를 고민해보자.

다음의 논의를 통하여 글쓴이가 내릴 수 있는 결론으로 가장 적절한 것은? 09 LEET 예비 문26

> 금성의 크기 변화는 육안으로는 감지할 수 없지만 망원경을 사용하면 관측이 가능하다. 코페르니쿠스가 살았던 시대에는 망원경이 없었지만 금성의 크기를 측정하기 위한 많은 관찰이 이루어졌다. 코페르니쿠스를 추종하는 천문학자나 그렇지 않은 천문학자들 모두가 관찰을 근거로 하여 "지구에서 관측되는 금성의 겉보기 크기는 일 년 내내 조금도 변하지 않는다."라는 명제를 받아들였다. 당대에 코페르니쿠스의 주석자인 오지안더는 코페르니쿠스의 우주 구조가 옳다면 연중 금성의 겉보기 크기는 변화해야 한다고 말했다. 못마땅했음에도 불구하고 그가 금성의 겉보기 크기가 연중 변하지 않는다는 관찰 명제를 받아들인 것은 다른 이들과 마찬가지로 발광체의 크기는 육안으로 정확하게 측정될 수 있다는 이론을 전제로 삼고 있었기 때문이었다. 오늘날 이것은 틀린 이론임이 밝혀졌고 현대 이론들은 왜 육안에 의한 발광체의 측정이 잘못된 것인가를 포함해서 왜 육안보다는 망원경에 의한 천체 관찰이 더 정확한가를 설명하고 있다.

① 관찰이 객관적으로 이루어져도 오류를 포함할 수 있으며 관찰 명제의 구축과 진위 판정에는 이론이 개입한다.
② 도구의 개선과 관측 장비의 발전은 경험적 증거의 누적을 통해 새로운 이론의 수용과 지지를 촉진한다.
③ 과학 지식은 합리적 판단 기준에 의해서 수용되기보다는 과학자 집단 내부의 타협과 협상의 산물이다.
④ 일체의 선입견을 배제한 관찰은 이론을 판단할 때 합리적인 기준의 역할을 한다.
⑤ 널리 받아들여진 과학 이론은 반대 사례가 많아도 쉽게 배격되지 않는다.

이 문제는 지각 활동의 신뢰성이 시간적 흐름에 따라 변화할 수 있음을 제시하고 있다. 관찰 행위에 대한 믿음 수준의 변화에 따라 (적어도 당대에는 절대적으로 생각되는) 과학적 지식의 믿음 수준 또한 함께 변화한다. 믿음의 수준에 이론적 요소가 개입하기 때문이다. 결과적으로 과학적 지식의 객관성에 대한 의문이 형성된다. 지식의 객관성에 대한 의문은 곧, 우리가 정당하다고 믿는 모든 것들에 대해 의문을 갖게 한다. 법학적성시험은 이러한 인식론적 쟁점을 통해 수동적이며 수용적인 법률기계가 아닌 능동적인 법조인을 양성하고자 하는 것이다.

그렇다면 인식론적 쟁점을 어떻게 학습하는 것이 바람직한가? 첫째, 관련된 기초 지식을 학습한다. 인식론의 경우 이미 국내외 유수의 대학에서 무료 강의를 배포하고 있어 접근성이 높다. 둘째, 인접시험의 기출문제를 분석한다. 인식론 제재는 LEET 추리논증, PSAT 모두 핵심적 쟁점으로 다루는 만큼 앞서 제시한 쟁점들에 대응되는 문제들이 수없이 많이 제시되어 있다. 셋째, 스터디를 통해 각 쟁점에서 출제될 수 있는 사례를 변용하는 연습을 하는 것 또한 바람직하다.

인식론 제재 학습 방법
① 개론 수준의 무료 강의 수강
② 기출문제 분석
③ 스터디를 통한 쟁점 사례 확장

---

3 추리논증에서의 인식론

아래는 최근 5년간 출제된 인식론 제재의 목록이다. 인식능력과 행위능력 사이의 관련성을 논하는 법철학 제재, 윤리학 제재, 과학철학 제재는 우선적으로 배제하였으며, 미학 제재는 일괄 인식론 제재에 포섭하였다. 비고란을 활용하여 2017학년도의 기출문제와 PSAT, 모의고사 등을 추가로 정리해보자.

최근 5개년 인식론 제재

학년도	번호	핵심제재	확장 개념	비고
2022	16	지식	판단 가능성, 기저 지식	
	19	지식	지식의 객관성, 상대주의	
	24	인식	인식적 합리성, 목적성	
2021	15	지식	지식의 정당화	
	17	믿음	믿음의 정당화, 정당화 불가능성, 승인 가능성	
	18	인식	인식적 객관성	
	19	믿음	믿음의 정당화, 논리와 직관의 오류	
2020	24	믿음	자기기만	
2019	19	지각	마음과 뇌, 지식의 정당화 범위	
2018	15	지식	지식의 정당화, 기저 지식과 비기저 지식, 논리학	
	17	믿음	믿음의 정당화	
	18	지식	지식의 대상, 선험적 vs 경험적 지식	
	33	지식	지식의 객관성, 믿음의 정당화	

표에서도 알 수 있듯, 추리논증에서 인식론 제재는 핵심 출제 대상이다. 응용철학 분야에서 다루는 인식론적 쟁점까지 포함하면 매해 5~6문항 정도가 출제되고 있다. PSAT와 LEET에 출제된 인식론 쟁점 문제를 학습하고, 이와 관련하여 추가적으로 출제될 수 있는 제재를 검토하는 것을 추천한다.

01. 다음으로부터 추론한 것으로 가장 적절한 것은?
23 LEET 문24

> 우리는 세상에 대해 여러 믿음을 갖는다. 믿음은 참일 수도, 거짓일 수도 있다. 거짓인 믿음은 지식이 될 수 없지만, 참인 믿음이라고 모두 지식은 아니다. 믿음이 형성된 경로와 참이 된 경로가 적절할 때만 지식이 된다. 고장이 나서 3시에 멈춘 시계를 보고 '지금 3시'라고 믿는다고 하자. 우연히 그때가 3시였더라도, 이 믿음은 지식이 아니고 운 좋은 참일 뿐이다. 그렇다면 믿음이 참인지 아닌지, 그리고 그것이 지식인지 아닌지가 그 믿음에 기반한 행동이 단순 행동이 아니라 '행위'인지 여부를 결정할 수 있을까? 이에 대해 세 견해 A, B, C가 있다.
>
> A: 믿음이 참인지 거짓인지가 매우 중요하다. 이와 상관이 없는 행동은 행위일 수 없다. 갑이 '브레이크가 정상적으로 작동한다'고 믿고서 페달을 밟았다고 하자. 이 믿음이 참이라면 차가 설 것이지만, 거짓이라면 갑은 차를 세우지 못할 것이다. 이때 갑의 믿음이 정당한지를 따지기 전에 갑의 믿음이 참이기만 하면 차는 설 것이다. 참인 믿음으로부터 차를 세운 것만이 행위가 된다.
>
> B: 무엇인가를 행위로 보느냐에서 중요한 것은 믿음이 있느냐 없느냐일 뿐 그 믿음이 참인지 아닌지는 아무 상관이 없다. 을은 오랫동안 차를 정비하지 않았다. 여러 주요 부품이 고장난 것을 알고 있음에도 그는 '브레이크가 정상적으로 작동할 것'이라고 믿는다. 을은 갑자기 등장한 장애물을 보고서 브레이크 페달을 밟는다. 이때, 중요한 것은 을이 브레이크가 정상이라고 믿는다는 점이다. 을의 믿음이 참인지 여부는 페달을 밟는 것이 행위인지 아닌지와 상관이 없다. 브레이크가 실제로는 고장이 났더라도 을은 페달을 밟을 것이다.
>
> C: 믿음이 지식인지 아닌지는 무엇이 행위인지 아닌지에 영향을 준다. 병은 브레이크가 고장난 차를 수리점에 맡겼다. 그런데 수리점 직원은 브레이크 페달과 연결된 선을 연료 펌프에 연결하여 페달을 밟으면 연료가 차단되게 하였다. 이를 모르는 병은 '페달을 밟으면 차가 설 것'이라고 믿는다. 하지만 이 믿음은 지식일 수 없다. 그가 아는 브레이크 작동 원리는 실제와 일치하지 않는다. 페달을 밟아 차가 멈췄더라도 그는 과연 차를 세운 행위를 한 것일까? 결국 지식에 근거하여 차를 세운 것만이 행위이다.

① 차를 정비한 직후 갑이 브레이크 페달을 밟았을 때 정상적으로 작동하지 않았더라도 C는 이를 행위라고 판단할 것이다.

② 을이 브레이크 페달을 밟은 것이 행위인지에 관해 B와 C는 견해가 같을 것이다.

③ 병이 브레이크 페달을 밟아도 차가 서지 않았다면, 그가 페달을 밟는 것이 행위인지에 관해 A와 B는 견해가 같을 것이다.

④ C가 행위라고 여기는 것은 A도 행위로 여길 것이다.

⑤ C가 행위라고 여기지 않는 것은 B도 행위로 여기지 않을 것이다.

소크라테스: 어떤 대상에 대해서 우리는 그것을 알거나 알지 못하거나 둘 중 하나 아니겠나? 그렇다면 판단을 하는 사람은 아는 것에 대해 판단하거나 아니면 알지 못하는 것에 대해 판단하는 게 필연적이겠지?

테아이테토스: 필연적입니다.

소크라테스: 그리고 어떤 대상을 알면서 동시에 알지 못한다거나, 알지 못하면서 동시에 안 다는 건 불가능한 일이네.

테아이테토스: 그렇습니다.

소크라테스: 그럼 거짓된 판단을 하는 자가 판단의 대상을 알고 있는 경우라면, 그는 자기가 아는 것을 그것 자체라고 생각하지 않고 자기가 아는 다른 어떤 것이라고 생각 하는 것인가? 그래서 그는 양쪽 다를 알면서도 다시금 양쪽 다를 모르는 것인 가?

테아이테토스: 그건 불가능합니다.

소크라테스: 만일 거짓된 판단을 하는 자가 판단의 대상을 알지 못하는 경우라면, 그는 자기 가 알지 못하는 것을 자기가 알지 못하는 다른 어떤 것이라고 여기는 것인가? 그래서 자네와 나를 알지 못하는 자가 '소크라테스는 테아이테토스다' 또는 '테 아이테토스는 소크라테스다'라는 생각에 이르게 되는 일이 있을 수 있는가?

테아이테토스: 어찌 그럴 수 있겠습니까?

소크라테스: 아무렴, 자기가 아는 것을 알지 못하는 것이라고 여기는 경우는 없으며, 또한 알지 못하는 것을 아는 것이라고 여기는 경우도 확실히 없네. 그러니 어떻게 거 짓된 판단을 할 수 있겠는가? 왜냐하면 우리는 대상에 대해 알든가 아니면 알지 못하든가 할 뿐인데 이들 경우에 거짓된 판단을 하는 것은 결코 가능해 보이지 않으니까.

─────────〈보 기〉─────────

ㄱ. 소크라테스에 따르면, a만 알고 b를 모르더라도 'a는 b이다'라는 참된 판단을 내릴 수 있다.

ㄴ. 소크라테스에 따르면, a와 b를 둘 다 모르는 경우 'a는 b이다'라는 거짓된 판단도 할 수 없다.

ㄷ. a와 b를 둘 다 알면서 'a는 b이다'라는 거짓 판단을 내리는 것이 실제로 가능하다면, 소크 라테스의 주장은 설득력을 잃는다.

① ㄱ   ② ㄷ   ③ ㄱ, ㄴ

④ ㄴ, ㄷ   ⑤ ㄱ, ㄴ, ㄷ

연구팀은 철학자 집단과 일반인 집단을 대상으로 다음 세 문장에 대한 동의 여부를 조사하였다.

(가) 어떤 주장이 누군가에게 참이라면, 그것은 모든 사람에게 참이다.
(나) 모든 사람이 어떤 주장에 동의한다면, 그 주장은 참이다.
(다) 어떤 주장이 참이라면, 그것은 사실을 나타낸다.

두 집단 모두에서 (다)에 대해 '동의함'의 비율이 80%를 웃돌았다. (나)에 대해서는 두 집단 모두에서 '동의하지 않음'의 비율이 훨씬 우세했고 '동의함'의 비율은 철학자에서 더 높았다. 흥미로운 것은 (가)이다. 철학자는 83%가 (가)에 동의한 반면, 일반인은 그 비율이 40%를 약간 넘었고 동의하지 않는다는 응답의 비율이 오히려 더 높았다. (가)를 둘러싼 이 차이는 어디서 비롯되었을까? 연구팀에 따르면, (가)는 다음 둘 중 하나로 읽힌다.

[독해 1] 어떤 주장이 참임이 결정되었다면, 그것의 참임은 객관적이다.
[독해 2] 만약 누군가가 어떤 주장이 참이라고 생각한다면, 모두가 그에게 동의할 것이다.

주장의 참임이 객관적이라는 것은, 그것의 참이 각자의 관점에 상대적이지 않다는 뜻이다. 연구팀은 "㉠ 일반인에게서 (가)에 동의하는 의견의 비율이 철학자에 비해 현격히 낮았던 이유는, 철학자는 (가)를 [독해 1]로, 일반인은 [독해 2]로 읽는 경향이 있기 때문이다."라고 말한다. 연구팀은 이 차이에도 불구하고 ㉡ 참임의 객관성에 대해서는 일반인과 철학자의 의견이 일치한다고 생각한다. 왜냐하면 (가)와 (다)는 참임의 객관성을 긍정, (나)는 부정하는 문장인데, (다)에 대해 일반인과 철학자의 '동의함' 의견의 비율이 비슷하게 높았고, (나)에 동의하지 않는 비율도 철학자와 일반인이 비슷하게 높았기 때문이다.

──────── 〈 보 기 〉 ────────

ㄱ. 추가 조사 결과 철학자 대다수가 [독해 2]에 대해 '동의하지 않음'으로 응답했다면, ㉠은 강화된다.

ㄴ. 추가 조사 결과 일반인 대다수가 [독해 1]에 대해 '동의함'으로 응답했다면, ㉡은 강화된다.

ㄷ. (나)에 대해 동의하는 응답의 비율에서 일반인과 철학자 사이에 차이가 있는 것으로 나타난 이유가, '동의하지 않음' 의견을 지닌 일부 철학자가 '동의함'으로 잘못 응답한 실수 때문이었음이 밝혀진다면, ㉡은 강화된다.

① ㄱ   ② ㄴ   ③ ㄱ, ㄷ
④ ㄴ, ㄷ   ⑤ ㄱ, ㄴ, ㄷ

행위는 인식과 목적 두 측면에서 합리적인 것으로 평가받을 수 있어야 진정으로 합리적이며, 그렇지 않으면 비합리적이다. 두 측면을 이해하는 방식에는 각각 논란이 있다. 행위의 인식 측면에서는, 행위자가 개인적으로 믿고 있는 정보를 기준으로 목적을 달성할 수 있는 행위를 수행한 경우 합리적이라고 평가된다는 입장과 실제로 참인 정보를 토대로 해야 합리적으로 평가된다는 입장이 대립한다. 전자를 '주관적' 입장, 후자를 '객관적' 입장이라고 하자.

행위의 목적 측면에서는, 행위를 수행하는 목적이 행위자 자신에 대한 직접적 해악과 무관하다면 합리적이라고 평가된다는 입장과 그 목적이 비판적으로 정당화되는 도덕이론의 관점에서 부당하지 않은 경우에만 합리적으로 평가된다는 입장이 대립한다. 전자를 '내재주의', 후자를 '외재주의'라고 하자. 이를 조합하면 행위는 '주관적 내재주의', '주관적 외재주의', '객관적 내재주의', '객관적 외재주의'의 네 가지 입장에서 평가할 수 있다.

〈사례〉

○ A는 수분을 섭취하기 위해 병에 담겨 있는 액체를 이온음료라고 믿고 마셨지만 그것은 실제로는 벤젠이었고 그 결과 A는 심각한 상해를 입게 되었다.

○ B는 이웃돕기 성금을 마련하기 위해 중고 거래 사이트에 허위매물을 올렸다. 그는 이 사이트의 거래 수단이 선입금 구매자의 보호에 취약하다는 사실을 잘 알고 있었다. 이 점을 이용하여 B는 판매 대금만 수령하고 물건은 보내지 않는 방식으로 이웃돕기 성금을 마련할 수 있었다.

○ C는 금품 편취를 목적으로 동료에게 이메일을 보냈으나 이메일 주소를 잘못 알고 있었기에 그는 C에게 금품을 편취당하지 않았다.

① A와 C의 행위를 모두 비합리적이라고 평가하는 입장은 1개이다.

② 주관적 내재주의는 A와 B의 행위를 모두 합리적이라고 평가한다.

③ A의 행위의 합리성에 대한 주관적 외재주의와 주관적 내재주의의 평가는 일치한다.

④ 동료가 C에게 이메일 주소를 일부러 거짓으로 알려주었다 하더라도, C의 행위에 대한 합리성 평가는 어떤 입장에 따르더라도 변경되지 않는다.

⑤ 만약 외재주의가 행위의 목적뿐만 아니라 수단의 도덕성을 함께 고려하는 입장이라면, 주관적 외재주의와 객관적 외재주의는 B의 행위를 비합리적이라고 평가한다.

> 갑: 단순히 참인 믿음은 지식이 아니다. 참인 믿음이 지식이 되려면 정당화되어야 한다. 그런데 ㉠ 예술작품에서 얻게 되는 믿음은 그것이 설령 참일 수 있다고 해도, 결코 정당화되지 못한다. 가령 디킨스의 사실주의 소설 『황량한 집』은 19세기 영국의 유산 소송과정을 정확하게 묘사한다. 그러나 우리가 『황량한 집』을 읽는 것만으로는 그러한 묘사의 정확성에 대한 증거를 얻을 수 없다.
>
> 을: 갑의 말대로라면 백과사전도 『황량한 집』과 다를 바 없다. 백과사전을 읽는 것만으로는 거기서 얻은 정보가 정확하다고 믿어야 할 이유가 없기 때문이다.
>
> 갑: 그렇지 않다. 백과사전의 경우에는 관련 분야의 전문가들에게 그 정확성을 확인받는 절차, 이른바 '제도적 보증'이라는 것이 있다. 그러나 『황량한 집』의 경우에는 그 누구도 작품에서 드러날 수 있는 작가의 주장을 확인할 필요가 없다.
>
> 을: ㉡ 출판 관행으로서 제도적 보증은 저자 또는 내용 확인 절차가 이루어졌다는 것만을 보여줄 뿐 그 확인이 성공적임을 보여주는 것은 아니다. 단순히 백과사전을 읽어보기만 해서는 그런 확인 절차가 성공적으로 이루어졌는지 알 수 없다.

〈보 기〉

ㄱ. 사실주의 소설은 어떤 사건이 실제로 일어난 것인지에 대해 증거적 효력이 있는 확인을 거쳐 작성된다는 점은 ㉠을 약화한다.

ㄴ. 『히틀러 일기』가 히틀러가 쓴 자서전이 아니라 다른 사람이 날조한 것으로 밝혀졌다는 사실은 ㉡을 약화한다.

ㄷ. 백과사전에서 정보를 찾는 독자와 달리, 『황량한 집』의 독자는 작품에서 드러난 내용을 믿어야 할 이유를 주로 개인적 경험에서 찾는다는 점은 갑의 견해를 강화한다.

① ㄴ   ② ㄷ   ③ ㄱ, ㄴ

④ ㄱ, ㄷ   ⑤ ㄱ, ㄴ, ㄷ

A: 내가 불충분한 증거에 근거해서 믿음을 갖게 된다면, 그 믿음 자체로는 큰 해가 되지 않을지도 모른다. 그 믿음이 궁극적으로 사실일 수도 있고, 결코 외부적인 행동으로 나타나지 않을지도 모른다. 그러나 나 자신을 쉽게 믿는 자로 만드는, 인류를 향한 범죄를 저지르는 것은 피할 수 없다. 한 사회가 잘못된 믿음을 가졌다는 것 자체도 큰 문제이나, 더 큰 문제는 사회가 속기 쉬운 상태가 되고, 증거들을 검토하고 자세히 조사하는 습관을 잃어서 야만의 상태로 돌아간다는 것이다. ㉠ 불충분한 증거에서 어떤 것을 믿는 것은 언제나 어디서나 누구에게나 옳지 않다.

                         – 윌리엄 클리포드, 『믿음의 윤리학』 –

B: "진리를 믿어라!", "오류를 피하라!" 이는 인식자에게 가장 중요한 명령입니다. 그러나 이 둘은 별개의 법칙입니다. 그리고 이들 사이에서 어떤 선택을 하느냐에 따라서 우리의 지적인 삶 전체가 달라질 수 있습니다. 진리의 추구를 가장 중요한 것으로 여기고 오류를 피하는 것을 부차적인 것으로 여길 수도 있고, 반대로 오류를 피하는 것을 가장 중대한 것으로 보고 진리를 얻는 것을 부차적인 것으로 여길 수도 있습니다. 클리포드는 우리에게 후자를 선택하도록 권고하고 있습니다. 그는 불충분한 증거에 기초해서 거짓을 믿게 되는 끔찍한 위험을 초래하기보다는, 아무것도 믿지 말고 마음을 보류 상태에 두라고 말하고 있는 것입니다. 나 자신은 클리포드 편을 들지 못할 것 같습니다. 어떤 경우든 우리가 잊지 말아야 할 것은, 진리 또는 오류에 관련된 의무에 대해서 우리가 갖고 있는 이런 태도는 증거에 기초한 것이 아니라 정념에 기초한 것이라는 점입니다. "거짓을 믿기보다는 영원히 믿지 않는 편이 낫다!"라고 말하는 클리포드 같은 사람은 순진하게 속는 것에 대한 두려움을 표현하고 있을 뿐입니다.

                         – 윌리엄 제임스, 『믿음에의 의지』 –

――――――――〈보 기〉――――――――

ㄱ. A는 A의 결론대로 행하지 않을 경우에 발생하게 될 바람직하지 않은 결과를 지적함으로써 그 결론을 뒷받침하고 있다.

ㄴ. B에 따르면, ㉠에 대한 클리포드의 믿음은 충분한 증거에 기초하고 있지 않다.

ㄷ. B의 논증은 '충분한 증거에 기초한 믿음이라도 오류일 수 있다'는 전제를 필요로 한다.

① ㄱ   ② ㄷ   ③ ㄱ, ㄴ

④ ㄴ, ㄷ   ⑤ ㄱ, ㄴ, ㄷ

'지금은 여름이지만 지금은 여름이 아니다'라고 주장하는 것은 난센스로 들린다. 이는 이 문장이 참인 것이 불가능하며, 그런 점에서 모순을 내포한다는 사실로부터 쉽게 설명된다. 이번에는 '나는 지금이 여름이라고 믿지만 지금은 여름이 아니다'라는 주장을 생각해 보자. 이런 주장 역시 난센스로 들린다. 그러나 이런 주장의 내용 자체에는 아무런 모순이 없다. 내가 지금이 여름이라고 믿음에도 불구하고 실제로는 지금이 여름이 아닌 것이 얼마든지 가능하기 때문이다. 그럼에도 불구하고 왜 이런 주장이 난센스로 들리는지를 설명하기 위해 <이론>이 제시되었다.

<이론>

'나는 p라고 믿는다'라고 주장하는 것은 많은 경우에 나의 심리상태를 보고하는 것이 아니라, 대화 상대방을 고려하여 p를 완곡하게 주장하는 것이다. 가령, 상대방이 "지금이 여름입니까?"라고 물을 때, 나는 이를 완곡하게 긍정하는 방식으로 "나는 그렇게 믿습니다."라고 말할 수 있다. 따라서 '나는 지금이 여름이라고 믿지만 지금은 여름이 아니다'라는 주장은 사실상 '지금은 여름이지만 지금은 여름이 아니다'라는 모순된 내용을 표현하게 되며, 그래서 난센스로 들리는 것이다.

─── <보 기> ───

ㄱ. <이론>이 옳다면, '너는 지금이 여름이라고 믿지만 지금은 여름이 아니다'라고 주장하는 것 역시 난센스로 들려야 할 것이다.

ㄴ. <이론>이 옳다면, '나는 지금이 여름이라고 믿지만 지금은 여름이 아니라고도 믿는다'라고 주장하는 것 역시 난센스로 들려야 할 것이다.

ㄷ. <이론>이 옳다면, '나는 지금이 여름이라고 믿지만 지금은 여름이 아니다'라고 마음속으로 말없이 판단하는 것 역시 난센스로 여겨져야 할 것이다.

① ㄱ   ② ㄴ   ③ ㄱ, ㄷ

④ ㄴ, ㄷ   ⑤ ㄱ, ㄴ, ㄷ

A: 자기기만이란 문자 그대로 자기 자신을 속이는 행위이다. 그것은 타인을 속이는 행위와 동일한 방식으로 이해된다. 甲이 乙로 하여금 무언가를 사실로 믿도록 속인다는 것은 甲이 의도를 갖고서 자신은 그 무언가가 사실이 아니라고 믿으면서 乙이 그것을 사실로 믿도록 하는 것이다. 이 결과 甲이 자신의 믿음을 유지하면서 乙이 그 무언가가 사실이라고 믿으면 甲이 乙을 속이는 데 성공한 것이다. 자기기만을 이와 같은 방식으로 이해한다는 것은 '乙'의 자리에 단순히 '甲'을 대입하여 甲이 甲을 속이는 것과 같은 것으로 이해한다는 것이다. 자기기만에 의해 자기 자신을 속이는 것은 실제로 성공 가능하며 따라서 적어도 일부의 사람들은 자기기만에 의해 형성된 믿음들을 가지고 있다.

B: 자기기만이란 선택적이고 편향적인 정보 수집에 의한 믿음 형성이다. 가령 다음과 같은 사례가 자기기만의 전형적인 사례이다. 대부분의 엄마들은 자신의 아이가 머리가 좋다고 생각하는데, 이는 엄마들은 대부분 아이가 머리가 좋기를 희망하기 때문이다. 이 희망에 이끌려 자신도 모르게 아이가 머리가 좋다는 것을 보여 주는 일부 정보들에만 편향적으로 주의를 집중하게 된다. 즉 아이의 지적 우수성을 보여 주는 정보들만 아이 엄마에게 주어지는 것과 같은 일이 의도치 않게 벌어진다. 그리고 그 결과 자연스럽게 아이의 지적 능력에 관해 편향적인 믿음, 즉 자신의 아이가 머리가 좋다는 믿음을 형성하게 된다.

C: 사람은 때로 거짓된 믿음을 가질 수 있다. 예를 들어 대부분의 사람들은 지구가 둥글다고 믿겠지만, 어떤 사람들은 지구가 둥글지 않다고 믿는다. 하지만 그 누구도 지구가 둥글다고 믿으면서 동시에 둥글지 않다고 믿을 수는 없다. 모순된 믿음을 가지는 것은 불가능한 일이기 때문이다.

―――――――― 〈보 기〉 ――――――――

ㄱ. C는 A와 양립 불가능하지만 B와는 양립 가능하다.

ㄴ. 자기 자신의 지적 능력이 남들보다 뛰어나다고 자기기만하는 사람의 사례는 B로는 설명 가능하지만 A로는 그렇지 않다.

ㄷ. 진술 "甲이 乙을 속이려고 할 때, 乙을 속이려는 甲의 의도가 만일 乙에게 알려진다면 乙은 甲에게 속지 않을 것이다"와 "자신의 의도를 자신이 모를 수 없다"가 참이라면, A는 약화된다.

① ㄱ   ② ㄴ   ③ ㄱ, ㄷ

④ ㄴ, ㄷ   ⑤ ㄱ, ㄴ, ㄷ

일상적인 조건문의 진위는 어떻게 결정되는가? 다음 예를 통해 알아보자.

K공항에서 비행기가 이륙하기 위해서는 1번 활주로와 2번 활주로 중 하나를 통해서만 가능하다. 영우는 1번 활주로가 며칠 전부터 폐쇄되어 있다는 것을 안다. 그래서 ㉠ "어제 K공항에서 비행기가 이륙했다면, 1번 활주로로 이륙하지 않았다."라고 추론한다. 경수는 2번 활주로가 며칠 전부터 폐쇄되어 있다는 것과 비행기 이륙이 1번 활주로와 2번 활주로 중 하나를 통해서만 가능하다는 것을 알고 있다. 경수는 이로부터 ㉡ "어제 K공항에서 비행기가 이륙했다면, 1번 활주로로 이륙했다."라고 추론한다.

위 예에서 영우와 경수가 사용한 정보들은 모두 참이며 영우와 경수의 추론에는 어떤 잘못도 없으므로 ㉠도 참이고 ㉡도 참이라고 결론 내릴 수 있다.

그런데 정말 ㉠과 ㉡이 둘 다 참일 수 있을까? 우리가 일상적으로 'A이면 B이다'라는 조건문의 진위를 파악하는 (가) 방식에 따르면, A를 참이라고 가정하고 B의 진위를 따져본다. 즉 A를 참이라고 가정할 때, B가 참으로 밝혀지면 'A이면 B이다'가 참이라고 판단하고, B가 거짓으로 밝혀지면 'A이면 B이다'가 거짓이라고 판단한다. 이에 따라 A가 참이라고 가정해 보자. 그런데 'B이다'와 'B가 아니다' 중에 하나만 참일 수밖에 없으므로, 'A이면 B이다'와 'A이면 B가 아니다'가 모두 참이라고 판단하는 것이 가능하지 않다. 그렇다면 조건문의 진위를 파악하는 이 방식에 따르면, ㉠과 ㉡ 중 최소한 하나는 참이 아니라고 결론 내려야 한다. 그러나 이는 앞의 결론과 충돌한다.

───────── <보 기> ─────────

ㄱ. 영우가 가진 정보와 경수가 가진 정보를 모두 가지고 있는 사람은 "어제 K공항에서는 어떤 비행기도 이륙하지 않았다."를 타당하게 추론할 수 있다.

ㄴ. 영우가 가진 정보가 참이라는 것을 아는 사람이 (가)를 적용하면 ㉡이 거짓이라고 판단할 것이다.

ㄷ. 영우나 경수가 가진 어떤 정보도 갖지 않은 사람이 (가)를 적용하면, ㉠과 ㉡이 모두 거짓이라고 판단할 것이다.

① ㄱ　　　　　　② ㄷ　　　　　　③ ㄱ, ㄴ
④ ㄴ, ㄷ　　　　⑤ ㄱ, ㄴ, ㄷ

10. ⊙으로 적절한 것만을 <보기>에서 있는 대로 고른 것은?

어떤 논리학 교수가 한 농부와 대화를 나누었다.

교수: 자, 독일에 낙타가 없다고 합시다. 그리고 B라는 도시가 독일에 있다는 건 잘 아시죠? 그럼 B에 낙타가 있을까요, 없을까요?

농부: 글쎄요, 잘 모르겠습니다. 독일에는 가본 적이 없어서요.

교수: 다시 생각해 보시죠. 그냥 독일에 낙타가 없다고 치자는 겁니다.

농부: 음, 다시 생각해 보니 B에 낙타가 있을 것도 같군요.

교수: 그래요? 어째서 그렇게 생각하시죠? 제 질문을 제대로 기억하시나요?

농부: 독일에는 낙타가 없는데, 그럴 때 B에 낙타가 있느냐, 없느냐, 물으시는 거 아닌가요? 그런데 B가 꽤 큰 도시라고 알고 있거든요. 그래서 거기에 낙타가 있을 것 같다는 생각이 드는 겁니다.

교수: 그러지 말고 제 질문을 다시 잘 생각해 보시죠.

농부: 아무래도 그 도시에는 확실히 낙타가 있을 것 같습니다. 왜냐하면 세상에는 큰 도시들이 있는데, 그런 곳에는 꼭 낙타들이 있는 법이니까요. B가 큰 도시라는 건 당신도 아실 테고요.

교수: 그렇지만, 독일 안에 그 어디에도 낙타라고는 단 한 마리도 없다고 치자고 했는데 그건 어떻게 되나요?

농부: 그건 모르겠고 하여튼 B가 큰 도시잖아요. 그러면 카자크스나 크리기즈(둘 다 낙타의 종들이다)가 거기에 있을 것입니다.

대화를 마친 직후 교수는 이 농부가 논리적 추론을 전혀 할 줄 모른다고 판단했다. 하지만 얼마 후 교수는 ⊙이 대화의 녹취록에서 찾아낸 근거를 고려하여 자신의 판단이 너무 성급했다고 생각하게 되었다.

─────── 〈보 기〉 ───────

ㄱ. 실제로 농부는 대화 중에 올바른 논증을 사용한 적이 있다.

ㄴ. 큰 도시에 낙타가 있고 B가 큰 도시라는 농부의 말은 거짓이 아니었다.

ㄷ. 농부는 순전히 가정적인 전제에서 시작하는 추론을 굳이 할 필요가 없다고 여긴 것 같다.

① ㄱ　　　　　　　　② ㄴ　　　　　　　　③ ㄱ, ㄷ

④ ㄴ, ㄷ　　　　　　　⑤ ㄱ, ㄴ, ㄷ

11. A~C에 대한 평가로 옳은 것만을 <보기>에서 있는 대로 고른 것은? 18 LEET 문18

우리는 나무나 별과 같은 물리적 대상이 존재한다는 점은 모두 인정한다. 수나 집합과 같은 수학적 대상도 마찬가지로 존재한다고 할 수 있을까? 물리적 대상은 특정 시점과 특정 장소에 존재한다고 말할 수 있지만, 수학적 대상은 그렇지 않다는 점에서 비시간적이고 비공간적인 대상으로 생각된다. 또한 나무나 별은 우리의 감각에 직간접으로 어떤 영향을 미친다는 점에서 인과적 대상인 반면, 수나 집합과 같은 수학적 대상은 인과적 영향을 전혀 미치지 않는다는 점에서 비인과적 대상으로 생각된다. 이처럼 비시간적이고 비공간적이고 비인과적인 대상을 '추상적' 대상이라 부르기도 한다.

A: "2는 소수이다."를 참으로 받아들이면서 2의 존재를 부정할 수는 없다. 이는 우리가 "저 나무는 파랗다."를 참으로 받아 들이면서 저 나무의 존재를 부정할 수는 없는 이치와 같다. 따라서 수학적 대상은 추상적 대상일 뿐 존재한다는 점에서는 물리적 대상과 다르지 않다.

B: 수학적 대상은 추상적 대상이므로 그것은 비인과적 대상이다. 그러므로 그러한 대상이 있건 없건 우리의 구체적이고 물리적인 세계는 아무런 차이 없이 그대로 유지될 것이다. 따라서 수학적 대상이 존재한다고 볼 이유는 전혀 없는 것이고, 수학적 대상은 존재하지 않는다고 결론 내려야 한다.

C: 추상적 대상이 우리와 어떤 인과적 관계도 맺을 수 없다면, 우리는 그 대상이 어떤 성질을 가졌는지도 알 수 없다. 우리가 나무나 별에 대한 지식을 가질 수 있는 이유는 감각을 통해 그러한 대상과 인과적 관련을 맺을 수 있다는 사실에 근거하고 있기 때문이다. 그런데 우리가 많은 수학적 지식을 가지고 있다는 것은 틀림없는 사실이다. 그렇다면 도리어 수학적 대상은 추상적 대상이 아니라고 결론 내려야 한다.

〈보 기〉

ㄱ. A는 물리적 대상만 존재한다는 것을 부정하지만 B는 그것을 받아들인다.
ㄴ. B는 수학적 대상이 추상적 대상이라고 보는 반면 C는 이를 부정한다.
ㄷ. C는 우리가 인과적 대상에 대해서만 지식을 가질 수 있다고 전제하고 있다.

① ㄴ   ② ㄷ   ③ ㄱ, ㄴ
④ ㄱ, ㄷ   ⑤ ㄱ, ㄴ, ㄷ

우리는 다양한 사건을 관찰하여 여러 정보를 획득한다. 이때 우리가 획득하는 정보의 양은 해당 사건의 관찰과 관련된 우리 상태에 따라 달라진다. 특히 어떤 관찰 이후 우리가 획득하는 정보의 양은 해당 관찰에 대해 느끼는 놀라움에 정도에 비례한다. 우리는 검은 까마귀를 관찰했을 때보다 흰 까마귀를 관찰했을 때 더 많이 놀란다. 이런 경우에 우리는 검은 까마귀를 관찰했을 때보다 흰 까마귀를 관찰했을 때 더 많은 정보를 획득한다. 여기서 말하는 놀라움의 정도는 예측의 정도와 반비례한다. 좀처럼 예측되기 어려운 사건이 일어나면 더 놀라움을 느끼고, 쉽게 예측되는 사건이 일어나면 덜 놀라움을 느낀다. 그럼 이 예측의 정도는 어떻게 측정할 수 있는가? 한 가지 방법은 확률을 이용하는 것이다. 즉 어떤 사건을 관찰하기 전에 우리가 그 사건에 부여하고 있었던 확률이 작으면 작을수록 예측의 정도는 더 작아진다. 저 앞에 있는 까마귀의 색을 확인하기 전이라고 해보자. 분명 우리는 그 까마귀가 검은 색이라는 것보다 흰색이라는 것에 더 작은 확률을 부여한다. 바로 이런 확률의 차이를 통해 우리가 검은 까마귀의 관찰보다 흰 까마귀의 관찰을 더 약하게 예측한다는 것을 드러낼 수 있다.

① 서로 다른 두 사람이 무언가를 관찰한 후에 획득한 정보의 양이 서로 같다고 하더라도 그들이 관찰한 사건은 다를 수 있다.

② 어떤 사람이 서로 다른 두 사건을 관찰했을 때 느끼는 놀라움의 정도의 차이는 그 사람이 관찰 이전에 두 사건에 부여했던 확률의 차이에 반비례한다.

③ 어떤 사건이 발생했다는 것을 관찰했을 때 획득되는 정보의 양은 그 사건이 발생하지 않았다는 것을 관찰했을 때 획득되는 정보의 양과 서로 반비례한다.

④ 어떤 사건이 반드시 일어날 수밖에 없다고 생각하는 사람이 그 사건이 일어나는 것을 관찰했을 때 획득하는 정보의 양은 그 어떤 정보의 양보다 크지 않다.

⑤ 주사위를 던져서 나올 결과들에 대해 서로 다른 확률을 부여하는 사람이 있다면, 해당 주사위 던지기의 결과 중 무엇을 관찰하든 그가 느끼는 놀라움의 정도는 서로 다르다.

정답 및 해설 p.242

III. 가치론

1 가치론의 개념

가치론(價値論)은 가치(價値)를 다루는 철학의 분과이다. 가치란 무엇인가? 인간의 모든 행동에 영향을 미치는 어떠한 기준이 되는 대상이나 그 성질이 바로 가치이다. 가치에는 보편적이며 규범적인 속성을 띠는 객관가치와, 주체에 따른 주관가치가 있다. 가치론은 어떤 것이 바람직한 가치인지, 또 어떤 가치가 보편적으로 선택되는 가치인지, 가치의 종류와 우선순위는 어떻게 구분되는지, 가치 판단의 대상이 되는 것은 어떤 것이 있는지 등이 문제가 된다.

가치론의 중요한 분과로는 윤리학(倫理學)과 미학(美學)이 있다. 윤리학은 좋은 삶이 무엇인지, 인간이 마땅히 지켜야 할 것이 무엇인지 등에 대한 질문과 그에 대한 대답이다. 미학은 대상의 아름다움과 추함에 대해 다룬다. 그 대상은 아름다움과 추함 그 자체에 대한 질문과 함께, 예술을 평가하는 기준, 예술이 담고 있는 사상을 해석하는 방법 등에 대해 논한다. 미학 중에서도 예술에 대한 제재는 추리논증에 출제되는 경우는 희소하며, LEET 언어이해와 입법고시 PSAT 언어논리에 주로 출제된다.

기본 개념과 핵심 쟁점

가치	• 가치론: 윤리와 도덕, 진선미 등에 대해 논하는 학문
	• 사실판단과 가치판단: 가치와 존재
	  - 사실(事實)과 가치는 서로 대립하는 개념: 주관적 평가의 여부
	  - 사실과 가치가 분명히 구분되는가? 호오 판단의 문제(감정과 가치)
	  - 가치는 객관적 사실로 존재할 수 있는가?
	• 도구적 가치 vs 본래적 가치
	  - 수단으로서의 가치와 그 자체로 가치로운 것의 차이

윤리와 도덕	• 윤리(倫理): 선악, 호오 등 가치에 따라 당위적으로 지켜야 할 것
	• 도덕(道德): 인간이 지켜야할 도리
	  - 도덕은 절대적인가, 상대적인가?
	  - 도덕은 만들어진 것인가?
	  - 윤리와 도덕은 공동체의 문제인가, 개체의 문제인가?
	• 윤리 ≒ 도덕 + 법
	  - 사람은 왜 도덕적이어야 하는가? 균형론 vs 의무론 vs 공리 vs 실존
	  - 법과 도덕은 반드시 지켜야 하는 것인가?
	  - 사람이 도덕을 지키려는 이유는 무엇인가?
	  - 도덕을 지키는 것이 이익이 되는가?

선악	• 선(善)과 악(惡)의 의미: 좋은 것과 나쁜 것
	  - 선은 그 자체로 선인가?
	  - 선과 도덕은 같은가?

미추	• 아름다움(美)과 추(醜)함
	  - 아름다움의 본질은 무엇인가?
	  - 미추의 감정은 어디에 근거하는가?
	  - 보편적 아름다움이란 존재하는가?
	• 미학: 아름다움에 대해 논하는 학문
	  - 예술이란 무엇인가?

호오	• 좋아함(好)과 싫어함(惡) • 가치에 대한 감정적 태도: 욕망과 혐오 - 호오와 선악, 미추에 대한 판단은 동일한가?

☑ 가치론과 법학적성시험

가치론은 법학적성시험에서 매우 중요한 위치를 차지한다. 당연한 말이지만 법은 윤리·도덕과 맞닿아 있으며, 사실과 가치를 엄밀히 구분하는 능력, 합리적인 가치 판단 능력 등은 법조인에게 있어 필수소양이라 할 수 있다. 아래 예시 문제를 보자.

갑의 논지를 따르면 정당화되지만 을의 논지를 따르면 정당화되기 어려운 진술을 <보기>에서 고른 것은?

09 LEET 예비 문17

> 갑: 정상적인 이해력을 가진 어떤 성인이 자신에게 좋다고 판단해서 선택한 삶의 방식에 대해서 우둔하다거나 무절제하다는 등의 이유로 그러한 삶의 방식을 금지할 수는 없다. 자신에게 좋은 것 혹은 이익이 되는 것에 대해서 가장 큰 관심을 가질 뿐만 아니라 가장 잘 알고 있는 사람은 바로 자기 자신이기 때문이다. 그러므로 어떤 성인이 선택한 삶의 방식이 타인에게 직접적으로 아무런 해를 끼치지 않는 한 그의 판단과 선택을 존중해 주는 것이 마땅하다.
>
> 을: 어느 누구도 완전하게 고립된 존재가 아니므로 다른 사람에게 해악을 끼치지 않고 오직 자신에게만 해로운 행동을 한다는 것은 불가능하다. 인간은 선을 선택하고 악을 회피하도록 장려해야 할 의무를 상호 간에 지니고 있다. 그러므로 어떤 행위가 그 행위를 하지 않은 사람이나 그 행위에 동조하지 않은 사람들에게 해를 끼칠 경우에만 그 행위를 금지하는 것은 옳지 않다.

〈보 기〉

ㄱ. 사람들이 자동차를 탈 때 안전벨트를 착용하도록 규제하는 것은 정당하다.
ㄴ. 대마 흡연과 같이 피해자 없는 행위에 대해 그것이 가져올 추정적 해악을 이유로 규제하는 것은 옳지 않다.
ㄷ. 성인의 포르노 영화 관람이 타인의 권리를 침해하지 않는다면 그것을 규제할 어떤 법률도 제정해서는 안 된다.
ㄹ. 자신의 게으름 때문에 구걸하는 사람을 규제하는 것은 그가 가진 불가침의 권리와 자유를 침해하는 것이 아니다.

① ㄱ, ㄴ   ② ㄱ, ㄹ   ③ ㄴ, ㄷ
④ ㄴ, ㄹ   ⑤ ㄷ, ㄹ

위 문제는 '개인의 판단'에 대한 서로 다른 두 견해를 보여주고 있다. 개인의 행동이 공동체와 독립적으로 이루어질 수 있는지, 없는지에 대한 입장차에 근거하여 행위에 도덕적 잣대를 적용할 것인지, 하지 않을 것인지를 평가한다. 또한 선지를 통해 동일한 사안의 경우에도 서로 다른 가치판단이 가능함을 보여주고 있다. 이처럼 가치론 제재는 옳고 그름을 분별하기 어려운 쟁점들을 제시하며 법조인으로서 적절한 판단력을 가질 것을 요구하고 있다. 가치론 제재는 쟁점이 다양하고, 출제 빈도도 높은 만큼 많은 투자를 할 가치가 있다. 기출문제 분석에 더하여 교과 과정의 윤리학 교과서나 입문서 수준의 윤리학 서적을 1회 정도는 정독하여 관련 개념과 쟁점을 익히고, 논술이나 스터디, 모의고사 등을 통해서 출제 가능한 쟁점을 사전에 학습할 수 있도록 한다.

가치론 제재 학습 방법
① 기출문제 분석: LEET 추리논증, PSAT 등
② 이론 검토: 입문서 또는 고등교과과정 윤리학 서적
③ 쟁점 검토: 논술, 스터디, 모의고사 등

3 추리논증에서의 가치론

추리논증에서 가치론 제재의 출제 빈도는 높은 편이다. 법학적성시험의 목적을 고려할 때, 도덕에 대한 보편적인 판단 기준을 가지고 있는지는 당연한 평가대상이다. 따라서 윤리적 판단을 요구하는 문제의 비중이 높다. 그중에서도 공리주의 기반의 수리추리 문제는 PSAT와 함께 출제될 때마다 해당 시험의 킬러문항이 되고 있다. 최근 5년간 출제된 가치론 제재의 문제를 검토하고, 비고란을 활용하여 PSAT, 모의고사 등을 추가로 정리해보자.

최근 5개년 가치론 제재

학년도	번호	핵심제재	확장 개념	비고
2022	15	악행	악행에 대한 도덕적 평가, 비난가능성	규범 영역에서 검토
	17	선악	악의 기원	
	18	가치	수단적 가치, 본래적 가치, 정당화	
	31	가치	이타심, 효용	수리추리
2021	14	손익	행위의 평가	
	16	미	미, 본래적, 주관적, 객관적, 상대적, 절대적 가치	
2020	14	공리		
	15	연민	보편적 감정, 자연적 감정	
	19	감정		
2019	17	도덕	도덕판단의 평가	
	18	연민	연민의 기원	
	20	윤리	보편 윤리의 기원	
	21	공리		
	22	미		
	24	가치		
2018	12	가치	선의의 거짓말	

01. 다음 논쟁에 대한 분석으로 옳은 것만을 <보기>에서 있는 대로 고른 것은? 　　　22 LEET 문18

> 갑: 얘야. 내일이 시험인데 왜 공부를 하지 않니?
>
> 을: 어머니, 좋은 질문이네요. 저는 공부를 하지 않기로 선택했어요.
>
> 갑: 왜 그런 놀라운 선택을 했는지 납득이 되도록 설명해 주지 않으련?
>
> 을: 제가 볼 시험은 1등부터 꼴등까지 응시생들의 순위를 매기도록 고안되어 있습니다. 다른 응시생들은 조금이라도 등수가 오르면 기뻐한다는 사실을 저는 발견했어요. 하지만 저는 등수가 오르는 것이 전혀 기쁘지 않습니다. 그리고 저는 더 많은 사람들이 기쁨을 누릴 수 있기를 원합니다. 그러니 제가 공부를 하지 않는 것이 다른 응시생을 기쁘게 만들지 않겠습니까? 제가 공부를 하지 않으면 더 많은 응시생들의 등수가 오르거든요. 따라서 저는 공부를 하지 않는 것이 정당합니다.
>
> 갑: 넌 공부를 하지 않을 뿐인데 그게 어떻게 다른 사람들의 기쁨의 원인이 될 수 있다는 말이냐? 내가 보기에 너는 아무것도 안 하면서 남들을 기쁘게 할 수 있다는 놀라운 주장을 하는구나. 다른 사람들이 자신의 등수 때문에 기뻐한다면 그건 그들이 공부를 했기 때문이 아니겠니? 네가 뭘 하지 않는 것과는 상관이 없어.
>
> 을: 아니죠, 어머니. 제가 만일 공부를 한다면 제가 공부를 하지 않았을 때보다 더 많은 사람들이 저보다 낮은 점수를 받게 되겠죠. 그 경우 저의 노력으로 인해 사람들이 기쁨을 느낄 기회를 잃게 되지 않겠어요?

───────────〈보 기〉───────────

ㄱ. 무언가를 원한다고 해서 그것을 획득하는 모든 수단이 정당화되지는 않는다면, 을의 논증은 약화된다.

ㄴ. 을이 공부를 할 경우 공부를 하지 않을 경우에 비해서 을의 점수가 오른다는 것이 참이라면, 을이 공부를 하지 않을 경우 더 많은 응시생들의 등수가 오른다는 을의 전제도 참이다.

ㄷ. 공부를 하지 않는 것이 타인으로 하여금 기쁨을 누리게 하는 원인이 될 수 없다는 갑의 주장이 참이려면, 무언가를 하지 않는 것이 다른 것의 원인이 될 수 없다는 가정이 참이어야 한다.

① ㄱ　　　　　　　② ㄴ　　　　　　　③ ㄱ, ㄷ
④ ㄴ, ㄷ　　　　　　⑤ ㄱ, ㄴ, ㄷ

이기적 인간은 자신의 소비를 통한 효용만을 고려한다. 그렇다면 기부 행위는 왜 존재하는가? 자신의 기부를 받을 수혜자의 효용까지도 함께 고려하는 이타심 때문이다. 인간은 자신의 소비를 통한 효용뿐 아니라 수혜자의 효용까지 고려한다는 주장을 ㉠ 순수이타주의 가설이라 한다. 이 가설하에서 기부자는 수혜자가 필요한 총 기부액을 우선 결정한다. 만약 수혜자가 다른 기부자로부터 일정 금액의 기부를 받는 것을 알게 되면, 기부자는 정확히 그 금액만큼 기부액을 줄이게 된다. 한편, 기부 행위 자체를 통해 얻는 감정적 효용도 기부 행위에서 중요한 역할을 한다는 주장이 있다. 이를 ㉡ 비순수이타주의 가설이라 한다. 비순수이타주의 가설에서는 순수이타주의 가설에서 고려하는 기부자의 효용과 수혜자의 효용에 더하여 기부자 자신의 감정적 효용까지도 모두 고려한다.

위 두 가설을 검증하기 위해 다음과 같은 실험을 다수의 참가자에게 독립적으로 실시한다.

〈실험〉
각 참가자는 아래 표를 제공받아 a~f를 모두 결정한다. 이후, 각 참가자는 A~F 중 임의로 선택된 한 상황에서 해당하는 소득을 실제로 제공받고 결정했던 만큼의 기부를 한다.

상황	참가자의 소득	참가자의 기부액	자선 단체의 기부액
A	40	a	4
B	40	b	10
C	40	c	28
D	40	d	34
E	46	e	4
F	46	f	28

〈보 기〉

ㄱ. 참가자 대부분에서 b=e−6이면, ㉡을 강화한다.

ㄴ. 참가자 대부분에서 e−a<f−c이면, ㉠을 강화한다.

ㄷ. 참가자 대부분에서 0<a−30<b−24<c−6<d이면, ㉡을 강화한다.

① ㄱ
② ㄷ
③ ㄱ, ㄴ
④ ㄴ, ㄷ
⑤ ㄱ, ㄴ, ㄷ

〈이론〉

행위가 어떤 사람에게 '손해를 준다'는 것은, 만약 그 행위가 일어나지 않는다면 그 사람이 더 나은 상태에 있게 된다는 것이다. 행위가 어떤 사람에게 '이익을 준다'는 것은, 만약 그 행위가 일어나지 않는다면 그 사람이 더 못한 상태에 있게 된다는 것이다.

〈이론〉을 두고 다음과 같이 갑과 을이 논쟁하였다.

갑1: 친구에게 아무 이유 없이 5만 원을 줄 수 있었지만, 나는 그렇게 하지 않았어. 그렇게 했다면 친구는 더 나은 상태에 있었겠지. 〈이론〉에 따르면 나는 친구에게 손해를 주는 행위를 한 거야. 하지만 이는 불합리해.

을1: 〈이론〉은 그런 함축을 갖지 않아. '친구에게 5만 원을 주지 않는 것'과 같이 아무것도 하지 않고 가만히 있는 것은 행위라고 볼 수 없기 때문이야.

갑2: 〈이론〉의 '행위'를 그런 식으로 제한하는 것은 또 다른 불합리한 귀결을 낳게 돼. 어떤 사람이 아이가 물에 빠져 허우적대는 걸 보게 됐고 그 사람은 아이를 구조할 능력이 있었다고 해봐. 그 사람은 아이를 구조하지 않았고 아이는 물에 빠져 죽게 되었어. 아이를 구조하지 않은 것은 명백하게 아이에게 손해를 준 것이지.

을2: 하지만 이 경우는 달라. 그 사람이 아이를 구조하지 않은 것은 의도적으로 구조를 회피하고자 한 결심의 결과로 일어난 하나의 사건이야. 그렇다면 아이를 구조하지 않은 것은 하나의 행위로 보아야 해.

갑3: 그렇다면 이런 경우는? A가 B에게 줄 선물을 샀다고 해봐. 그런데 A는 그 선물에 대한 욕심이 생겨서 자신이 그것을 갖기로 결심하고 B에게 선물을 주지 않았어. 이 경우에 선물을 주지 않은 것은 의도적인 결심의 결과이지만, A가 B에게 손해를 준 것은 아니잖아.

─────〈보 기〉─────

ㄱ. 〈이론〉에 대한 갑1의 해석에 따를 때, 내가 친구를 때려서 코를 부러뜨릴 수 있었지만 그렇게 하지 않았다면, 내가 친구를 때리지 않은 것은 친구에게 이익을 준 것이다.

ㄴ. 갑2와 을2는 아이를 구하지 않은 것이 아이에게 손해를 준 것인지 여부에 대해 판단을 달리 한다.

ㄷ. 을이 갑3에 대한 대답으로 'A가 B에게 선물을 주지 않은 것은 B에게 손해를 준 것이 맞다'고 주장한다면, 이는 을의 입장을 비일관적으로 만들 것이다.

① ㄱ   ② ㄴ   ③ ㄱ, ㄷ

④ ㄴ, ㄷ   ⑤ ㄱ, ㄴ, ㄷ

04. 다음 논쟁을 분석한 것으로 옳은 것만을 <보기>에서 있는 대로 고른 것은?

갑: 우아함은 쇼팽의 야상곡 자체에 속하는 성질이 아니라 네가 느끼는 주관적 인상에 불과해. 나는 야상곡을 들으면서 내내 지루하다고 느꼈거든.

을: 네가 야상곡을 듣고 지루함만 느꼈다면, 그건 네가 힙합에만 익숙해서 그래. 피아노 음색과 멜로디 전개가 표현하는 섬세함을 따라가려고 노력해 봐. 이 작품이 우아하다는 것은 적절한 감상 능력을 갖춘 사람이면 정상적인 조건에서 감상할 때 누구든지 알 수 있는 문제야.

병: 야상곡의 우아함이 그저 주관적인 느낌에 불과한 것은 아니라 해도, 누구나 알 수 있는 성질이라는 말도 맞지 않는 것 같아. 일정한 문화에 속한, 일정한 종류의 음악에 익숙한 사람들만 야상곡이 우아하다고 여기지 않을까? 이건 적어도 참외의 노란색이나 둥근 모양처럼 진짜 그 대상에 속하는 성질들과는 달라.

을: 일정한 집단의 사람들만 야상곡이 우아하다고 여길 수 있다 하더라도 그 우아함은 그 음악에 속하는 진짜 성질이라고 봐야 할 거야. 노란색도 결국 색맹이 아닌 사람들에게만 노랑으로 보이긴 하지만 참외의 진짜 성질이잖아? 야상곡의 경우에는 적절한 음악적 감수성을 갖춘 사람들만이 우아함을 지각하는 것이지.

병: 너희 둘이 야상곡을 듣고 다른 반응을 보이는 것은 각자가 속한 집단에서 공유하는 음악적 감수성이 달라서 그렇다는 것이 더 자연스러운 설명 아닐까? 어째서 우아하다고 반응하는 사람만 진짜 성질을 지각한다는 거야?

─────〈보 기〉─────

ㄱ. 을은 우아함을 지각하는 사람의 집단이 시대와 문화에 따라 클 수도 있고 작을 수도 있다는 주장에 반대할 것이다.

ㄴ. 병은 쇼팽의 야상곡이 지루하다고 여기는 사람들이 서로 다른 음악적 감수성을 가질 수 있다는 주장에 반대할 것이다.

ㄷ. 을과 병은 쇼팽의 야상곡이 우아하다는 주장을 각각 다른 이유에서 받아들일 수 있다.

① ㄴ   ② ㄷ   ③ ㄱ, ㄴ

④ ㄱ, ㄷ   ⑤ ㄱ, ㄴ, ㄷ

〈이론〉

각 사람의 행복을 극대화하는 행동이 올바른 행동이다. 이를 판단하기 위해서 다음의 네 가지 원리가 있다. 단, X와 Y는 가능한 상황을, p와 q는 사람을 나타낸다.

원리 1: p가 상황 X에서 누리는 행복보다 더 많은 행복을 누리게 될 다른 가능한 상황이 없다면, p는 X에서 나쁘게 대우받는 것은 아니다.

원리 2: p가 X에서 존재하고 X에서보다 더 많은 행복을 누리게 되는 가능한 상황 Y가 존재하는 경우, Y에서 존재하는 사람 중에 Y보다 X에서 더 많은 행복을 누리게 되는 q가 존재하지 않는다면 p는 X에서 나쁘게 대우받는 것이고, 그러한 q가 존재한다면 p는 X에서 나쁘게 대우받는 것이 아니다.

원리 3: p가 X에서 존재하지 않는다면, p가 존재하여 더 많은 행복을 누리게 될 가능한 상황이 있더라도 p가 X에서 나쁘게 대우받는 것은 아니다.

원리 4: 원리 1~3에 따라 X에서 누구도 나쁘게 대우받지 않는 경우에만 X는 도덕적으로 허용될 수 있다.

〈사례〉

남편인 甲과 아내인 乙에게 자녀 丙이 있다. 이 부부가 둘째 아이를 낳으면 甲의 행복도는 그대로인 반면 乙은 건강이 나빠져 행복도가 떨어지지만, 丙의 행복도는 알려져 있지 않다. A는 이 부부가 둘째 아이를 낳지 않는 상황이고, B는 이 부부가 둘째 아이 丁을 낳는 상황이다. 아래 표는 각각의 상황에서 甲, 乙, 丙, 丁의 행복도를 나타낸다. 단, 가능한 상황은 A와 B뿐이며, 甲, 乙, 丙, 丁 외에 다른 사람은 존재하지 않고, 상황 A에서 丁은 존재하지 않으므로 행복도는 0이라고 가정한다.

사람	A	B
甲	5	5
乙	5	3
丙	5	α
丁	0	5

──────── 〈보 기〉 ────────

ㄱ. A에서 甲~丁 중 누군가 나쁘게 대우받는 것이 가능하다.

ㄴ. B에서 甲~丁 중 한 사람만 나쁘게 대우받고 있다면 α는 5보다 작다.

ㄷ. A, B가 모두 도덕적으로 허용 가능하다면 α는 5보다 크다.

① ㄱ   ② ㄷ   ③ ㄱ, ㄴ

④ ㄴ, ㄷ   ⑤ ㄱ, ㄴ, ㄷ

연민은 이성에 앞서는 것으로 인간에게 보편적인 자연적 감정이다. 연민은 동물들에게도 뚜렷이 나타난다. 동물이 새끼에 대해 애정을 품고 같은 종의 죽음에 대해 불안감을 느낀다는 사실이 이를 보여 준다. 이 감정은 모든 이성적 반성에 앞서는 자연의 충동이며, 교육이나 풍속에 의해서도 파괴하기 어려운 자연적인 힘이다. 연민은, 본성에 의해서 우리에게 새겨진 또 다른 감정인 자기애가 자연이 설정한 범위를 넘어서 과도하게 작용되는 것을 방지하여 종 전체의 존속에 기여한다. 남이 고통 받는 모습을 보고 깊이 생각할 여지도 없이 도와주러 나서게 되는 것도 연민 때문이다. 하지만 연민이 자기희생을 의미하는 것은 아니다. 연민은 굶주리고 있는 인간에게까지 약한 어린이나 노인이 힘겹게 획득한 식량을 빼앗지 말라고 하지는 않는다. "남이 해 주길 바라는 대로 남에게 행하라"는 이성의 원리에 앞서 "타인의 불행을 되도록 적게 하라"라는 생각을 먼저 품게 하는 것이 연민이다. 인간이 고통을 당하는 것을 보거나 인간이 악을 행했을 때 느끼는 혐오감의 원인도 정교한 이성적 논거가 아니라 이 연민이라는 자연의 감정 속에서 그 근원을 발견할 수 있다. 만일 인류의 생존이 인류 구성원들의 이성적 추론에만 달려 있었다면 인류는 벌써 지상에서 자취를 감추었을 것이다.

〈보 기〉

ㄱ. 연민은 이성적 반성 없이는 작동되지 않는다.
ㄴ. 혐오감과 자기애는 모두 연민의 감정에서 비롯된다.
ㄷ. 타인에 대한 연민의 감정은 자기애와 양립 가능하다.

① ㄱ   ② ㄷ   ③ ㄱ, ㄴ
④ ㄴ, ㄷ   ⑤ ㄱ, ㄴ, ㄷ

우리는 어떤 도덕적 판단이 다른 도덕적 판단보다 더 객관적이라고 생각한다. 예를 들어 '살인은 나쁘다'는 판단은 '노약자에게 자리를 양보하는 것은 옳다'는 판단보다 더 객관적인 것으로 보인다. 그렇다면 왜 이런 차이가 생기는 것일까? 이를 알아보기 위해 다음 가설과 실험이 제시되었다.

가설 1: 사람들은 다른 사람의 신체에 직접 물리적인 해를 끼치는 행위에 대한 도덕적 판단이 그렇지 않은 행위에 대한 도덕적 판단보다 더 객관적이라고 생각한다.

가설 2: 사람들은 어떤 행위가 나쁘다는 도덕적 판단이 어떤 행위가 옳다는 도덕적 판단보다 더 객관적이라고 생각한다.

〈실험〉

실험 참가자들에게 갑, 을, 병의 다음 행위에 대한 이야기를 들려주었다.

갑의 행위: 술집에서 자신에게 모욕을 준 사람에게 직접 물리적 폭력을 가함.

을의 행위: 친구들에게 과시하고자 무명용사의 추모비를 발로 차서 깨뜨림.

병의 행위: 자신의 월급의 10%를 매달 복지 단체에 익명으로 기부함.

그리고 참가자들에게 '갑의 행위가 나쁘다는 판단이 전혀 객관적이지 않다면 0, 매우 객관적이라면 5를 부여하고, 그 정도를 0과 5 사이의 점수로 표현하라'고 요청하였다. 을의 행위가 나쁘다는 판단과 병의 행위가 옳다는 판단의 객관성에 대해서도 동일한 요청을 하였다.

─────〈보 기〉─────

ㄱ. 참가자들 모두가 갑의 행위와 을의 행위에 비슷하게 높은 점수를 부여하였다면, 이 사실은 가설 1을 약화한다.

ㄴ. 참가자들 모두가 병의 행위보다 갑의 행위에 더 높은 점수를 부여하였다면, 이 사실은 가설 2를 약화한다.

ㄷ. 참가자들 모두가 을의 행위보다 병의 행위에 더 높은 점수를 부여하였다면, 이 사실은 가설 1을 강화하고 가설 2를 약화한다.

① ㄱ   ② ㄴ   ③ ㄱ, ㄷ

④ ㄴ, ㄷ   ⑤ ㄱ, ㄴ, ㄷ

ⓐ 행복을 추구하는 인간의 성향도, 자비심과 같은 도덕적 감정도 보편적 윤리의 토대가 될 수 없다. ⓑ 행복 추구의 동기가 올바른 삶을 살아야 하는 당위의 근거가 될 수는 없다. ⓒ 우선 윤리적으로 살면 언제나 행복해진다는 것은 참이 아니다. ⓓ 더욱이 행복한 삶을 산다는 것과 올바른 삶, 선한 삶을 산다는 것은 완전히 다른 것이기에, ⓔ 옳고 그름의 근거를 구할 때 자기 행복의 원칙이 기여할 부분은 없다. ⓕ 가장 중요한 점은 행복 추구의 동기가 오히려 도덕성을 훼손하고 윤리의 숭고함을 파괴해 버린다는 것이다. ⓖ 자기 행복의 원칙에 따라 행하라는 명법은 이해타산에 밝아지는 법을 가르칠 뿐 옳고 그름의 기준과 그것의 보편성을 완전히 없애버리니 말이다. ⓗ 인간 특유의 도덕적 감정은 자기 행복의 원칙보다는 윤리의 존엄성에 더 가까이 있긴 하지만 여전히 도덕의 기초로서 미흡하다. ⓘ 개인에 따라 무한한 차이가 있는 인간의 감정을 옳고 그름의 보편적 잣대로 삼을 수는 없다.

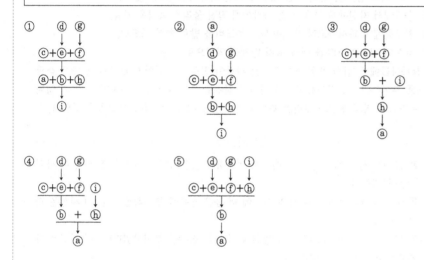

사람들의 미적 감각이 결코 우열을 가릴 대상이 아님을 당연시하는 오늘날의 상식은 흔히 ㉠미적 취향의 보편적 기준을 부정하고 모든 이의 미적 취향을 동등하게 인정하는 태도로 이어지곤 한다. 하지만 때로는 상식이 정반대의 견해를 옹호하는 것처럼 보이기도 한다. 우리는 흔히 예술가의 우열 구분에 쉽게 동의하곤 하는데, 미켈란젤로가 위대한 예술가라는 믿음은 실제로 상식이 아닌가. 이럴 때는 마치 상식이 미적 취향의 보편적 기준을 인정하는 것처럼 보인다. 그렇다면 상식은 한편으로는 미적 취향의 보편적 기준은 없다고 판단하면서 다른 한편으로는 그런 보편적 기준이 있다고 판단하는 셈이다.

A: 인간의 자연 본성에는 미적 취향과 관련하여 고정된 공통 감정이란 것이 있다. 편견이나 선입견 때문에 나쁜 작품이 일정 기간 명성을 얻을 수 있으나 그런 현상이 결코 지속될 수 없는 것도 바로 이 공통 감정 때문이다. 편견이나 선입견은 결국 인간의 올바른 감정의 힘에 굴복하게 되어 있다.

B: 사회 지배층이 자신들의 탁월성을 드러내고 피지배자들과의 차별성을 부각하는 과정에서 미적 취향의 기준이 생성된다. 미적 취향은 이런 사회적 관계가 체화된 것일 뿐 인간의 자연 본성에 근거한 것이 아니다. 사회적 관계가 늘 변할 수 있듯이 그런 미적 취향의 기준도 항상 변화할 수 있다.

───────────〈보 기〉───────────

ㄱ. A는 ㉠을 거부한다.
ㄴ. B는 '사회를 구성하는 모든 이의 미적 취향을 동등하게 인정해야 한다'는 주장에 동의한다.
ㄷ. A도 B도 '피카소가 위대한 예술가라는 현재의 평가가 미래에는 달라질 수 있다'는 주장과 모순되지 않는다.

① ㄱ   ② ㄴ   ③ ㄱ, ㄷ
④ ㄴ, ㄷ   ⑤ ㄱ, ㄴ, ㄷ

'선의의 거짓말'이라는 말이 있다. 도망자의 행방을 당신이 알고 있는 상황에서 그를 죽이려고 찾아온 사람에게 그의 행방을 알려주지 않고 거짓말을 하는 경우가 전형적 사례이다. 선의의 거짓말을 두고 서로 다른 견해가 있다.

A: 선의의 거짓말의 결과가 오히려 예상 외로 나쁠 수 있다. 도망자의 행방을 사실대로 말했더라면 죽지 않았을 텐데, 선의의 거짓말을 한 결과 도리어 도망자가 그를 죽이려고 찾아온 사람과 마주쳐 죽임을 당했다고 해 보자. 이때 당신은 아마 그 죽음의 원인 제공자로 비난받아 마땅할 것이다. 누구든 거짓말을 하는 자는 그 결과에 대해 책임을 져야 하기 때문이다. 따라서 가장 합리적인 방침은 이미 알려진 죄악인 거짓말을 하지 않고, 결과는 순리에 맡기는 것이다. 비록 그 결과가 나쁘더라도 우리는 의무를 다했으므로 우리의 잘못으로 여겨지지는 않을 것이다.

B: 사실대로 말할 경우 피해자가 죽임을 당할 것이 분명한데도 사실을 말했다면 이는 비난받아 마땅할 것이다. 대부분의 일상적 경우에 우리는 우리 행위의 결과에 대해 상당 정도 확신할 수 있고, 그러한 상황에서는 불확실성 때문에 망설이지 않아도 된다. 주어진 정황상 혹은 우리에게 주어진 정보 하에서 내가 거짓말을 함으로써 피해자를 보호할 수 있으리라고 생각할 만한 충분한 이유가 있다면, 그러한 상황에서는 거짓말을 하는 것이 옳다. 물론 그러한 행위가 어떤 결과를 낳을지 우리는 절대 확신할 수 없다. 그러나 우리는 그저 최선의 결과를 낳을 것으로 생각되는 행위를 하면 될 뿐이다.

〈보 기〉

ㄱ. A는 거짓말로 인한 나쁜 결과에 대해서는 책임을 져야 하지만 사실을 말해서 얻게 되는 나쁜 결과에 대해서는 책임이 없다고 전제하고 있다.

ㄴ. B는 어떤 행위의 실제 결과가 나쁜 것으로 드러나더라도 그 행위를 하는 것이 올바른 선택일 수 있다는 점을 인정한다.

ㄷ. A와 B 모두 행위의 옳고 그름이 그 행위의 실제 결과에 전적으로 달려 있다는 데 동의하지 않는다.

① ㄴ 　　　　　② ㄷ 　　　　　③ ㄱ, ㄴ
④ ㄱ, ㄷ 　　　　⑤ ㄱ, ㄴ, ㄷ

A: 인간은 이기적인 존재다. 인간은 주어진 상황에서 자신의 이익을 극대화하려고 노력한다. 다음과 같은 가상적 상황을 생각해 보자. 1천 원을 갑과 을이 나눠 가져야 한다. 먼저 갑이 각자의 몫을 정해 을에게 제안한다. 을이 이 제안을 받아들이면 그 제안대로 상황은 종료된다. 하지만 만약 을이 이 제안을 받아들이지 않으면 갑과 을 모두 한 푼도 받지 못하고 상황은 종료된다. 인간이 이기적이라면, 을은 제안을 거절해서 한 푼도 받지 못하는 것보다 돈을 조금이라도 받는 것을 선호할 것이므로 갑이 아무리 적은 돈을 제안해도 받아들일 것이다. 이를 예상한 갑은 당연히 을에게 최소한의 돈만 제안할 것이다. 따라서 갑은 허용되는 최소한의 액수, 예를 들어 10원만을 을에게 주고 나머지 990원을 자신이 가질 것이다.

B: 인간은 이기적인 존재만은 아니다. 위와 같은 이기적인 결과를 실제 실험에서는 거의 찾아보기 힘들다. 갑의 역할을 하는 사람이 돈을 거의 전부 차지하겠다고 제안하는 사례는 극히 드물었다. 많은 경우 상대방에게 40% 이상의 몫을 제안하는 관대함을 보였다.

C: 이제 조금 ㉠ 변형된 실험을 고려해 보자. 위와 같이 갑이 먼저 제안하지만 을은 이 제안을 거부할 수 없으며 이를 갑이 알고 있다. 이때 갑의 제안 금액이 달라지는지를 관찰하였다.

───────〈보 기〉───────

ㄱ. 만약 ㉠에서 갑이 10원만을 제안한다면 B의 주장이 약화된다.
ㄴ. 만약 갑이 을을 이기적인 사람이라고 확신한다면 ㉠에서 10원만을 제안할 것이다.
ㄷ. ㉠의 결과를 통해 B에서 갑의 관대한 행동의 원인이 을의 거부 가능성에 영향을 받는지 알아볼 수 있다.

① ㄱ   ② ㄴ   ③ ㄱ, ㄷ
④ ㄴ, ㄷ   ⑤ ㄱ, ㄴ, ㄷ

A: 유용성의 원리가 의미하는 바는, 한 행위가 그것과 관련되는 사람들의 행복을 증가시키
　느냐 아니면 감소시키느냐에 따라서 그 행위를 용인하거나 부인한다는 점이다. 오직 유
　용성의 원리만이 구체적이고, 관찰 가능하며, 검증 가능한 옳은 행위의 개념을 산출할 수
　있다. 어떤 범위와 기간까지 고려하여 유용성을 평가할 것인지도 각 행위가 행해지는 상
　황을 통해 충분히 결정 가능하다. 따라서 행위자의 개별 행위에 직접 적용되는 유용성의
　원리만이 도덕적 고려의 대상이 되어야 한다.

B: 유용성의 원리는 개별 행위보다는 행위 규칙과 연관되어야 한다. 한 행위가 아니라, "거
　짓말을 하지 말라."와 같은 행위 규칙이 유용한지 아닌지를 물어야 한다. 거짓말을 허용
　하는 것보다 허용하지 않는 규칙이 장기적인 관점에서 더 많은 유용성을 산출한다면, 당
　장 거짓말하는 행위가 유용하다 할지라도 이를 금하고 그 규칙을 따르도록 해야 한다. 유
　용성이 입증된 행위 규칙들이 마련되면, 행위자는 매 행위의 유용성을 일일이 계산할 필
　요 없이 그 규칙에 부합하는 행위를 하는 것만으로 옳은 행위를 수행할 수 있다.

C: 유용성의 원리는 하나의 통일적 삶, 즉 하나의 전체로서 파악하고 평가할 수 있는 삶 속
　에서만 판단되고 적용되어야 한다. 인간은 그가 만들어내는 허구 속에서 뿐만 아니라 자
　신의 행위와 실천에 있어서도 '이야기하는 존재'이다. "나는 무엇을 해야만 하는가?"라는
　물음은 이에 선행하는 물음, 즉 "나는 어떤 이야기의 부분인가?"라는 물음에 답할 수 있
　을 때에만 제대로 답변될 수 있다. 나는 나의 가족, 나의 도시, 나의 부족, 나의 민족으로
　부터 다양한 부채와 유산, 기대와 책무들을 물려받는다. 이런 것들은 나의 삶에 주어진
　사실일 뿐만 아니라, 나의 행위가 도덕적이기 위해 부응해야 할 요소이기도 하다.

──────〈보 기〉──────

ㄱ. A와 B에 따르면, 한 명의 전우를 적진에서 구하기 위해 두 명의 전우가 죽음을 무릅쓰는
　행위가 도덕적일 수 있다.
ㄴ. A와 C에 따르면, 거짓말을 하는 것이 상황에 따라 옳을 수 있다.
ㄷ. A, B, C 모두 유용성의 원리를 도덕적 판단의 기준으로 고려한다.

① ㄱ　　　　　　　　② ㄷ　　　　　　　　③ ㄱ, ㄴ
④ ㄴ, ㄷ　　　　　　　⑤ ㄱ, ㄴ, ㄷ

정답 및 해설 p.245

합격을 꿈꾼다면, 해커스로스쿨
lawschool.Hackers.com

PART 4

응용철학

I. 언어철학

1 언어철학의 개념

언어(言語)는 의사의 표현이나 정보의 전달을 목적으로 하는 음성·문자·몸짓 등의 기호 체계를 뜻한다. 언어가 커뮤니케이션의 매개체로 사용될 수 있는 것은 사람들 사이의 공통된 약속으로 존재하기 때문이다. 즉, 언어는 인간이 세계를 인식하고 관계를 맺는 틀의 일종이다. 그러나 이 '틀'이 개개인에게 동일한지는 의문이다. 지각 체계와 사고방식, 발생적 맥락이 동일하지 않은 사람들이 언어 표현을 동일하게 받아들일 수 있는가? 색맹인 사람과 그렇지 않은 사람은 시각정보를 지각하는 체계가 다르다. 적색과 녹색을 구분하지 못하는 색각이상을 겪는 사람은 '빨강'과 '초록'을 구분하지 못하며, 색과 관련된 의사소통에서도 어려움을 겪는다. 지시대상을 구분할 수 있는 지각체계의 문제로 언어표현에 차이가 발생하는 것이다. 그렇다면 특정한 언어 표현에 불변하는 의미가 존재하는가? 아니면 발화자와 맥락에 따라서 달라질 수 있는 유동적인 의미를 가지는가? 기호와 지시대상, 속성과 관계 등 애매성으로 인한 비형식적 오류를 학습하였다면 이 질문들이 표현의 진정한 의미를 파악하기 위한 목적임을 알 수 있을 것이다. 다시 말해, 말과 언어의 진정한 의미를 파악하기 위해서는 체계적이며, 분석적인 탐구가 필요하다.

언어철학은 '말과 언어에 대한 철학적 탐구'로서 말과 언어의 진정한 의미를 파악하고자 하는 노력의 일종이다. 언어철학은 언어 표현이 가지는 의미와 그러한 의미가 형성되는 과정을 분석하고 해체한다. 언어철학이 모든 인간 사유의 근간이 되는 언어에 대해 탐구한다는 점을 곰곰이 생각해보면, 모든 철학의 기저에는 언어철학적 전제가 깔려있다고도 할 수 있다. 언어철학의 핵심 쟁점을 정리하면 다음과 같다.

핵심 쟁점

의미론	• 말과 언어가 가지는 의미에 대해 분석하는 이론
	• 의미의 유형
	  - 개념적 의미 / 연상적 의미[내포적, 사회적, 감정적, 반사적, 언어적 의미] / 주제적 의미(의도적)
	  - 기술적 / 표현적 / 환기적 의미
	• 의미의 기능
	  - 지시적, 정감적, 명령적, 친교적, 관어적, 사적 기능
	• 의미론의 종류
	  - 지시적 의미론, 진리조건적 의미론, 심리주의, 행동주의, 화용론, 인지주의
	• 의미론의 질문들
	  - 우연한 흔적이 의미를 가질 수 있는가?
	  - 언어 표현이 지칭하는 대상은 반드시 존재해야 하는가?
	  - 지칭하는 대상이 같은(공지칭어) 단어는 동의어인가? [동일성 / 대체실패]
	  - 존재하지 않는 대상(부정존재)에 대한 진술의 의미는 무엇인가?
	  - 완벽히 동일한 의미를 서로 다른 표현형으로 나타낼 수 있는가?
	• 이상언어학파[논리실증주의] vs 일상언어학파
	• 기호학: 표상체 - 대상 - 해석작용 [퍼스]

화용론	• 언어의 맥락(context)적 요소를 기반으로 의미를 파악하는 이론
	• 화자와 맥락[대화함축], 청자의 추론적 해석, 화자와 청자 사이의 거리 등에 대해 분석하는 이론
	   – 직시(deixis): [발화상황] 인칭, 시간(입력 시-수신 시), 장소, 담화, 사회
	   – 전제(presupposition): 언어적 표현이 전제하는 것
	   – 함의(entailment): 발화된 문장에서 논리적으로 뒤따라오는 것
	   – 함축(implicature): 내포된 상황적 의미
	   – 화행(speech act): 발화의 행동 효과에 대한 분석
	   – 대화구조
	   – 체면

통사론	• 올바른 문장을 구성하는 방법을 다루는 이론: 문단의 구조적 정오 판단 • 구구조문법 / 의존문법 / 기능주의

❷ 언어철학과 법학적성시험

언어철학 제재들 또한 법조인으로서 가져야 할 문제의식의 하나이다. 언어는 세계에 대한 인식 기준으로서 작용하지만, 법해석이 불확정성을 갖는 원인이기도 하다. 앞서 다룬 법철학의 제재에서도 언어철학적 측면의 제재를 이미 다룬 바 있다. 오랜 기간 법학적성시험에서는 형식적 논증능력과 인과판단능력 등을 핵심 제재로 다루면서도, 언어철학은 법해석론적 관점에서 주로 다루어왔다. 그러나 최근 여러 적성시험들의 동향을 보면 언어철학의 관점, 특히 의미론적 관점의 출제 비중이 늘어나고 있다. 이에 대해 필자는 형식논리 제재가 기술(技術)적 방법론으로 평가력을 상실하고 있는 문제를 해결하기 위한 것으로 판단한다. 아래 문제를 통해 추리논증에서 언어철학 제재의 의도를 고민해보자.

다음 글에 대한 분석으로 옳은 것만을 <보기>에서 있는 대로 고른 것은?　　　22 LEET 문21

> 일상에서 역사적 인물의 이름인 '나폴레옹'을 사용할 때, 이 이름은 실존 인물 나폴레옹을 지칭한다. 그런데 나폴레옹이 등장 인물로 나오는 소설 『전쟁과 평화』와 같은 허구 작품에서 사용된 이름 '나폴레옹' 역시 실존 인물 나폴레옹을 지칭하는가? 우리는 그렇다는 자연스러운 직관을 갖는다.
>
> 하지만 나폴레옹이 아메리카노로 등장하여, 커피 친구들과 모험을 하는 극단적인 허구 작품을 상상해 보자. 여기에 등장하는 나폴레옹은 실존 인물 나폴레옹과 전혀 유사하지 않으므로 이 작품에서 사용되는 '나폴레옹'은 단지 허구 속에 나타나는 등장인물을 지칭하는 것이지, 실존 인물을 지칭하는 것은 아니라고 결론 내릴 수 있다.
>
> 이처럼 적어도 어떤 허구 작품들에서 사용되는 '나폴레옹'은 실존 인물을 지칭하지 않는다는 주장을 받아들인다면, 우리는 다음 둘 중 하나를 받아들여야 한다.
>
> (1) 어떤 허구 작품들에서 사용되는 '나폴레옹'은 실존 인물을 지칭하지 않지만, 어떤 다른 허구 작품들에서 사용되는 '나폴레옹'은 실존 인물을 지칭한다.
>
> (2) 모든 허구 작품들에서 사용되는 '나폴레옹'은 실존 인물을 지칭하지 않는다.
>
> 여기에서 이론의 단순성과 동일성을 고려한다면 (2)의 견해에 어떤 심각한 문제점이 나타나지 않는 이상 우리는 (1) 대신 (2)를 취해야만 할 것이다. 『전쟁과 평화』에서 사용되는 '나폴레옹'이 실존 인물 나폴레옹을 지칭한다는 직관이 (2)와 상충하여 문제된다고 생각할 수 있겠지만, 이는 다음과 같이 설명할 수 있다. 『전쟁과 평화』에서 사용되는 '나폴레옹' 역시 허구 속의 등장인물 나폴레옹을 지칭하며, 이 허구 속의 등장인물 나폴레옹이 실존 인물 나폴레옹과 유사한 특징을 가졌기에, 우리는 그 이름이 실존 인물을 지칭하는 것이라는 잘못된 직관을 갖는 것이다.

〈보 기〉

ㄱ. 이 글에 따르면, 만일 누군가의 글 속에서 사용된 어떤 이름 'N'이 실존 인물을 지칭하는 경우, 그 글은 허구 작품이 아니다.

ㄴ. 만일 모든 허구 작품들에서 사용되는 '나폴레옹'이 실존 인물을 지칭한다는 견해에 어떤 문제점도 없다면, 이 글의 논증은 약화된다.

ㄷ. 이 글의 논증은, "허구 작품에서 사용되는 등장인물의 이름이 실존 인물을 지칭하지 않는다면, 그 등장인물과 실존 인물은 어떤 유사성도 갖지 않는다."가 참이라 가정하고 있다.

---

① ㄱ　　　　　　　　② ㄷ　　　　　　　　③ ㄱ, ㄴ

④ ㄴ, ㄷ　　　　　　　⑤ ㄱ, ㄴ, ㄷ

이 문제는 '나폴레옹'이라는 단어의 지칭대상[지칭체(指稱體)]에 대해 분석하는 문제이다. '나폴레옹'이라는 단어가 쓰이는 맥락을 고려할 때, 실존했던 인물을 지칭하는 것인지 그와 유사한 속성을 지닌 대상을 지칭하는 것인지를 구분할 필요가 있음을 보여준다. 언어 표현이 절대적인 진리를 가진다면 오해의 소지가 없을 것이나, 그렇지 않음을 보임으로서 법조인으로서 항상 주의해야 할 지점을 지적하고 있다.

그렇다면 언어철학 제재를 학습하기 위해 적절한 전략은 무엇인가? 첫째, 인접시험의 기출문제를 분석한다. 언어철학 제재는 추리논증에 비해 PSAT 언어논리에서 더 오래, 더 많이 출제된 바 있다. 둘째, 개론서 수준의 쟁점과 사례를 검토한다. 의미론, 화용론, 통사론에 대한 학습은 해당 제재뿐만 아니라, 수험 전반의 성과에 큰 영향을 줄 수 있다. 셋째, 논술 수업 또는 스터디를 통해 표현력을 강화한다. 언어 표현력을 강화하는 것은 곧 언어철학적 질문에 대한 내재화 과정이다.

언어철학 제재 학습 방법
① 인접 기출문제 분석
② 의미론, 화용론, 통사론의 핵심 쟁점 및 사례 검토
③ 논·구술 스터디를 통한 표현력 강화연습

---

③ 추리논증에서의 언어철학

아래는 최근 5년간 출제된 언어철학 제재의 목록이다. 개별법이나 다른 철학 분과에서 검토 가능한 제재는 최대한 배제하였다. 비고란을 활용하여 2017학년도의 기출문제와 PSAT, 모의고사 등을 추가로 정리해보자.

최근 5개년 언어철학 제재

학년도	번호	핵심제재	확장 개념	비고
2022	20	지표사	화용론, 맥락주의, 지표어 이론	
	21	지칭체	의미지칭이론, 뜻 이론, 기술이론	
	22	취향술어	참/분석적 상대주의, 기호학 vs 맥락주의	
	23	의미	의미이론, 의미의 보존 cf. 음운론	
2021	35	의미	개념과 단어 사이의 관계, 개념인지에 대한 실험	
2020	34	정의	개념의 정의	
2018	13	속성	개념의 정의, 본질적 속성, 우연적 속성	
	16	맥락	화용론, 맥락	
	18	지칭체		

표에서도 알 수 있듯, 추리논증에서 언어철학 제재는 기존에는 과학철학 또는 법철학과 관련하여 개념의 정의와 그 해석에 대한 논의 위주로 전개되고 그 비중은 작았으나, 지난해에는 다수의 문제가 출제된 바 있다. 경향성의 변화라고 단정 지을 수는 없지만 대비가 필요한 것은 분명하다. 특히, 2022년 PSAT와 2023학년도 추리논증에서도 언어철학 관련 제재들이 출제되었으므로, 2024학년도 추리논증에서도 그 경향성이 유지될 가능성은 높아 보인다.

01. 다음으로부터 추론한 것으로 옳은 것만을 <보기>에서 있는 대로 고른 것은? 　　23 LEET 문16

조건문 "만일 P라면 Q일 것이다."에서 전건 P가 실제 사실이 아닌 거짓인 조건문을 반사실문이라고 한다. 예를 들어 다음의 조건문 (1)은 억만장자가 아닌 내가 억만장자인 상황을 가정하기 때문에 반사실문이다.

(1) 만일 내가 억만장자라면 나는 가장 비싼 스포츠카를 구입할 것이다.

(1)은 '가능세계' 개념을 통해서 분석될 수 있는데, 가능세계는 세계가 현실과 다르게 될 수 있는 가능한 방식을 말한다. 이에 따르면, 내가 억만장자인 수많은 가능세계 중 현실 세계와 가장 유사한 가능세계(즉, 현실 세계처럼 스포츠카를 판매하는 사람이 있는 등)에서, 내가 가장 비싼 스포츠카를 구입한다면 (1)은 참이고, 그렇지 않다면 거짓이다.

하지만 다음 반사실문을 보자.

(2) 만일 철수가 둥근 사각형을 그린다면 기하학자들은 놀랄 것이다.

개념적으로는 가능한 (1)의 전건과 달리, (2)의 전건은 개념적으로 불가능한 상황을 나타내고 있다. 이러한 반사실문은 반가능문이라고 한다. 반가능문의 경우 전건이 성립하는 가능세계란 존재하지 않기에, 가능세계를 통한 분석을 적용할 수 없다. 하지만 여전히 (2)가 참이라는 직관이 있으며, 이를 설명할 수 있는 개념적 도구가 필요하다.

이를 설명하기 위해 '불가능세계'라는 개념이 제안되었다. 불가능세계는 세계가 개념적으로 불가능하게 될 수 있는 방식을 말한다. 그 방식은 다양할 수 있다. 예를 들어 총각인 철수가 여자인 것과 철수가 둥근 사각형을 그리는 것은 모두 개념적으로 불가능하지만, 이 둘은 다른 불가능한 상황들이며, 이에 따라 각각이 성립하는 서로 다른 불가능세계가 있을 수 있다. 이때, 철수가 둥근 사각형을 그리는 수많은 불가능세계 중 현실 세계와 가장 유사한 불가능세계에서 기하학자들이 놀란다면 (2)는 참이고, 그렇지 않다면 거짓이다.

〈보 기〉

ㄱ. 스포츠카를 판매하는 사람이 있는 불가능세계도 있다.
ㄴ. (2)가 참이라면, 철수가 둥근 사각형을 그리는 모든 불가능세계에서 기하학자들이 놀란다.
ㄷ. "만일 대한민국의 수도가 서울이라면 나는 억만장자일 것이다."는 반사실문에 속하지만 반가능문에 속하지는 않는다.

---

① ㄱ　　　　　　　② ㄴ　　　　　　　③ ㄱ, ㄷ
④ ㄴ, ㄷ　　　　　　⑤ ㄱ, ㄴ, ㄷ

어떤 학자들은 한국어 연결사 '또는'이 두 가지 다른 종류의 의미를 표현하는 데 사용되는 애매한 용어라고 주장한다. ㉠이러한 입장에 따르면, 다음 두 문장에서 사용되는 '또는'의 문자적 의미는 다르다.

    (1) 철수는 노트북 또는 핸드폰을 가지고 있다.
    (2) 후식으로 커피 또는 녹차를 드립니다.

(1)의 경우 '또는'이 철수가 노트북과 핸드폰을 모두 가지고 있는 경우에도 참이 되는 포괄적 의미로 사용된 반면, (2)의 경우 '또는'은 후식으로 커피와 녹차를 모두 주는 경우 문장이 거짓이 되는 배타적 의미로 사용되었기 때문이다.

하지만 이는 ㉡문자적 의미와 함의를 구분하지 못한 주장이며, 이를 구분하면 '또는'이 애매한 용어가 아니라는 이론을 구성할 수 있다. 다음 문장을 보자.

    (3) 어떤 회원들은 파티에 참석할 수 있다.

문장 (3)이 문자적 의미로서 표현하는 내용은 〈어떤 회원들은 파티에 참석할 수 있다〉이다. 그런데 (3)을 사용하는 많은 경우, '어떤'이란 단어를 사용하는 화자의 의도는 〈모든 회원들이 파티에 참석할 수 있는 것은 아니다〉라는 내용 역시 청자에게 전달하는 것이다. 하지만 이는 문자적 의미가 아니라 함의로서 전달되는 것이다. 왜냐하면 문자적 의미와 달리 특정 맥락에서 전달된 함의의 경우, 그 함의된 내용의 부정을 표현하는 문장을 원래 문장 뒤에 나열해도 두 문장 사이에서 어떤 논리적 모순도 발생하지 않기 때문이다. 즉, "어떤 회원들은 파티에 참석할 수 있다. 물론 모든 회원들이 파티에 참석할 수도 있다."에서는 어떤 모순도 발생하지 않는다.

마찬가지로 ㉢'또는'의 문자적 의미는 포괄적 의미일 뿐, 배타적 의미는 함의로서 전달되는 것이라는 진단이 가능하다. 즉, "후식으로 커피 또는 녹차를 드립니다. 물론 둘 다 드릴 수도 있습니다."에서는 어떤 모순도 나타나지 않고, 따라서 우리는 (2)의 사용을 통해 전달된 내용 〈커피와 녹차를 모두 드릴 수는 없다〉가 원래 문장의 문자적 의미가 아니라 함의였다고 결론 내릴 수 있다.

─────〈보 기〉─────

ㄱ. "p, q, r, s가 모두 참인 문장일 때, 문장 'p 또는 q'는 참이지만 문장 'r 또는 s'는 거짓이라면, 전자와 후자의 문장에서 사용된 '또는'이 다른 의미를 나타낸다."라는 것은 ㉠과 상충하지 않는다.

ㄴ. ㉡에 대한 필자의 설명에 따르면, "철수는 밥과 빵을 먹었다."라는 문장을 사용하여 〈철수는 빵을 먹었다〉라는 내용을 함의로서 전달할 수는 없다.

ㄷ. ㉢에 따르면, 〈후식으로 커피와 녹차 모두를 드릴 수 있다〉라는 내용은 (2)의 문자적 의미에 포함되는 것이 아니라 함의로서 전달되는 것이다.

① ㄱ   ② ㄷ   ③ ㄱ, ㄴ
④ ㄴ, ㄷ   ⑤ ㄱ, ㄴ, ㄷ

'지금', '여기', '오늘', '어제'와 같은 단어들을 지표사라고 부른다. 내가 어느 날 "오늘 비가 온다."라고 말한다고 하자. 다음 날도 "오늘 비가 온다."라고 말하면 어제 한 말과 같은 말을 한 것인가? "오늘 비가 온다."라고 한 날이 화요일이었다고 해보자. 그러면 이때 '오늘'은 화요일을 가리킨다. 그런데 다음 날 내가 "오늘 비가 온다."라고 말한다면 여기서 '오늘'은 수요일을 가리킬 것이며, 따라서 어제와 같은 말을 한 것이 아니다. 첫 번째 발화의 경우 '오늘'은 화요일을 가리키나 두 번째 발화에서는 같은 단어가 수요일을 가리킨다. 우리는 '오늘'이라는 표현을 이틀 연속 사용해서 같은 날을 가리킬 수 없다.

내가 화요일에 한 말과 같은 말을 수요일에도 하려면 "어제 비가 왔다."라고 말해야 한다. 하지만 '오늘'과 '어제'라는 두 단어는 같은 날을 가리킬 때조차 언어적으로 다른 의미를 지닌다. 그런데도 화요일에 "오늘 비가 온다."라고 말하고 다음 날인 수요일에 "어제 비가 왔다."라고 말했을 때 두 문장이 같은 말이라는 것은 직관적으로 분명하다. 따라서 두 문장이 언어적 의미가 같아서 같은 말이 된 것은 아니다. 확실히 "오늘 비가 온다."와 "어제 비가 왔다."라는 문장은 언어적으로 같은 의미를 갖지 않는다. '오늘'과 '어제'가 두 문장에서 같은 대상을 가리킨다는 점이 중요하지만, 두 표현이 가리키는 대상이 같다고 해서 두 표현을 바꿔 쓴 문장이 같은 말을 하는 문장임이 보장되는 것은 아니다. 같은 대상을 가리키는 '세종의 장남'과 '세조의 형'이라는 두 표현을 고려해 보자. 누군가가 "세종의 장남은 총명하다."라고 말한 것을 세조의 형은 총명하다고 말했다고 다른 사람이 보고한다면 다른 말을 전하는 셈이 될 것이다. '세종의 장남'과 '세조의 형'은 언어적 의미가 다르기 때문이다. 하지만 날짜와 관련한 지표사의 경우, 같은 말을 하려면 먼저 사용한 단어인 '오늘'과 언어적 의미가 다른 단어인 '어제'를 사용해야 한다.

① 다른 말을 하는 두 문장에 사용된 표현은 같은 대상을 가리킬 수 없다.

② 한 문장에 사용된 어떤 단어를, 가리키는 대상은 같지만 언어적 의미가 다른 단어로 바꿔 쓰더라도, 여전히 같은 말을 할 수 있다.

③ 한 문장에 사용된 어떤 단어를 다른 단어로 바꿔 써서 발화자의 맥락에 따라 같은 말을 했다면, 그 두 단어의 언어적 의미는 같다.

④ 한 문장에 사용된 어떤 단어를, 가리키는 대상은 다르지만 언어적으로 의미가 같은 다른 단어로 바꿔 쓰더라도, 여전히 같은 말을 할 수 있다.

⑤ 한 문장에 사용된 어떤 단어를, 가리키는 대상도 같고 언어적 의미도 같은 단어로 바꿔 쓰더라도, 발화자의 맥락에 따라 다른 말을 할 수 있다.

인용 부호(작은따옴표)를 사용하면, 언어 표현 자체에 대해 언급할 수 있다. 예를 들어, 다음의 문장 (1)은 돼지라는 동물에 대해 언급하는 거짓인 문장인 반면, 인용 부호가 사용된 문장 (2)는 언어 표현 '돼지'에 대해 언급하는 참인 문장이고, 따라서 두 문장은 다른 의미를 표현한다.

(1) 돼지는 두 음절로 이루어져 있다.
(2) '돼지'는 두 음절로 이루어져 있다.

이때 문장 (2)의 영어 번역에는 다음 세 가지 후보가 있다.

(3) '돼지' has two syllables.
(4) 'Pig' has one syllable.
(5) 'Pig' has two syllables.

(2)는 참인 문장이지만 (5)는 거짓인 문장이므로, 우선 (5)는 올바른 번역에서 제외된다. 남은 (3)과 (4)는 모두 참인 문장이지만, (4)는 (2)의 올바른 번역이라고 볼 수 없다. 왜냐하면 번역에서는 두 문장의 의미가 엄격하게 보존되어야 하는데, (2)의 '두 음절'과 (4)의 'one syllable'은 명백히 다른 의미를 표현하고, 또한 (2)는 한국어 단어 '돼지'에 대해 말하는 문장인 반면, (4)는 영어 단어 'Pig'에 대해 말하는 문장이기 때문이다. 결국 (4)가 의미하는 것은 영어 단어 'Pig'가 한 음절이라는 것인데, 이는 (2)가 의미하는 것과는 완전히 다르므로, 올바른 번역이 될 수 없다. 따라서 (2)의 올바른 영어 번역은 한국어 단어 '돼지'가 두 음절이라는 동일한 의미를 표현하는 문장 (3)이다. 즉 어떤 언어에 속한 문장의 정확한 의미를 보존하는 다른 언어 문장으로의 올바른 번역은, 인용 부호 안의 표현 자체를 그대로 남겨 두는 것이 되어야만 한다.

그렇다면 다음 문장들을 고려해 보자.

(6) '돼지'는 글자 '돼'로 시작한다.
(7) 'Pig' starts with the letter 'P'.
(8) '돼지'는 동물이다.
(9) '돼지' is an animal.

―――――――〈보 기〉―――――――

ㄱ. (6)을 (7)로 번역하는 것은 올바른 번역이 아니다.
ㄴ. (8)을 (9)로 번역하는 것은 올바른 번역이 아니다.
ㄷ. 서로 다른 언어에 속한 두 문장의 진리값이 다르다는 사실은, 한 문장이 다른 문장의 올바른 번역이 아니라는 것을 보이기 위한 충분조건이긴 하지만, 필요조건은 아니다.

① ㄴ   ② ㄷ   ③ ㄱ, ㄴ
④ ㄱ, ㄷ   ⑤ ㄱ, ㄴ, ㄷ

한국어 특수조사 중 '은/는'은 그 의미를 추출하기가 가장 어려운 종류에 속한다. 특히 주어 자리에 쓰였을 때 주격조사 '이/가'와 그 용법이 어떻게 다른지를 가려내는 일은 만만치 않다. 일단, 주어 자리가 아닐 때 '은/는'의 의미는 비교적 선명하게 드러난다. 예컨대 "이 꽃이 그늘에서는 잘 자란다."는 이 꽃이 그늘이 아닌 곳에서는 잘 자라지 않는다는 전제를 깔고 있음을 나타낸다. ⑦ 가 그 예이다.

주어 자리에 쓰이는 '은/는' 역시 대조의 의미를 나타내기도 한다. ⑥ 에서 주어 자리에 쓰인 것들은 의미상 대조된다. 그러나 이러한 경우를 제외하고서 주어 자리의 '은/는'이 그 의미가 항상 잘 파악되는 것은 아니다. 앞의 예에서처럼 대조되는 두 항을 한 문장에서 말한다면 상대적으로 쉽게 파악되지만, 그렇지 않은 경우에는 말하지 않은 나머지 한쪽에 무엇이 함축되어 있는지가 주어 이외의 자리에서만큼 쉽게 떠오르지 않기 때문이다.

주격조사 '이/가'는 특수조사가 아니기 때문에 어떤 특별한 의미를 대표할 필요가 없다. 다른 것은 전혀 고려하지 않고 단지 바람 부는 현상을 말할 때 ⑥ 라고 해서는 안 되는 것이다. '은/는'의 경우 특별한 의미를 지니는데, 그 의미는 궁극적으로 '대조'와 관련되어 있겠지만 그것으로 모두 설명되지는 않는다. 그래서 관점을 달리하여 '알려진 정보'의 관점에서 설명하기도 하는데, 새로 등장하는 대상이 아니라 이미 알려진 대상일 경우에 '은/는'을 쓴다는 것이다. 이렇게 볼 때 ⑥ 는 어색하다.

'은/는'과 주격조사의 차이를 초점에서 찾기도 한다. 발화의 상황에서 이미 알려진 정보는 초점의 대상이 아닐 테니, '은/는'의 경우 서술어 쪽에 초점이 놓인다는 것이다. "소나무는 상록수이다."라고 하면 "여러분이 아는 소나무로 말할 것 같으면"의 뜻으로 하는 말이므로 소나무는 이미 초점의 대상에서 벗어나 있고 '상록수이다'에 초점이 놓인다. ⑩ 에서는 서술어 대신 '영미'에 초점이 놓이며 "여러 아이 중에서"의 뜻이 함축되어 있다.

① ⑦: "그 작가는 원고를 만년필로는 쓰지 않는다."
② ⑥: "소나무는 상록수이고, 낙엽송은 그렇지 않다."
③ ⑥: "바람은 분다."
④ ⑥: "그 사람이 결국 시험에 합격하였다."
⑤ ⑩: "영미는 노래를 잘 한다."

06. <이론>에 대한 평가로 적절한 것만을 <보기>에서 있는 대로 고른 것은? 21 LEET 문35

〈이론〉

A의 개념은 A를 정의하는 특성들, 즉 어떤 것이 A가 되기 위한 필요충분조건에 해당하는 특성들로 구성된다. 예를 들어, 어떤 대상이 총각이기 위한 필요충분조건이 미혼 남성이라면, 어떤 대상이 총각이기 위해서는 미혼이면서 남성이어야 하고, 미혼이면서 남성인 모든 대상은 총각이다. 이 경우 총각의 개념은 미혼이라는 특성과 남성이라는 특성으로 이루어진다. 만일 어떤 사람이 A의 개념을 가지고 있다면, 그는 어떤 대상이 A에 속하는지 아닌지 판단하는 데 A의 개념을 사용할 것이다. A의 개념을 사용해 어떤 대상이 A에 속하는지 판단하는 데 걸리는 시간은, A를 정의하는 각 특성을 그 대상이 가지는지 확인하는 데 소요되는 시간의 합이다.

〈실험〉

과학자들은 실험참여자들에게 다양한 종류의 동물들을 예로 들어 그것이 새인지 판단하는 과제를 수행하도록 했다. 그들은 실험참여자들에게 "x는 새입니까?"와 같은 질문을 던진 후 답하는 데 걸리는 시간을 측정했다. 그 결과, 참새가 새라고 답변하는 데 걸리는 시간은 평균 0.4초였던 반면, 펭귄의 경우 평균 1.4초였다.

〈보 기〉

ㄱ. 실험참여자들이 새의 개념을 가지지 않아서 '참새'와 '펭귄'의 언어표현이 주는 느낌에 의거해 답변을 했다면, 〈실험〉의 결과는 〈이론〉을 약화하지 않는다.

ㄴ. 새의 개념을 구성하는 각각의 특성에 대해, 참새와 펭귄이 그 특성을 가지는지 여부를 확인하는 데 걸리는 시간이 서로 다르다면, 〈실험〉의 결과는 〈이론〉을 약화한다.

ㄷ. 인간의 개념은 이성적 동물로 정의된다고 생각하는 사람들이 어떤 대상을 동물이라고 판단하는 데 걸리는 시간보다 그 대상을 인간이라고 판단하는 데 걸리는 시간이 더 짧다면, 〈이론〉은 약화된다.

① ㄱ   ② ㄴ   ③ ㄱ, ㄷ
④ ㄴ, ㄷ   ⑤ ㄱ, ㄴ, ㄷ

A이론은 과학적 연구가 가능하기 위해서는 '중력'과 같은 과학 용어의 정확한 의미, 즉 개념이 먼저 정의되어야 한다고 주장한다. "개념부터 정의해야 한다"가 이들의 핵심 구호이다. 그러나 甲은 다음 두 가지 이유에서 A이론은 과학의 실제 모습과 충돌한다고 비판한다.

첫째, A이론이 참이라면 과학자들은 과학 연구에 앞서 과학 용어의 완벽한 정의를 먼저 추구할 것이다. 하지만 실제 과학자들은 세계를 연구하기 전에 어떤 용어를 어떻게 정의할 것인지 거의 논쟁하지 않는다. 예를 들어 대학의 생물학과나 생물학 연구소에서는 '생명'의 정의를 논의하지 않으며, 생물학자들은 자신들의 연구가 정확한 정의의 부재 때문에 방해받는다고 생각하지 않는다. 과학 용어의 의미는 용어의 정의에 의해 주어지는 것이 아니라 자료와 이론의 상호 작용에 의해 주어지기 때문이다.

둘째, 실제 과학에서 용어의 정의는 연구가 진행됨에 따라 끊임없이 변화한다. 뉴턴 역학에서 중력은 질량을 가진 두 물체 사이의 잡아당기는 힘으로 정의되었으나, 아인슈타인의 일반상대성 이론에서 중력 개념은 뒤틀려 있는 시공간의 기하학적 구조의 발현으로 사용된다. A이론은 과학의 발전에 따른 이러한 변화를 제대로 해명하지 못한다.

─────────〈보 기〉─────────

ㄱ. 과학의 역사에서 결정적인 실험은 그 실험의 배경 이론에 포함된 용어의 정의보다 앞서 실행된 경우가 많다는 사실은 A이론을 약화한다.

ㄴ. 개념에 대한 정의를 내리는 활동과 그 개념에 관련된 과학 연구 활동은 원칙적으로 구별될 수 없다는 사실은 A이론을 강화한다.

ㄷ. 과학자들이 '중력'의 개념을 뉴턴 역학뿐만 아니라 일반상대성 이론에서의 개념과도 다르게 사용한다면 甲의 주장은 약화된다.

① ㄱ   ② ㄴ   ③ ㄱ, ㄷ

④ ㄴ, ㄷ   ⑤ ㄱ, ㄴ, ㄷ

우리는 대상이 갖고 있는 성질들을 본질적 속성과 우연적 속성으로 나눌 수 있다. 본질적 속성은 어떤 대상을 바로 그 대상이게끔 하는 성질로서 그 대상이 바로 그 대상으로서 존재하는 한 절대 잃어버릴 수 없는 것이다. 반면 우연적 속성이란 그 대상이 바로 그 대상으로 존재하는 데 반드시 필요한 것은 아니라서 그 대상으로 존재하면서도 갖고 있지 않을 수 있는 성질이다. 예를 들어, 시간을 표시해 주는 것이 시계의 본질적 속성이라면, 시침과 분침이 있다는 것은 우연적 속성이다. 문제는 이런 구분의 보편적 기준을 확립할 수 있느냐에 있다. 다음 우화에 등장하는 동물들은 저마다 기준이 다른 것처럼 보인다.

어느 날 사슴 초롱이가 암소 얼룩이를 만났다.
"너는 참 우스꽝스럽게 생긴 사슴이구나! 그래도 뿔은 멋진 걸." 하고 초롱이가 말했다.
"나는 암소지 사슴이 아니야!" 하고 얼룩이가 말했다.
"다리 네 개와 꼬리 하나와 머리에 뿔이 있는 걸 보니, 넌 틀림없이 사슴이야! 만약에 그 중에 하나라도 너한테 없다면, 당연히 나랑 같은 사슴이라 할 수 없겠지만 말이야."
"하지만 나는 '음매' 하고 우는데!"
"나도 '음매' 하고 울 수 있어." 하고 초롱이가 말했다.
"그래? 그럼 너는 네 몸에서 젖을 짜서 사람들에게 줄 수 있어? 나는 그런 일도 할 수 있단 말이야!" 하고 얼룩이가 말했다.
"그래, 맞아, 난 못해. 그러니까 너는 사람들을 위해 젖을 짜낼 수 있는 사슴인 거야!"
초롱이와 얼룩이가 토끼 깡총이를 만났다. 깡총이는 초롱이와 얼룩이를 귀가 작은 토끼들이라고 부른다. 그리고 나서 초롱이와 얼룩이와 깡총이가 함께 조랑말 날쌘이에게로 간다. 그러자 날쌘이가 그들 모두에게 "조랑말들아, 안녕!" 하고 인사를 건넨다.

───〈보 기〉───

ㄱ. 얼룩이가 젖을 짜낼 수 있는 성질을 암소의 본질적 속성으로 여긴다면, 얼룩이는 초롱이를 암소로 여기지 않을 것이다.
ㄴ. 만약 깡총이 머리에 뿔이 없다면, 초롱이는 깡총이를 사슴으로 여기지 않을 것이다.
ㄷ. 만약 초롱이가 날쌘이를 사슴으로 여긴다면, 날쌘이는 '음매'하고 울 수 있을 것이다.

① ㄱ   ② ㄷ   ③ ㄱ, ㄴ
④ ㄴ, ㄷ   ⑤ ㄱ, ㄴ, ㄷ

대개 우리는 사실 판단과 당위 판단을 엄격히 구분한다. 예컨대 '약속한다'거나 '선언한다'고 할 때 '~한다'는 행위는 누군가가 어떤 시점에 어떤 것을 말한다는 사실의 문제인 반면, 그 말을 한 사람이 이후에 무언가를 '해야 한다'는 것은 사실의 문제와는 다른 당위의 문제라고 생각한다. 그런데 다음 논증을 보자.

(1) 존은 다음과 같이 말한다. "나는 스미스에게 5달러를 지불하기로 약속한다."
(2) 따라서 존은 스미스에게 5달러를 지불하기로 약속한 것이다.
(3) 따라서 존은 스미스에게 5달러를 지불해야 한다.

사실로부터 시작해 당위를 최종 결론으로 이끌어내는 이 논증에 대해 세 사람 A, B, C는 각각 아래와 같이 평가하였다.

A: 이 논증은 (2)에서 (3)으로 나아가는 과정은 문제가 없지만, (1)에서 (2)로 나아가는 과정에 논리적 결함이 있다. 단순히 연극의 대사나 문법책의 예문을 읊은 경우라면 (1)로부터 (2)가 도출되지 않는다. 이런 예외적인 경우가 아니라면 (1)로부터 (2)가 도출되며, 이때는 존이 (3)과 같은 의무를 지닌다고 할 수 있다.
B: 이 논증은 존이 보통의 상황에서 약속을 했다고 할 때 (1)에서 (2)로 나아가는 과정은 문제가 없지만, (2)에서 (3)으로 나아가는 과정에 논리적 결함이 있다. (2)로부터 (3)이 바로 도출되는 것은 아니다. 그것이 도출되려면 사실과 당위를 연결해주는 암묵적 전제를 새로 추가해야 한다.
C: 이 논증은 (2)에서 (3)으로 나아가는 과정에 논리적 결함이 있다. '약속한다'는 말은 때로 당위를 의미하기도 하지만 때로 누구와 어떤 약속을 한다는 객관적 사실을 표현하기도 한다. 이처럼 '약속한다'는 말은 다의적이며, (2)에서 그것이 당위를 의미한다는 보장이 없는 한 (3)으로 나아가는 과정은 문제가 된다.

─── 〈보 기〉 ───

ㄱ. A가 (2)를 당위 판단으로 여기는지 여부는 알 수 없다.
ㄴ. B는 (2)를 사실 판단으로 여기는 반면 C는 (2)를 당위 판단으로 여긴다.
ㄷ. A는 사실 판단에서 당위 판단이 도출될 수 있다고 보지만 C는 그렇지 않다.

① ㄴ　　　　　　　　② ㄷ　　　　　　　　③ ㄱ, ㄴ
④ ㄱ, ㄷ　　　　　　⑤ ㄱ, ㄴ, ㄷ

정답 및 해설 p.248

II. 자연·과학·기술철학

1 자연·과학·기술철학

자연(自然)철학이란 근대 자연과학 이전의 자연에 대한 이론체계를 의미한다. 자연철학자들은 자연과학자들과는 달리 자연의 현상(現象)을 넘어 그 근본(根本)원리를 제시하고자 하였다. 이들은 만물(萬物)의 근원이 무엇인지, 또한 그 근원이 어떻게 우주만유(宇宙萬有)를 구성하는지를 탐구하였다. 특히 세상의 바탕이 되는 아르케(arche, 原質)를 찾고자 하였다. 탈레스가 '물'을 최초의 원질로 명명하고, 이후 아낙시만드로스의 아페이론, 엠페도클레스의 리조마타, 아리스토텔레스의 형상과 질료, 피타고라스의 수와 같이 여러 가지 원소설(元素說)이 제시되었다.

과학철학은 과학의 자격, 신뢰성, 목적, 방법, 영향에 대해 탐구하는 철학의 한 분야이다. 과학이 과학으로서 가져야 할 모습, 유사과학과 과학의 비교, 귀납논증에 대한 반박(후퇴논증)과 정당화 방법, 과학적 실재론, 이론 간의 환원 등이 문제가 된다.

기술철학은 기술의 본성과 영향에 대해 탐구한다. 특히, 기술과 과학의 차이점, 기술이 인간의 삶을 구성하는 방식 등에 대해 다룬다.

자연철학의 기본 개념과 핵심 쟁점

원소설	• "만물의 근원은 무엇인가?" - 일원론, 다원론 • 아르케(arche): 최초의, 만물의 근원이 되는 것 - 아페이론(apeiron): 무한정자 - 리조마타: 물, 불, 흙, 공기 - 플라톤의 다면체 - 스페르마타 - 에테르: 천상을 이끄는 원소 - 형상(形相)과 질료(質料): 꼴과 밑감이라고도 함. 질료는 형상의 구체화에 의해서만 존재
원자설	- 원자(atom): 더 이상 쪼갤 수 없는 것 - 허공(kenon)의 존재를 인정
물활론	• 물활론(物活論): 물질이 그 자체로서 생명력을 갖는다는 믿음 • 범심론(汎心論): 만물에 의식이 존재한다는 믿음 cf. 애니미즘
유사품: 오행론	• 물, 불, 나무, 쇠, 흙

과학철학의 핵심 쟁점

과학	• 과학의 정의 　- 과학적 방법론 → 연구방법론 검토 • 유사과학: 과학적 방법론과 관계가 없으나 과학의 형태를 차용한 것 　cf. 뉴스 vs 가짜뉴스 • 실증주의 vs 반증주의 vs 패러다임 vs 연구 프로그램 • "절대적 진리는 존재하는가?" 　"과학은 현상을 충분히 반영하는가?" "과학 체계는 절대적인가?" 　"이론과 가설의 차이는?" 　"과학은 가치중립적인가?" "과학자와 과학의 관계는?" 　"과학과 기술의 차이는?"
실재론과 반실재론	"'과학적 대상'들은 마음과 독립적으로 존재하는가?" "과학은 세계의 '실제 모습'을 드러낼 수 있는가?" "과학은 지속적으로 발전하고 있는가?"

기술철학의 핵심 쟁점

기술	"기술과 과학의 차이는 무엇인가?" "어느 것이 토대가 되는가?" "기술은 인간 사회에 어떻게 영향을 미치는가?" "기술은 무엇인가?" "기술은 물질로 이루어지는가?" "기술은 동물에게도 있는가?" "기술은 비자연적인가?" "기술의 미래는 낙관적인가/비관적인가?"
도구	• 신체의 연장으로서의 도구 　→ 도구 vs 목적
기술윤리	"기술은 가치중립적인가?" "기술이 인간을 구성하는가?" "기술은 윤리적이어야 하는가?" "기술이 인간을 대체할 수 있는가?"
AI-로봇윤리	• 노동 대체 문제 • 기술 격차 • 프라이버시 문제 • AI 문제
생명공학윤리	• 유전자 • 줄기세포 • 합성생물 문제 • 신경윤리 • 포스트/트랜스휴먼

2 자연·과학·기술철학과 법학적성시험

법학적성시험에서 과학철학은 방법론 또는 규범요소와 함께 출제되는 경우가 대부분이다. 여타 적성시험에 비해서는 비교적 간단한 문제가 출제되는 경향이 있지만, 최근 PSAT 언어논리에서 고난도 소재가 다수 제시된 점을 고려한다면 대비의 필요성은 충분하다.

다음 글의 @에 대해 불리한 사례, 중립 사례, 유리한 사례를 <보기>에서 골라 바르게 나열한 것은?

09 LEET 예비 문18

> 1970년대 말에 제안되었던 암의 발생 메커니즘에 대한 가설은 돌연변이를 일으키는 물질이 세포로 침입한 뒤 원형-암유전자(proto-oncogene)를 공격하여 이를 암유전자로 탈바꿈시킨다는 것이다. 세포는 암유전자의 명령에 반응하여 그칠 줄 모르는 증식을 시작하며 암유전자의 복제품은 처음 돌연변이가 일어난 세포로부터 분열된 세포로 계속 전해진다. 복잡한 과정을 단순한 설명으로 압축하기를 좋아했던 사람들은 @한 번의 공격으로 정상 세포가 암세포로 단순하게 전환되어 증식한다는 이 가설에 매료되었다. 하지만 어떤 이들은 이 개념이 지나치게 단순화되었으며, 암은 여러 사건이 축적된 복잡한 다단계 과정을 통해 오랜 시간에 걸쳐 형성된다고 설명했다.

〈보 기〉

ㄱ. 사람으로부터 분리한 백혈구에 자외선을 쪼이면 24시간 후 백혈구가 죽는다.
ㄴ. 닭의 악성 종양 바이러스 유전자를 정상 닭에게 주입시키면 악성 종양이 생긴다.
ㄷ. 쥐의 배아에서 추출한 세포는 몇 년 동안 죽지 않고 배양접시에서 계속 증식한다.
ㄹ. 빨간 눈 초파리에게 엑스선을 쪼이면 눈 색이 하얗게 변하고 그로부터 계속 흰 눈 초파리 자손이 태어난다.
ㅁ. 다양한 연령의 다양한 군집을 대상으로 한 역학 조사에 의하면 암의 발생은 나이에 따라 더욱 가파르게 상승하는 곡선을 그린다.

	불리한 사례	중립 사례	유리한 사례
①	ㄱ, ㄴ	ㄷ	ㄹ, ㅁ
②	ㄴ	ㄹ, ㅁ	ㄱ, ㄷ
③	ㄷ, ㅁ	ㄱ	ㄴ, ㄹ
④	ㅁ	ㄷ	ㄱ, ㄴ, ㄹ
⑤	ㅁ	ㄱ, ㄷ, ㄹ	ㄴ

추리논증에서 과학철학 제재의 단독 출제 빈도는 낮은 편이다. 신기술이 야기하는 변화와 이에 기반한 규제기준을 제시하고, 과학적 방법론과 함께 제시하는 경우가 많아 단독으로 제시되는 경우를 보기 어려운 것이다. 그러나 관련 제재에 대한 검토는 필수적이다.

과학철학의 관련 제재 학습 방법
① 기출문제 분석: 추리논증, PSAT 등
② 이론 검토: 온라인 자료 검색
③ 쟁점 검토: 논술, 스터디, 모의고사 등

---

01. 다음 논증의 구조를 가장 적절하게 분석한 것은?

22 LEET 문36

㉠ 사람들은 종종 마치 로봇이 사람인 것처럼 대하는데, 이와 같은 현상에는 동서양의 차이가 존재하며 그러한 차이는 문화 또는 문화적 요인을 통해 이루어지는 진화, 즉 문화선택에 의한 것으로 보인다. ㉡ 한 연구 결과에 따르면, 사람의 행동에 반응하여 로봇 개 아이보가 꼬리를 살랑거리며 빙글빙글 도는 모습을 피실험자에게 보여 주었을 때, 서양인 피실험자보다 한국인 피실험자가 더 강한 정도로 사람과 로봇이 친구가 될 수 있다고 답하였다. ㉢ 어린이가 아이보의 꼬리를 부러뜨리려는 장면을 피실험자에게 보여 주고 그 어린이에게 아이보를 괴롭히지 말라는 도덕 명령을 내릴 것이냐고 물었을 때에도, 서양인 피실험자보다 한국인 피실험자가 더 강한 긍정적인 답을 내놓았다. ㉣ 이는 로봇을 마치 사람처럼 대하는 현상이 서양인보다 한국인에게서 더 강하게 나타난다는 것을 보여 준다. ㉤ 묵가에 의하면, 우정 같은 감정은 대상이 나에게 실질적인 이득을 가져다 줄 것이라는 판단을 내렸을 때에만 발생할 수 있다. ㉥ 유가에 의하면, 도덕 판단의 근거는 판단 주체에게 내재한 모종의 원칙이 아닌 대상과의 감정적 관계에 있다. ㉦ 묵가와 유가 이론을 사람과 로봇 관계에 적용한다면, 사람들은 아이보가 자신에게 즐거움을 준다고 판단할 때 아이보를 친구로 여길 수 있게 되고 아이보를 불쌍하다고 느낄 때 아이보를 도덕 판단의 대상으로 여길 수 있게 된다. ㉧ 한국 사회 전반에서 묵가와 유가 전통을 통한 문화선택이 발생했으며, 그에 따라 한국인 일반의 감정과 도덕성에 관한 사회적 측면이 부분적으로 결정되었다는 연구 결과가 있다.

①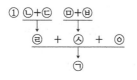

②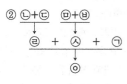

③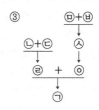

④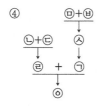

⑤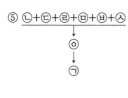

02. 다음 논쟁에 대한 분석으로 옳은 것만을 <보기>에서 있는 대로 고른 것은? 21 LEET 문20

갑: 과학 이론의 변화가 '진정한 진보'인지는 분명치 않다. 물론 과학의 역사를 보면, 후속 이론이 더 많은 수의 사실을 설명하고 예측함으로써 선행 이론을 대체한 경우들도 있다. 그러나 이는 후속 이론이 '진정으로 진보적'이라는 주장의 근거는 되지 못한다. 그 사례들은 후속 이론이 단지 더 많은 사회적 지원을 받았다거나 더 많은 과학자들이 연구에 참여했다는 것만을 보여줄 뿐이다.

을: 이론의 과거 성취에 그러한 외재적 요소의 영향이 있었더라도, 진보에 대한 판단이 불가능한 것은 아니다. 왜냐하면 진보 여부에 대한 판단은 과거 성취와 더불어 미래에 달성할 수 있는 성취에도 달려있기 때문이다. 그리고 이론이 미래에 달성할 수 있는 성취는 그런 외재적 요소의 영향을 받지 않는다.

갑: 이론의 과거 실적을 비교하는 것은 가능하다. 그러나 이론이 미래에 달성할 설명과 예측의 범위, 즉 이론의 장래성을 비교하는 것은 어렵다. 우리는 한 이론이 미래에 가지게 될 모든 귀결을 알 수는 없기 때문이다.

을: 우리는 종종 두 이론의 장래성을 비교할 수 있다. 두 이론 T1과 T2에 대해, T2를 구성하는 진술들로부터 T1을 구성하는 진술들을 연역적으로 도출할 수 있지만 그 역은 성립하지 않는다고 하자. 그러면 T2는 T1의 모든 예측에 덧붙여 새로운 예측을 할 것이다. 이 경우, T2는 T1보다 '더 일반적'이므로 더 장래성이 있다.

──────────────── 〈보 기〉────────────────

ㄱ. 과학 이론의 변화가 '진정한 진보'이려면 어떤 이론의 성공이 사회적 요소로만 해명되어서는 안 된다는 데 갑과 을은 동의한다.

ㄴ. 과학 이론의 변화는 과거 이론의 설명과 예측을 보존하고 그에 더하여 새로운 설명과 예측을 제공하는 방식으로 이루어져 왔다는 데 갑과 을은 동의한다.

ㄷ. 뉴턴 이론이 잘못 예측했던 부분에 대해 상대성 이론이 옳게 예측했다면, 상대성 이론이 뉴턴 이론보다 '더 일반적'인 이론이라는 데 을은 동의한다.

① ㄱ   ② ㄴ   ③ ㄱ, ㄷ
④ ㄴ, ㄷ   ⑤ ㄱ, ㄴ, ㄷ

어떤 데이터를 사전에 성공적으로 예측한 가설과 그 데이터를 사후에 설명하기 위해 도입된 가설이 있다고 하자. 이 데이터가 두 가설들을 입증했다고 말할 수 있을까? 입증에 관한 〈이론〉은 다음과 같이 대답한다.

〈이론〉

가설은 시험을 통과함으로써만 입증 정도가 높아지며, 통과하지 못함으로써만 입증 정도가 낮아진다. 그리고 가설은 예측 성공이나 실패를 통해서만 시험을 통과하거나 통과하지 못한다. 예측의 경우 가설이 먼저 만들어져 앞으로 어떤 일이 일어날지를 이야기하기에 실제로는 그런 일이 일어나지 않았음이 밝혀질 위험을 감수한다. 그러나 사후 설명은 그런 위험을 전혀 감수하지 않는다. 사후 설명의 절차를 통해서는 가설이 틀렸음이 밝혀질 수 없는데, 왜냐하면 그 가설은 애초부터 알려진 자료와 일치하도록 구성되었기 때문이다.

〈사례〉

지난 99일간의 날씨에 대해 甲은 강우 현상에 관한 과학적 이론인 A가설에 따라 매번 그 다음 날에 비가 올지 안 올지에 대해 예측하였고, 그러한 甲의 예측은 매번 성공적이었다. 甲이 예측에 성공한 99번의 강우 현상들을 C증거라고 부르자. 이제 甲은 99일째인 오늘 A가설에 따라 내일 비가 온다고 예측한다. 甲과 달리 乙은 내일 비가 오지 않는다고 예측한다. 乙의 예측은 강우 현상에 관한 또 다른 과학적 이론인 B가설에 따른 것이다. 그런데 이 가설은 지난 99일의 날씨가 관측된 이후에 만들어졌다. 따라서 이 가설은 99일 시점까지 어떤 예측도 한 적이 없고, 이에 당연히 예측에 성공한 적도 없다. 그러나 B가설은 C증거에 대한 좋은 설명을 제시한다. C증거는 甲의 A가설과 乙의 B가설을 비교할 수 있는 경험적 증거의 전부이다.

① 두 가설이 같은 증거들을 가지고 있다면 그 가설들이 내놓는 예측은 서로 다를 수 없다.

② 〈이론〉에 따르면, 100일째에 비가 오지 않았다는 증거는 A가설의 입증 정도에 영향을 주지 않는다.

③ 〈이론〉에 따르면, 100일째에 비가 오지 않았다고 하더라도 B가설의 입증 정도는 올라가지 않는다.

④ 〈이론〉에 따르면, 99일째의 시점에서 볼 때 B가설은 입증되기는 하였으나 그 정도는 A가설보다 낮다.

⑤ 〈이론〉에 따르면, B가설이 아직 구성되지 않은 어떤 시점에서 A가설은 이미 어느 정도 입증되었다.

로버트 밀리컨은 전하의 기본단위를 측정한 업적으로 노벨상을 받은 미국 물리학자이다. 그는 원통형 실린더 내부에 작은 기름방울들을 분사하고, 여기에 전기장을 걸어 주어 기름방울이 전하를 띠게 한 후 중력과 전기력의 영향으로 나타나는 기름방울의 운동을 관찰함으로써 전하의 값을 알아냈다. 노벨상을 받는 데 결정적인 역할을 한 1913년 논문에서 밀리컨은 58개의 기름방울에 대한 자료를 제시했다. 하지만 이후 밀리컨의 실험 노트를 분석한 결과에 따르면, 그는 1911년 10월부터 1912년 4월까지 100개 이상의 기름방울에 대한 실험을 수행하였고, 기름방울 실험에 대해 '아름다움', '뭔가 잘못됨', '최고의 결과' 등의 논평을 달아 놓은 것으로 밝혀졌다.

A: 밀리컨은 자신의 이론에 맞는 좋은 데이터만 남기고 이론에 잘 들어맞지 않는 나머지는 버리는 방식으로 '데이터 요리'를 저질렀기 때문에, 이는 명백히 의도적인 연구 부정행위에 해당한다.

B: 밀리컨이 일부 데이터를 버린 것은 사실이지만, 자신의 이론에 불리해서가 아니라 실험의 여러 가지 조건들이 최적으로 맞춰지지 않은 상태에서 얻은 데이터여서 버린 것이기 때문에, 이는 통상적인 과학 활동의 일부이다.

〈보 기〉

ㄱ. 논문에 포함되지 않은 대부분의 기름방울에 대해서는 단순히 관찰만 이루어졌고 전하량의 계산과 같은 추가적인 분석이 이루어지지 않았을 경우, A는 강화된다.

ㄴ. 논문에 포함된 58개 기름방울의 데이터를 이용했을 때와 실험 노트에 기록된 모든 기름방울의 데이터를 이용했을 때 단위 전하량의 계산 결과가 서로 많이 달랐다면, A는 약화된다.

ㄷ. 논문에 포함되지 않은 데이터 대부분이 기름방울의 크기가 크거나 측정 오차가 큰 경우 등 실험 조건이 완벽하지 못한 것들이었다면, B는 강화된다.

① ㄱ　　　　　　　　② ㄷ　　　　　　　　③ ㄱ, ㄴ

④ ㄴ, ㄷ　　　　　　　⑤ ㄱ, ㄴ, ㄷ

대뇌피질에는 운동을 전담하는 영역, 시각을 전담하는 영역 등이 있다. 그럼 대뇌피질 속 이런 전담 영역들을 결정하는 것은 무엇인가? 최근 연구 결과에 따르면, 각 영역의 겉모습이나 구조에 의해 그 전담 영역이 결정되는 것이 아니다. 그보다 대뇌피질 영역들 사이의 연결 방식과 대뇌피질 영역과 중추신경계의 다른 영역 사이의 연결 방식에 따라 각 대뇌피질의 전담 영역이 결정된다. 즉 ⊙대뇌피질의 전담 영역은 각 영역이 가진 고유한 물리적 특징에 의해 결정되는 것이 아니라 다른 영역들과의 연결 양상에 의해 결정된다.

ⓒ대뇌피질로 들어오는 입력의 유형은 근본적으로 똑같다. 물론 청각과 시각은 그 성질이 다르다. 소리는 파동의 형태로 공기를 통해 전달되고, 시각은 빛의 형태로 전달된다. 그리고 시각은 색깔·결·형태를, 청각은 음조·리듬·음색을 지닌다. 이런 점들 때문에, 각 감각기관들은 서로 근본적으로 분리된 상이한 실체로 생각되곤 한다. 그러나 그런 상이한 감각이 관련 기관에서 활동전위로 전환되고 나면, 각 기관이 뇌로 전달한 신호는 모두 똑같은 종류의 활동전위 패턴에 불과해진다. 우리 뇌가 아는 것이라곤 이들 패턴들뿐이며, 우리 자신을 비롯하여 우리가 인식한 외부 세계의 모습은 모두 그런 패턴들로부터 구축된다.

결국, ⓒ뇌에 의해 파악된 외부 세계와 몸 사이의 경계는 바뀔 수 있다. 활동전위의 패턴이 전달되면, 뇌는 전달된 패턴들에 정합성을 주는 방식으로 몸의 경계를 파악한다. 이때 패턴이 흔히 몸의 일부라고 여겨지는 것에서 유래되었는지 그렇지 않은지는 중요하지 않다. 패턴이 정합적으로 전달되기만 하면, 뇌는 그 패턴만을 이용해서 그것이 유래된 것을 몸의 일부로 통합하게 된다. 외부 세계와 우리 몸에 대한 지식은 모두 패턴들로부터 구축된 하나의 모형일 뿐이다.

─────〈보 기〉─────

ㄱ. 대뇌피질 전체가 겉모습이나 구조 면에서 놀라울 정도로 균일하다는 사실은 ⊙을 강화한다.

ㄴ. 뇌기능 영상촬영 기법들을 이용하여 특정 과제가 수행될 때 평소보다 더 활성화되는 부위를 검출함으로써 얼굴인식 영역, 수학 영역 등과 같은 특화된 영역들을 확인하였다는 사실은 ⓒ을 약화한다.

ㄷ. 다른 감각을 차단한 채, 작은 갈퀴를 손에 쥐고 무엇인가를 건드리도록 한다면 뇌는 작은 갈퀴를 우리 몸의 일부로 여긴다는 사실은 ⓒ을 강화한다.

① ㄱ　　　　　　　② ㄴ　　　　　　　③ ㄱ, ㄷ

④ ㄴ, ㄷ　　　　　　⑤ ㄱ, ㄴ, ㄷ

일반적으로 과학적 탐구는 관찰과 관찰한 것(자료)의 해석으로 압축된다. 특히 자료의 해석은 객관적이고 올바르며 엄밀해야 한다. 그런데 간혹 훈련받은 연구자들조차 사회 현상을 해석할 때 분석 단위를 혼동하거나 고정관념, 속단 등으로 인해 오류를 범하기도 한다. 예를 들어 집단, 무리, 체제 등 개인보다 큰 생태학적 단위의 속성에 대한 판단으로부터 그 단위를 구성하는 개인들의 속성에 대한 판단을 도출하는 경우(A 오류), 편견이나 선입견에 사로잡혀 특정 집단에 특정 성향을 섣불리 연결하는 경우(B 오류), 집단의 규모를 고려하지 않고, 어떤 집단이 다른 집단보다 특정 행위의 발생 건수가 많다는 점으로부터 그 집단은 다른 집단보다 그 행위 성향이 강할 것이라고 속단하는 경우(C 오류) 등이 이에 해당한다. 이와 같은 오류들로 인해 과학적 탐구 결과가 왜곡될 수 있으므로 주의가 필요하다.

〈보 기〉

ㄱ. 상대적으로 젊은 유권자가 많은 선거구가 나이 든 유권자가 많은 선거구보다 여성 후보에게 더 많은 비율로 투표했다는 사실로부터 젊은 사람이 나이 든 사람보다 여성 후보를 더 지지한다고 결론을 내린다면, A 오류를 범하게 된다.

ㄴ. 외국인과 내국인 사이에 발생한 범죄가 증가하고 있다는 자료로부터 가해자가 외국인이고 피해자가 내국인인 범죄가 증가한다고 결론을 내린다면, B 오류를 범하게 된다.

ㄷ. 자살자 수가 가장 많은 연령대는 1,490명을 기록한 50~54세라는 통계로부터 50~54세의 중년층은 다른 연령대보다 자살 위험성이 가장 크다고 결론을 내린다면, C 오류를 범하게 된다.

① ㄴ　　　　　② ㄷ　　　　　③ ㄱ, ㄴ

④ ㄱ, ㄷ　　　　⑤ ㄱ, ㄴ, ㄷ

육식을 정당화하는 사람들은 동물들이 서로 잡아먹는 것을 근거로 들 때가 있다. '그래, 너희들이 서로 먹는다면, 내가 너희들을 먹어서는 안 될 이유가 없지'라고 생각하는 것이다. 그러나 이런 주장에 대해 제기될 수 있는 반박은 명백하다. 먹기 위해 다른 동물을 죽이지 않으면 살아남을 수 없는 많은 동물들과 달리, 사람은 생존을 위해 반드시 고기를 먹을 필요가 없다. 나아가 동물은 여러 대안을 고려할 능력이나 식사의 윤리성을 반성할 능력이 없다. 그러므로 동물에게 그들이 하는 일에 대한 책임을 지우거나, 그들이 다른 동물을 죽인다고 해서 죽임을 당해도 괜찮다고 판정하는 것은 타당하지 않다. 반면에 인간은 자신들의 식사습관을 정당화하는 일이 가능한지를 고려하지 않으면 안 된다.

한편 어떤 사람들은 동물들이 서로 잡아먹는다는 사실은 일종의 자연법칙이 있다는 것을 의미하는 것으로 간주하곤 한다. 그것은 더 강한 동물이 더 약한 동물을 먹고 산다는 일종의 '적자생존'의 법칙을 말한다. 그들에 따르면, 우리가 동물을 먹는 것은 이러한 법칙 내에서 우리의 역할을 하는 것일 뿐이다. 그러나 이런 견해는 두 가지 기본적인 잘못을 범하고 있다. 첫째로, 인간이 동물을 먹는 것이 자연적인 진화 과정의 한 부분이라는 주장은 더 이상 설득력이 없다. 이는 음식을 구하기 위해 사냥을 하던 원시문화에 대해서는 참일 수 있지만, 오늘날처럼 공장식 농장에서 가축을 대규모로 길러내는 것에 대해서는 참일 수 없다. 둘째로, 가임 여성들이 매년 혹은 2년마다 아기를 낳는 것은 의심할 여지없이 '자연스러운' 것이지만, 그렇다고 해서 그 과정에 간섭하는 것이 그릇된 것임을 의미하지는 않는다. 우리가 하는 일의 결과를 평가하기 위해서 우리에게 영향을 미치는 자연법칙을 알 필요가 있음을 부정할 필요는 없다. 그러나 이로부터 어떤 일을 하는 자연적인 방식이 개선될 수 없음이 따라 나오지는 않는다.

① 반성 능력이 없는 존재에게는 책임을 물을 수 없다.

② 자신의 생존에 위협이 되는 행위는 의무로 부과할 수 없다.

③ 어떤 행위의 대안을 고려할 수 있는 존재는 윤리적 대안이 있는데도 그 행위를 하는 경우라면 그것을 정당화해야 한다.

④ 공장식 농장의 대규모 사육은 자연스러운 진화의 과정이 아니다.

⑤ 자연적인 방식이 개선되면 기존의 자연법칙은 더 이상 유효하지 않다.

음모론은 기존에 알려진 사실들을 그 이면에 숨겨진 원인으로 설명하는데, 음모론에 등장하는 가설들은 상식에 비춰볼 때 너무 예외적이어서 많은 경우 터무니없다는 반응을 불러일으킨다. 그렇지만, 어떤 사람들은 음모론 속 가설들이 기존 사실들을 무척 잘 설명한다는 것을 근거로 그 가설이 참이라고 생각하기도 한다. 그럼, 그런 높은 설명력을 가진다는 것이 음모론에 등장하는 가설에 대한 과학적 근거라고 할 수 있는가?

사실, 과학적 추론들 중에도 가설의 뛰어난 설명력을 근거로 가설의 채택 여부를 결정하는 것이 있다. 그런 추론은 흔히 '최선의 설명으로의 추론'이라고 부른다. 이 추론은 기존 증거를 고려하여 가장 그럴듯한 가설, 즉 해당 증거에 대해서 가장 개연적인 설명을 제공하는 가설을 골라낸다. 이와 더불어 그 추론은 가설의 이론적 아름다움, 즉 단순성과 정합성 등을 파악하여 미래 증거에 대해서도 가장 좋은 설명을 제공할 것 같은 가설을 찾아낸다. 이렇듯 최선의 설명으로의 추론은 기존 증거와 미래 증거를 모두 고려하여 가장 그럴듯하면서도 아름다운 가설을 채택하는 과정이다.

이런 점을 생각해볼 때, 음모론 속 가설의 설명력이 그 가설에 대한 과학적 근거를 제공하지 못한다는 것은 분명하다. 왜냐하면 그런 가설들은 예외적인 원인을 이용하여 기존 증거에 대해서는 놀라운 설명을 제공하지만, 그 예외적인 원인의 뛰어난 설명력을 유지하기 위해서 복잡하고 비정합적일 수밖에 없게 되어 미래 증거에 대한 올바른 설명을 제공할 수 없기 때문이다.

① 기존 증거를 잘 설명하는 음모론의 가설들은 미래에 대한 예측의 부정확성이 높을 뿐 예측 자체를 못하는 것은 아니다.

② 과학사에 등장했던 이론적으로 아름다운 가설들은 대개 기존 증거들에 대해 충분히 개연적인 설명을 제공하는 가설들이었다.

③ 몇몇 놀라운 과학적 성취는 그 초기에 기존 증거들을 제대로 설명하지 못했지만 그것의 뛰어난 이론적 아름다움 때문에 일부 과학자들에게 채택되기도 했다.

④ 기존 증거들을 잘 설명하지만 복잡한 형태로 제시된 가설들이 후속 연구에 의해서 설명력을 훼손하지 않은 채 이론적으로 단순하고 아름다워지는 경우가 많다.

⑤ 음모론에 등장하는 가설에 대한 사람들의 믿음은 그 가설이 갖추고 있는 과학적 근거보다는 그것을 믿게 되었을 때 얻을 수 있는 정신적 혹은 사회적인 이익에 의해서 결정된다.

과학자가 자신이 수행한 연구 결과의 우선권을 인정받기 위해 만족해야 할 조건으로 다음을 고려할 수 있다.

F-조건: 연구 결과는 산출 당시 관련 학문의 지식에 비추어 최초의 것이어야 한다.
I-조건: 연구 결과는 다른 사람의 연구 내용을 그대로 가져온 것이 아닌, 독립적으로 성취한 것이어야 한다.
P-조건: 연구 결과가 동료 연구자에게 학술지, 저서 등을 통해 공개되어야 한다.

○ 16세기 초 델 페로는 3차 방정식의 한 형태인 '약화된' 3차 방정식의 해법을 최초로 발견하였으나 이를 학계에 공개하지 않고 죽었다. 동시대의 타르탈리아는 독자적으로 '약화된' 3차 방정식을 포함한 3차 방정식의 일반 해법을 최초로 발견하였지만 이를 다른 사람에게 공개하지 않았다. 이 소식을 들은 카르다노는 타르탈리아를 설득하여 이 해법을 알게 되었지만 타르탈리아의 허락 없이는 해법을 공개하지 않겠다는 약속을 했기에 그 내용을 출판할 수 없었다. 그러다가 카르다노는 델 페로가 타르탈리아보다 먼저 '약화된' 3차 방정식의 해법을 발견했다는 사실을 알게 되었고, 이를 근거로 3차 방정식의 일반 해법을 1545년 「위대한 기예」라는 저서에서 발표하였다.

○ 뉴턴은 미적분법을 누구보다 먼저 1666년부터 연구해 왔지만 완성된 전체 내용을 공식적으로 출판하지는 않고 있었다. 그 후 라이프니츠는 1675년부터 미적분법에 대한 독자적 연구를 수행하였고, 완성된 내용을 정리하여 1684년 논문으로 출판하였다. 뉴턴은 1687년에야 자신의 미적분법 연구를 「프린키피아」를 통해 처음으로 공식 발표하였다.

① F-조건만을 적용하면, 델 페로는 3차 방정식의 일반 해법에 대한 우선권을 가진다.
② I-조건만을 적용하면, 타르탈리아가 아니라 카르다노만이 3차 방정식의 일반 해법에 대한 우선권을 가진다.
③ F-조건과 I-조건을 모두 적용하면, 타르탈리아와 뉴턴 모두 우선권을 가진다.
④ 세 조건을 모두 적용하면, 우선권을 가지는 사람은 아무도 없다.
⑤ '약화된' 3차 방정식의 해법에 대해 델 페로와 타르탈리아 모두 우선권을 가지도록 허용하는 조건만을 적용하면, 미적분법에 대해 라이프니츠만 우선권을 가진다.

신경학적 불균형이나 외상 때문에 뇌 기능이 잘못될 수 있고, 이것이 폭력 행위나 범죄 행위의 원인이라고 설명할 수도 있다. 이 경우 사람들은 그러한 원인 때문에 특정 행동을 한 사람에게 책임을 지울 수 없게 될지 우려한다. 그런데 이러한 우려는 보통 사람들의 경우에도 마찬가지로 적용된다. 신경 과학은 우리가 어떤 결정을 내리는 것을 의식적으로 자각할 때, 그때는 이미 뇌가 그것이 발생하도록 만든 후라는 사실을 알려준다. 이는 다음의 질문을 제기하도록 만든다. 내 스스로의 의도적인 선택에 의해 자유롭게 행동한다는 것은 환상이며, 우리는 개인적 책임이라는 개념을 포기해야 하는가? 나는 그렇지 않다고 생각한다. 사람과 뇌는 구분될 수 있다. 뇌는 결정되어 있지만, 책임 개념은 뇌에 적용될 수 있는 것이 아니다. 뇌와 달리 사람들은 자유롭고, 따라서 그들의 행위에 책임이 있다.

신경 과학을 통해서 어떤 행동의 원인을 궁극적으로 뇌 기능의 차원에서 설명할 수 있게 될 것이다. 그렇다고 하더라도, 어떤 행동을 한 사람의 책임이 면제되는 것은 아니다. 나는 최신의 신경 과학적 지식과 법적 개념이 갖고 있는 가정들에 기반을 두고서 다음의 원칙을 믿는다. 뇌는 자동적이고 법칙 종속적이며 결정론적 도구인 반면, 사람들은 자유롭게 행동하는 행위자들이다. 교통 상황이 물리적으로 결정된 자동차들이 상호작용을 할 때에 발생하는 것처럼, 책임은 사람들이 상호작용을 할 때에 비로소 발생한다. 책임이란 사회적 차원에서 존재하는 것이지 개인 안에 존재하는 것이 아니다. 만약 당신이 지구에 존재하는 유일한 사람이라면 책임이라는 개념은 존재하지 않을 것이다. 책임이란 당신이 타인의 행동에 대해 그리고 타인이 당신의 행동에 대해 부과하는 개념이다. 사람들이 함께 생활할 때 규칙을 따르도록 만드는 상호작용으로부터 행동의 자유라는 개념이 발생한다.

〈보 기〉

ㄱ. 우리의 선택이나 그에 따른 행위는 미시적인 차원에 속하는 뇌의 작용에서 비롯된다. 미시적 요소들을 완전히 이해하더라도, 그것으로부터 거시적인 차원에서 어떤 행동이 발생할지 아는 것은 원리적으로 불가능하다.

ㄴ. 나는 나의 육체와 구별되지 않는다. 뇌가 결정론적으로 작동한다면 나의 행동 역시 결정되어 있다고 보아야 한다. 만약 모든 이의 행동이 각기 결정되어 있다면, 물리적 세계 속에서 일어나는 그것들의 상호작용 또한 결정되어 있을 것이므로, 우리 모두는 달리 행동할 여지를 갖지 않는다.

ㄷ. 사람들의 행동에 책임을 부과하는 것은 관행에 불과하며, 그런 사회적 관행은 인간이 자유롭다는 것을 전제하고 있을 뿐, 인간이 실제로 자유롭다는 것을 보여주지는 않는다.

---

① ㄱ   ② ㄷ   ③ ㄱ, ㄴ

④ ㄴ, ㄷ   ⑤ ㄱ, ㄴ, ㄷ

　　신현실주의자들의 문제점은 전체에 대한 두 개념, 전체로서의 구조개념과 원자주의적이고 물리주의적인 구조개념 사이를 너무 쉽게 오간 것이다. 구조주의자는 심층적인 사회주관성으로서의 구조 전체, 즉 요소들에 대해 독립적이며, 그것들에 대하여 우선하며, 그것들을 산출해내는 구조적 전체의 가능성을 전제한다. 구조주의적 관점에서 볼 때, 추상적이고 이미 정의된 실체로서의 부분들과 그들의 외적 연계에 대한 이해, 그리고 그로부터 파생되는 속성들을 묘사하는 것으로부터 출발하는 식으로 해서는 전체의 구조를 설명할 수 없다. 구조적 전체의 관점은 유일하게 객관적인 관점을 제공하는 것이다. 반면에 원자주의적 개념은 전체를 요소들 간의 외적 결합이라는 용어를 통해서 묘사하는데, 이 외적 결합이란 결합을 통해서 나타나는 파생적 속성과 잠재적으로 한정된 요소들 간의 운동관계까지도 내포한다. 명백히 드러나듯이, 이 개념에 있어서 '전체'란 결합된 부분들로부터 독립하여 존재하는 실체를 전혀 갖고 있지 않다. 그러나 원자주의적 관점이 계속 정당한 것으로 인정되는 한계 속에서 보았을 때, 부분의 가능한 움직임에 대해 전체가 독립되어 존재하는 가능성이 있을 수도 있다. 이러한 관점, 즉 하나의 부분에서 바라보는 관점에 있어서 전체란 외연적인 물리적 관계, 마지막 분석에서 오직 물질적으로나 도구적으로만 다루어져야 할 '제2의 자연'을 의미하는 것일 뿐이다. 결국 부분과 전체를 결합해내는 선재적 존재로서 간주관적 통일체란 존재하지 않기에, 다른 경우란 있을 수 없다.

　　신현실주의는 전체에 대한 이 두 개념을 접합시켰다. 많은 신현실주의자들이 예증적인 것으로 받아들이는 '사회학적 입장'이라고 잘못 명명된 월츠의 입장을 살펴보자. 월츠는 '국제체제'를 사회적 행위자에 선행하고 또 그것들로 구성되는 심층적인 내재적 관계로서 이해하지 않고, 정확한 목적 및 자기 이해를 가지며, 이론가들에 의해 검토될 필요 없는 상식으로 당연시되는 행위자로서의 국가들 간의 외적인 관계로서 이해한다. 그런 다음 월츠는 이 구조에다가 그 부분들, 즉 행위자로서의 국가로부터 독립된 생명력을 인정해준다. 그는 또 여러 방법을 통해 이 구조가 어떻게 부분으로서의 국가들을 제한하고 배치하여 궁극적으로는 구조가 재구성되며 행위자들이 그 요구에 부응하는가를 보여준다. 그러나 이 구조적 전체의 독립성은 어떻게 확립된 것인가? 그것은 함께 다루어진 부분들과 독립하여 확립된 것은 아니다. 그것은 함께 묶여진 부분들의 논리적 결과에 지나지 않기 때문이다. 또한 그것은 국가-체계적인 전체의 심층적인 간주관적인 구조에 기반을 둠으로써 확립된 것도 아니다. 결국 월츠는 현실주의의 유산으로부터 얻은 주관적 관계들이, 그의 말에 따르자면, '체계적'일 수 있음을 시사하는 모든 요소들을 조직적으로 추방한다. 실제로 월츠의 원자주의에 충실할 경우에는 모든 주관적 관계는 심리학적 관계로 해석되므로, 주관적 관계들을 지칭하는 모든 주장들은 '환원주의자'로 낙인찍혀 추방되어 버린다.

〈보 기〉

ㄱ. 월츠의 문제점은 전체로서의 구조개념과 원자주의적이고 물리주의적인 구조개념 사이를 너무 쉽게 오간 것이다.

ㄴ. 전체로서의 구조개념은 '국제체제'를 정확한 목적 및 자기 이해를 가지며 이론가들에 의해 검토될 필요 없는 상식으로 당연시되는 행위자로서의 국가들 간의 외적인 관계로서 이해한다.

ㄷ. 원자주의적인 입장에서 월츠는 구조가 어떻게 부분으로서의 국가들을 제한하고 배치하여 궁극적으로는 구조가 재구성되며 행위자들이 그 요구에 부응하는가를 보여준다.

ㄹ. 월츠는 현실주의의 유산인 주관적 관계들을 환원주의자적인 것으로 간주하고 추방한다.

ㅁ. 전체로서의 구조개념은 부분과 전체를 결합해내는 선재적 존재로서 간주관적 통일체란 존재하지 않는 것으로 간주한다.

① ㄱ, ㄹ　　　　　　　② ㄱ, ㅁ　　　　　　　③ ㄴ, ㄹ
④ ㄷ, ㅁ　　　　　　　⑤ ㄹ, ㅁ

좋은 과학이론이 되기 위해서 만족되어야 할 조건들 중에는 다음과 같은 것들이 고려될 수 있다. 우선, 새로운 이론은 가능한 한 과거 이론이 관찰에서 거둔 성공을 보존해야 한다. 과학의 목표가 진리에 보다 가까이 다가가는 설명적 이론의 발견에 있고 진리근접성의 주된 지표가 관찰에서의 성공이라고 할 때, 새로운 이론이 기존의 이론이 거둔 관찰에서의 성공을 재현할 수 없는 경우 이는 새로운 이론에 불리하게 작용할 것이다. 만일 어떤 이론이 관찰에서의 성공을 보존할 뿐 아니라 예측의 정확도나 예측의 적용범위를 성공적으로 확장한다면, 이는 분명히 그 이론에 유리하게 작용할 것이다.

또한, 이론은 그 향후 발전에 관한 전망, 즉 연구를 안내하는 지침이나 아이디어를 지니고 있어야 한다. 이론의 이런 풍부한 생산성은 초기의 이상 기체 이론에서와 같이 비유적 요소에 기인할 수도 있고, 플랑크가 흑체 복사 분포를 설명하는 과정에서 도입했던 작용의 양자와 같이 참신한 아이디어에 기인할 수도 있다. 이런 요인이 좋은 이론의 조건으로 간주되는 이유는 이런 요인을 지닌 이론들이 과거에 성공적이었기 때문이다. 궁극적으로 성공적인 것으로 여겨진 이론들은 대부분 향후 발전을 위한 아이디어와 연관되어 나타났다.

또한, 새로운 이론이 기존의 성공적인 이론을 지지한다면, 이는 새 이론에 유리하게 작용한다. 이러한 지지는 새 이론이 기존의 이론의 법칙들을 설명하는 형태를 취하기도 한다. 예컨대 성공적인 예측을 하는 열역학의 법칙을 설명할 수 있는 통계역학은 가치 있는 것으로 여겨진다. 한편, 양자역학과 일반상대성 이론을 통합할 방법이 없다고 한다면, 대부분의 과학자들은 두 이론들 중 어느 하나는 옳을 수 없다고 할 것이다. 우리의 물리세계에 관한 형이상학인 그림은 통합적인 것이다. 그래서 우리는 다양한 물리이론들을 보다 포괄적인 이론으로 통합하거나 최소한 여러 다양한 물리이론들이 서로 지지하기를 기대한다. 이런 그림과 그에 따르는 조건을 지지하는 이유는 단순히 우리가 그런 그림과 그런 조건 하에서 연구를 함으로써 많은 성과를 거두었기 때문이다.

아울러, 이론의 구성과 선택은 매우 일반적인 형이상학적 신념에 의해 인도된다. 예컨대 어떤 사건이 발생하는 이유를 설명할 때 그 사건이 발생한 시간만을 인과적 요인으로 인용하는 것을 금지하는 '시간의 비인과성 원칙'을 위반하는 이론이 심각하게 거론된 적은 없다. 우리는 물리세계에서 어떤 사건이 일어날 만큼 시간이 성숙했기 때문에 그 사건이 일어났다는 제안을 거부하고 어떤 일이 때맞추어 일어났기 때문에 그 사건이 일어났다는 형태의 설명을 받아들인다. 이런 원칙이 형이상학적인 이유는 그런 원칙에 대해서는 어떠한 경험적 테스트도 할 수 없기 때문이다. 이런 형이상학적 신념에 대한 정당화는 우리가 이런 신념 하에서 수행한 연구들이 많은 성과를 거두었다는 것밖에 없다. 과거 연구들에서 긍정적인 역할을 했던 사항들을 쉽게 외면하기를 우리는 원하지 않기 때문에 이런 조건을 이론 구성과 선택의 한 항목으로 간주하는 것이다.

① 과거 이론이 성공적으로 예측했던 것을 새로운 이론이 성공적으로 예측하지 못하는 경우, 새 이론은 폐기되어야 한다.

② 이상 기체 이론은 그 참신성에 의해 미래 연구에 관한 지침이 된다.

③ 좋은 과학이론이 만족해야 할 조건들은 많은 경우 귀납적인 논거에 의해 지지된다.

④ 과학이론의 선택은 형이상학적 신념으로부터 독립적이어야 한다.

⑤ 과거의 사례에 비추어 볼 때, 물리세계와 정신세계에 관한 현상들을 통합적으로 설명하는 통합이론이 가장 바람직하다.

정답 및 해설 p.250

III. 기타 응용철학

1 수학철학

앞 장에서 피타고라스가 수를 우주만유의 원질로 삼았다는 것을 지적하였다. 수학이 철학의 중심이 되는, 또는 수학의 내용이 철학적 문제의 대상이 되는 것이 수학철학이다. 수와 수학의 본성을 다루거나, 수학 체계의 다원성, 수학 연구의 관점 등을 탐구하며, 그 과정에서 제기된 수많은 역설들이 다루어진다.

기본 개념과 핵심 쟁점

탐구의 관점	• 수학적 실재론 "수와 관련된 추상적 개념(집합, 함수 등)은 실재하는가?" • 논리주의 vs 형식주의 "수학적 개념은 논리학으로 분석될 수 있는가?" "수학은 형식적인 정보 이상의 것을 내포하는가?" "수학과 과학의 차이는?"
수학철학의 쟁점	• 선험성-인식론 • 필연성-양상논리 • 적용가능성-보편성 "일기예보와 일식의 차이는?" • 무한 "무한의 본성은 무엇인가?" "무한에 관한 지식을 얻는 방법은?"
특수한 사례	• 제논의 역설 "무한히 많은 과정을 유한 시간 내에 해결할 수 있는가?" • 갈릴레오의 역설: 수레바퀴 역설 • 힐베르트의 호텔 "무한과 무한을 비교할 수 있는가?" • 거짓말쟁이의 역설, 복권의 역설, 몬티 홀 문제 • 합리적 선택의 역설 • 알레의 역설 선호의 이행성 붕괴 • 엘스버그의 역설 불확실성 < 위험성 • 콩도르세 역설

2 심리철학

심리철학은 마음을 다루는 철학이다. 과학철학이나 기술철학 분야에서도 종종 논의되며, 인식론, 존재론과 함께 논의된다. 심리철학의 핵심 쟁점은 마음의 정의, 몸과 마음 사이의 관계, 마음과 물리적 세계 사이의 관계 등을 다룬다. 기타 주제들과 밀접한 관련을 가져 환원주의의 관점에서도 접근할 수 있다.

기본 개념과 핵심 쟁점

심신문제	• 심신이원론 vs 심신일원론(유물론-유심론) • 예정조화론 vs 양면이론-부수현상론: 심신평행이론 • 속성일원주의 vs 속성이원주의 • 혼선된 두뇌문제
마음의 구조	• 자아, 의식, 무의식, 페르소나 • "심성을 가진 생물이라는 개념은 무엇인가?"

의식	• 감각질 vs 내적 자각: 물리주의와 수반관계
	  "개별적 의식체가 존재하는가?" → "통합체가 존재하는가?"
	  "의식은 물리적 속성인가?"
	• 양자역학과의 관계: 조화객관환원이론 vs 바이오센트리즘
	• 인공지능의 문제

합격을 꿈꾼다면, 해커스로스쿨
lawschool.Hackers.com

PART 5
연구방법론

I. 연구방법론의 이해

1 연구방법론과 법학적성시험

연구방법론이란 과학적 탐구 과정 전반의 절차와 방법을 탐구하는 학문이다. 연구문제와 이에 따른 가설을 설정하고, 검증을 위한 적절한 연구 설계와 표집틀을 만드는 것이 방법론의 핵심 주제이다. 연구방법론은 크게 ⓐ 연구 설계의 구조와 논리, ⓑ 관찰의 방식, ⓒ 철학적 배경으로 나누어 설명할 수 있다. 또한 연구 방식에 따라 ⓧ 양적방법론과 ⓨ 질적방법론으로 나뉜다. 우리 시험에서는 통계 분석은 진행하지 않으므로 제한적인 범위 내에서의 양적방법론과 질적방법론을 활용하는 것으로 이해하면 된다. 특히 추리논증에서는 연구문제와 가설이 주어진 상태에서 선지에 제시된 사례가 방법론적으로 올바른지, 방법론에서 활용하는 추론 방식이 적절한지 등을 평가하는 수준에 그친다. 아래는 대표적인 연구방법론 소재의 출제 사례이다.

㉠을 입증하는 실험결과에 포함될 수 없는 것은?

21 LEET 문25

> 사회과학에서 고전적 실험연구는 실험결과를 현실 세계로 일반화시킬 수 없을 가능성이 있다. 예를 들어 '흑인이 영웅으로 등장하는 영화 관람'(실험자극)이 '흑인에 대한 부정적 편견 정도'를 줄이는지를 알아보고자 실험연구를 수행한 결과 다음과 같은 사실이 관찰되었다고 하자. 첫째, 실험자극을 준 실험집단의 경우 사전조사보다 사후조사에서 편견 정도가 낮았다. 둘째, 실험자극을 주지 않은 통제집단에서는 사전과 사후조사에서 편견 정도의 변화가 없었다. 이 경우 영화 관람이 실험집단 피험자들의 편견 정도를 줄였다고 볼 수 있다. 그러나 그 영화를 일상생활 중 관람했다면 동일한 효과가 나타날 것이라고 확신할 수는 없다. 실험에서는 사전조사를 통해 피험자들이 이미 흑인 편견에 대한 쟁점에 민감해져 있을 수 있기 때문이다. 이 문제를 해결하기 위해서는 사전조사를 하지 않는 실험을 추가한 〈실험설계〉를 해야 한다. 이를 통해 ㉠ 영화 관람이 편견 정도를 줄였다는 것을 입증하는 실험결과를 발견한다면 일반화 가능성을 높일 수 있다.
>
> 〈실험설계〉
> ○집단 1: 사전조사 ――――→ 실험자극 ――――→ 사후조사
> ○집단 2: 사전조사 ―――――――――――→ 사후조사
> ○집단 3: 사전조사 없음 ――→ 실험자극 ――――→ 사후조사
> ○집단 4: 사전조사 없음 ―――――――――→ 사후조사
> 　단, 집단 1~4의 모든 피험자는 모집단에서 무작위로 선정되었다.

① 집단 1에서 사후조사 편견 정도가 사전조사 편견 정도보다 낮게 나타났다.
② 집단 1의 사후조사 편견 정도가 집단 2의 사후조사 편견 정도보다 낮게 나타났다.
③ 집단 3의 사후조사 편견 정도가 집단 2의 사전조사 편견 정도보다 낮게 나타났다.
④ 집단 3의 사후조사 편견 정도가 집단 4의 사후조사 편견 정도보다 낮게 나타났다.
⑤ 집단 4의 사후조사 편견 정도가 집단 1의 사후조사 편견 정도보다 낮게 나타났다.

---

② 연구방법론의 핵심 개념

연구의 시작과 끝은 지식의 획득 과정이다. 이러한 지식의 획득 방법에는 여러 가지가 있으나, 아래에서 학습할 과학적 방법론은 논리적이며 합리적이고, 또한 경험으로 검증 가능한 것이다.

1. 지식획득방법의 유형

① 권위적 방법: 권위에 호소하는 cf. 전문가의 지식
  권위적, 계층적으로 구성된 지식 생산자의 정보를 받아들이는 경우
  예 봉건사회의 군주, 신권정치사회의 성직자, 기술관료 사회의 과학자
② 신비적 방법: 초자연적 권위에 호소하는
  예언가, 영매 등 초자연적 권위를 가진 자들의 정보를 받아들이는 경우
  지식소비자의 심리(믿음)상태가 핵심적인 기반
③ 논리적·합리적 방법
  논리와 규칙을 바탕으로 의문을 해결하고 지식을 획득함
  연역적·형식적 방법론 (삼단논법 등) → 전제에 기반하여 판단하므로 귀납적 증거가 필요(한계)
④ 경험적 방법
  관찰에 근거한 경험만을 지식으로 간주
  → 일상적 경험 또는 관측 도구의 한계, 선험적, 추상적 개념에 대한 거부의 문제
⑤ 과학적 방법
  논리적 연구 과정을 경험적 관찰로 검증하는 합리주의와 경험주의의 결합
  특징: ⓐ 재현가능성, ⓑ 지각가능성, ⓒ 도구객관성
    → 모두가 합의에 도달할 수 있는 규칙이 필요 → 연구방법론의 필요성
  과학적 방법의 단계: 관찰 - 가설 - 검증 - 이론화

위 지식획득방법에서 모든 지식이 과학에 근거해 창조되어 온 것은 아니라는 점을 알 수 있다. 과학적 방법이 개발되기 전에는 비과학적인 방법으로 새로운 지식을 창조해 왔다. 그러나 검증 가능한 지식획득 과정과 절차를 통해 만들어진 과학적 지식만이 조직적인 이론체계로서 작동할 수 있다.

2. 과학적 연구의 일반적 절차

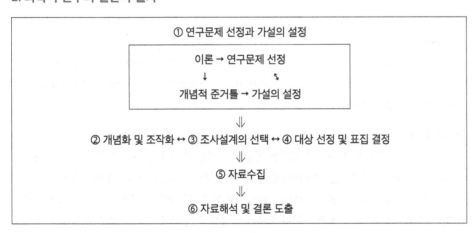

1) 연구문제의 선정

경험적 연구를 위해 연구자의 관심, 아이디어, 이론 등 다양한 원천에서 문제를 선정하는 것을 연구문제의 선정이라 한다. 우리 시험에서는 연구문제를 사전에 결정하여 제시한다. 시의성과 소재의 중요성, 출제 용이성을 고려하여 연구문제를 예측하는 것도 필요하다.

2) 가설설정

제기된 문제에 대한 잠정적 해답으로, 과학적 지식에 도달하기 위한 기준이 된다. 우리 시험에서는 많은 경우 가설을 제시하고 이를 평가케 하는 문제가 출제되는데, 가설이 어떤 연구문제에 대한 대답인지를 파악하는 것이 문제 풀이의 핵심적인 요소가 될 수 있다.

3) 연구대상 선정

모집단과 표본의 크기를 결정하고, 그 추출법을 결정하는 과정이다. 지난 절에서 본 것과 같이 우리 시험에서도 표본 추출과 관련한 문제가 출제된 바 있다.

A의 계획에 대한 평가로 옳은 것만을 <보기>에서 있는 대로 고른 것은?

18 LEET 문19

연구자 A는 우리나라 기독교인들의 특성을 알아보기 위해 설문조사를 시행하려고 한다. 이를 위해서는 우리나라 기독교인을 대표할 수 있는 표본을 뽑아야 한다. 이 표본으로부터 얻은 정보에서 모집단인 우리나라 전체 기독교인의 정보를 추론하려는 것이다. 이를 위해서는 A가 뽑은 표본의 총체적 특성이 모집단인 전체 기독교인의 총체적 특성에 거의 근접해야 하며, 이러한 표본을 대표성 있는 표본이라고 한다. 표본의 대표성을 확보하기 위해서는 전국의 모든 기독교인들이 표본으로 뽑힐 확률을 동일하게 해야 한다. 또한 표본의 대표성은 많은 수의 기독교인을 뽑을수록 높아질 것이다. 만약 우리나라 모든 기독교인의 명단이 있다면, 이로부터 충분히 많은 수의 교인을 무작위로 뽑으면 된다. 하지만 그러한 명단은 존재하지 않는다. 대신 초대형교회부터 소형교회까지 전국의 모든 교회를 포함하는 교회 명단은 존재하므로, A는 이 명단으로부터 일정 수의 교회를 무작위로 뽑기로 하였다. 다음 단계로 이 교회들의 교인 명단을 확보하여 이 명단으로부터 각 교회 당 신도 일정 명씩을 무작위로 뽑기로 하였다. 이렇게 하여 A는 1,000명의 표본을 대상으로 설문조사를 실시하려고 계획한다. 여기서 고려할 점은 집단의 구성원들이 동질적일수록 그 집단으로부터 뽑은 표본은 그 집단을 더 잘 대표할 것이며, 교회처럼 자연스럽게 형성된 집단에 속한 사람들은 전체 모집단에 속한 사람들과 비교할 때 일반적으로 더 동질적이라는 사실이다.

―〈보 기〉―

ㄱ. 이 표본은 전국의 모든 기독교인들이 뽑힐 확률을 동일하게 하였으므로 대표성이 높다.
ㄴ. 뽑을 교회의 수를 늘리고 각 교회에서 뽑을 신도의 수를 줄이는 것보다, 뽑을 교회의 수를 줄이고 각 교회에서 뽑을 신도의 수를 늘리는 것이 표본의 대표성을 더 높인다.
ㄷ. 표본의 대표성을 높이기 위해서는 교회가 뽑힐 확률을 교인 수에 비례하여 정해야 한다.

① ㄱ   ② ㄷ   ③ ㄱ, ㄴ
④ ㄴ, ㄷ   ⑤ ㄱ, ㄴ, ㄷ

---

4) 개념화 및 조작화

연구에 사용되는 주요 개념들의 의미를 분명히 밝히고(개념화), 관찰을 통해 측정할 수 있도록 조작적으로 정의(조작화)하는 것을 의미한다. 조작적으로 정의된 개념은 측정도구로서 타당성과 신뢰성이 문제된다.

5) 조사설계

조사설계란 연구문제의 해답에 필요한 경험적 증거를 수집하기 위해 사용하는 조사 계획을 의미한다. 양적연구에서는 자료분석에 통계기법을 활용하고, 질적연구에서는 단어형태로 수집된 자료를 주제와 범주로 분석하게 된다. 각각의 연구문제와 목적에 따라 조사설계가 달라진다. 이때, 분석단위 선정과 관련된 오류가 발생할 수 있으며, 아래와 같은 오류들은 연구방법론의 주요 문제이자 동시에 우리 시험의 핵심 논제이기도 하다.

분석단위 해석의 오류
① 생태적 오류: 집단 → 개인
② 환원주의적 오류: ⓐ 개인 → 집단 / ⓑ 변수선정의 단순화

---

3. 연구의 종류

1) 자료의 가공 수준에 따른 구분

자료를 수집하는 것 또한 연구의 범주에 들어가며, 자료의 가공 수준에 따라 연구를 분류할 수도 있다.

2) 자료수집 환경에 따른 구분

실험실 연구와 현장 연구로 나누어 볼 수 있다. 대부분의 경우 실험실 연구로 이루어지지만, 우리 시험에서는 사회 단위의 거대 실험을 문제로 출제하는 경우도 있다.

3) 자료수집 형태에 따른 구분

양적연구와 질적연구를 구분하는 기준이 바로 자료의 형태이다.

4) 시간에 따른 구분

연구가 다루는 시간적 범위에 따라 횡단적 연구와 종단적 연구로 나눌 수 있는데, 횡단적 연구는 단일 시점에서 다수의 분석단위를 연구하는 것이며, 종단적 연구는 여러 시점에서 다수의 분석단위를 연구하는 것이다. ① 시계열 연구, ② 코호트 연구, ③ 패널 연구가 있다.

> ① 시계열 연구: 연구대상을 여러 시점에서 관찰한 다음 비교하는 연구 - 모집단, 표본 불일치
> ② 코호트 연구: 특정 경험을 같이하는 집단 연구 - 모집단 일치, 표본 불일치
> ③ 패널 연구: 동일 집단을 반복적으로 연구 - 모집단 일치, 표본 일치

5) 기타 연구

참고자료로 제시된 기술적 연구에 대응되는 개념으로 규범적 연구 또한 검토할 필요가 있다.

4. 이론

이론은 둘 이상의 상호 관련된 개념들이 가지는 연결관계 또는 규칙성을 연역적, 또는 귀납적으로 나타낸 것을 의미하며, 정확하고, 일반적이며, 간명하여야 한다. 또한 다른 변수에 의해 설명력을 잃지 않아야 좋은 이론이라 할 수 있다.

※ 이론과 개념적 준거틀에 대한 구체적인 설명은 시험과 관련이 없으므로 생략한다.

5. 개념과 변수

변수는 추상적인 개념을 구체화하여 측정 가능한 형태로 정의한 것이다. 변수 사이에는 다음과 같은 세 가지 관계가 성립할 수 있다.

> **변수 사이의 관계**
> ① 대칭적 관계   A ↔ B
> ② 상호 인과적 관계 A ⇆ B
> ③ 비대칭적 관계   A → B, A ← B

변수는 이론상에서, 즉 연구과정에서 어떤 위치를 갖느냐에 따라 그 유형이 달라진다. 다음을 참고한다.

변수의 유형	
① 독립변수 ② 종속변수 ③ 조절변수 ④ 매개변수 ⑤ 선행변수 ⑥ 구성변수 ⑦ 왜곡변수 ⑧ 억제변수 ⑨ 외재적 변수 ⑩ 통제변수	조절변수 ⊕ 억제변수 ↘ ↗ 선행변수 → 독립변수 → 매개변수 → 종속변수 ⋮ ↗ ↘ 통제변수 왜곡변수

1) 독립변수

연구자가 연구 가설에서 종속변수의 변화를 초래하는 원인으로 추정한 변수를 뜻한다.

2) 종속변수

독립변수의 변화에 따른 결과로 변화하게 되는 변수를 뜻한다. 독립변수와 종속변수가 함께 변화하면 상관성이 있는 것으로 파악한다.

3) 조절변수

조절변수는 다른 변수들 사이의 관계를 조절하거나 영향을 미쳐, 상관성에 변화를 주는 제3의 변수를 뜻한다. 조절변수의 효과를 조절효과라 한다.

4) 매개변수

독립변수와 종속변수 사이를 이어주는 변수로 독립변수의 결과가 매개변수가 되며, 매개변수의 결과가 종속변수가 되는 경우를 뜻한다. 이때 종속변수의 직접적인 원인은 매개변수가 된다.

5) 선행변수

인과관계에서 독립변수에 앞서면서 동시에 독립변수에 대해 유효한 영향력을 행사하는 변수를 선행변수라 한다. 선행변수와 독립변수의 관계는 독립변수와 매개변수와의 관계와 유사하다. 선행변수에 대해 유의할 것은, 선행변수 통제 시 독립변수와 종속변수 사이의 관계가 사라져서는 안 되며, 독립변수 통제 시 선행변수와 종속변수 사이의 관계가 사라져야 한다는 점이다.

6) 구성변수

개념의 조작적 정의를 통해 개념의 층위를 조절하는 과정에서, 포괄적 개념의 하위 개념이 제시되는 경우를 의미한다. 우리 시험에서는 중요하지 않다.

7) 왜곡변수

두 변수 사이의 관계를 정반대의 인과로 나타나게 하는 제3의 변수를 뜻한다.

8) 억제변수

두 변수 사이의 관계를 약화시키거나 없는 것으로 보이게 하는 제3의 변수를 뜻한다.

9) 외재적 변수

독립변수와 종속변수 사이의 관계를 오해케 하는 것으로 외생적 오류의 주요 원인이 된다.

10) 통제변수

연구 과정에서 검토하지 않기로 한 변수로, 외재적 변수 중 이미 확인된 것을 통제한다.

합격을 꿈꾼다면, 해커스로스쿨
lawschool.Hackers.com

II. 인과·가설·실험추론

1 인과추론

1. 인과관계의 요건과 인과추론의 종류

연구방법론에서 인과관계는 두 변인 사이의 인과(因果)에 대한 믿음, 즉 한 변인이 다른 한 변인의 원인이 된다는 믿음을 의미한다. 두 변인 X, Y 사이에 인과관계가 있다면 반드시 상관관계가 존재한다. 상관관계는 한 변인이 변화하면 다른 한 변인도 변화함을 뜻한다. J.S.Mill은 이러한 인과관계의 조건으로 다음 3가지 요건을 제시하였다.

인과관계의 요건
① 시간적 선행성
② 상관성: 상관성의 강도 및 일관성
③ 허위변인 배제 / 제3의 공통요인 배제 / 경쟁가설 배제

기출에서의 표현
○ ㄱ. 여러 다른 요인들의 있고 없음이 달라지는 가운데 어떤 요인(X)이 언제나 있고 결과(Y)에 차이가 없다면 X가 Y의 원인이다.
　　ㄴ. 여러 다른 요인들이 고정된 상황에서 어떤 요인(X)의 있고 없음에 따라 결과(Y)에 차이가 있다면 X가 Y의 원인이다.
　　ㄷ. 다양한 요인들 가운데 크기나 양에 있어 연속적인 값을 갖는 어떤 요인(X)이 있어서 X의 정도 변화에 따라 Y의 정도가 일정한 방향으로 변화한다면 X가 Y의 원인이다. 　　10 LEET 문23

○ 집중호우가 산사태의 원인이라는 것은 "만약 집중호우가 발생하지 않았다면 산사태가 발생하지 않았을 것이다."로 분석할 수 있다. 즉 사건 A가 B의 원인이라는 것은 A가 발생하지 않으면 B도 발생하지 않는다는 의미이다. 　　12 LEET 문24

○ 두 사건 사이에 직접적인 인과관계가 없을 때에도 그 둘은 상관관계를 가질 수 있다. 가령 그것들이 하나의 공통 원인의 결과일 때 그런 일이 있을 수 있다. 다른 한편, 두 사건 사이에 인과 관계가 있어도 이들 사이에 긍정적 상관관계가 없을 수도 있다. 예를 들어, 흡연은 심장 발작을 촉진하지만, 흡연자들은 비흡연자들보다 저염식 식단을 선호하는 성향이 있다고 하자. 이런 경우 흡연이 심장 발작을 일으키는 성향은 흡연이 흡연자로 하여금 심장 발작을 방지하는 음식을 선호하게 만드는 성향과 상쇄되어 흡연과 심장 발작 사이에는 상관관계가 없을 수 있으며, 심지어는 부정적 상관관계가 있을 수도 있다. 　　14 LEET 문13

○ 두 사례는 속성 C의 존재 여부를 제외한 거의 모든 측면에서 유사하다.
속성 E를 가진다는 것을 설명할 때, 속성 C를 가진다는 것보다 더 잘 설명하는 다른 속성 P가 존재하지 않는다.
속성 E의 결여를 설명할 때, 속성 C의 결여보다 더 잘 설명하는 다른 속성 Q가 존재하지 않는다. 　　17 LEET 문32

○ (정의 1) '사건 Y가 사건 X에 인과적으로 의존한다'는, X와 Y가 모두 실제로 일어났고 만약 X가 일어나지 않았더라면 Y도 일어나지 않았을 것이라는 것이다.
(정의 2) '사건 X가 사건 Y의 원인이다'는, X로부터 Y까지 이르는 인과적 의존의 연쇄가 있다는 것이다. 　　21 LEET 문33

○ 다음 두 조건을 모두 만족하는 경우에, 병원균 X를 질병 Y의 원인으로 추정할 수 있다.
조건 1: Y를 앓는 모든 환자가 X의 보균자이다.
조건 2: 누구든 X의 보균자가 되면 그 때 반드시 Y가 발병한다. 　　19 LEET 문36

○ 그러나 자유롭게 행위한다고 느낀다는 것이 우리가 실제로 자유롭다는 점을 입증하지는 못한다. 그것은 단지 우리가 행위의 원인에 대해 인식하고 있지 못함을 보여줄 뿐이다. 　　17 LEET 문14

○ 두 번째 원리는 만약 어떤 물리적 사건이 원인을 갖는다면 그것은 반드시 물리적인 원인을 갖는다는 원리이다. 다시 말해 물리적인 현상을 설명하기 위해서 물리 세계 밖으로 나갈 필요가 없다는 것이다. 세 번째 원리는 한 가지 현상에 대한 두 가지 다른 원인이 있을 수 없다는 원리이다.　　　　　　20 LEET 문22

○ 그런 가설들은 예외적인 원인을 이용하여 기존 증거에 대해서는 놀라운 설명을 제공하지만, 그 예외적인 원인의 뛰어난 설명력을 유지하기 위해서 복잡하고 비정합적일 수밖에 없게 되어 미래 증거에 대한 올바른 설명을 제공할 수 없기 때문이다.　　　　　　16 LEET 문23

○ 원리A: 임의의 사건 a, b에 대하여, a가 b의 원인이라는 것은 a가 발생하지 않았더라면 b가 발생하지 않았다는 것이다.
　원리B: 임의의 사건 a, b, c에 대하여, a가 b의 원인이고 b가 c의 원인이라면, a는 c의 원인이다.

　　　　　　17 LEET 문16

밀은 이에 더해 5가지 인과추론을 제시하였다.

인과추론의 종류
① 일치법
　1) 동일한 결과가 나타나는 여러 현상(사례)의 목록과 그 구성요소를 정리한다.
　2) 공통의 요소가 동일하게 발견된다면 이것이 곧 원인이다. (집합을 활용해 생각해보자)
② 차이법
　1) 결과가 나타나는 현상과 나타나지 않는 현상의 목록과 그 구성요소를 정리한다.
　2) 두 구성요소의 차이 중에서 결과가 나타나는 현상에만 존재하는 요소가 곧 원인이다.
③ 일치 차이 병용법
　일치법과 차이법을 동시에 적용시키는 것이다.
④ 잔여법
　결과와 원인의 집합에서, 다른 사건의 원인이 아닌 나머지를 원인이 특정되지 않은 결과의 원인으로 판단한다.
⑤ 공변법
　공변법은 두 사건 사이의 변화량이 유사한 경우를 의미한다.
※ 이 중 몇몇은 Duns Scotus나 William of Ockham 등 과거의 학자들이 제시한 것이며 이를 집대성한 것이 밀이다.

인과추론은 검증의 과정을 거치는 것으로 이론화된다. 따라서 인과추론의 검증을 위한 실험설계는 타당성이 확보되어야 한다.

2. 타당성의 유형

타당성이란 연구 방법의 적합성 또는 건전성을 평가하는 것이다. 이때 타당성은 ① 구성개념 타당성, ② 내적 타당성, ③ 외적 타당성, ④ 통계적 타당성의 4가지로 이해할 수 있다.

타당성의 유형
① 구성개념 타당성
　측정도구와 이론적 구성개념의 일치 수준 확보
② 내적 타당성
　종속변수와 독립변수의 인과관계에 관한 추론의 정확성
③ 외적 타당성
　연구 결과의 일반화 가능성
④ 통계적 타당성
　통계적 검증행위의 정확성

---

1) 구성개념 타당성

구성개념 타당성은 연구에 사용된 이론적 개념과 이를 측정하는 도구 사이의 일치 정도를 나타내는 개념으로서, 수집된 자료의 적절성을 평가한다. 이때, 실험 과정에서 발생할 수 있는 오염요소들이 구성개념 타당성의 저해요인이 된다.

구성개념 타당성의 저해요인

1. 실험집단 오염
   - 실험자 기대효과: 실험자가 기대하는 바에 따라 연구대상이 반응을 나타내는 경우
   - 통제방안: 실험자에게 (연구가설을) (연구가설과 연구대상)을 알려주지 않는 방법
     실험자를 표준화하는 방법
     실험자를 두지 않는 방법
   - 피험자 반응효과: 요구특성
   - 통제방안: 눈가림통제 / 이중눈가림통제
     연구대상이 연구 자체를 알지 못하게 하는 방법
     관찰시점과 방법을 알려주지 않는 방법
     연구대상을 속이는 방법(윤리적 문제)
2. 통제집단 오염
   - 통제집단 참여자가 평시와 다르게 행동하거나 고의로 실험집단보다 더 좋은 결과가 나타나도록 노력하는 경우
   - 종류: 보상적 오염, 과장적 오염

---

2) 내적 타당성

내적 타당성은 추정된 원인과 결과 사이에 존재하는 인과적 추론의 정확성을 의미한다. 내적 타당성이 부족한 경우 인과추론 자체의 설득력이 감소한다. 이는 제3의 변수를 충분히 제거하지 못하였을 때 필연적으로 발생한다. 제3의 변수는 경쟁가설, 허위변수, 혼란변수 등으로 불린다. 내적타당성의 위험요인은 ① 추정된 원인 이외의 사건으로 대상집단의 특성이 변화되는 경우, ② 표집과정에서 발생한 대표성의 오류 ③ 관찰 및 측정도구의 한계와 관련이 있다. 각각의 경우에 대해 타당성의 저해요인을 정리하면 다음과 같다.

내적 타당성의 저해요인

유형		의미	통제방안
제3의 요인	성숙요인	시간의 경과에 따른 대상집단의 특성변화	• 통제집단 구성 • 실험 (조사)기간의 제한 • 빠른 성숙을 보이는 표본회피
	역사요인	실험기간 중 일어난 사건에 의한 대상집단의 특성변화	• 통제집단 구성 • 실험 (조사)기간의 제한
표본의 대표성	선발요인	실험집단과 통제집단이 다르기 때문에 나타나는 차이	• 무작위배정 • 사전측정
	상실요인	실험기간 중 실험대상의 중도포기 또는 탈락 때문에 나타나는 차이	• 무작위배정 • 사전측정
	회귀요인	실험대상이 극단적인 값을 갖기 때문에 재측정 시 평균으로 회귀하려는 경향 때문에 나타나는 차이	• 극단적인 측정값을 갖는 집단 회피 • 신뢰성 있는 측정도구 사용
관찰 및 측정도구	검사요인	사전검사에 대한 친숙도가 사후측정에 미치는 영향에 따른 차이	• 사전검사를 하지 않는 통제집단과 실험집단 활용 • 사전검사의 위장 • 눈에 띄지 않는 관찰방법
	측정수단요인	측정기준과 측정수단이 변화함에 따라 나타나는 차이	• 표준화된 측정도구 사용

3) 외적 타당성

외적 타당성은 인과추론의 결과를 일반화시킬 수 있는 범위를 결정한다. 외적 타당성이 낮을 경우 실험실 이론에 불과하여 사회과학으로서의 가치를 가지기 어렵. 외적 타당성은 일반화가 가능한 ① 상황이나 환경, ② 대상집단, ③ 시기를 평가 요소로 삼는다. 외적 타당성을 저해하는 요인은 다음과 같다.

외적 타당성의 저해요인

유형	효과	통제방안
1. 실험상황 2. 맥락	1. 실험상황의 배열 요소와 결합 2. 사회적, 물리적 환경 요소와 결합	• 복수집단 실험 • 반복 연구
대상집단	연구대상 표본의 특성과 결합	• 대표성 제고 • 반복 연구
시기	최근의 사건 또는 특정 시기와 결합	• 다른 시기에 반복 연구

4) 통계적 타당성

통계적 타당성은 인과연구의 내적 타당성을 평가하기 위한 전제 요건이다. 연구 결과에 대한 통계적 해석에 오류가 있는 경우를 해당 타당성이 저해된 것으로 판단하는데, 이는 연구 결과에 대한 평가를 의미 없게 한다. 따라서 학자에 따라 통계적 타당성을 내적 타당성의 요소로 보는 경우와 별개의 선결문제로 보는 경우가 나뉜다.

> 경험 연구에서 연구의 타당성을 확보하기 위한 노력은 매우 중요하다.
>
> 20 행시 PSAT 언어논리 30

1종 오류와 2종 오류

구분		현실	
		O	X
판단	O	O	2종 오류
	X	1종 오류	O

※ 예시 1) 감사: 1종 비효율적 2종 비효과적
　　　2) 채용: 1종 비효과적 2종 비효과적
　　　3) 시약: 1종 위양성 2종 위음성
　　　4) 탐지: 1종 오탐 2종 미탐
　　　5) 인증: 1종 오기각 2종 오승인

부재인과

인과관계에 대한 일반 이론과 달리 어떤 사건이 일어나지 않은(부재함) 것이 다른 사건의 원인이 된다는 주장이다. 최근 LEET, PSAT 등에서 핵심 쟁점으로 삼고 있다. 부재인과의 문제점은 부재한 사건도 사건으로 볼 수 있는지, 개연성을 인정할 수 있는지 등이 있다.

② 가설추론과 실험설계

1. 가설의 개념

가설이란 '연구문제에 대한 잠정적 해답으로 경험적 연구의 검증대상인 진술'을 의미한다. 즉, 가설은 해답이므로 서술문의 형식으로 기술되며, 연구를 통해 검증되어야 한다. 가설은 다음과 같은 요건과 종류를 보인다.

가설의 요건

① 간단명료한 표현
② 최소한 두 변수 이상 제시
③ 계량화가 가능한 변수
④ 하나의 변수와 다른 변수 사이의 기대된 관계 진술
⑤ 관계 성격 진술: 상관관계 vs 인과관계
⑥ 관계 방향 진술: 긍정적(+) vs 부정적(-)
⑦ 진위 입증이 가능한 추정된 관계
⑧ 광범위하게 이용 가능한 검증결과

가설의 종류

① 기술적 가설 vs 설명적 가설
 - 기술적 가설: 현상의 정확한 기술
 - 설명적 가설: 인과관계의 기술
② 연구가설 vs 영가설
 - 연구가설(작업가설): 연구자의 잠정적 해답
 - 영가설(귀무가설): 연구가설과 논리적으로 반대인 진술
③ 1변수 vs 2변수 vs 다변수 가설
 - 1변수 가설: 변수의 상태에 관한 가설
 - 2변수 가설: 변수의 관계에 관한 가설
 - 다변수 가설: 하나 이상의 종속변수에 대해 둘 이상의 독립변수로 설명하는 가설

가설은 검증 가능한 문장을 통해 가능한 이의의 범위를 축소하고 이론을 제시하여, 사회·자연현상을 기술한다. 우리 시험에서는 사회과학과 자연과학의 연구 소재에 대한 가설을 제시하고 그 가설의 진위에 영향을 미치는 선지를 통해 가설의 강화, 약화 여부를 평가케 한다.

가설의 제시 형태

• 사람은 자신에게 유리하지만 불공정한 행위가 상대방에게 발각되지 않을 가능성이 높다고 믿을수록, 그 행위를 할 가능성이 높아진다.
21 LEET 문34
• 호랑이 카멜레온의 조상은 원래 장소에 계속 살고 있었으나 대륙의 분리 및 이동으로 인해 외딴 섬들에 살게 되었다.
21 LEET 문36

가설, 이론, 법칙의 차이

• 가설: 연구문제에 대한 명제
• 법칙: 일반명제, 다수의 입증증거, 당위성
• 이론: 다수의 명제(가설과 법칙)의 집합

---

2. 가설의 입증: 실험·조사설계

가설을 입증하기 위해서는 가설에 대한 실험·조사연구가 필요하다. 다음은 실험 설계의 종류이다.

실험설계의 종류
① 진실험설계
  ⓐ 요건
    - 실험집단, 통제집단의 비교
    - 실험변수의 조작
    - 경쟁적 가설 통제
  ⓑ 종류
    - 통제집단 사후측정 설계
    - 통제집단 사전사후 측정 설계 (고전적 설계)
    - 솔로몬 4집단 실험설계
    - 기타: 요인 설계, 가실험, 블록실험
② 준실험설계
  ⓐ 필요성
    - 무작위배정 불가
    - 과거 연구에 대한 추정
  ⓑ 인과추론
    - 가능: 비동질적 통제집단설계, 회귀, 불연속, 시계열
    - 불가능: 단일집단사후측정, 비동질적집단 사후측정, 단일집단사전사후측정
③ 비실험설계
  ⓐ 내용
    - 수동적 관찰
    - 인과적 추론의 세 가지 조건을 모두 갖추지 못한 설계
  ⓑ 종류
    - 통계적 통제
    - 인과모형(경로) 평가

개념과 측정

개념과 변수	• 구체적인 것으로부터 일반화하여 형성한 추상관념, Kerlinger • 구성개념: 추상성의 정도가 낮은 개념으로부터 구성된 개념 • 개념적 정의 vs 조작적 정의 • 범주변수(명목, 서열척도) / 연속변수(등간, 비율 척도) • 잠재변수, 측정변수
측정	• 타당성 vs 신뢰성 　- 내용타당성, 기준(예측, 동시)타당성, 구성개념(수렴, 차별) 타당성 　- 안정성, 동등성, 코드간, 모집단 대표성 신뢰도 • 척도구성법: 서스톤, 보가더스, 거트만, 리커트, 어의차별 • 측정오차: 체계적 오차 vs 무작위적 오차 • 신뢰도 추정: 재검, 복수양식, 반분, 내적일관

표본 추출

기본 개념	• 모집단, 구성요소, 표본추출단위
	• 표본추출 프레임 / 프레임 오차
	   - 일부 표본추출 단위가 목록에서 빠져 불완전한 경우
	   - 원하는 구성요소 목록은 없고, 집락 목록만 이용 가능한 경우
	   - 모집단의 범위에서 벗어나는 다른 요소가 포함되어 있는 경우
	• 표본추출비율, 표본추출오차, 비표본추출오차

확률표본추출	• 단순무작위추출: 복원표본, 비복원표본 • 계통추출: k번째 구성요소, 편견 제어, 주기성 제어 • 층화추출: 동질적 계층, 비례층화표본추출, 비비례층화표본추출 • 집락추출: 이질적 집락
비확률표본추출	• 편의추출 • 판단추출, 목적추출 • 할당추출 • 눈덩이추출, 누적추출 • 이론추출
표본 크기	• 모집단의 성격: 규모, 이질성 여부 • 연구의 목적: 표본추출방법, 통계분석기법, 동시분석 범주, 신뢰도, 허용오차 • 시간과 비용 고려

01. ⑦을 입증하는 실험결과에 포함될 수 <u>없는</u> 것은?

21 LEET 문25

> 사회과학에서 고전적 실험연구는 실험결과를 현실 세계로 일반화시킬 수 없을 가능성이
> 있다. 예를 들어 '흑인이 영웅으로 등장하는 영화 관람'(실험자극)이 '흑인에 대한 부정적 편
> 견 정도'를 줄이는지를 알아보고자 실험연구를 수행한 결과 다음과 같은 사실이 관찰되었다
> 고 하자. 첫째, 실험자극을 준 실험집단의 경우 사전조사보다 사후조사에서 편견 정도가 낮
> 았다. 둘째, 실험자극을 주지 않은 통제집단에서는 사전과 사후조사에서 편견 정도의 변화가
> 없었다. 이 경우 영화 관람이 실험집단 피험자들의 편견 정도를 줄였다고 볼 수 있다. 그러나
> 그 영화를 일상생활 중 관람했다면 동일한 효과가 나타날 것이라고 확신할 수는 없다. 실험
> 에서는 사전조사를 통해 피험자들이 이미 흑인 편견에 대한 쟁점에 민감해져 있을 수 있기
> 때문이다. 이 문제를 해결하기 위해서는 사전조사를 하지 않는 실험을 추가한 〈실험설계〉를
> 해야 한다. 이를 통해 ⑦ 영화 관람이 편견 정도를 줄였다는 것을 입증하는 실험결과를 발견
> 한다면 일반화 가능성을 높일 수 있다.
>
> 〈실험설계〉
> ○ 집단 1: 사전조사 ————→ 실험자극 ————→ 사후조사
> ○ 집단 2: 사전조사 ————————————→ 사후조사
> ○ 집단 3: 사전조사 없음 ——→ 실험자극 ————→ 사후조사
> ○ 집단 4: 사전조사 없음 ————————————→ 사후조사
>   단, 집단 1~4의 모든 피험자는 모집단에서 무작위로 선정되었다.

① 집단 1에서 사후조사 편견 정도가 사전조사 편견 정도보다 낮게 나타났다.

② 집단 1의 사후조사 편견 정도가 집단 2의 사후조사 편견 정도보다 낮게 나타났다.

③ 집단 3의 사후조사 편견 정도가 집단 2의 사전조사 편견 정도보다 낮게 나타났다.

④ 집단 3의 사후조사 편견 정도가 집단 4의 사후조사 편견 정도보다 낮게 나타났다.

⑤ 집단 4의 사후조사 편견 정도가 집단 1의 사후조사 편견 정도보다 낮게 나타났다.

　　질병의 원인을 어떻게 추정할 수 있을까? 19세기 과학자 K가 제안한 단순한 초기 가설에 따르면, 어떤 병원균의 보균 상태가 아님에도 어떤 질병이 발병하거나 그 병원균의 보균 상태임에도 그 질병이 발병하지 않는다면, 그 병원균은 그 질병의 원인이 아니다. 이를테면 결핵 환자들 중에 어떤 병원균의 보균자인 사람도 있고 아닌 사람도 있다면 그 병원균을 결핵의 원인으로 추정할 수 없으며, 어떤 병원균의 보균자들 중에 결핵을 앓고 있는 사람도 있고 아닌 사람도 있다면 그 병원균 역시 결핵의 원인으로 추정할 수 없다는 것이다. 이를 엄밀하게 표현하면 아래와 같다.

　　다음 두 조건을 모두 만족하는 경우에, 병원균 X를 질병 Y의 원인으로 추정할 수 있다.

조건 1: Y를 앓는 모든 환자가 X의 보균자이다.

조건 2: 누구든 X의 보균자가 되면 그 때 반드시 Y가 발병한다.

〈보 기〉

ㄱ. 질병 D를 앓는 모든 환자들이 병원균 α와 β 둘 다의 보균자이고, 누구든 α와 β 둘 다의 보균자가 되면 그 때 반드시 D가 발병하는 경우, α도 조건 2를 만족하고 β도 조건 2를 만족한다.

ㄴ. 질병 D를 앓는 환자에게서 병원균 α와 β가 함께 검출되는 경우가 없다면, α와 β 중 기껏해야 하나만 위 두 조건을 모두 만족할 수 있다.

ㄷ. 질병 D를 앓는 모든 환자에게서 병원균 α와 β 중 적어도 하나가 검출된다면, α와 β 중 적어도 하나는 조건 1을 만족한다.

① ㄱ　　　　　　　　　　② ㄴ　　　　　　　　　　③ ㄱ, ㄷ

④ ㄴ, ㄷ　　　　　　　　⑤ ㄱ, ㄴ, ㄷ

03. 다음 논쟁에 비추어 <사례>를 평가한 것으로 옳은 것만을 <보기>에서 있는 대로 고른 것은?

18 LEET 문14

갑: 어떤 것이 없다거나 어떤 것을 행하지 않았다는 것은 원인이 될 수 없어. 예를 들어, 철수가 화초에 물을 주지 않았다는 것이 그 화초가 죽게 된 원인이라고는 할 수 없지. 다른 것의 원인이 되기 위해서는 일단 존재하는 것이어야 하니까. 만약 철수가 화초에 뜨거운 물을 주어 화초가 죽었다면, 철수가 준 뜨거운 물이 화초가 죽게 된 원인이라고 할 수 있지. 철수가 준 뜨거운 물은 존재하는 것이니까 말이야.

을: 원인이 되는 사건이 일어나지 않았더라면 결과도 일어나지 않았을 것이라고 판단할 수 있는지가 원인과 결과를 찾는 데 중요해. 철수가 화초에 물을 주었더라면 화초가 죽는 사건은 일어나지 않았을 거야. 그런 점에서 철수가 화초에 물을 주지 않았다는 것이 화초가 죽게 된 원인이라고 해야겠지.

병: 이미 일어난 사건이 일어나지 않았을 상황을 상상하라는 것은 지나친 요구가 아닐까? 어떤 사건이 다른 사건의 원인인지 여부는 경험할 수 있는 것을 토대로 밝혀져야 한다고 생각해. 어떤 사건이 일어난 시점 이후에 다른 사건이 일어나는 경우에만 앞선 사건이 뒤이은 사건의 원인일 수 있어. 물론 그것만 가지고 그 사건을 원인이라고 단정할 수는 없지만 말이야.

〈사례〉

탐험가 A는 홀로 사막으로 탐험을 떠날 예정이다. 그런데 그의 목숨을 노리는 두 사람 B와 C가 있다. A는 사막에서 생존하는 데 필수적인 물을 물통에 가득 담아 챙겨 두었다. B는 몰래 이 물통을 비우고 물 대신 소금을 넣었다. 이후 이를 모르는 C는 A가 탐험을 떠나기 직전 물통을 훔쳤다. 탐험을 떠난 A는 주변에 마실 물이 없었기 때문에 갈증 끝에 죽고 말았다.

─────〈보 기〉─────

ㄱ. 갑은 A 주변에 오아시스가 없다는 것이 A가 사망한 사건의 원인이라고 보지 않을 것이다.

ㄴ. 을은 B의 행위와 C의 행위가 각각 A가 사망한 사건의 원인이라고 볼 것이다.

ㄷ. 병은 B의 행위가 A가 사망한 사건의 원인이라고 볼 것이다.

① ㄱ   ② ㄴ   ③ ㄱ, ㄷ

④ ㄴ, ㄷ   ⑤ ㄱ, ㄴ, ㄷ

연구자 A는 우리나라 기독교인들의 특성을 알아보기 위해 설문조사를 시행하려고 한다. 이를 위해서는 우리나라 기독교인을 대표할 수 있는 표본을 뽑아야 한다. 이 표본으로부터 얻은 정보에서 모집단인 우리나라 전체 기독교인의 정보를 추론하려는 것이다. 이를 위해서는 A가 뽑은 표본의 총체적 특성이 모집단인 전체 기독교인의 총체적 특성에 거의 근접해야 하며, 이러한 표본을 대표성 있는 표본이라고 한다. 표본의 대표성을 확보하기 위해서는 전국의 모든 기독교인들이 표본으로 뽑힐 확률을 동일하게 해야 한다. 또한 표본의 대표성은 많은 수의 기독교인을 뽑을수록 높아질 것이다. 만약 우리나라 모든 기독교인의 명단이 있다면, 이로부터 충분히 많은 수의 교인을 무작위로 뽑으면 된다. 하지만 그러한 명단은 존재하지 않는다. 대신 초대형교회부터 소형교회까지 전국의 모든 교회를 포함하는 교회 명단은 존재하므로, A는 이 명단으로부터 일정 수의 교회를 무작위로 뽑기로 하였다. 다음 단계로 이 교회들의 교인 명단을 확보하여 이 명단으로부터 각 교회 당 신도 일정 명씩을 무작위로 뽑기로 하였다. 이렇게 하여 A는 1,000명의 표본을 대상으로 설문조사를 실시하려고 계획한다. 여기서 고려할 점은 집단의 구성원들이 동질적일수록 그 집단으로부터 뽑은 표본은 그 집단을 더 잘 대표할 것이며, 교회처럼 자연스럽게 형성된 집단에 속한 사람들은 전체 모집단에 속한 사람들과 비교할 때 일반적으로 더 동질적이라는 사실이다.

─〈보 기〉─

ㄱ. 이 표본은 전국의 모든 기독교인들이 뽑힐 확률을 동일하게 하였으므로 대표성이 높다.
ㄴ. 뽑을 교회의 수를 늘리고 각 교회에서 뽑을 신도의 수를 줄이는 것보다, 뽑을 교회의 수를 줄이고 각 교회에서 뽑을 신도의 수를 늘리는 것이 표본의 대표성을 더 높인다.
ㄷ. 표본의 대표성을 높이기 위해서는 교회가 뽑힐 확률을 교인 수에 비례하여 정해야 한다.

① ㄱ   ② ㄷ   ③ ㄱ, ㄴ
④ ㄴ, ㄷ   ⑤ ㄱ, ㄴ, ㄷ

과학자들은 "속성 C는 속성 E를 야기한다."와 같은 인과 가설을 어떻게 입증하는가? 다른 종류의 가설들과 마찬가지로 인과 가설 역시 다양한 사례들에 의해 입증된다. 예를 들어 과학자들은 '폐암에 걸린 흡연자의 사례'와 '폐암에 걸리지 않은 비흡연자의 사례'가 "흡연이 폐암을 야기한다."는 인과 가설을 입증한다고 생각한다. 'C와 E를 모두 가진 사례'와 'C와 E를 모두 결여한 사례'가 "C가 E를 야기한다."를 입증한다는 것이다. 여기서 문제의 두 사례들이 해당 인과 가설을 입증하기 위해서는 두 사례 중 하나는 다른 사례의 '대조 사례'여야 한다. 물론, C와 E를 모두 가진 사례와 C와 E를 모두 결여한 사례들이 언제나 서로에 대한 대조 사례가 되는 것은 아니며, 다음 조건들을 만족해야만 "C가 E를 야기한다."를 입증하는 대조 사례라 할 수 있다.

ㅇ 두 사례는 속성 C의 존재 여부를 제외한 거의 모든 측면에서 유사하다.
ㅇ 속성 E를 가진다는 것을 설명할 때, 속성 C를 가진다는 것보다 더 잘 설명하는 다른 속성 P가 존재하지 않는다.
ㅇ 속성 E의 결여를 설명할 때, 속성 C의 결여보다 더 잘 설명하는 다른 속성 Q가 존재하지 않는다.

예를 들어, 오랫동안 흡연한 60대 폐암 환자 갑과 담배에 전혀 노출되지 않고 폐암에도 걸리지 않은 신생아 을은 "흡연이 폐암을 야기한다."를 입증하는 좋은 대조 사례가 아니다. 갑과 을은 흡연 이외에도 많은 차이가 있으며, 흡연을 하지 않았다는 것보다 신생아라는 것이 을이 폐암에 걸리지 않았다는 것을 보다 잘 설명하기 때문이다.

〈보 기〉

ㄱ. 전혀 다른 가정에 입양되어 자란 일란성 쌍둥이 갑과 을이 모두 조현병에 걸렸다면 갑과 을은 "유전자가 조현병을 야기한다."는 인과 가설을 입증하는 대조 사례이다.

ㄴ. β형 모기에 물린 이후 말라리아에 걸린 갑과 β형 모기에 물리지 않고 말라리아에 걸리지 않은 을이 "β형 모기에 물린 것이 말라리아를 야기한다."는 인과 가설을 입증하는 대조 사례가 되기 위해서는 적어도 말라리아에 대한 선천적 저항력과 관련해 갑과 을 사이에는 별 차이가 없다는 것이 밝혀져야 한다.

ㄷ. 총 식사량을 줄이면서 저탄수화물 식단을 시작한 이후 체중이 줄어든 갑과 총 식사량을 줄이지 않고 일반적인 식단을 유지하여 체중 변화가 없었던 을이 "저탄수화물 식단이 체중 감소를 야기한다."는 인과 가설을 입증하는 대조 사례가 되기 위해서는 적어도 갑의 체중 감소가 저탄수화물 식단보다 총 식사량의 감소에 의해서 더 잘 설명되지 않아야 한다.

① ㄱ
② ㄴ
③ ㄱ, ㄴ
④ ㄴ, ㄷ
⑤ ㄱ, ㄴ, ㄷ

06. 다음 글에 대한 분석으로 옳은 것만을 <보기>에서 있는 대로 고른 것은?

17 LEET 문14

우리 행위가 우리 자신의 자유로운 선택의 결과일 때에만 우리는 그 행위에 도덕적 책임을 진다. 그러나 만약 인간 행위가 결정론적 인과 법칙에 의해 전적으로 지배된다면, 어떻게 내 행위가 자유로운 행위였다 할 수 있는지의 질문이 제기될 수 있다. 이에 대해 "우리가 자유 의지를 가지고 있고 자유롭게 행위한다는 것을 우리는 누구보다 잘 알고 있습니다. 여기에는 아무 문제가 없습니다."라고 주장하는 것은 문제의 해결이 아니다. 만약 우리가 우리의 의지가 자유롭다는 것을 정말로 안다면, 우리의 의지가 자유롭다는 것은 참일 수밖에 없다. 사실이 아닌 어떤 것을 알 수는 없기 때문이다. 그러나 "우리의 의지는 자유롭지 않으므로 어느 누구도 우리 의지가 자유롭다는 것을 알지 못한다."는 주장 역시 가능하다. 사람들이 자신들이 자유롭게 행위한다고 믿는다는 것은 분명한 사실이다. 그러나 자유롭게 행위한다고 느낀다는 것이 우리가 실제로 자유롭다는 점을 입증하지는 못한다. 그것은 단지 우리가 행위의 원인에 대해 인식하고 있지 못함을 보여줄 뿐이다.

─────〈보 기〉─────

ㄱ. 이 글에 따르면, 자유로운 선택에 의한 것이지만 도덕적 책임을 지지 않는 행위는 있을 수 없다.
ㄴ. 이 글에 따르면, 우리가 무언가를 안다는 것은 그것이 참임을 함축한다.
ㄷ. 우리가 자유롭게 행했다고 여기는 많은 행위들을 인과 법칙적으로 설명할 수 있다면, 이 글의 논지는 약화된다.

① ㄴ   ② ㄷ   ③ ㄱ, ㄴ
④ ㄱ, ㄷ   ⑤ ㄱ, ㄴ, ㄷ

사람들은 흡연자이거나 비흡연자이고, 또 폐암에 걸리거나 걸리지 않는다. 흡연자가 폐암에 걸리는 확률이 비흡연자가 폐암에 걸리는 확률보다 높을 때, 다시 말해서 흡연자 중 폐암 발생자의 비율이 비흡연자 중 폐암 발생자의 비율보다 클 때 흡연은 폐암과 긍정적으로 상관되어 있다고 말한다. 가령 흡연자 중 폐암 발생자의 비율이 2%이고 비흡연자 중 폐암 발생자의 비율이 0.5%라면, 흡연과 폐암은 긍정적으로 상관된다.

역으로 흡연자가 폐암에 걸리는 확률이 비흡연자가 폐암에 걸리는 확률보다 낮을 때 흡연은 폐암과 부정적으로 상관되어 있다고 말한다. 상관관계는 대칭적이어서, 흡연이 폐암과 긍정적으로 상관되어 있으면, 역으로 폐암도 흡연과 긍정적으로 상관된다.

두 사건 사이에 직접적인 인과관계가 없을 때에도 그 둘은 상관관계를 가질 수 있다. 가령 그것들이 하나의 공통 원인의 결과일 때 그런 일이 있을 수 있다. 다른 한편, 두 사건 사이에 인과관계가 있어도 이들 사이에 긍정적 상관관계가 없을 수도 있다. 예를 들어, 흡연은 심장 발작을 촉진하지만, 흡연자들은 비흡연자들보다 저염식 식단을 선호하는 성향이 있다고 하자. 이런 경우 흡연이 심장 발작을 일으키는 성향은 흡연이 흡연자로 하여금 심장 발작을 방지하는 음식을 선호하게 만드는 성향과 상쇄되어 흡연과 심장 발작 사이에는 상관관계가 없을 수 있으며, 심지어는 부정적 상관관계가 있을 수도 있다.

─────────〈보 기〉─────────

ㄱ. 흡연이 비만과 부정적으로 상관되어 있다면, 비만인 사람 중 흡연자의 비율이 비만이 아닌 사람 중 흡연자의 비율보다 작다.

ㄴ. 흡연과 비만 사이에 긍정적 상관관계가 있다면, 비만인 사람 중 흡연자의 수가 비흡연자의 수보다 많다.

ㄷ. 흡연이 고혈압의 원인이고 고혈압이 심장 발작과 긍정적 상관관계를 갖는다면, 흡연은 심장 발작과 긍정적 상관관계를 갖는다.

① ㄱ   ② ㄷ   ③ ㄱ, ㄴ
④ ㄱ, ㄷ   ⑤ ㄴ, ㄷ

영민은 아래의 〈설명〉을 보고 처음에는 ⓐ"S_1의 낙하가 S_2 낙하의 원인이다."라는 직관적 판단을 했지만, 〈인과 이론〉을 배운 후에는 ⓑ"S_2의 낙하가 S_1 낙하의 원인이다."라는 판단도 가능하다고 생각하게 되었다.

〈설명〉

실린더 속에 금속판 S_1과 S_2가 접해 있다. 위쪽의 S_1은 줄에 매달려 있고, 아래쪽의 S_2는 양 옆에 칠한 강한 접착제에 의해서 지탱되고 있다. 만약 접착제에 의하여 S_2가 지탱되지 않는다면, S_2는 중력에 의해서 낙하할 것이다.

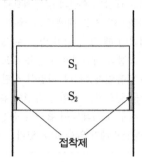

접착제

〈인과 이론〉

집중호우가 산사태의 원인이라는 것은 "만약 집중호우가 발생하지 않았다면 산사태가 발생하지 않았을 것이다."로 분석할 수 있다. 즉 사건 A가 B의 원인이라는 것은 A가 발생하지 않으면 B도 발생하지 않는다는 의미이다.

이 이론에 따라 영민은 〈설명〉을 다음과 같이 분석했다. 어떤 시점에 S_1이 매달려 있던 줄이 끊어지고, 그에 따라 자유낙하를 하고자 하는 S_1이 아래 방향의 힘을 S_2에 가하여 접착제가 부서지고, S_2와 S_1이 낙하하게 된다. 영민은 S_2가 S_1보다 먼저 떨어진다고 생각했다. 그래서 영민은 만약 S_2가 낙하하지 않으면 S_1 역시 낙하하지 않을 것이므로, "S_2의 낙하가 S_1의 낙하의 원인이다."라고 판단했다.

──────〈보 기〉──────

ㄱ. "S_1이 낙하하지 않았다면 S_2 역시 낙하하지 않았을 것이다."라는 판단이 참이라면, 판단 ⓐ는 〈인과 이론〉에 의해서 지지될 수 있다.

ㄴ. 원인은 결과보다 시간적으로 앞선다고 할 때, 영민이 생각한 대로 S_2의 낙하가 S_1의 낙하에 시간적으로 앞선다면 판단ⓑ는 설득력을 갖는다.

ㄷ. S_1이 아래 방향으로 힘을 가하는 사건과 S_1이 낙하하는 사건을 구분해서, S_1이 아래 방향으로 힘을 가하여 S_2가 낙하하고, 그래서 S_1이 낙하한다고 생각하면, 판단ⓐ는 옳지만 판단ⓑ는 옳지 않다.

① ㄱ   ② ㄷ   ③ ㄱ, ㄴ
④ ㄴ, ㄷ   ⑤ ㄱ, ㄴ, ㄷ

09. 다음 가상의 연구 (가)와 (나)에서 사용한 추론 방식을 〈보기〉에서 골라 짝지은 것으로 옳은 것은?

10 LEET 문23

범죄성의 유전 여부에 관한 연구에서는 유전 요인과 환경 요인의 영향을 분리하는 것이 중요하다. 그래서 연구자들은 쌍생아와 입양아를 대상으로 연구한다. 쌍생아 연구에서는 일란성과 이란성 쌍생아의 범죄성 일치율을 비교하는데, 범죄성 일치란 쌍생아 중 한 쪽이 범죄를 저질렀을 때 다른 쪽도 범죄를 저지른 경우를 말한다.

(가) 일란성 쌍생아와 이란성 쌍생아 각 300쌍의 기록을 연구한 결과, 형제 중 한 쪽의 범죄 기록이 있는 경우에 일란성 쌍생아의 범죄성 일치율은 40%, 이란성 쌍생아의 범죄성 일치율은 10%였다. 이로 미루어 유전 요인이 범죄성에 영향을 미친다고 볼 수 있다.

(나) 1,000명의 입양아를 대상으로 생부, 양부, 입양아의 범죄 기록을 조사하였다. 입양아가 범죄를 저지른 비율은, 생부와 양부 모두 범죄 기록이 있을 때 40%, 양부만 범죄 기록이 있을 때 15%, 생부만 범죄 기록이 있을 때 35%, 생부와 양부 모두 범죄 기록이 없을 때 10%였다. 이로 미루어 유전 요인이 범죄성에 영향을 미친다고 볼 수 있다.

〈보 기〉

ㄱ. 여러 다른 요인들의 있고 없음이 달라지는 가운데 어떤 요인(X)이 언제나 있고 결과(Y)에 차이가 없다면 X가 Y의 원인이다.

ㄴ. 여러 다른 요인들이 고정된 상황에서 어떤 요인(X)의 있고 없음에 따라 결과(Y)에 차이가 있다면 X가 Y의 원인이다.

ㄷ. 다양한 요인들 가운데 크기나 양에 있어 연속적인 값을 갖는 어떤 요인(X)이 있어서 X의 정도 변화에 따라 Y의 정도가 일정한 방향으로 변화한다면 X가 Y의 원인이다.

	(가)	(나)
①	ㄱ	ㄴ
②	ㄴ	ㄱ
③	ㄴ	ㄴ
④	ㄴ	ㄷ
⑤	ㄷ	ㄷ

10. 다음 글에 대한 평가로 적절한 것만을 <보기>에서 있는 대로 고른 것은?

21 LEET 문34

다음 가설을 검증하기 위해 [실험 1]과 [실험 2]가 이루어졌다.

(가설 1) 사람은 자신의 기대 수익*을 최대화하는 행위를 선택한다.

(가설 2) 사람은 자신에게 유리하지만 불공정한 행위가 상대방에게 발각되지 않을 가능성이 높다고 믿을수록, 그 행위를 할 가능성이 높아진다.

[실험 1]

참가자를 무작위로 제안자와 반응자로 나눈다. 제안자는 실험자로부터 받을 1만 원의 돈을 반응자와 어떻게 나눌 것인지에 대해 다음 중 하나를 제안한다.

○ 5-5안: 제안자와 반응자가 5천 원씩 가진다.

○ 8-2안: 제안자는 8천 원, 반응자는 2천 원을 가진다.

○ 동전안: 공평한 동전을 던져 앞면이 나오면 5-5안, 뒷면이 나오면 8-2안에 따른다.

반응자는 제안자의 제안을 수용 또는 거부한다. 제안된 5-5안이나 8-2안을 반응자가 수용하면 제안한 안대로 금액을 나눈다. 동전안이 제안되고 반응자가 수용하면 실험자는 반응자가 보는 앞에서 동전을 던져 동전안대로 금액을 나누어 준다. 어떤 제안에 대해서든 반응자가 거부하면 제안자와 반응자 모두 0원을 받는다. 실험 규칙은 참가자들에게 미리 알려 준다.

[실험 2]

다음을 제외하면 나머지는 [실험 1]과 동일하다. 제안자가 동전안을 선택하면, 실험자는 반응자가 모르게 동전을 던져 앞면이 나오면 5-5안이, 뒷면이 나오면 8-2안이 제안되었다고 반응자에게 알려준다. 예컨대 반응자는 8-2안을 제안받았을 때, 제안자가 직접 이 안을 제안한 것인지, 아니면 동전을 던져 뒷면이 나와 8-2안이 제안된 것인지 알 수 없다.

* 기대 수익: '행위로 인해 각 상황에서 얻게 될 수익'에 '해당 상황이 발생할 확률이라고 믿는 값'을 곱한 값을 모두 더한 값

─〈보 기〉─

ㄱ. [실험 1]에서 8-2안을 제안 받은 반응자의 60%가 제안을 거부했다면, (가설 1)은 약화된다.

ㄴ. [실험 1]에서 반응자가 5-5안, 8-2안, 동전안을 수용할 확률이 각각 100%, 20%, 80%라고 믿는 제안자가 동전안을 제안했다면, (가설 1)은 강화된다.

ㄷ. 참가자들이 5-5안과 동전안은 공정하지만 8-2안은 불공정하다고 믿을 경우, [실험 1]에서보다 [실험 2]에서 8-2안을 선택하는 제안자의 비율이 더 높다면, (가설 2)는 강화된다.

① ㄱ   ② ㄷ   ③ ㄱ, ㄴ

④ ㄴ, ㄷ   ⑤ ㄱ, ㄴ, ㄷ

서인도양의 세이셸 제도에는 '호랑이 카멜레온'이라는 토착종이 살고 있다. 그런데 세이셸 제도는 아프리카 남동쪽의 큰 섬인 마다가스카르로부터 북동쪽으로 약 1,100km, 인도로부터는 서쪽으로 약 2,800km 떨어진 외딴 곳이다. 날지도 못하고 수영도 능숙하지 않은 이 작은 동물이 어떻게 이곳에 살게 되었을까?

이에 대해 다음의 두 설명이 제시되었다. 하나는 ㉠ 호랑이 카멜레온의 조상은 원래 장소에 계속 살고 있었으나 대륙의 분리 및 이동으로 인해 외딴 섬들에 살게 되었다는 것이다. 세이셸 제도는 원래 아프리카, 인도, 마다가스카르 등과 함께 곤드와나 초대륙의 일부였으나 인도−마다가스카르와 아프리카가 분리되고, 이후 인도와 마다가스카르가 분리된 다음, 최종적으로 인도와 세이셸 제도가 분리되어 지금에 이르렀다. 위 설명에 따르면, 호랑이 카멜레온의 조상은 세이셸 제도가 다른 지역과 분리된 후 독립적으로 진화했다.

다른 하나는 ㉡ 호랑이 카멜레온의 조상이 마다가스카르 또는 아프리카의 강이나 해안가로부터 표류하는 나뭇가지 등의 '뗏목'을 타고 세이셸 제도에 도착했다는 것이다. 이에 따르면 호랑이 카멜레온의 조상은 본래 아프리카나 마다가스카르에 살고 있었는데, 서식지 근처 강의 범람과 같은 사건의 결과로 표류물을 타고 세이셸 제도로 이주한 후 독립적으로 진화했다.

─────〈보 기〉─────

ㄱ. 해저 화산의 분화로 형성된 후 대륙과 연결된 적이 없는 외딴 섬인 코모로 제도에만 서식하는 카멜레온 종이 있다는 사실은 ㉠을 강화한다.

ㄴ. 세이셸 제도가 인도에서 분리된 후 최근까지 서인도양의 해류가 서쪽에서 동쪽으로 흘렀다는 연구 결과가 있다면 이는 ㉡을 약화한다.

ㄷ. 아프리카 동부의 카멜레온과 호랑이 카멜레온의 가장 가까운 공동조상이 마다가스카르의 카멜레온과 호랑이 카멜레온의 가장 가까운 공동조상보다 더 나중에 출현했다는 연구 결과가 있다면 이는 ㉠을 약화하나 ㉡은 약화하지 않는다.

① ㄱ   ② ㄷ   ③ ㄱ, ㄴ

④ ㄴ, ㄷ   ⑤ ㄱ, ㄴ, ㄷ

특정 병인에 의하여 발생하고 원인과 결과가 명확히 대응하는 '특이성 질환'과 달리, '비특이성 질환'은 그 질환의 발생 원인과 기전이 복잡하고 다양하며, 유전·체질 등 선천적 요인 및 개인의 생활 습관, 직업적·환경적 요인 등 후천적 요인이 복합적으로 작용하여 발생하는 질환이다.

역학조사를 통해 어떤 사람에게서 특정 위험인자와 비특이성 질환 사이에 역학적 상관관계가 인정된다고 하자. 이러한 경우 비특이성 질환의 원인을 밝히기 위해서는 추가적으로 그 위험인자에 노출된 집단과 노출되지 않은 다른 일반 집단을 대조하여 역학조사를 해야 한다. 그뿐만 아니라, 그 집단에 속한 개인이 위험인자에 노출된 시기와 정도, 발병 시기, 그 위험인자에 노출되기 전의 건강 상태, 생활 습관 등을 면밀히 살펴 특정 위험인자에 의하여 그 비특이성 질환이 유발되었을 개연성을 확실히 증명하여야 한다.

폐암은 비특이성 질환이다. 폐암은 조직형에 따라 크게 소세포암과 비소세포암으로 나뉜다. 비소세포암은 특정한 유형의 암을 지칭하는 것이 아니라 소세포암이 아닌 모든 유형의 암을 통틀어 지칭하는 것이다. 여기에는 흡연과 관련성이 전혀 없거나 현저하게 낮은 유형의 폐암도 포함되어 있다. 의학계에서는 일반적으로 흡연과 관련성이 높은 폐암은 소세포암이고, 비소세포암 중에서는 편평세포암과 선암이 흡연과 관련성이 높다고 보고하고 있다. 세기관지 폐포세포암은 선암의 일종이지만 결핵, 폐렴, 바이러스, 대기 오염 물질 등에 의해 발생한다는 보고가 있으며 흡연과의 관련성이 현저히 낮다고 알려져 있다.

〈사례〉

甲은 30년의 흡연력을 가지고 있으며 최근 폐암 진단을 받았다. 甲은 하루에 한 갑씩 담배를 피웠고, 이 때문에 폐암이 발생하였다고 주장하며 자신이 피우던 담배의 제조사 P를 상대로 소송을 제기하였다. 하지만 P는 甲의 폐암은 흡연에 의해 유발되었을 개연성이 낮다고 주장하였다.

─────〈보 기〉─────

ㄱ. 흡연에 노출되지 않은 집단에서 폐암이 발병할 확률이 甲이 포함된 흡연자 집단에서 폐암이 발병할 확률보다 낮은 것으로 확인되었다면 P의 주장이 강화된다.

ㄴ. 甲의 부친은 만성 폐렴으로 오랫동안 고생한 후 폐암으로 사망하였으며 甲 또한 청년기부터 폐렴을 앓아 왔고 조직검사 결과 甲의 폐암은 비소세포암으로 판명되었다면 P의 주장이 약화된다.

ㄷ. 조직검사 결과 甲의 폐암이 소세포암으로 판명되었다면 甲의 주장이 강화된다.

① ㄱ   ② ㄷ   ③ ㄱ, ㄴ

④ ㄴ, ㄷ   ⑤ ㄱ, ㄴ, ㄷ

13. ⊙과 ⓒ에 대한 판단으로 옳은 것만을 <보기>에서 있는 대로 고른 것은? 20 LEET 문37

의태란 한 종의 생물이 다른 종의 생물과 유사한 형태를 띠는 것이다. 의태 중에서 가장 잘 알려진 것 중 하나는 베이츠 의태로, 이는 독이 없는 의태자가 독이 있는 모델과 유사한 경고색 혹은 형태를 가짐으로써 포식자에게 잡아먹히는 것을 피하는 것이다. 서로 형태가 유사하지만 독성이 서로 다른 2종의 모델, 즉 약한 독성을 가진 모델 A와 강한 독성을 가진 모델 B가 동시에 존재하는 경우에 의태자 C가 어떻게 의태할지에 대해서는 여러 가지 가설이 제시되었다. 그중 ⊙C가 A보다 B의 형태로 진화하는 것이 생존에 유리하다는 가설이 지배적이었다.

하지만 최근에 '자극의 일반화'라는 현상을 기반으로 ⓒC가 B보다 A의 형태로 진화하는 것이 생존에 유리할 것이라는 가설이 제시되었다. 자극의 일반화란 자신에게 좋지 않은 약한 자극에 노출된 경우에는 포식자가 이후에 이와 동일한 자극만 회피하려고 하지만, 자신에게 좋지 않은 강력한 자극에 노출된 경우에는 포식자가 이후에 이 자극과 동일 종류의 자극뿐 아니라 유사한 종류의 자극도 회피하려고 한다는 것이다. 이로 인해 C가 A를 의태할 경우에는 A 또는 B에 대한 학습 경험이 있는 포식자 모두로부터 잡아먹히지 않지만, B를 의태할 경우에는 B에 대한 학습 경험만 있는 포식자로부터만 잡아먹히지 않는다는 것이다.

─────────────〈보 기〉─────────────

ㄱ. 독에 대한 경험이 없던 닭들이 개구리의 형태로 독성을 판단하여 강한 독을 가진 개구리는 잡아먹으려고 시도하지 않지만 약한 독을 가진 개구리는 잡아먹으려고 시도한다는 사실은 ⊙을 강화하고, ⓒ을 약화한다.

ㄴ. 독에 대한 경험이 없던 닭들 중 강한 독이 있는 나방을 잡아먹은 닭들은 모두 죽었으나, 약한 독이 있는 나방을 잡아먹은 닭들은 죽지 않고 이후에 약한 독이 있는 나방과 동일하게 생긴 독이 없는 나방을 잡아먹지 않으려고 한다는 사실은 ⊙과 ⓒ 모두를 약화한다.

ㄷ. 독에 대한 경험이 없던 닭들이 아주 강력한 독이 있는 나방을 잡아먹은 이후에 이와 유사하게 생긴 독이 없는 나방은 잡아먹으려 하지 않지만, 전혀 다르게 생긴 독이 있는 개구리는 잡아먹으려고 시도한다는 사실은 ⓒ을 약화한다.

① ㄱ   ② ㄷ   ③ ㄱ, ㄴ

④ ㄴ, ㄷ   ⑤ ㄱ, ㄴ, ㄷ

가설과 증거 사이에는 다양한 관계가 성립한다. 증거는 가설을 강화하기도 하고 약화하기도 하며 그 정도는 다양하다. '구리를 가열했더니 팽창했다'는 증거가 '모든 금속은 가열하면 팽창한다'는 가설을 강화하는 정도는 그 증거가 '어떤 금속은 가열하면 팽창한다'는 가설을 강화하는 정도와 다르다.

어떤 이론가들은 이런 강화 및 약화의 정도 사이에 다음과 같은 대칭성이 성립한다고 주장한다.

○ 증거–대칭성: 증거 E가 가설 H를 강화하는 정도와 증거 E의 부정이 가설 H를 약화하는 정도는 같다.

한편, 이런 강화 및 약화의 정도에는 최댓값이 있다. 주어진 배경 지식과 함께 증거 E가 가설 H를 논리적으로 함축하면 증거 E는 가설 H를 최대로 강화한다. 마찬가지로 주어진 배경 지식과 함께 증거 E가 가설 H의 부정을 논리적으로 함축하면 증거 E는 가설 H를 최대로 약화한다. 그리고 증거 E가 가설 H를 최대로 강화하고 E의 부정이 H를 최대로 약화하면, E가 H를 강화하는 정도와 E의 부정이 H를 약화하는 정도는 같다.

〈배경 지식〉
이번 살인 사건의 용의자는 갑, 을, 병 세 사람이다. 그리고 이 중 한 사람만 범인이다.

───〈보 기〉───

ㄱ. '갑이 범인이다'라는 증거는 '을이 범인이 아니다'라는 가설을 최대로 강화하지만, '갑이 범인이 아니다'라는 증거는 '을이 범인이 아니다'라는 가설을 최대로 강화하지 않는다.

ㄴ. 병이 범인이 아니라는 사실이 〈배경 지식〉에 추가된다면, '갑이 범인이다'라는 증거는 '을이 범인이다'라는 가설을 최대로 약화하고, '갑이 범인이 아니다'라는 증거는 '을이 범인이 아니다'라는 가설을 최대로 약화한다.

ㄷ. 병이 범인이 아니라는 사실이 〈배경 지식〉에 추가된다면, '갑이 범인이다'라는 증거와 '을이 범인이 아니다'라는 가설 사이에는 증거–대칭성이 성립한다.

① ㄱ   ② ㄴ   ③ ㄱ, ㄷ

④ ㄴ, ㄷ   ⑤ ㄱ, ㄴ, ㄷ

　　자료와 가설 사이에 성립하는 증거 관계는 자료가 가설의 확률을 어떻게 변화시키느냐에 의해 정의된다. '자료가 어떤 가설에 대해 긍정적 증거'라는 말은 그 자료가 해당 가설이 참일 확률을 높인다는 뜻이다. 마찬가지로 '자료가 어떤 가설에 대해 부정적 증거'라는 말은 그 자료가 해당 가설이 참일 확률을 낮춘다는 뜻이다. 또한 '자료가 어떤 가설에 대해 중립적 증거'라는 말은 그 자료가 해당 가설이 참일 확률을 높이지도 낮추지도 않는다는 뜻이다. 이를 통해 하나의 자료가 서로 양립할 수 없는 여러 경쟁가설들과 어떤 관계에 있는지 추적할 수 있다. 이를 위해 경쟁가설들로 이루어진 집합을 생각해 보자. 참일 수 없는 가설은 고려할 가치가 없으므로 우리가 고려하는 경쟁가설의 확률은 모두 0보다 크다고 할 수 있다. 또한 경쟁가설 집합에 속한 가설들은 동시에 참이 될 수 없으며, 그 가설들 중 하나는 참이라고 상정한다. 그러므로 경쟁가설 집합에 속한 각 가설들이 참일 확률의 합은 1이 된다. 물론 경쟁가설 집합의 크기는 다양할 수 있다. 위 정의에 따라 경쟁가설 집합에 속한 가설들과 자료 사이의 관계를 규명할 수 있다. 가령, 경쟁가설 집합에 H1과 H2라는 두 개의 가설만 있는 경우를 생각해 보자. 이 경우 H1이 참일 확률과 H2가 참일 확률의 합은 1로 고정되어 있어 하나의 확률이 증가하면 다른 것의 확률은 감소할 수밖에 없다. 따라서 H1에 대해 긍정적 증거인 자료는 H2에 대해 부정적 증거가 된다. 비슷한 이유에서, H1에 대해 중립적 증거인 자료는 H2에 대해서도 중립적 증거가 된다.

① 어떤 자료가 세 개의 가설 각각에 대해 부정적 증거라면, 이 세 가설이 속하는 경쟁가설 집합에는 또 다른 가설이 적어도 하나는 있어야 한다.

② 어떤 자료가 경쟁가설 집합에 속한 한 가설의 확률을 1로 높이면, 그 자료는 그 집합에 속한 다른 가설에 대해 중립적 증거일 수 있다.

③ 경쟁가설 집합에 속한 어떤 가설에 대해 긍정적 증거인 자료는 그 집합에 속한 적어도 한 개의 다른 가설에 대해 부정적 증거가 된다.

④ 경쟁가설 집합 중에서 어떤 자료가 긍정적 증거가 되는 경쟁가설의 수와 부정적 증거가 되는 경쟁가설의 수는 다를 수 있다.

⑤ 경쟁가설 집합에 세 개의 가설만 있는 경우, 그 집합에 속한 가설 중 단 두 개에 대해서만 중립적인 자료는 있을 수 없다.

16. 다음 글로부터 추론한 것으로 옳지 <u>않은</u> 것은? 17 LEET 문31

증거는 가설을 입증하기도 하고 반증하기도 한다. 물론, 어떤 증거는 가설에 중립적이기도 하다. 이렇게 증거와 가설 사이에는 입증·반증·중립이라는 세 가지 관계만이 성립하며, 이 외의 다른 관계는 성립하지 않는다. 그럼 이런 세 관계는 어떻게 규정될 수 있을까? 몇몇 학자들은 이 관계들을 엄격한 논리적인 방식으로 규정한다. 이 방식에 따르면, 어떤 가설 H가 증거 E를 논리적으로 함축한다면 E는 H를 입증한다. 또한 H가 E의 부정을 논리적으로 함축한다면 E는 H를 반증한다. 물론 H가 E를 함축하지 않고 E의 부정도 함축하지 않는다면, E는 H에 대해서 중립적이다. 이런 증거와 가설 사이의 관계는 '논리적 입증·반증·중립'이라고 불린다.

그러나 증거와 가설 사이의 관계는 확률을 이용해 규정될 수도 있다. 가령 우리는 "E가 가설 H의 확률을 증가시킨다면 E는 H를 입증한다."고 말하기도 한다. 이와 비슷하게 우리는 "E가 H의 확률을 감소시킨다면 E는 H를 반증한다."고 말한다. 물론 E가 H의 확률을 변화시키지 않는다면 E는 H에 중립적이라고 하는 것이 자연스럽다. 이런 증거와 가설 사이의 관계에 대한 규정은 '확률적 입증·반증·중립'이라고 불린다.

그렇다면 논리적 입증과 확률적 입증은 어떤 관계가 있을까? 흥미롭게도 H가 E를 논리적으로 함축한다면 E가 H의 확률을 증가시킨다는 것이 밝혀졌다. 반면에 그 역은 성립하지 않는다. 우리는 이 점을 이용해 입증에 대한 두 규정들 사이의 관계를 추적할 수 있다.

① E가 H를 논리적으로 반증하지 않고 H에 논리적으로 중립적이지도 않다면, E는 H에 확률적으로 중립적이지 않다.

② E가 H를 논리적으로 입증한다면 E의 부정은 H를 논리적으로 반증한다.

③ E가 H를 논리적으로 반증한다면 E의 부정은 H를 확률적으로 입증한다.

④ E가 H에 확률적으로 중립적이라면 E는 H를 논리적으로 입증하지 않는다.

⑤ E가 H를 확률적으로 입증하지 않는다면 E는 H를 논리적으로 반증한다.

대부분의 포유동물은 다섯 가지 기본적인 맛인 단맛, 쓴맛, 신맛, 짠맛 그리고 감칠맛을 느낄 수 있으며, 이 맛들은 미각세포에 존재하는 맛 수용체에 의해 감지된다. 많은 포유동물들은 단맛과 감칠맛을 선호하는데, 일반적으로 단맛은 과일을 포함한 식물성 먹이에 대한 정보를 제공하고, 감칠맛은 단백질 성분의 먹이에 대한 정보를 제공한다. 단맛과 감칠맛과는 달리, 쓴맛은 몸에 좋지 않은 먹이에 대한 정보를 제공한다.

사람과 달리 고양이는 단맛을 가진 음식을 선호하지 않는데, 고양이의 유전자 분석 결과 단맛 수용체 유전자에 돌연변이가 일어나 기능을 할 수 없다는 사실이 밝혀졌다. 육식동물로 진화한 고양이는 단맛 수용체 유전자가 작동하지 않아도 사는 데 지장이 없기 때문이라는 진화론적 설명이 가능하다. 즉, (A) 생명체는 게놈의 경제학을 통해 유전자가 필요 없을 경우 미련 없이 버린다는 것이다.

이후 연구자들이 진화적으로 가깝지 않은 서로 다른 종에 속하는 육식 포유동물들의 단맛 수용체 유전자를 연구한 결과, 단맛 수용체 유전자에 돌연변이가 일어나 단맛 수용체가 정상적으로 기능을 할 수 없음을 확인하였다. 단맛 수용체 유전자의 돌연변이가 일어난 자리는 종마다 달랐는데, 이는 서로 다른 종의 동물들이 육식에만 전적으로 의지하는 동물로 진화해가는 과정에서 독립적으로 유전자 변이가 일어났음을 의미한다. 즉, 단맛 수용체 유전자의 고장은 수렴진화의 예로서, (B) 진화적으로 가깝지 않은 서로 다른 종의 생물이 적응의 결과, 유사한 형질이나 형태를 보이는 모습으로 진화했다는 것이다.

〈보 기〉

ㄱ. 진화적으로 서로 가깝지 않은 다른 종의 잡식동물인 집돼지와 불곰은 쓴맛 수용체 유전자의 개수가 줄어든 결과로 보다 강한 비위와 왕성한 식욕을 가지게 되었다는 사실이 밝혀졌다. 이는 (A)를 약화하고 (B)를 강화한다.

ㄴ. 진화적으로 서로 가깝지 않은 다른 종의 육식동물인 큰돌고래와 바다사자는 먹이를 씹지 않고 통째로 삼키는 형태로 진화한 결과로 단맛 수용체 유전자뿐 아니라 감칠맛 수용체 유전자에도 돌연변이가 일어나 기능을 할 수 없게 되었다는 사실이 밝혀졌다. 이는 (A)와 (B) 모두를 강화한다.

ㄷ. 사람과 오랑우탄의 공동조상은 과일 등을 통해 충분한 양의 비타민C를 섭취할 수 있도록 진화한 결과로 비타민C 합성 유전자에 돌연변이가 일어나 기능을 할 수 없게 되었으며, 이로 인해 진화적으로 서로 가까운 사람과 오랑우탄이 비타민C를 합성하지 못한다는 사실이 밝혀졌다. 이는 (A)를 강화하고 (B)를 약화한다.

① ㄱ   ② ㄴ   ③ ㄱ, ㄷ

④ ㄴ, ㄷ   ⑤ ㄱ, ㄴ, ㄷ

다음은 모기가 인간의 혈액을 섭취하는 과정에서 섭취한 혈액 속의 액체성분을 꽁무니로 분비하는 이유에 대한 가설들이다.

A: 인간의 혈액은 적혈구 등의 세포성분과 혈장으로 불리는 액체성분으로 구성되어 있다. 모기가 인간의 혈액을 섭취할 때 단백질 성분이 풍부한 세포성분을 더 많이 몸속에 저장할수록 알을 더 많이 생산한다. 따라서 모기가 인간의 혈액을 섭취하는 과정에서 액체성분을 분비하는 것은 더 많은 세포성분을 몸속에 저장하기 위한 행동이다.

B: 급격한 온도 변화는 곤충의 생리에 좋지 않은 영향을 미친다. 평소 인간보다 낮은 체온을 가진 모기는 인간의 혈액을 섭취할 때 고온 스트레스의 위험에 직면하게 된다. 따라서 모기가 인간의 혈액을 섭취하는 과정에서 액체성분을 분비하는 것은 증발 현상을 이용하여 체온 상승을 조절하기 위한 행동이다.

─────〈보 기〉─────

ㄱ. 세포성분이 정상이고 모기의 체온과 같은 온도의 혈액을 섭취한 모기로부터 분비되는 액체성분의 양보다, 세포성분이 정상보다 적고 모기의 체온과 같은 온도의 혈액을 섭취한 모기로부터 분비되는 액체성분의 양이 많다면, A는 강화된다.

ㄴ. 세포성분이 없고 인간의 체온과 같은 온도의 혈액을 섭취한 모기로부터는 액체성분이 분비되지만, 세포성분이 없고 모기의 체온과 같은 온도의 혈액을 섭취한 모기로부터는 액체성분이 분비되지 않는다면, B는 강화된다.

ㄷ. 세포성분이 정상이고 모기의 체온과 같은 온도의 혈액을 섭취한 모기로부터 분비되는 액체성분의 양보다, 세포성분이 정상보다 적고 인간의 체온과 같은 온도의 혈액을 섭취한 모기로부터 분비되는 액체성분의 양이 많다면, A와 B 모두 강화된다.

① ㄱ ② ㄷ ③ ㄱ, ㄴ
④ ㄴ, ㄷ ⑤ ㄱ, ㄴ, ㄷ

19. 다음으로부터 추론한 것으로 옳은 것만을 <보기>에서 있는 대로 고른 것은? 22 LEET 문40

최근에는 생쥐의 특정 유전자를 인위적으로 조작할 수 있게 되었다. 과학자들은 세포에 A라는 효소가 발현되어야만 특정 유전자가 조작될 수 있는 장치를 고안하였으며, 이를 이용하여 다음과 같이 조건적으로 유전자를 조작할 수 있게 되었다. 첫째는 조직별 조작 시스템으로, A 효소 유전자 앞에 특정 조직에서만 작동하는 프로모터를 넣어 두면 이 프로모터가 작동하는 특정 조직에서만 A 효소가 발현되어 목적한 유전자가 조작되며, 프로모터가 작동하지 않는 그 이외 조직에서는 유전자가 조작되지 않는다. 둘째는 시기별 조작 시스템으로, 보통 A 효소 유전자 앞 프로모터가 어떤 약물이 있어야만 작동하게 설계한다. 이렇게 하면 약물을 투여하는 동안에만 A효소가 발현되어 비로소 목적한 유전자가 조작된다.

이러한 유전자 조작을 이용하여 동물 모델에서 지방 세포의 수와 크기의 증가를 관찰하기 위해 다음 실험을 디자인하였다.

〈실험〉

생쥐를 적당히 조작하여 특정 프로모터에 의해 A 효소가 발현되도록 했으며, 이 프로모터가 X 약물이 있는 상황에서만 작동하도록 하였다. 또한 A 효소가 작동하면 유전자가 조작되어 세포는 파란색이 되며, 한번 파란색이 된 세포는 죽지 않으며 색깔도 잃지 않는다. 이 생쥐에 X 약물을 일정 기간 동안 처리한 후 약물을 중단하고 고지방 식이로 비만을 유도하여 변화를 관찰한 실험 결과는 다음과 같다.

〈실험 결과〉

세포 종류	X 약물 처리 후		고지방 식이 후	
	파란 세포 수	세포의 크기	파란 세포 수	세포의 크기
내장 지방 세포	100	정상	20	증가
피하 지방 세포	100	정상	100	증가
근육 세포	0	정상	0	정상

* 파란 세포 수: 임의의 세포 100개당 파란 세포의 수

─────〈보 기〉─────

ㄱ. 고지방 식이를 하면 내장 지방 세포는 새로 만들어지지만 피하 지방 세포는 그렇지 않다.

ㄴ. 고지방 식이를 하면 체내 내장 지방의 부피는 증가하지만 피하 지방의 부피는 증가하지 않는다.

ㄷ. X 약물을 처리한 경우 A 효소는 내장 지방 세포와 피하 지방 세포에 발현되지만 근육 세포에서는 발현되지 않는다.

① ㄱ ② ㄴ ③ ㄱ, ㄷ
④ ㄴ, ㄷ ⑤ ㄱ, ㄴ, ㄷ

아이에게 생기는 자폐증의 주요한 원인 중 하나는 임신 중 엄마의 비정상적인 면역 활성화로 여겨지고 있다. 엄마의 장에 존재하는 수지상 세포(dendritic cell, DC)는 체내에 바이러스가 감염되면 활성화된다. 이 DC는 장에 존재하는 T_H17 면역 세포를 활성화시키는데, 이때 T_H17에서 분비되는 IL-17 단백질이 태아에 전달되어 뇌 발달을 저해한다는 것이다. 최근 ㉠ 엄마의 장에 공생하는 특정 장내 세균의 존재 유무가 이러한 비정상적 면역 활성화에 중요하다는 가설이 제기되었다. 장내 세균의 명확한 역할은 알 수 없지만, 엄마에게 특정 장내 세균이 없을 때에는 위와 같은 면역 활성화가 일어나지 않는다는 것이다. 이를 검증하기 위해 다음 실험을 계획하였다.

〈실험〉

○ 다음과 같이 네 종류의 임신한 생쥐 군(X1, X2, Y1, Y2)을 준비하였다.

생쥐 군	장내 특정 공생 세균	바이러스 감염 여부
X1	있음	감염됨
X2	있음	감염되지 않음
Y1	없음	감염됨
Y2	없음	감염되지 않음

○ 일정 시간 후 각 생쥐의 장에서 DC와 T_H17 세포를 분리하였다. 각 세포에는 바이러스나 세균이 섞이지 않도록 하였다. 분리된 각 DC와 T_H17을 섞어 배양한 후 IL-17의 분비량을 측정하였다.

○ 각 생쥐에서 태어난 새끼들의 자폐 성향을 분석하였다.

―――――――〈보 기〉―――――――

ㄱ. X1의 DC를 X2의 T_H17과 배양했을 때 IL-17이 생산되고 X1의 DC를 Y2의 T_H17과 배양했을 때 IL-17이 생산되지 않는다면, ㉠이 강화된다.

ㄴ. X1의 DC를 Y2의 T_H17과 배양했을 때 IL-17이 생산되고 Y1의 DC를 Y2의 T_H17과 배양했을 때 IL-17이 생산되지 않는다면, ㉠이 강화된다.

ㄷ. X1에서 태어난 새끼들은 자폐 성향을 보이고 Y2에서 태어난 새끼들은 자폐 성향을 보이지 않는다면, ㉠이 강화된다.

① ㄱ   ② ㄷ   ③ ㄱ, ㄴ

④ ㄴ, ㄷ   ⑤ ㄱ, ㄴ, ㄷ

21. <실험>에 대한 평가로 옳은 것만을 <보기>에서 있는 대로 고른 것은?

20 LEET 문38

췌장은 고농도의 중탄산 이온(HCO_3^-)을 분비하여 위산을 중화시킨다. 췌장의 고농도 HCO_3^- 분비 기전을 알기 위해, 실험으로 다음 가설을 평가하였다.

〈가설〉

췌장에 존재하는 CFTR는 염소 이온(Cl^-)을 수송하는 이온 통로이나 특정 조건에서는 HCO_3^-도 수송한다. 췌장 세포에는 A 단백질과 B 단백질이 존재하는데, 세포 내 Cl^- 농도가 변화하면 CFTR와 직접 결합하여 CFTR의 기능을 변화시킨다.

〈실험〉

A 단백질과 B 단백질을 발현시키는 유전자를 제거한 췌장 세포를 이용하여 CFTR를 통해 이동하는 이온의 종류를 실시간으로 측정해 보았다. 이 세포에 A 단백질, B 단백질을 각각 또는 동시에 세포 내로 주입한 뒤 세포 내 Cl^- 농도 변화에 따라 CFTR를 통해 이동하는 이온 종류가 어떻게 변화하는지 시간별로 측정하고 이를 A 단백질, B 단백질을 주입하지 않은 경우와 비교하였다. 단, 췌장에는 A 단백질, B 단백질 외에 CFTR의 기능을 변화시킬 수 있는 단백질은 없다고 가정한다.

〈결과〉

세포 내 Cl^- 농도	A 단백질	B 단백질	수송되는 이온 종류		
			1분 후	5분 후	10분 후
낮음	×	×	Cl^-	Cl^-	Cl^-
높음	×	×	Cl^-	Cl^-	Cl^-
낮음	○	×	HCO_3^-	Cl^-, HCO_3^-	Cl^-
높음	○	×	Cl^-	Cl^-	Cl^-
낮음	×	○	Cl^-	Cl^-	Cl^-
높음	×	○	Cl^-	Cl^-	Cl^-
낮음	○	○	HCO_3^-	HCO_3^-	HCO_3^-
높음	○	○	Cl^-	Cl^-	Cl^-

○: 있음, ×: 없음

〈보 기〉

ㄱ. CFTR의 기능이 Cl^- 수송에서 HCO_3^- 수송으로 전환되는 데 A 단백질이 있어야 한다.

ㄴ. 세포 내 Cl^- 농도는 A 단백질이 CFTR의 기능을 변화시키는 데 중요한 변수이다.

ㄷ. 세포 내 Cl^- 농도가 낮은 상황에서 A 단백질이 존재할 때, B 단백질은 CFTR의 HCO_3^- 수송 기능을 유지하는 데 중요하다.

① ㄱ
② ㄷ
③ ㄱ, ㄴ
④ ㄴ, ㄷ
⑤ ㄱ, ㄴ, ㄷ

22. ㉠에 대한 평가로 옳은 것만을 <보기>에서 있는 대로 고른 것은? 19 LEET 문39

초파리의 장에는 많은 종류의 세균이 존재하는데, 이들 세균은 초파리를 죽이는 병독균, 병독균의 성장을 저해하여 초파리에게 도움을 주는 유익균, 그 외의 일반균으로 구분된다. 이들 세균의 성장은 초파리의 장세포가 분비하는 활성산소에 의해 조절되며, 활성산소의 분비는 세균이 분비하는 물질에 의해 조절된다. 활성산소가 적정량 분비될 때는 초파리에게 해를 끼치지 않지만 다량 분비될 때는 초파리의 장세포에 염증을 일으킨다. 초파리 장내세균의 종류와 이를 조절하는 메커니즘을 알기 위해 장내세균이 전혀 없는 무균 초파리에 4종류의 세균 A~D 혹은 이들 세균이 분비하는 물질 X를 주입하여 다음과 같은 실험 결과를 얻었다. 단, 세균 B와 D는 물질 X를 분비한다.

장내 주입물	활성산소 분비	초파리 생존
물질 X	분비됨	건강하게 생존
세균 A	분비되지 않음	건강하게 생존
세균 B	적정량 분비됨	건강하게 생존
세균 C	분비되지 않음	죽음
세균 D	다량 분비됨	생존했으나 만성 염증
세균 A+세균 C	분비되지 않음	죽음
세균 B+세균 C	적정량 분비됨	건강하게 생존

이 실험 결과로부터 ㉠'초파리의 장세포가 분비하는 활성산소는 병독균의 성장을 저해한다'는 가설을 도출하고 추가 실험을 실시하였다.

─────────〈보 기〉─────────

ㄱ. 세균 A와 세균 B를 주입했을 때 활성산소가 적정량 분비되고 초파리는 건강하게 생존했다는 추가 실험 결과는 ㉠을 강화한다.
ㄴ. 물질 X와 세균 C를 주입했을 때 활성산소가 적정량 분비되고 초파리는 건강하게 생존했다는 추가 실험 결과는 ㉠을 강화한다.
ㄷ. 세균 C와 세균 D를 주입했을 때 활성산소가 다량 분비되고 초파리는 생존했지만 만성 염증이 발생했다는 추가 실험 결과는 ㉠을 강화한다.

① ㄱ   ② ㄴ   ③ ㄱ, ㄷ
④ ㄴ, ㄷ   ⑤ ㄱ, ㄴ, ㄷ

염색체에는 짧은 염기서열 단위가 여러 번 반복되는 STR(short tandem repeat)이라는 부위들이 존재한다. STR의 반복횟수는 개인에 따라 다양하며, 부모로부터 자식에게 유전된다. STR의 반복횟수를 검사 및 대조하여 유전자 감식에 이용한다. 예를 들어, 두 검체를 가지고 상염색체 STR을 통해 아버지와 자식 관계를 검사할 때, 부모의 STR 한 쌍 중 자식은 한쪽만을 받으므로 동일한 STR 부위에서 한 쌍 중 하나의 반복횟수는 반드시 동일해야 한다. 만약 그렇지 않으면 친자관계의 가능성은 배제된다. 성염색체인 Y염색체는 상염색체와는 달리 쌍을 이루지 않고 1개만 존재하며 아버지의 것이 아들에게 그대로 유전된다. 그러므로 아버지와 아들의 Y염색체 STR의 검사 결과는 동일하다. 반면 미토콘드리아 DNA는 염색체와는 무관하게 독립적인 유전을 하는데, 어머니의 것이 아들과 딸에게 그대로 유전되지만 아버지의 것은 자식에게 전해지지 않는다. 따라서 미토콘드리아 DNA 염기서열의 동일성 여부가 모계 추정에 활용된다.

비행기 추락 지역에 흩어진 다수의 시체 파편에 대해 DNA 감식이 시행되었다. 유가족 갑과 우선 발견된 유해 파편 검체의 DNA 감식 결과가 다음 <표>와 같았다. 각 STR 부위의 유전형은 반복횟수로 표기되며, 상염색체는 한 쌍이므로 두 개의 숫자로, Y염색체는 한 개이므로 한 개의 숫자로 표기된다. 예를 들어 어떤 상염색체 STR 부위의 유전형이 (9-11)이라면 (11-9)로 표기해도 무방하다. 미토콘드리아 DNA 감식 결과는 염기서열의 특징을 그리스 문자로 표기하였다.

〈표〉 갑과 검체들의 DNA 감식 결과

DNA 부위 이름	갑	검체 A	검체 B	검체 C
상염색체 STR1	15-15	10-15	13-13	12-15
상염색체 STR2	10-11	11-12	9-10	9-11
상염색체 STR3	7-9	8-9	5-7	8-8
Y염색체 STR1	8	8	10	8
Y염색체 STR2	12	12	12	12
Y염색체 STR3	10	10	8	12
미토콘드리아 DNA	α형	β형	α형	α형

〈보 기〉

ㄱ. 검체 A는 갑의 친부일 가능성이 있다.
ㄴ. 검체 B는 갑의 이종사촌(이모의 자녀)일 가능성이 있다.
ㄷ. 검체 C는 갑의 이복형제일 가능성이 있다.

① ㄱ
② ㄷ
③ ㄱ, ㄴ
④ ㄴ, ㄷ
⑤ ㄱ, ㄴ, ㄷ

면역체계는 다양한 종류의 항원을 인식하고 파괴하는 방어메커니즘으로, 면역체계의 특징 중 하나는 기억 메커니즘을 가진다는 것이다. 즉, 특정 항원 P에 대한 면역 반응이 유도되면 이후에 이 항원과 동일하거나 유사한 항원은 기억 메커니즘에 의해 효율적으로 제거되고, 어떤 항원 Q가 그 기억 메커니즘에 의해서 효율적으로 제거되면 P와 Q는 동일하거나 유사한 항원이다.

면역체계는 외부 인자뿐 아니라, 암세포도 항원으로 인식하여 효율적으로 제거함으로써 암이 발생하는 것을 방지하는 역할을 수행한다. 암세포는 다양한 종류의 바이러스 혹은 화합물에 의해 유도될 수 있는데, 암 유발 물질의 종류에 따라 서로 같거나 다른 종류의 항원성을 가지는 암세포가 유도될 수 있다.

〈실험〉

(가) 바이러스 SV40으로부터 유발된 암세포 (A1, A2) 및 화합물 니트로벤젠으로부터 유발된 암세포 (B1, B2)를 분리하였다.

(나) 암세포에 노출된 적이 없어 암세포를 이식하면 암이 발생되는 4마리의 생쥐를 준비한 후, 2마리의 생쥐 (X1, X2)에는 A1을 이식하였고, 다른 2마리의 생쥐 (Y1, Y2)에는 B1을 이식하였다. 이들 암세포를 항원으로 하는 면역반응이 유도될 수 있는 충분한 시간이 지난 후, 수술을 통해 암세포로부터 형성된 암조직을 제거하여 암을 완치시켰다.

(다) 암이 완치된 2마리의 생쥐 (X1, Y1)에는 A2를, 암이 완치된 다른 2마리의 생쥐 (X2, Y2)에는 B2를 이식하였다. 이들 암세포를 항원으로 하는 면역반응이 유도될 수 있는 충분한 시간 동안 생쥐를 키우며 암 발생 여부를 관찰한 결과, X1에서만 암이 발생되지 않았다.

(라) (다)실험에서 암이 발생한 생쥐들은 암조직을 제거하여 암을 완치시킨 후, 이 생쥐들 (X2, Y1, Y2) 및 (다)실험에서 암이 발생하지 않은 X1에게 또 다시 암세포를 이식한 후 암 발생 여부를 관찰하였다.

─〈보 기〉─

ㄱ. A1을 이식했다면 Y1과 Y2에서 암이 발생했을 것이다.
ㄴ. A2를 이식했다면 X2와 Y2에서 암이 발생했을 것이다.
ㄷ. B1을 이식했다면 X1과 X2에서 암이 발생했을 것이다.
ㄹ. B2를 이식했다면 X1과 Y1에서 암이 발생했을 것이다.

① ㄱ, ㄴ 　　　　② ㄱ, ㄷ 　　　　③ ㄱ, ㄹ
④ ㄴ, ㄹ 　　　　⑤ ㄷ, ㄹ

X시는 A, B 두 인종으로 이루어져 있으며, A인종의 비율이 더 높다. 갑과 을은 X시 성인들을 대상으로 시민권에 대한 태도를 묻는 설문조사를 실시한 후 그 자료를 분석하여 다음과 같이 주장하였다. (분석에 사용된 X시 설문조사 자료는 대표성이 있으며, 자료의 인종 및 계급 분포는 X시 성인 전체의 인종 및 계급 분포와 동일하다.)

갑: 설문조사 자료를 분석하면 〈표 1〉을 얻을 수 있는데, 〈표 1〉은 X시의 경우 하층계급이 중간계급보다 시민권에 대해 더 긍정적인 태도를 가진다는 것을 보여준다.

을: 동일한 자료를 분석하면 〈표 2〉를 얻을 수 있으므로 〈표 1〉만 놓고 갑과 같은 결론을 내려서는 안 된다. 〈표 2〉는 중간계급이 하층계급보다 시민권에 대해 더 긍정적인 태도를 가진다는 것을 보여준다.

〈표 1〉 사회계급에 따른 시민권에 대한 태도

시민권에 대한 태도	긍정적	부정적	계
중간계급	37%	63%	100%
하층계급	45%	55%	100%

〈표 2〉 사회계급과 인종에 따른 시민권에 대한 태도

시민권에 대한 태도		긍정적	부정적	계
중간계급	A인종	70%	30%	100%
	B인종	30%	70%	100%
하층계급	A인종	50%	50%	100%
	B인종	20%	80%	100%

─〈보 기〉─

ㄱ. 중간계급 중 A인종이 더 많기 때문에 〈표 1〉은 X시 성인들의 시민권에 대한 태도를 제대로 드러내지 않는다.

ㄴ. 하층계급 중 A인종이 더 많기 때문에 〈표 1〉은 X시 성인들의 시민권에 대한 태도를 제대로 드러내지 않는다.

ㄷ. B인종 중 하층계급이 더 많기 때문에 〈표 1〉은 X시 성인들의 시민권에 대한 태도를 제대로 드러내지 않는다.

① ㄱ　　　　　　② ㄴ　　　　　　③ ㄷ

④ ㄱ, ㄴ　　　　⑤ ㄱ, ㄷ

26. 사형 찬성론자들이 <표>의 결과를 자신들의 입장에 불리하지 않게 해석한 것으로 옳은 것만을 <보기>에서 있는 대로 고른 것은?

14 LEET 문26

사형을 지지하는 사람들은 사형 집행의 위협이 잠재적 살인자의 살인 행위를 억제할 수 있다고 주장한다. 사형을 반대하는 사람들은 이러한 효과가 없다고 주장한다. 사형 제도가 실제로 살인을 억제하는 효과가 있다면, 사형 제도가 있는 지역이 그렇지 않은 지역보다 낮은 살인 범죄율을 보일 것이라고 기대된다. <표>는 연방 국가인 A국의 사형 제도가 있는 지역과 사형 제도가 없는 지역 간 1급 및 2급 살인 범죄율을 제시한 것이다. 이 <표>에 근거하여 사형 제도가 살인과 같은 중범죄를 억제할 수 있는가에 대한 논쟁이 제기되고 있다.

<표> 사형 제도가 없는 주(州)와 사형 제도가 있는 주의 살인 범죄율

구 분	사형 제도가 없는 주		사형 제도가 있는 주	
	1967년	1968년	1967년	1968년
1급 살인	0.18	0.21	0.47	0.59
2급 살인	0.30	0.43	0.92	0.99
계	0.48	0.64	1.39	1.58

※ 살인 범죄율=(살인 범죄 발생 건수/인구수)×100,000

─────────〈보 기〉─────────

ㄱ. <표>는 제도적으로는 사형 제도를 도입했지만 실제로는 사형을 집행하지 않았기 때문에 나타난 결과일 수 있다.

ㄴ. <표>는 사형 제도 이외의 다른 사회적 요소가 각 지역별 살인 범죄율의 차이를 만들었으며 사형 제도의 억제 효과를 압도했기 때문에 나타난 결과일 수 있다.

ㄷ. 사형 제도가 폐지되었다고 하더라도 그 효과는 당분간 지속될 수 있으므로, <표>의 사형 제도가 없는 주의 경우 1967년 이전까지 사형 제도가 있었는지 살펴보아야 한다.

① ㄱ   ② ㄴ   ③ ㄱ, ㄷ
④ ㄴ, ㄷ   ⑤ ㄱ, ㄴ, ㄷ

철수: 왜 돼지고기 삼겹살의 기름은 상온에서 고체인데 기름장의 참기름은 상온에서 액체일까?

영희: 동물성 지방과 식물성 지방의 포화지방산 대 불포화지방산 조성 비율이 서로 다르기 때문이야.

철수: 포화지방산과 불포화지방산의 차이가 뭐지?

영희: 지방산은 지방의 구성 성분으로, 여러 개의 탄소가 선형으로 길게 연결되어 있는 구조로 되어 있어. 지방산의 탄소와 탄소 사이는 단일결합 또는 이중결합으로 연결되어 있지. 탄소와 탄소 사이가 모두 단일결합으로 이루어진 지방산이 포화지방산이고 하나 이상의 이중결합이 있는 지방산이 불포화지방산이야.

〈표1〉 포화지방산의 탄소 개수와 녹는점의 관계

탄소 개수	10	12	14	16	18
녹는점(℃)	32	45	54	63	70

〈표2〉 탄소 개수 18인 지방산의 이중결합수와 녹는점의 관계*

이중결합수	0	1	2	3
녹는점(℃)	70	16	5	−11

* 이 관계는 모든 지방산에 유사하게 나타난다.

① 탄소 개수 12인 포화지방산이 탄소 개수 14인 불포화지방산보다 녹는점이 낮을 가능성이 높다.

② 같은 탄소 개수로 이루어진 지방산이라면 이중결합을 많이 가지고 있을수록 상온에서 고체로 존재할 가능성이 높다.

③ 탄소 개수 16인 포화지방산과 탄소 개수 16이고 이중결합 1개를 가진 불포화지방산 사이의 녹는점의 차이는, 탄소 개수 14이고 이중결합 1개를 가진 불포화지방산과 탄소 개수 14이고 이중결합 2개를 가진 불포화지방산 사이의 녹는점의 차이보다 클 가능성이 높다.

④ 상온에서 액체인 식물성 지방을 원료로 빵에 발라먹을 수 있는 고체 마가린을 만들기 위해서는 식물성 지방의 불포화지방산의 탄소와 탄소 사이에 좀 더 많은 이중결합을 만들어야 한다.

⑤ 동물성 지방은 식물성 지방보다 불포화지방산의 함량이 일반적으로 높다.

28. 어떤 스포츠용구 회사가 줄의 소재, 프레임의 넓이, 손잡이의 길이, 프레임의 재질 등 4개의 변인이 테니스채의 성능에 미치는 영향에 관하여 실험하였다. 다음 표는 최종 실험 결과를 나타낸 것이다. 표로부터 추리한 것으로 옳은 것은? 10 LEET 문13

성능	변인			
	줄의 소재	프레임의 넓이	손잡이의 길이	프레임의 재질
O	천연	넓다	길다	보론
×	천연	좁다	길다	탄소섬유
×	천연	넓다	길다	탄소섬유
×	천연	좁다	길다	보론
O	천연	넓다	짧다	보론
×	천연	좁다	짧다	탄소섬유
×	천연	넓다	짧다	탄소섬유
×	천연	좁다	짧다	보론
O	합성	넓다	길다	보론
×	합성	좁다	길다	탄소섬유
×	합성	넓다	길다	탄소섬유
×	합성	좁다	길다	보론
O	합성	넓다	짧다	보론
×	합성	좁다	짧다	탄소섬유
×	합성	넓다	짧다	탄소섬유
×	합성	좁다	짧다	보론

O: 좋음 ×: 나쁨

① 손잡이의 길이가 단독으로 성능에 영향을 준다.
② 프레임의 넓이가 단독으로 성능에 영향을 준다.
③ 손잡이의 길이와 프레임의 재질이 함께 성능에 영향을 준다.
④ 프레임의 넓이와 프레임의 재질이 함께 성능에 영향을 준다.
⑤ 주어진 실험결과로는 변인들이 성능에 미치는 영향을 알 수 없다.

정답 및 해설 p.253

합격을 꿈꾼다면, 해커스로스쿨
lawschool.Hackers.com

정답 및 해설

1 | 규범

p.20

01	02	03	04	05
②	④	②	②	①
06	07	08	09	
②	①	②	④	

01
정답 ②

ㄱ. (X) 납치 사실을 변호사-의뢰인 관계에서 발설하였으므로 비밀 대화이다. 따라서 원칙적으로는 제3조의 비밀유지의무의 대상이다. 그러나 K가 현재 납치된 상태이므로, 타인의 생명이나 신체에 대한 중대하고 임박한 위해가 있다고 볼 수 있다. 제3조의 단서에 해당하므로 을에게 비밀유지의무가 존재하지 않는다. 따라서 경찰에 알려주는 것이 가능하다.

ㄴ. (O) 제3조와 제4조는 변호사-의뢰인 관계에만 적용된다. 청소하던 직원은 을과 아무런 관계가 없다. 따라서 제3조와 제4조의 적용을 받지 않으며, 경찰에 알려주는 것이 가능하다.

ㄷ. (X) 술자리에서 실토한 것은 제3조의 '자문을 구하기 위'한 것이 아니며, 제4조의 '직무상 나눈 대화'에도 해당되지 않는다. 따라서 비밀유지의 대상이 아니며, 경찰에 알려주는 것이 가능하다.

ㄹ. (O) 갑이 살해 사실을 을에게 알린 것은 '변호사-의뢰인 관계'가 종료되기 전이다. 따라서 비밀보호유지의무의 대상이 된다. 또한 이미 완성된 사실이므로 제3조의 단서를 적용할 수 없다. 갑과 을의 '변호사-의뢰인 관계'는 양심에 따라 변호사가 포기한 것이다. 제5조의 예외 요건인 '의뢰인이 포기'하지 않은 경우이므로 비밀유지의무는 지속된다. 따라서 경찰에 알려주는 것이 불가능하다.

02
정답 ④

상속법 원칙에 근거하여 사례 적용하는 문제이다. 상속은 원칙적으로 가장의 유언에 따르되, 그럴 수 없는 경우 법정상속이 이루어지고 법정상속은 1순위 직계비속(태아 포함), 2순위 직계존속, 3순위 배우자의 순이다. 각 순위 내 비율은 균분이다. 무효는 첫째, 상속인으로 지정되지도 제외되지도 않은 직계비속이 있을 경우, 둘째, 상속인의 지위를 상실하게 할 수 있는 조건을 부가하여 상속인을 지정한 경우 이루어진다.

ㄱ. (O) 해당 사례에서 가장 A는 '배우자와 아들', '배우자와 딸'인 경우로 나누어 유언을 남겼다. 즉, 상속인이 2명인 경우를 전제한 것인데, 실제로는 쌍둥이가 태어나 상속인 후보가 3명이 되었기에 1명의 상속제외인을 지정해야 할 필요가 생겼다. 그렇기에 무효의 첫째 조건인 "상속인으로 지정되지도, 제외되지 않은 직계비속이 있을 경우 가장의 유언은 무효이다."에 해당되어 해당 유언은 무효가 된다. 따라서 법정상속에 따라 결론을 내렸어야 한다고 평가하고 있는 법률가 X의 판단은 옳다.

ㄴ. (X) '만약 …이 태어나면'이라는 문구를 상속인의 지위를 상실케 하는 조건으로 보기는 어렵다. 오히려 아들과 딸이 동시에 태어남에 따라, 상술한 바와 같이 조건문이 하나의 대상만을 지정한 사실과 쌍둥이가 태어난 결과가 충돌하여 무효일 뿐이다.

ㄷ. (O) "A가 아들 또는 딸이 출생하는 경우에 대하여 유언을 한 것이지 아들과 딸이 동시에 출생하는 경우에 대하여 한 것은 아니었다."라는 문장은 '상속인으로 제외되지 않은 직계비속이 있을 경우 가장의 유언은 무효이다.'를 판단할 수 있는 문장으로, 옳은 평가이다.

선생님 Tip

본문의 상속법은 배우자를 직계비속 또는 존속과 동순위로 두고 있지 않다는 점에서 현행법과 차이를 보이고 있다. 유사한 내용을 다루더라도, 본문을 꼼꼼히 살필 필요가 있다.

03
정답 ②

ㄱ. (X) X국 규정 제3조에 의하면, 성년에 이른 자녀 또는 자녀가 사망한 경우 성년에 이른 그의 직계 후손만을 제1조 2항의 신상정보서의 사항을 열람할 수 있는 주체로 규정하고 있으므로, 그 자녀의 부(父)인 乙은 신상정보서의 열람을 청구하여 열람할 수 없다.

ㄴ. (X) X국 규정 제4조에 의하면, 신청자가 신상정보서 작성 시 자신의 사망 이후 이를 공개하는 것에 대해 명시적으로 반대하지 않은 경우에만 신청자 사망 이후 신상정보서를 언제든지 열람할 수 있게 된다. ㄴ에서 명시적으로 반대가 있었는지 여부가 확인되지 않으므로, 국가심의회가 바로 해당 정보를 열람할 수 있게 허용할 수는 없다.

ㄷ. (O) 자녀 丙이 사망한 이후 성년에 이른 그의 직계 후손 丁이 제1조 제2항 (1)에 따라 정보의 열람을 청구하였다. 丁이 열람 청구한 정보는 신청자의 동의가 필요한 제1조 제2항 (2)의 정보가 아니므로, 국가심의회는 甲의 명시적인 반대 의사에도 불구하고 해당 정보를 열람하게 할 수 있다.

04
정답 ②

법은 규칙의 체계이며 그 기저에는 승인규칙이라는 것이 작용한다. 승인규칙은 사회적 규칙으로 두 가지 특징이 존재한다. 하나는 내적 관점으로 해당 법이 적용되는 공동체의 구성원 다수가 그것을 행동의 기준이나 이유로 받아들이고 이를 어길 경우 비판적인 행동을 취하는 것을 말한다. 다른 하나는 승인규칙은 궁극적인 규칙이기 때문에 효력에 대한 의문을 제기할 수 없다.

ㄱ. (X) 직관적으로 '소수의 채식주의자'라는 부분에서 주어가 불일치함을 파악해야 한다. 사회 구성원 다수가 아니기 때문에 내적 관점을 취한다고 볼 수 없다.

ㄴ. (X) 내적 관점이란 본인이 소속된 공동체의 관점을 취하기 때문에 ㄴ에 나온 '법으로 음주를 금지하지 않는 나라'의 국민은 해당 국가의 내적 관점을 취하여 '법으로 음주를 금지하는 나라'에 대한 이야기를 하는 것일 뿐 해당 국가의 내적 관점을 취한다고 볼 수 없다.

ㄷ. (O) 승인규칙의 특징은 법체계 존재의 필수조건이며 법관의 공통 기준이 된다고 지문에 나와있다. 법을 제정하는 권한이 어디에 있는지는 승인규칙의 존재 유무가 아니라 그 내용이기 때문에 그 내용이 다를 수 있다는 것을 보여주는 ㄷ은 적합한 선지라고 볼 수 있다.

05
정답 ①

추상적 표현('음란한')이 법문에 제시된 경우, 그 의미를 해석하는 여러 기준을 평가하는 지문이다.
- A: 입법자의 의도를 기준으로 해석한다.
- B: 문제시되는 상황과 시점의 공동체 구성원 대다수가 표상하는 바를 기준으로 해석한다.
- C: 당대의 시대정신을 구현하는 표상으로 기준으로 해석한다.

ㄱ. (O) A는 입법자의 의도를 중시한다. 국회 속기록이나 입법 이유서는 입법자의 의도를 판단하기 위한 자료로 생각할 수 있다.

ㄴ. (O) B는 상황과 시점을 중요한 기준으로 삼는다. A는 상황과 시점을 기준으로 고려하는 경우 발생할 문제점을 비판하고 있다. 따라서 적절한 반박이다.

ㄷ. (X) 모든 인간이 이성을 갖고 있고, 시대정신이 이성에 의해 파악된 것이라면, 공동체의 의견이 곧 시대정신이 될 것이다. 이때 B와 C의 유의미한 차이는 없어진다.

ㄹ. (X) 법문의 의미가 내재적으로 고정되어 있다는 주장은, 시대정신에 따라 그 의미가 달라지는 C와 공동체의 다수 의견을 기준으로 해석하는 B와는 거리가 멀다.

06
정답 ②

	요건	보호 가능성
갑	저작물은 도덕성을 요건으로 하지 않는다.	있음
을	불법적인 결과물은 법의 보호를 받을 가치가 없다.	없음
병	ⓐ 사회적 해악성이 명확한 경우 ⓑ 그렇지 않은 경우	ⓐ 없음 ⓑ 있음

ㄱ. (X) 갑은 저작물로 인정함에 있어 가치중립적일 것을 요구한다. 이는 곧 음란한 표현물이더라도 창의성이 인정될 경우 저작물로 인정할 수 있음을 의미한다.

ㄴ. (O) 을은 불법행위의 결과물은 법의 보호를 받을 수 없다고 주장한다. 선지의 경우에도 법적으로 금지된 행위의 결과물이므로 저작권법의 보호대상이 될 수 없다.

ㄷ. (X) 병은 '사회적 해악성'만을 기준으로 저작권이 인정될 수 있는 음란물을 분류하였다. 그 외의 평가 기준은 제시되어 있지 않다.

07
정답 ①

갑이 받을 수 있는 보상금에는 ⓐ 재해 보상금과 ⓑ 휴업 보상금이 있다.
ⓐ 재해 보상금
갑은 장애등급 6급 판정을 받았다. 따라서 제2조 1항 2호에 따라 사망 보상금의 1/2만큼 보상받는다.
사망 보상금은 사망한 해의 전년도를 기준으로 36배를 한다.
(사망 보상금: 240만 원×36=8,640만 원)
재해 보상금은 그 절반인 4,320만 원이다.
ⓑ 휴업 보상금
전년도의 도시 및 농가가계비 평균에 0.6을 곱하고, 이를 30으로 나누면 하루치의 휴업 보상금이다.

(1일 휴업 보상금: 100만 원×0.6÷30=2만 원)
갑은 60일간 생업에 종사하지 못했으므로, 2만 원×60=120만 원의 휴업 보상금을 받을 수 있다.
ⓒ 제외 금액
타법에 의해 수령한 400만 원은 보상금에서 제외한다.
따라서 4,320만 원+120만 원－400만 원=4,040만 원이다.

선생님 Tip
기준 연도를 착각하지 않도록 주의한다.

08
정답 ②

ㄱ. (X) 영업정지 2개월
갑의 영업정지 1개월 처분의 제재처분일인 2019. 6. 20.로부터 1년간은 양수인인 을에게 영향을 미친다. 즉, 2020. 6. 20.부터는 을에게 영향을 미치지 못한다. 따라서 을이 2020. 7. 25. 접대부 고용과 주류판매를 동시에 위반한 경우는 〈처분기준표 및 적용 방법〉의 다.에 따라 각각 1차위반에 해당한다. 서로 다른 둘 이상의 위반사항에 대해서는 〈처분기준표 및 적용 방법〉의 가.에 의해 가장 무거운 것 하나만을 택한다. 따라서 영업정지 2개월이 된다.

ㄴ. (O) (영업정지 10일+영업정지 20일)1.5=영업정지 45일
병의 2020. 5. 15. 호객행위와 2020. 5. 30. 호객행위는 각각 2차, 3차위반에 해당한다. 또한 3차위반이 2차위반의 제재처분 전에 적발되었으므로 〈처분기준표 및 적용 방법〉의 나.를 적용하여야 한다.

ㄷ. (X) 영업정지 1개월
무는 정의 위반 사실을 모른 채로 양수하였다. 따라서 [규정] 제2조의 단서에 의해 기존 위반행위의 차수는 초기화된다. 즉, 무의 주류판매 위반행위는 1차 행위로 영업정지 1개월의 처분을 받는다.

09
정답 ④

제시된 형벌 규정을 우선적으로 검토하고, 불분명한 요소를 주어진 처벌 사례를 통해 구체화한다.
- 〈형벌 규정〉 분석
  1. 처벌(장형, 도형)의 경중을 나누는 등급이 있다.
  2. 양민-양민의 구타 시 장형 60대, 물건의 상해 시 장형 80대, … 양민-양민이라는 변수를 통해 신분이 가감의 변수가 될 것임을 미리 파악한다.
  3. 처벌의 경감요소를 제시한다.
  4. 신분에 따라 처벌을 가감한다.
- 〈처벌 사례〉 1 분석

구분	가해자	피해자		가해 내용	치아 1개	가감
이름	을	병		기본 규정	도형 1년	2등급 가중
신분	노비	양민		처벌 결과	도형 2년	

구분	가해자	피해자		가해 내용	치아 2개	가감
이름	정	갑		기본 규정	도형 1년 반	1등급 가중
신분	부곡	양민		처벌 결과	도형 2년	

가해자의 신분이 피해자의 신분보다 낮다면, 그 단계 차이만큼 처벌이 가중된다.

PART 1 추리논증 일반 225

- 〈처벌 사례〉 2 분석

구분	가해자	피해자	가해 내용	벽돌 상해	가감
이름	을	무	기본 규정	장형 80대	3등급 가중
신분	노비	양민*	처벌 결과	도형 1년	

* 주인의 친족

노비가 양민을 가해했을 경우로 2등급 가중되었고, 네 번째 조건에 따라 '주인의 친족'이 포함된 경우로 1등급 가중되었다.

구분	가해자	피해자	가해 내용	늑골 골절	가감
이름	무	을	기본 규정	도형 2년	3등급 감경
신분	양민*	노비	처벌 결과	장형 100대	

* 주인의 친족

양민이 노비를 가해했을 경우로 2등급 감경되었고, 네 번째 조건에 따라 '주인의 친족'이 포함된 경우로 1등급 감경되었다.

- 문제 해설

구분	가해자	피해자	가해 내용	손가락 3개	가감
이름	흉	숙부	기본 규정	도형 1년 반	ⓐ
신분	노비	양민*	처벌 결과	ⓑ	

* 주인의 친족

ⓐ 신분 차이(2등급 가중)+주인의 친족(1등급 가중)+여럿이 구타(1등급 감경)+자수(2등급 감경)+공범 한 명 인계(1등급 감경)
=1등급 감경
ⓑ 도형 1년

01	02	03	04	05
⑤	④	①	②	②
06	07	08	09	10
④	④	①	⑤	④

01

정답 ⑤

① (O) B_1은 바이러스와 유전자를 유비하여 A_1을 "말장난"이라 비판하고 있다.

② (O) A_2는 "내가 의도한 바는, ~라는 것이다."를 통해 '이기적'의 개념을 재정의하고 있다.

③ (O) B_2는 원본과 복제본을 구분하여서 원본이 '이기적'이라 하더라도 복제본에 이것이 귀속될 수 없다는 것을 통해 A_1을 비판한다.

④ (O) 물리적 조각의 수준과 '모든 복제'의 수준 차이를 통해 '이기적'임의 성질을 보강하고 있다. 특히, B_2는 개별 유기체에 귀속되는 '이기심'을 언급하였으므로 이를 유전자로 전환하는 것은 충분한 반박이 된다.

⑤ (X) B_3은 유전자가 유기체의 꼭두각시임을 주장하는 것이 아니다. A_3의 논증대로라면 생존이라는 개념에 모순이 생김을 지적하여 A_3을 부정할 뿐이다.

선생님 Tip

'A가 B의 꼭두각시이다'의 부정은 'A가 B의 꼭두각시가 아니다'이지, 'B가 A의 꼭두각시이다'가 아니다.

02

정답 ④

진열장과 진열장을 이루는 부품의 성질이 다르다는 이유로 별개의 사물이라 주장하는 을에 대해, 갑은 해당 구별은 관념적일 뿐이고 조합된 부품과 진열장은 동일하다고 반박하고 있다.

ㄱ. (O) 두 번째 을의 발화에서 알 수 있다. 을은 진열장과 부품들이 세련된 조형미의 유무 차원에서 차이가 있고, 진열장을 분해하면 진열장은 존재하지 않지만 부품들은 여전히 존재한다는 점을 논거로 둘이 별개의 사물임을 역설하고 있다. 이는 '서로 다른 성질을 지녔다면 서로 다른 사물'이라는 가정하에 나온 주장이다.

ㄴ. (X) 부품이 진열장으로 조립 및 가공되면서 창출되는 가치가 갑이 이미 지불한 100만 원에 이미 포함되어 있다면 부품 가격으로 추가 100만 원을 더 지불해야 한다는 을의 주장은 강화되지 않는다.

ㄷ. (O) 을의 비합리적 견해가 갖는 불합리한 결과를 지적한 선지로, 진열장을 부품으로 분해한 것처럼, 부품을 더 작은 단위로 분해하는 과정을 반복하다 보면 무한대의 금액을 지불하는 경우도 가정할 수 있다. 이는 직관적으로 불합리하다.

03

변호사는 김갑수와 박을수가 다른 인물이라고 주장해야 한다. 그리고 그 이유로는 핵심적인 요소의 변경은 원본의 완전한 변경과 같다는 것을 들어야 한다.

① (O) 생수는 갈증을 해결하는 것이 목적이다. 하지만 독극물이 투여되면 그 핵심 목적을 상실하고 완전한 변경이 일어난다. 따라서 변호사가 반론으로 사용하기 적합하다.

② (X) 구겨진 지폐를 펴는 것은 지폐의 핵심 목적을 바꾸는 행위가 아니다. 따라서 변호사의 뜻에는 맞지 않는 사례이다.

③ (X) 이 사례에서는 원본 자체가 존재하지 않는다. 철수라는 이름은 고민 속에만 있었을 뿐 실제로 한 번도 활용되지 못했다. 따라서 김갑수와 박을수 사례를 뒷받침하기 어렵다.

④ (X) 아이가 이름을 쓴 행위가 예술적으로 작품의 핵심 가치를 바꾸었다고 보기는 어렵다.

⑤ (X) 관절 하나를 바꾸는 것이 사람의 본질을 바꾼다고 보기는 어렵다.

04

〈원칙〉에서 핵심 내용은 '책임을 물을 수 있는 대상 사이에 역사적 연속성이 있다면 그 두 대상은 같은 것으로 보아야 한다'는 것이다. 위에서부터 원칙1~4라 하자. 박을수와 김갑수는 원칙1을 충족한다.

① (O) 선지와 원칙3에 따르면 박을수와 김갑수는 역사적 연속성이 있다. 따라서 원칙4에 의해 박을수와 김갑수는 동일인물이 된다.

② (X) 김갑수와 박을수는 모두 책임을 물을 수 있는 사람이기에, 원칙4에 의해 역사적 연속성만 충족된다면 두 인물은 같은 정체성을 가진다. 따라서 이리나 씨를 죽인 사람은 박을수이자 김갑수이다.

③ (O) 만약 시공간에 따라 지속되지 않는 정체성을 가졌다면 원칙2에 따라 책임을 물을 수 없다. 따라서 김갑수에게 어떤 책임도 물을 수 없다.

④ (O) 변호사가 무죄를 입증하기 위해서는 김갑수와 박을수 사이의 역사적 연속성을 부정하여야 한다. 외견적 변화가 역사적 연속성을 부정하지 못한다면, 김갑수와 박을수 사이의 역사적 연속성 또한 부정되지 않는다. 따라서 변호사는 무죄를 입증할 수 없다.

⑤ (O) 김갑수와 박을수의 생체 정보는 다르다. 선지처럼 생체 정보의 지속이 정체성 지속의 요건이라면 김갑수와 박을수는 다른 인물이 되고, 책임을 묻기 어렵다.

05

ㄱ. (X) 인식적 객관성을 확보한 상태에서 어떤 주장에 대해 동일한 판단을 내릴 수는 있다. 그러나 동일한 판단을 내린 것만으로는 그 과정이 인식적 객관성을 확보하였는지 알 수 없다.

ㄴ. (O) A의 입장에서 B의 주장은 주관적 요소(작품이 전제로 하는 관점)를 취하고 있다. 따라서 A에게 있어서 B의 비평가가 내리는 판단은 합리성이 굴절된, 인식적 객관성을 갖지 않는 판단이다.

ㄷ. (X) 동일한 판단을 내린 경우라고 하더라도, 작품이 전제로 하는 관점을 취하였는지는 알 수 없다. B는 작품이 전제로 하는 관점을 취하여야 한다고 주장하고 있을 뿐이다.

06

① (O) 모든 지식이 추론적 지식이라면(ⓒ) 어떤 지식(G_1)과 이를 정당화하는 다른 지식이 존재할 때(ⓓ) 이는 모두 추론적 지식일 것이다. 따라서 이 중 하나인 G_2도 추론적 지식이다(ⓔ).

② (O) ⓖ는 ⓒ~ⓕ의 과정을 따를 경우 G_1, G_2, G_3, ⋯, G_k와 같이 무한히 반복되는 것을 상정한다. 이 결과 지식의 정당화 과정이 무한히 계속될 수 있다.

③ (O) 무한히 계속되는 정당화 과정(ⓖ)에서 항상 새로운 정당화 과정이 이루어질 것이 요구되지는 않는다. 과정이 무한함을 가지는 방식은 여러 가지일 수 있다. 순환적 구조의 정당화 과정이 존재한다면, ⓖ를 충족하면서도 무한히 많은 추론적 지식이 필요한 것은 아니다.

④ (X) '무한히 반복된다'와 '무한히 이어질 수 없다'는 충돌한다. 따라서 ⓗ가 참이라면 ⓖ는 기각된다. 가정에 근거한 연역적 추론의 결론이 거짓이라면, 가정(ⓒ) 또한 거짓이다. 그러나 가정 이전의 전제(ⓐ)까지 부정된다고 볼 수는 없다.

⑤ (O) 논증에 따르면, 추론적 지식의 정당화 과정이 유한하므로(ⓗ), 추론적 지식을 정당화하기 위해서는 반드시 비추론적 지식이 필요하며(ⓘ), 또 존재한다(ⓘ). 따라서 비추론적 지식이 존재하지 않는다면, 추론적 지식의 정당화가 불가능하고, 이는 추론적 지식이 존재하지 않는다는 의미이다.

07

A1	마음과 뇌는 동일하지 않다.
B1	마음과 뇌의 작용엔 체계적 상관관계가 있다. 마음과 뇌가 동일하다면 이 관계가 잘 설명된다.
A2	잘 설명된다고 가설이 무조건 옳다고 할 수 없다. ex. 천동설
B2	천동설 예시는 설명하지 못하는 것이 많아 부적절한 예시이다.
A3	통증은 잘 알 수 있지만(마음) 그 과정에서 뇌가 어떤 상태인지는 알지는 못한다. 따라서 마음과 뇌는 다르다.
B3	아는 것과 모르는 것이 같을 수 있다. ex. 물과 H_2O

ㄱ. (X) A2는 B1에 대해, 상관관계를 잘 설명하더라도 틀린 가설일 수 있음을 지적하고 있다.

ㄴ. (O) B2가 천동설을 거부한 이유는 '화성 역행 운동 외에 설명하지 못하는 것이 많기 때문'이다.

ㄷ. (O) B3은 'X(물)에 대해 잘 알면서 Y(H_2O)를 모르더라도 X(물)와 Y(H_2O)가 동일한 것일 수 있다'는 점을 지적하여 A3을 비판하고 있다.

08

가설 A	불쌍한 사람에 대한 공감 ∝ 이타적 욕구 ∝ 도울 가능성
가설 B	불쌍한 사람에 대한 공감 ∝ (돕지 않으면) 비난받을 우려 ∝ 도울 가능성

ㄱ. (O) 해당 선지는 비난받을 가능성에 대한 것이다. 가설 A의 변인이 아니므로 무관하다.

ㄴ. (X) 비난받을 가능성의 유무와 관계없이 도울 가능성에 차이가 발생하지 않는다면, 가설 B의 매개 변인을 부정한 것이다. 따라서 가설 B는 약화된다.

ㄷ. (X) 비난 가능성이 없다면, 도울 가능성에 변화가 없다는 것은 가설 B의 주장과 일치한다. 가설 B는 비난받을 우려를 조절변인으로 제시하고 있다.

09

ㄱ. (O) A는 악한 것들의 정도를 서로 비교할 수 있으므로, 결여가 아닌 존재라 평가한다. 반면 B는 악이 선의 결여라고 주장한다.

ㄴ. (O) 마지막 문장에서 알 수 있듯 A는 악에 정도의 차이가 있다는 것을 인정한다. B 또한 "따라서 선을 더 많이 결여한 것은, 마치 선에서 더 멀리 떨어져 있는 것처럼 '더 악하다'라고 말할 수 있다."라며 정도의 차이를 인정한다.

ㄷ. (O) A는 악을 선의 결여가 아닌 별도의 존재로 보고 있다. 따라서 선 없이 존재하는 악은 불가능하다는 관점은 A의 입장과는 거리가 멀다. 반면 B는 악을 선의 결여로 제시한다. 즉, 악은 선이 없이는 존재할 수 없다. 따라서 선지의 관점은 B가 더 잘 지지한다.

10

위에서부터 갑1, 갑2, 을1, 을2 등으로 구분한다.

① (O) 갑1에 따르면 성판매자는 '인신에 대한 사용 권한을 매수자에게 준다는 점'에서 비난받게 된다. 유모가 인신에 대한 사용 권한을 매수자에게 준다고 해서 비난받지 않는다면, '인신에 대한 사용 권한을 매수자에게 주는 것'만으로는 비난받을 수 없다.

② (O) 선지에서 언급하는 개인의 권리가 '직업선택의 자유'라면, 적대적 환경으로 인해 성매매 직업을 선택할 수 없는 상황을 비판하는 주장은 을1의 주장과 궤를 같이한다.

③ (O) 갑2는 자발적인 선택에 기인하는 것이라고 해도 국가의 개입이 가능한 사례로 '마약복용'을 제시하고 있다. '마약복용'을 '노예노동'으로 바꾸더라도 설득력이 유지된다. 따라서 선지의 내용은 갑의 입장을 강화한다.

④ (X) '인지능력을 제대로 발휘하지 못하는 상태에서 마약복용 행위가 이루어지는지'는 성매매의 인정 여부와는 관련이 없다. '마약복용'을 사례로 제시한 이유는 ③과 같다.

⑤ (O) 미스 코리아 대회는 을3이 언급하는 여성의 고정된 성정체성을 재생산하는 다양한 제도와 관행 중 하나로 볼 수 있다. 갑3의 주장에 대한 을3의 반박을 보강하는 증거이므로 을의 입장을 강화한다.

3 | 응용철학

p.39

01	02	03	04	05
⑤	④	②	②	②
06	07	08	09	10
③	③	③	②	⑤

01

정답 ⑤

(1) 사실을 기술(記述)하는 기능
(2) 정보 전달의 기능
(3) 행위를 유발하는 기능

① (O) 대화 상황에서 ㉠과 같이 언급하였다면, 곡명과 작곡가를 언급하는 것으로 정보를 전달하려 하였을 가능성이 있다.

② (O) 행동을 유도하고 있으므로 (3)의 기능에 해당한다.

③ (O) 다른 하객들이 모여 있다는 정보 자체를 전달하고 있으므로 (2)의 기능을 하고 있다.

④ (O) ㉡은 직접적이고 명확한 표현이지만 ㉢은 간접적으로 정보의 전달 및 행위 유발을 시도한다. 직접적인 표현에 비해 간접적인 표현은 문장 의미와 화자 의미 사이의 거리가 멀다.

⑤ (X) ㉣의 경우 예나가 의도한 바는 문장의 내용 그대로이지만, 석하는 다른 의도로 받아들였다. 석하의 경우가 문장 의미와 화자 의미의 거리가 더욱 멀다.

02

정답 ④

ㄱ. (X) 갑에 따르면 "곱창은 맛있다."는 "곱창은 (x에게) 맛있다."라는 문장이다. 즉, 곱창을 맛있어 하는 사람의 이름 각각이 x에 들어가게 된다. 따라서 같은 명제를 표현하는 것이 아니다. 곱창을 맛없어 하는 사람들의 진술 또한 마찬가지이다.

ㄴ. (O) 갑에 따르면 영호의 진술은 "곱창은 영호에게 맛있다."가 된다. 영호는 곱창을 맛없어 하므로 이는 거짓이다. 반면 을에 따르면 영호의 진술, "곱창은 맛있다."는 영호 개인에게 귀속되는 것이 아닌 객관적, 개별적 명제이다. 이때 을에 따르면 참이 될 수도, 거짓이 될 수도 있다.

ㄷ. (O) 을은 "~그와는 다른 명제의 부정을 표현하는 것이므로, 이 둘은 진정한 논쟁을 하는 것이 아니다."라 주장하였다. 즉, 다른 명제에 대해서 논쟁하는 것은 진정한 논쟁이 아니라는 주장이다. 따라서 진정한 논쟁을 하기 위해서는 같은 명제에 대해서 논쟁하는 것이 필요하다.

228 합격을 꿈꾼다면, 해커스로스쿨 **lawschool.Hackers.com**

03

ㄱ. (X) 갑이 허구에서 명시적으로 제시된 명제나 암묵적으로 전제된 명제에 대해서 참, 거짓의 이진적 논리구조를 지녀야 한다고 생각함은 확인할 수 있다. 그러나 현실의 모든 명제가 특정 허구에서 참, 거짓 중 하나여야 한다고 생각하는지는 알 수 없다.

ㄴ. (X) 을은 허구 작품 내의 일관성이 중요하게 평가된다는 점을 근거로 갑의 의견에 반박하고 있다. 암묵적으로 특정 명제를 참으로 전제할 경우, 속편에서 모순, 불합리한 상황이 발생할 수 있기 때문이다. 따라서 을은 특정 허구에서 어떤 명제의 진리값이 바뀔 수 없다고 생각할 것이다.

ㄷ. (O) 을은 작품에 명시되지 않은 진술의 진리값이 참일 가능성을 부정하지 않는다. 오히려 현재 『주홍색 연구』에서 명시되지 않은 진술이라 하더라도 세계관을 공유하는 속편이나 개정판에서 그 진술이 참으로 명시된다면 참임이 증명될 수 있다고 주장한다.

04

정답 ②

본문은 '과학의 힘'을 단순히 주술적 효력으로 격하시키려는 주장에 대해 반박한다. 특히 과학이 사회에 근거한 특수한 성질의 것이 아닌 모든 대상에게 적용되는 보편적 성질의 것임을 강조한다. "또 과학적 발견을 성취해 낸 과학자가 지닌 고유한 품성은 설령 그것이 그 발견에 중요한 역할을 한 경우라 해도 그 성과물이 일단 그의 손을 떠나고 난 뒤에는 과학자들의 연구 활동에 아무런 영향도 미치지 않는다."는 이 글의 핵심을 보여준다.

① (X) 문체와 탐구정신들은 과학자가 지닌 고유한 품성에 해당하는 특성이다. 고유한 품성은 곧 특수성이다. 특수성을 과학적 성과에 포함한다면, 과학의 보편성을 강조하는 본문의 주장에 배치된다.

② (O) 본문에 따르면 과학의 산출 과정에 다양한 개인적, 사회적 특수성이 개입되더라도, 산출 이후에는 아무런 영향도 미치지 않는다. 본문은 과학의 산출 이후, 이것이 전세계에 확산되고, 수용된 것을 강조하고 있다.

③ (X) 본문의 논지는 '과학이 보편성을 지닌다'는 것이며, 이 근거로 과학의 보편적 수용 가능성을 제시하고 있다. 선지는 유럽의 정치체제나 사회사상이 과학보다 '먼저', '일부 세계'에 전파되어 수용된 경우를 가정하고 있지만, 보편성을 논함에 있어 시간적인 선후는 중요하지 않고, '일부 세계'에서 수용된 사례가 '전체 세계'에 수용됨을 함축하는 것은 아니다. 따라서 약화되지 않는다.

④ (X) 개인적인 특성이나 문화적인 환경 등의 요소를 전적으로 부정한 것이 아니다. 단지, 해당 요소가 과학의 산출 단계까지만 영향을 미친다는 것이다.

⑤ (X) 본문에서는 '같은 시기에 서로 독립적으로 동일한 과학적 발견에 도달하는' 상황만을 전제한다. 문화권에 대한 전제는 제시되지 않았으므로, 특정 문화권에 국한되어 과학의 발견이 나타나는 상황은 기존의 논증과는 상관성이 떨어진다. 또한, 산출 이전의 상황이 아닌 산출 이후의 수용과정을 중시하는 것을 고려하더라도, 산출 이전의 사회적 맥락은 중요하지 않다. 따라서 논증의 설득력이 커지는 것은 아니다.

05

정답 ②

ㄱ. (O)

	귀납의 신뢰성	대안 방법의 신뢰성
자연이 한결같은 경우	O (ⓐ)	? (ⓒ)

ⓐ와 ⓒ로 볼 때, 자연이 한결같은 경우 귀납의 신뢰성은 보장되지만 대안 방법의 신뢰성은 보장되지 않는다. 이는 곧 ⓓ와 같다.

ㄴ. (O)

	귀납의 신뢰성	대안 방법의 신뢰성
자연이 한결같은 경우	O (ⓐ)	? (ⓒ)
자연이 한결같지 않은 경우	X (ⓑ)	X (ⓕ)

귀납의 신뢰성이 부정되는 경우, 대안 방법의 신뢰성도 부정된다면 (ⓔ), ⓑ와 ⓕ를 연역적으로 이을 수 있다.

ⓑ 　　자연이 한결같지 않은 경우 → 귀납의 신뢰성 부정

ⓔ 　　귀납의 신뢰성 부정 → 대안 방법의 신뢰성 부정
　　　　─────────────────────────────
ⓕ 자연이 한결같지 않은 경우 → 대안 방법의 신뢰성 부정

ㄷ. (X) ⓔ와 ⓕ가 참이라 하더라도, 자연이 한결같지 않은 경우와 귀납의 신뢰성이 부정되는 경우를 논리적으로 추론할 수 없다.

선생님 Tip
(P → R)이고 (Q → R)이라 하더라도, (P → Q) 또는 (Q → P)를 추론할 수는 없다.

06

정답 ③

ㄱ. (O) 라이헨바흐의 논증에 따르면 ⓐ에서 알 수 있듯, 자연이 한결같은 경우 귀납의 신뢰성'만' 보장된다. 만약 선지와 같이 자연이 한결같은 경우 대안 방법들도 귀납만큼 신뢰할 만하다는 점이 밝혀진다면, ⓐ가 부정된다. 따라서 라이헨바흐의 논증은 약화된다.

ㄴ. (O) 라이헨바흐의 논증은 ⓑ에서 알 수 있듯, 자연이 한결같지 않을 경우 귀납과 다른 대안 방법들도 모두 신뢰할 수 없다는 점을 근거로 삼고 있다. 만약 선지의 진술과 같이 대안 방법들이 신뢰할 만하다는 점이 밝혀진다면, ⓑ가 부정된다. 따라서 라이헨바흐의 논증은 약화된다.

ㄷ. (X) ⓑ에서도 알 수 있듯, 라이헨바흐의 논증하에서도 충분히 가능한 진술이다.

07

정답 ③

① (O) 첫 번째 문단에서 ㉠은 '단순히 규칙대로 단어를 사용하는 것'이 아닌 '규칙에 대한 이해를 기반으로 사용하는 것'만이 의미를 이해한 단어 사용으로 규정한다. 선지의 인공지능이 규칙을 이해하는지, 그렇지 아니한지 알 수는 없지만, 인공지능이 등장하는 것만으로는 ㉠의 반례가 될 수 없다.

② (O) 두 번째 문단에서는 ㉡으로 '단어 사용 규칙의 이해'를 무한퇴행에 빗대어 설명하고 있다. 특정 단어의 의미를 이해하기 위해서는 무한히 더 많은 단어가 필요하며, 이는 불가능하다는 주장이다. 이는 의미 이해가 언어적으로 표현할 수 있는 형태에 한정되는 경우에만 성립한다. 선지는 의미 이해가 비언어적인 방식으로도 가능한 경우를 제시한다. 암묵적 전제가 부정되었으므로 ㉡은 약화된다.

PART 1 추리논증 일반 **229**

정답 및 해설 해커스 LEET 전진명 추리논증 기본

③ (X) '모든 단어의 의미를 이해하고 있다'는 것만으로는 어떤 능력에 의존하는지를 판단할 수 없다. ㉠의 주장과는 관련 없는 문장이다.

④ (O) ㉡은 단어의 사용 규칙을 이미 이해하고 있는 여러 단어들로 이루어진 명료한 진술로 표현하여야 한다고 주장한다. 일부 단어를 이해하지 못하더라도 진술의 의미를 이해할 수 있다는 가정이 성립한다면, ㉡의 주장은 부정된다.

⑤ (O) ㉠은 '단순히 규칙대로 사용하는 것'과 '규칙을 이해하고 사용하는 것'을 구분하고 있다. 이는 두 가지 모두 관찰될 수 있음을 전제한다. 따라서 전자가 관찰되었다 하더라도 ㉠은 약화되지 않는다.

08 정답 ③

필자는 죽음의 시점에 대해, '인지 기능'과 '신체 기능' 중 '인지 기능'이 결정적인 요소라고 가정한다. 덧붙여 인지 기능의 단순 정지는 꿈을 꾸지 않는 깊은 잠에 빠진 경우마저 죽음에 포섭하게 되는 문제가 발생하기 때문에 '영구히' 정지된 인지 기능을 죽음의 기준으로 삼는 수정된 견해를 취하고 있다. 이 수정된 견해에 적절한 반론을 찾는 문제이다.

ㄱ. (O) 수정된 견해에 따르면 철수는 새벽 2시부터 인지 기능이 영구히 정지된 것이므로 철수는 새벽 2시부터 죽어 있다고 말해야 한다. 그러나 새벽 2시부터 3시까지 꿈 없는 잠을 자고 있는 철수는 직관적으로 명백히 살아 있다. 이는 수정된 견해에 대한 적절한 반론이다.

ㄴ. (O) 죽었던 철수가 부활했다고 가정해봤을 때, 수정된 견해에 따르면 철수의 인지 기능은 '영구히' 정지한 것이 아니므로 철수는 죽은 적이 없다. 부활은 죽었던 사람이 깨어나는 것을 의미하는데, 수정된 견해에 따르면 부활이 성립할 수 없다. 즉 부활이 모순적인 개념이 된다는 해당 주장은 수정된 견해에 대한 적절한 반론이다.

ㄷ. (X) 주문에 걸려 인지 기능이 정지한 채로 있다가 영희에 의해 인지 기능을 회복한 철수의 인지 기능은 '영구히' 정지한 것이 아니므로, 수정된 견해에 의하면 철수는 죽어 있던 것이 아니다. ㄷ은 "철수는 주문에 걸려 있던 동안 죽은 것이다."라고 말하고 있는데 이는 수정된 견해를 잘못 이해한 것으로 적절한 반론이 아니다.

09 정답 ②

A는 '인간의 본질'에 대해 논하고 있으며, B는 그런 A의 논증이 가진 암묵적 전제의 문제점을 지적한다. A의 논증은 다음과 같은 구조를 따른다.

ⓐ 어떤 물질도 존재하지만, 나 자신이 영혼 상태로 존재하는 세계를 상상할 수 있다.

↓

ⓑ 나는 존재하지만 어떤 물질도 존재하지 않는 세계는 가능하다.

↓

ⓒ 나의 본질은 물질이 아니다.

↓

ⓓ 나의 본질은 영혼이다.

ⓐ와 ⓑ에서 A는 상상할 수 있는 세계는 가능하다는 것을 전제하고 있음을 알 수 있다. 또한 ⓒ와 ⓓ A는 인간의 본질이 영혼과 물질 중 하나임을 전제하고 있다. B는 어떤 명제가 참과 거짓이 이미 결정되어 있으나 그 진릿값을 알 수 없는 경우를 가정한다. 이때 명제가 참인 세계와 거짓인 세계를 모두 상상할 수 있으나, 둘 중 하나는 불가능함을 지적하고 있다.

① (X) A가 암묵적으로 전제하고 있는 것은 맞지만, B가 지적하는 대상은 아니다.

② (O) B는 상상할 수 있는 모든 세계가 실제로 가능한 것은 아님을 지적하고 있다.

③ (X) B는 상상할 수 없는 대상에 대해 언급하고 있지 않다.

④ (X) A에 대한 반박으로는 가능하지만 B의 주장과는 관련이 없다.

⑤ (X) 오히려 B가 암묵적으로 전제하고 있는 것이다.

10 정답 ⑤

ㄱ. (O) ㉠과 ㉡이 함께 ㉢을 지지한다는 말은, ㉠과 ㉡이 모두 참일 때 ㉢이 참이 되는지를 묻는 것이다. ㉡은 ㉠이 진리가 진정한 속성일 때에만 참이라고 하였다. 따라서 진리가 진정한 속성이라고 주장한 ㉢을 뒷받침한다.

ㄴ. (O) ㉣과 ㉤에 따르면 언어 사용을 통해 진리에 관한 모든 것을 알 수 있으므로, 진리는 진정한 속성이 아니다. 이는 ㉢에 배치된다.

ㄷ. (O) ㉠, ㉡, ㉣을 통해 ㉤이 반박된다. 이를 합치면 결론은 '언어 사용을 통해 진정한 속성인 진리의 모든 것을 알 수 없다'가 도출된다. 따라서 ㉤에 배치된다.

p.49

01	02	03		
⑤	⑤	①		

01

정답 ⑤

ㄱ. (O) ⊙에서 '인간 멸종의 가능성이 없다'고 가정하고 있고, 지문 밑에서 세 번째 줄을 보면 '인간이 멸종하는 상황은 없다고 가정했으므로 모순이 발생한다'고 말하고 있다. 이것이 지문처럼 진정한 모순이 되려면 '인간 멸종의 가능성이 없다'와 '인간이 멸종하는 상황은 없다'가 같은 말이어야 한다.

ㄴ. (O) 귀류법 문제에 자주 등장하는 선지이다. 귀류법은 가정을 통해 한 명제의 참, 거짓을 밝히는 방법이다. 이때 가정이 실제로 참인가의 여부는 전혀 중요하지 않다.

ㄷ. (O) 귀류법의 정의를 제시한 선지이다. 이 지문 전체가 귀류법의 예시이므로 이 선지는 참이다.

02

정답 ⑤

A	→	B		↛		E
C		→	D	→		

ㄱ. (O) (정의 1)에 따라 '인과적으로 의존한다'는 X가 일어나지 않았다면 Y도 일어나지 않아야 한다. 이를 ~X→~Y라 하자. 본문에 따르면 사례 또한 ~C→~D→~E의 인과적 의존과 그 연쇄가 있다. 따라서 C는 E의 원인이다.

ㄴ. (O) B가 일어나지 않음을 고려할 때, (정의 1)의 인과적 의존의 요건인 'X와 Y가 모두 실제로 일어났고'가 부정된다. 따라서 실제로 일어난 사건들인 A, C, D, E와는 인과적으로 관계가 없다.

ㄷ. (O) (정의 1)에서 '인과적으로 의존한다'의 요건으로 ~X→~Y를 제시한 바 있다. ⓒ과 같이 ~C→~E가 사실이 아니라면, E는 C에 인과적으로 의존하지 않는다. 이때 선지의 'C가 E의 원인이라면, E는 C에 인과적으로 의존한다'와 충돌한다. 'C가 E의 원인이라면, E는 C에 인과적으로 의존한다'의 대우는 'E는 C에 인과적으로 의존하지 않으면, C는 E의 원인이 아니다'가 된다. 따라서 C는 E의 원인이 아니다.

03

정답 ①

모집단에서 표본을 추출하는 방법에는 확률에 기반한 표본추출과 확률에 기반하지 않은 표본추출이 있다. 출구조사에서 투표구를 선정하는 방식에는 일정 부분 조사자의 의견이 개입하지만, 투표구 내에서는 확률적인 표본추출 방식을 이용하게 된다. A~C는 투표구 선정에 대한 기준 차이를 제시하고 있다.

ㄱ. (O) A는 '민심을 가장 잘 대변하는 투표구'를 대상으로 표본추출을 진행한다. 우리나라 대선 적중률 100%인 금산, 옥천의 사례와 같이 적중률이 높은 지역을 근거로 귀납적인 추론이 가능할 것이라는 가정이 깔려있다. 그러나 선지에서 제시하는 것과 같이 인구 사회적 특성에 심한 변화가 있었다면 투표구의 연속성이 사라져 귀납적 추론이 불가능할 것이다.

ㄴ. (X) B는 층화무작위표본추출에 해당한다. 정치적 성향이 동질적인 투표구들을 그룹으로 묶어 대상 투표구를 선정하는 것은 맞지만, 동일 선거구 내의 투표구들이 동질적인 것을 가정하는 것은 아니다.

ㄷ. (X) C는 전체 투표구를 대상으로 하여 표본을 수집하므로, 이전 선거에 기반한 귀납적 추론이 적용되지 않는다.

PART 2 규범

p.56

01	02	03	04	05
②	①	④	③	①
06	07	08	09	10
③	④	④	④	②
11	12	13	14	15
②	④	⑤	④	⑤
16	17	18		
④	⑤	④		

01
정답 ②

ㄱ. (X) 제1조의 단서에서 'X국 거주자가 발행일부터 2년 이내에 그 증권을 취득하는 것을 허용하지 않는 때에는' X국 감독당국에 신고하지 않아도 됨을 확인할 수 있다. 선지의 Y국 회사는 외국 회사이고, X국에 상장되어 있으므로 제2조에 따라 제1조를 준용한다. 선지의 회사는 제1조 단서의 요건을 충족하므로 신고의무가 없다. 이때 X국 거주자의 주식보유비율은 고려할 필요가 없다.

ㄴ. (X) 외국 회사는 제2조의 요건을 충족하는 경우에만 〈규정〉을 적용받는다. 선지의 회사는 외국 주식시장에 상장된 외국 회사로, X국에 상장되어 있지 않다. 따라서 이 회사와 X국과의 직접적 관련성은 'X국 거주자의 주식보유비율 15%'뿐이다. 제2조의 대상이 되기 위해서는 X국 주식시장에 상장되어 있거나, X국 거주자의 주식보유비율이 20% 이상이어야 하는데, 두 요건 모두 충족하지 않으므로 제2조의 적용 대상이 아니다. 따라서 선지의 회사는 신고의무가 없다.

ㄷ. (O) 선지의 회사는 X국 거주자의 주식보유비율이 20%이므로 제2조를 적용받는다. 이때 외국 통화로 발행하였으므로 제3조가 적용되는지가 문제된다. 제3조는 'X국 거주자가 발행일부터 1년 이내에 그 증권을 취득하는 것을 허용하지 않는 때' 신고의무를 면제한다. 선지의 사례는 6개월을 기한으로 하고 있으므로 제3조의 요건을 충족하지 못한다. 따라서 신고의무가 있다.

02
정답 ①

ㄱ. (O) 적법하다. 제2조 제1항과 제2항에 따르면 개인정보처리자는 수집 목적 범위에서 개인정보를 제3자에게 제공(공유)할 수 있다. 개인정보처리자인 P사는 숙박예약을 목적으로 개인정보를 수집하고 이를 수행하기 위해 제3자인 숙박시설 운영자 Q에게 제공하였으므로 적법하다. 또한 이 사실을 즉시 회원에게 알려 제2조 제2항 단서의 1주일 기한 또한 충족하였다.

ㄴ. (X) 위법하다. P사는 '숙박예약' 및 '이벤트 행사'를 목적으로 개인정보를 수집하였다. S사의 여행상품 홍보는 개인정보 수집 목적의 범위를 벗어난 것이다. 따라서 제2조 제3항에 따라 정보주체로부터 별도의 동의를 받아야 한다.

ㄷ. (O) 적법하다. 제2조 제4항에 따라 개인정보 처리업무를 위탁하는 경우에는 위탁사실을 정보주체에게 알리고, 이를 공개하여야 한다. 해당 조항에는 기한을 정하는 규정이 별도 존재하지 않는다. 선지에서 P사는 위탁계약 체결 후 이를 회원에게 알리고 공개하였으므로 적법하다.

ㄹ. (X) 위법하다. 제2조 제3항에 따라 개인정보처리자는 정보주체의 이익을 '부당하게 침해할 우려가 없는 경우'에 한하여 정보주체로부터 별도의 동의를 받아 이를 제3자에게 제공할 수 있다. 정보주체가 불법도박사이트 운영업체를 이용할 경우, 정보주체의 이익이 부당하게 침해될 가능성이 높다. 따라서 정보주체의 동의를 받더라도 제3자에게 제공할 수 없다.

03
정답 ④

위에서부터 갑1, 갑2, 갑3, 을1, 을2로 구분한다.

① (O) 갑3은 법률가들이 대부분의 경우 법적 정당화 관계의 추론을 통해 결론을 예측할 수 있다고 하였다. 동일한 사안에 대해 동일한 추론을 거쳐 나온 결론이 서로 다르다면 결론에 대한 예측이 불가능할 것이다. 한편 타당하고 일관된 추론이라면 동일한 투입에 동일한 산출이 나타나야 한다. 따라서 예측 가능성을 확보하기 위해서는 동일한 추론을 통해 얻은 결론 또한 동일하여야 한다.

② (O) 을2는 판결을 더욱 과학적으로 예측하기 위해 사회적·심리적 배경 사이의 인과관계를 법적 추론의 대상에 받아들일 것을 주장한다. 판결이 사회적·심리적 배경 사이의 인과관계에 영향을 받지 않을 것으로 여긴다면, 을이 이러한 주장을 할 이유가 없다.

③ (O) 정당화가 어렵지만 예측하기 쉬운 판결은 갑과 갑2를 부정하는 사례이다. 갑과 대립하는 을의 주장이 더욱 설득력을 가질 것이다.

④ (X) 을은 정당화 관계를 부정하는가를 물어보는 선지이다. 그러나 을1은 "더 중요한 목적은 결과에 대한 예측이다."라 하였다. 'A(보다) 더 중요한 B'라는 표현은 A 또한 중요함을 의미한다. 다시 말해 을1은 갑1을 전면 부정하는 것이 아니다. 정당화 관계의 중요성을 인정하면서도 예측 가능성이 더 중요함을 주장하고 있는 것이다. 따라서 을의 입장에서도 법적 정당화 여부를 고려할 필요가 있다.

⑤ (O) 갑2에서 올바른 판결을 중요히 여기고 있으며, 그 판결과 판단의 주체로서 법률가를 찾고 있으므로 갑이 전제하는 법적 추론의 주체는 판사에 가깝다. 반면, 을1이 '소송에서 어떤 주장을 펼칠지'를 포함하고 있는 것에서 알 수 있듯, 을이 전제하는 법적 추론의 주체는 변호사에 가깝다.

04   정답 ③

ㄱ. (O)

사례	양육휴직/근로시간 단축
만 6세 딸, 만 5세 아들 8세 이하 자녀(§1①) 2명	각 2년(§1②)

딸을 위해서만 양육휴직 8개월을 사용하였으므로, 남은 양육휴직은 16개월이다.

ㄴ. (X)

사례	양육휴직/근로시간 단축
만 2세 두 자녀(§1①)	각 2년(§1②)

양육휴직을 사용하지 않았으므로 제2조 제3항에 따라 그 기간을 근로시간 단축에 사용할 수 있다. 따라서 근로시간 단축을 할 수 있는 기간은 최대 4년이다.

ㄷ. (O)

사례	양육휴직/근로시간 단축
만 4세 아들(§1①) 1명	각 1년(§1②)

양육휴직을 6개월 사용하였으므로 남은 양육휴직 기간은 6개월이며, 이 기간을 전부 근로시간 단축에 사용한다면 최대 18개월 사용할 수 있다. 제3조 제2항에 따라 근로시간 단축 기간은 최소 3개월 단위로 나누어 쓸 수 있다. 18개월을 3개월로 나누면 6개 기간이 된다.

05   정답 ①

ㄱ. (O) 사이버물판매는 사이버물을 이용하고 계좌이체 등을 이용하는 방법으로 소비자의 청약을 받아 재화를 판매하는 것인데, 선지의 유명 식당은 오프라인에서 P의 직원에게 청약을 받아 재화를 판매할 뿐, 사이버물을 이용하지 않는다. 선지의 유명 식당의 음식 판매가 사이버물판매에 해당하지 않는 한 P 또한 사이버물판매중개자가 될 수 없다.

ㄴ. (X) 원룸과 오피스텔의 임대차는 계좌이체 등을 이용하여 소비자의 청약을 받아 재화를 판매하는 것이 아니어서 사이버물판매에 해당하지 않으므로, Q 또한 사이버물판매중개자에 해당할 수 없다.

ㄷ. (X) R은 테마파크와 관계없이 테마파크의 할인쿠폰이라는 재화를 독자적으로 판매하고 있으므로, 할인쿠폰에 대해 R 외에 별도의 판매자가 존재하지 않고, R이 판매자이다. R이 인터넷 쇼핑몰 웹페이지에 사이버물판매의 당사자가 아니라고 고지하여도 R이 상품에 관한 손해배상책임에서 면제될 수는 없다.

06   정답 ③

조건1. 혼인 성립의 기준은 성혼 요건을 모두 충족하고, 성혼을 불가능케 하는 모든 요건을 배제하여야 한다.

조건2. 같은 국적의 당사자들은 해당 국적을 기준으로 판단한다.

조건3. 서로 다른 국적의 당사자들은 X국에서 혼인할 수 있는지 여부로 판단한다.
  – 적령: 각 당사자의 국적국에서 정한 요건을 각각 충족
  – 중혼, 동성혼: 당사자들의 국적국 양국에서 정한 요건을 모두 충족

<사례>	갑	을	병
국적	X	Y	Z
나이	19	17	17
혼인 여부	미혼	기혼	미혼
성별	여성	남성	여성

ㄱ. (O) 혼인할 수 있다.
 • X국의 결혼 적령은 18세, Y국의 결혼 적령은 남성 기준 16세이므로 갑과 을은 적령 요건을 충족한다.
 • X국은 중혼을 인정하며, Y국 또한 남성에 한하여 중혼을 인정한다. 따라서 중혼 요건을 충족한다.
 • 갑과 을은 성별이 다르므로 동성혼은 문제되지 않는다.

ㄴ. (O) 혼인할 수 있다.
 • X국의 결혼 적령은 18세, Z국의 결혼 적령은 여성 기준 16세이므로 갑과 병은 적령 요건을 충족한다.
 • 갑과 병 모두 미혼이므로 중혼은 문제되지 않는다.
 • X국과 Z국 모두 동성혼을 인정한다. 따라서 갑과 병이 모두 여성인 것은 문제되지 않는다.

ㄷ. (X) 혼인할 수 없다.
 • 앞서 살펴본 바와 같이 적령 요건은 문제되지 않는다.
 • Z국은 쌍방 모두에게 중혼을 허용하지 않는다. 따라서 Y국이 중혼을 허용함에도 불구하고 을과 병은 혼인할 수 없다.
 • 을과 병은 성별이 다르므로 동성혼은 문제되지 않는다.

07   정답 ④

① (O) 누구나 유언을 통해 상속인을 지정할 수 있고, 혈연관계 내지 가족관계에 있지 않은 사람도 유언을 통해 상속인으로 지정할 수 있으며, 직계존비속을 포함한 친족을 상속인으로 지정하지 않는 유언도 유효하다. 따라서 해당 유언은 유효하고, 乙이 반윤리의 소를 제기하여 승소하지 않는 한 乙은 유언의 내용대로 상속에서 배제된다.

② (O) 누구나 유언을 통하여 상속인을 지정하고, 임의로 각 상속인의 상속분을 정할 수 있다.

③ (O) 반윤리의 소에서 판사는 유언의 반윤리성 여부를 심사함에 있어 그 상속 사안에서 상속 순위에 있는 친족들에게 존재하는 사정만을 판단의 근거로 삼을 수 있으므로, 친족이 아닌 丁에게 존재하는 사정을 반윤리성 판단의 근거로 삼을 수는 없다.

④ (X) 반윤리의 소는 상속에서 배제된 자만이 제기할 수 있다. 상속에서 배제되지 않았다면, 그 상속분의 규모와 관계없이 반윤리의 소를 제기할 수 없다.

⑤ (O) 반윤리의 소에서 승소 판결이 내려지면 기존의 유언은 그 효력을 잃고, 유언이 없는 것과 같은 상태가 된다. 상속인을 지정하는 유언이 없는 경우, 1순위 상속인인 乙이 상속재산을 취득하고, 선순위의 상속인이 상속받았으므로 후순위의 상속인인 丙은 상속받을 수 없다.

08   정답 ④

유형 A는 적법하게 내려진 허가를 사후적으로 취소하는 것이고, 유형 B는 원래 위법인 허가를 취소하는 것이다.

① (O) 허가 자체는 적법하게 이루어졌으나, 사후 시정명령을 이행하지 않아 취소된 것이다. 따라서 유형 A의 허가 취소에 해당한다.

② (O) 허위 자료를 근거로 허가를 받았다면, 이 허가는 처음부터 위법하게 내려진 허가이다. 따라서 유형 B에 해당한다.

③ (O) 처음 허가를 받은 때에는 적법한 허가였으므로 유형 A에 해당한다. 두 번째 문단 마지막 줄에 따르면 허가를 받은 자에게 책임이 없는 허가 취소의 경우 신뢰 보호를 요청할 수 있다.

④ (X) 동의서의 수가 부족하였으나 허가가 내려졌다면, 허가 요건이 충족되지 않은 것이다. 이는 위법한 허가이므로 유형 B에 해당한다. 마지막 문단 세 번째 줄에 따라, 유형 B의 취소는 법에 사유가 없더라도 적법하게 취소할 수 있다.

⑤ (O) 처음 허가를 받은 때에는 적법한 허가였으므로 유형 A에 해당한다. 유형 A의 취소를 위해서는 법에 해당 사유가 규정되어 있어야 한다.

09
정답 ④

강제 이행의 세 가지 방법이 나온다.

A방법	채무자가 어떤 행위를 하여야 하는데 하지 않는 경우, 채무자의 비용으로 채권자 또는 제3자에게 하도록 하는 방법
B방법	국가 기관이 직접 실력을 행사해서 목적물을 채무자에게서 빼앗아 채권자에게 주거나 채무자의 재산을 경매하는 방법
C방법	채무자만이 채무를 이행할 수 있음에도 하지 않을 경우, 심리적으로 압박하여 채무를 강제로 이행하도록 만드는 방법

주의할 점은 B방법은 '금전·물건 등을 주어야 하는 채무'에서만 인정된다는 것이며 C방법은 '최후의 수단'일 때만 인정된다는 것이다. 통신서비스는 금전·물건 등을 주어야 하는 채무가 아니므로 B방법은 애초에 제외된다. 시장 개방 전과 후의 주요한 차이는 'K국 내 통신회사가 오로지 X회사 하나뿐'인가의 여부이다. 그렇기에 X회사만이 유일한 통신회사였던 시장 개방 전에는 C방법을, X회사 외 다수의 다른 통신회사가 설립된 시장 개방 후에는 A방법을 통해 강제 이행을 해야 한다.

10
정답 ②

A국의 제2차 세계대전 패배에 따른 법적 청산 작업의 일환으로, 당시 나치 체제에 협력하였던 나치주의자들의 형사책임과 회사로부터의 해고 과정에서 나타난 사례를 다루고 있다. 이에 무죄로 밝혀진 갑의 판결 전 해고의 정당성에 대한 법원의 입장이 문제가 되고 있다.

① (X) "법원은 당시 해고가 무효는 아니라고 했다."에서 알 수 있듯이 법원은 당시 해고를 유효하다고 보고 있다. 따라서 해고 결정이 소급적으로 소멸한다는 것은 옳지 않다.

② (O) 법원은 '신뢰'가 근로 계약의 양 당사자에게 중요하기에 당시의 해고 통고가 정당하다는 입장이다. 따라서 해고의 정당성을 판단하는 시점은 최종 판결 이후가 아닌, 해고 통고 시를 기준으로 한다.

③ (X) 법원이 해고가 무효가 아니라고 본 이유는 '신뢰의 파괴'로서, 정당한 사유로 기능한다. '신뢰의 파괴'가 일어난 경우는 문제되지 않는다. 따라서 정당한 사유나 원인이 없는 경우라도 해고가 적법하다는 것은 옳지 않다.

④ (X) 갑이 무죄 판결을 받음으로 인해 노사 간의 신뢰 상실이 회복되었다. 이에 법원은 갑에게 회사가 갑을 재고용할 것을 요구할 수 있는 청구권을 인정하였다. 따라서 신규 고용 여부를 정당화하는 사유에서 또한 신뢰관계가 고려되고 있다.

⑤ (X) 해고의 유효 여부의 다툼에서 A국 법원은 혐의가 있다는 것만으로도 해고의 정당한 이유가 있다고 보았다. 따라서 범죄 혐의가 있다는 사실만 가지고도 근로 관계 지속을 위한 신뢰가 깨진다고 볼 수 있다.

11
정답 ②

• 〈사례〉 1: 13.5년
Y국에서 재판을 받으므로 Y국 규정을 기준으로 판단한다. 갑은 Y국 입장에서 외국인이다.

갑의 범죄 목록	영역	처벌 대상	형량
X국 내 강간 1회	Y국 영역 외	아님(Y, §1②)	–
X국 내 해상강도 1회	Y국 영역 외	맞음(Y, §2②)	9
Y국 내 해상강도 1회	Y국 영역 내	맞음(Y, §2②)	9

Y국 법령 제1조 제2항에 따라 Y국 영역 외에서 벌어진 강간에 대해서는 내국인에게만 법을 적용한다. 갑은 외국인이므로 해당 법에 따른 처벌 대상이 아니다.

Y국 법령 제2조 제2항은 해상강도에 대하여 Y국 영역 내외를 막론하고 처벌하며, 이때 내외국인 모두에게 적용한다. 따라서 갑은 해당 법에 따른 처벌대상이다. 이때 두 번의 범죄에 대하여 제4조 제1항과 제2항에 따라 가장 중한 형인 9년에 2분의 1을 가산한 13.5년을 선고한다.

• 〈사례〉 2: 10년
Y국에서 재판을 받으므로 Y국 규정을 기준으로 판단한다. 을은 Y국 입장에서 내국인이다.

을의 범죄 목록	영역	처벌 대상	형량
Y국 내 강간 2회	Y국 영역 내	맞음(Y, §1②)	각 6년
X국 내 강간 1회	Y국 영역 외	맞음(Y, §1②)	6년

Y국 법령 제1조 제2항에 따라 Y국 영역 외에서 벌어진 강간에 대해서는 내국인에게만 법을 적용한다. 그러나 을은 내국인이므로 해당 법에 따른 처벌 대상이다. 따라서 을은 총 세 번의 강간 범죄에 대하여 형을 선고받는다. 따라서 제4조 제1항과 제2항에 따라 가장 중한 형인 6년에 3분의 2를 가산한 10년을 선고한다.

• 〈사례〉 3: 14년
X국에서 재판을 받으므로 X국 규정을 기준으로 판단한다. X국 규정 제3조에 따라, X국과 Y국의 국적을 모두 가진 병은 X국 입장에서 외국인이다.

병의 범죄 목록	영역	처벌 대상	형량
Y국 내 해상강도 1회	X국 영역 외	아님(X, §2②)	–
X국 내 강간 2회	X국 영역 내	맞음(X, §1②)	각 7년

X국 규정 제2조 제2항에 따라 Y국에서 행한 해상강도에 대하여 외국인인 병은 처벌받지 않는다. 그러나 X국 규정 제1조 제2항에 따라 X국에서 행한 두 번의 강간 범죄에 대해서는 합산하여 처벌한다. 따라서 형량의 총 합계는 14년이 된다.

선생님 Tip
여러 건의 범죄에 대해 X는 모든 범죄의 형량을 단순 합산하고, Y는 가장 중한 범죄의 형량에 가중한다.

12
정답 ④

날짜	위반행위	벌점	소멸 벌점	처분벌점	처분
2017. 5. 1.	신호위반	15	-	15	-
2020. 7. 1.	정지선위반	18	15 (§2③)	18	-
2021. 3. 1.	갓길통행	25	-	43	운전면허 정지 43일
2021. 4. 1.	규정속도 45km/h 초과	40×2	43 (§1②)	40×2	정지처분 +80일 (§3②)

- 2017. 5. 1.의 신호위반행위는 제2조 제3항에 따라 30점 이하의 벌점으로 교통법규위반일로부터 1년이 지나 소멸하였다.
- 2020. 7. 1.의 정지선위반행위는 법규위반일로부터 1년이 지나기 전인 2021. 3. 1. 재차 갓길통행을 하여 처분벌점에 포함된다.
- 2021. 3. 1. 갑의 처분벌점은 43점이 되며, 제3조 제1항에 따라 운전면허정지처분이 집행된다. 이때 벌점 43점에 따라 운전면허정지 기간은 43일이 된다.
- 2021. 4. 1.의 규정속도 45km/h 초과행위는 운전면허정지 중에 범한 교통법규위반행위로 제3조 제2항에 따라 벌점을 2배로 배정한다. 따라서 추가되는 운전면허정지 기간은 80일이다. 제3조 제3항에 따라 새로 운전면허정지처분을 추가로 받는 경우 집행 중인 처분이 종료된 다음날부터 집행한다.

최종적으로 갑은 2021. 3. 1.부터 총 123일간 운전면허정지처분이 집행된다.
2021. 3. 1. → 4. 1. (+31) → 5. 1. (+30) → 6. 1. (+31) → 7. 1. (+30) → 7. 2. (+1)
123일은 약 4개월에 해당한다.

13
정답 ⑤

거래 번호	판매자	직업	대금	구매자	직업	구매시점 이후 경과한 기간
ⓐ	갑	화가	40만 원	을	미술상	
ⓑ	을	미술상	20만 원	병	친구	1개월
ⓒ	병	친구	2억 원	정	미술상	5년 1개월
ⓓ	정	미술상	3억 원	무	사업가	6년 1개월
ⓔ	무	사업가	무상	기		9년 1개월

① (O) 최초거래 ⓐ와 40만 원 미만의 거래 ⓑ, ⓔ는 제외(제2조)한다.

ⓒ는 제3조 (2) 거래가액의 2%에 따라 2억 원의 2%인 400만 원, ⓓ는 제3조 (3) 거래가액의 3%에 따라 900만 원을 청구할 수 있다. 따라서 총 1,300만 원을 청구할 수 있다.

② (O) ①에서 확인한 것과 같이 갑이 요구할 수 있는 금액은 1,300만 원이 상한이다.

③ (O) 제2조에 따르면 저작자는 매도인에게 ⑤을 청구할 수 있다. 병은 2억 원에 갑의 작품을 판매하였으므로, 매도인의 지위에 있다. 따라서 저작자인 갑은 병에게 ⑤을 청구할 수 있다.

④ (O) 제5조에 따르면 저작자인 갑은 제2조의 권리를 행사하기 위해 병과 정의 거래에 관여한 을에게 정보를 요구할 수 있다.

⑤ (X) 정이 관여한 거래는 ⓒ와 ⓓ이다. 두 경우 모두 현시점에서 3년이 지난 거래이므로 제4조의 적용 대상이 아니다. 따라서 갑은 정에게 해당 정보를 청구할 수 없다.

14
정답 ④

채무자	갑, 을	집, 자동차	
채권자	병	7천만 원(집에 대한 우선권)	
	정	5천만 원	
	무	5천만 원	

- 을은 조건부 상속인이므로 경매대금 이상의 빚을 갚을 필요는 없다. (제1조)
- 특정 자산에 대한 우선권이 있는 채권자는 그 빚을 먼저 변제받을 수 있다. (제3조 제1항)
- 우선권이 없는 채권자에 대해서는 자유롭게 빚을 변제할 수 있다. (제3조 제2항)

ㄱ. (X) 집에 대해서는 병이 우선권이 있는 채권자이므로, 병에게 7천만 원을 갚아야 한다. 이후 남은 금액에 대해서는 제3조 제2항에 따라 자유롭게 갚을 수 있다. 정과 무의 요구 순서와는 무관하다.

ㄴ. (O) 집과 자동차가 각각 5천만 원, 2천만 원에 경매된 경우, 병은 집의 경매대금인 5천만 원을 우선 변제받는다. 남은 2천만 원에 대해서는 을의 자유로운 의사에 의해 갑을 대상과 금액을 정할 수 있으므로 병에게 추가로 2천만 원을 갚을 수 있다.

ㄷ. (O) 집과 자동차가 동시에 각각 1억, 2천만 원으로 경매된 경우, 병에게 7천만 원을 변제하고 남은 5천만 원을 무에게 전부 갚으면 더 이상 남은 상속재산이 없다. 따라서 제4조에 따라 조건부 상속인은 더 이상 사망자의 빚을 갚을 책임이 없다.

15
정답 ⑤

시기	면적	용도	설치대수
초기	6,000m²	판매시설	40대
노후철거	6,000m²	판매시설	20대 (§2③ 완화)
용도변경	3,000m²	판매시설	10대
	3,000m²	위락시설	30대 (§3 완화해제)

용도변경 시점에 추가로 설치해야 하는 최소 주차대수는 20대이다.

16

ㄱ. (X) 마지막 문단에 따르면 X국 법원은 혈중알코올농도가 증가하는 1시간 30분 후에 최고 혈중알코올농도에 이르는 것으로 본다. 이때 20:00까지 술을 마시고 21:30에 혈중알코올농도를 측정한 경우, 21:00은 '상승기 시간'에 해당한다. 따라서 X국 법원은 21:30에 측정한 0.031%에 비해 21:00의 혈중알코올농도가 더 낮을 것으로 추정하여야 하며, 반드시 면허가 취소되는 것은 아니다.

ㄴ. (O) 20:00까지 술을 마신 경우 하강기가 시작되는 시점은 21:30이다. 혈중알코올농도는 23:30까지 2시간 감소하였다고 추정할 수 있다. 이를 공식에 대입하면 다음과 같다. 세 번째 문단 첫 번째 문장에 따라 b는 측정대상자에게 가장 유리한 0.008%를 대입한다.

r=0.012%   b=0.008%   t=2h
C=0.012+0.008×2=0.028%

추정 혈중알코올농도가 0.028%이므로 면허가 취소되지 않는다.

ㄷ. (O) 자가측정한 혈중알코올농도는 판단기준이 되지 않는다. 23:30에 측정한 혈중알코올농도를 근거로 하여 공식에 대입한다.

r=0.021%   b=0.008%   t=1h
C=0.021+0.008×1=0.029%

추정 혈중알코올농도가 0.029%이므로 면허가 취소되지 않는다.

선생님 Tip

ㄱ. '취소된다'는 취소가 반드시 이뤄져야 함을 의미한다. 예외적인 경우가 존재한다면 틀린 것으로 판단한다.

17

ㄱ. (X) 전원위원회는 대의원회 재적의원 4분의 1 이상이 요구할 때에만 개최할 수 있다.

ㄴ. (X) 전문위원회는 대의원회의 의장이 필요하다고 인정하는 경우에도 개최할 수 있다.

ㄷ. (O) 전문위원회는 재적위원 과반수의 출석과 출석위원 과반수의 찬성으로 의결하는데, A업종 종사 전문위원 전원과 B업종 종사 전문위원 전원이 출석하여 재적위원 75%가 출석하였고, A업종 종사 전문위원 전원이 찬성하여 출석위원(재적위원 75%)의 과반수(재적위원 40%)가 찬성하였으므로, 안건은 가결된다.

ㄹ. (O) 회원총회는 재적회원 과반수의 출석과 출석회원 과반수의 찬성으로 의결되는데, 재적회원 전원이 출석하여 투표하였으나, A업종에 종사하는 회원 전원과 D업종에 종사하는 회원 전원만 안건에 찬성하여 재적회원의 50%만 찬성한 것이 되므로, 과반이 아니어서 안건은 부결된다.

18

① (X) "둘째, ~"에 따르면, 상소는 '패소한 당사자'가 제기하는 것이다. 〈상황〉에 따르면 피고 乙은 패소한 당사자가 아니기 때문에 상소할 수 없다.

② (X) "둘째, ~"에 따르면, 상소하려는 자는 판결문을 송달받은 날부터 2주 이내에 상소를 제기해야 한다. 甲은 11월 10일에 송달받았다. 따라서 甲은 11월 24일 전에 상소를 제기하여야 한다. 11월 28일은 상소기간이 이미 만료된 이후의 시점이다. 또한 판결은 상소기간의 만료 시점에 확정되므로, 11월 28일에 판결이 확정되었다고 볼 수 없다.

③ (X) "둘째, ~"에 따르면, 상소기간 내 상소를 제기한 후 상소를 취하하면 상소기간 만료 시 판결이 확정된다. 취하한 때 판결이 확정되는 것이 아니다.

④ (O) "첫째, ~"에 따르면, 상소하지 않기로 합의하고 이를 법원에 제출하였다면, 판결이 확정되는 시점은 판결이 선고되는 시점이다. 〈상황〉에서 11월 1일에 판결이 이루어졌음을 알 수 있다. 따라서 11월 1일이 판결이 확정되는 날이다.

⑤ (X) "셋째, ~"에 따르면, 상소기간이 경과되기 전 패소한 당사자인 甲이 법원에 상소포기서를 제출하면, 제출 시인 11월 21일에 판결이 확정된다. 11월 1일은 원심 판결이 이루어진 날이다.

p.79

01	02	03	04	05
①	④	③	②	④
06	07	08	09	10
③	②	①	④	⑤
11	12	13	14	15
①	①	④	⑤	①

01
정답 ①

이 글은 '합리적 행위 능력의 유무만이 법률상 책임의 유무를 판단하는 기준이 된다'고 주장한다. 자유의지가 없더라도, 화자가 제시한 '합리적 행위 능력'의 기준인 '믿음에 입각하여 욕구를 달성하는 행동을 할 수 있다'면 인간에게 자유의지가 없는 경우에도, 법률상 책임은 조각되지 않는다는 것이다.

ㄱ. (O) 화자는 '합리적 행위 능력'을 '믿음에 입각하여 욕구를 달성하는 행동을 수행할 능력'으로 정의하였다. 신경과학이 행동과 믿음, 욕구가 서로 무관하다는 것을 증명한다면, 화자의 전제(정의)가 부정된 것이다. 따라서 약화된다.

ㄴ. (X) 화자는 '합리적 행위 능력'이 법률상 책임의 유무를 판단하는 기준이라고 주장하였을 뿐이다. 합리적 행위 능력이 생물학적 특성에 기인하더라도, 생물학적 특성으로 하여금 믿음과 욕구가 형성될 수 있다면 논지가 약화되는 것은 아니다.

ㄷ. (X) 범죄를 저지른 사람 중 상당수가 범죄 유발의 신경적 기제를 공통적으로 지니고 있다는 것이 밝혀지더라도 이는 자유의지의 유무를 판단할 수 있을 뿐, 합리적 행위능력의 부재 여부는 판단할 수 없다. 따라서 이 글의 논지와는 무관하다.

02
정답 ④

믿음에 근거한 행동을 하는 것이 비난가능성을 낮추는지가 문제된다. A는 이를 긍정하며 B는 부정하고 있다.

ㄱ. (X) A는 '믿음에 근거한 행위'는 비난하기 어렵다는 점을 지적한다. 따라서 믿음에 반대되는 행동을 한 갑이 비난받는 것을 긍정할 수 있다. 그러나 B는 '믿음' 또는 '지식'과 상관없이 절대적인 도덕 기준을 근거로 평가한다. 따라서 갑은 B에 따라 비난받지 않는다.

ㄴ. (O) 을은 믿음에 근거하여 행동하고 있다. 따라서 A는 을의 도덕적 무지가 도덕적 비난가능성을 낮춘다고 여길 것이다. 그러나 B는 도덕적 무지와 비난가능성 사이에 관계가 없다고 여길 것이다.

ㄷ. (O) 착각은 잘못된 믿음을 의미한다. 병은 믿음에 근거하여 행동하고 있다. 따라서 A는 병의 착각은 그에 대한 비난가능성을 낮춘다고 볼 것이다.

선생님 Tip
수험생 개인의 기준에서 행동의 호오, 도덕성 여부를 평가하지 않는다.

03
정답 ③

• A: 처벌의 의의는 범죄와 형벌의 균형이다. 형벌의 시점은 중요하지 않다.
• B: 범죄 행동을 실행하지 않을 가능성이 있다면, 실행 전에는 처벌할 수 없다.

ㄱ. (O) ㉠은 갑의 과속이 반드시 일어날 것을 지지하는 근거이다. 만약 갑의 과속이 반드시 일어날 것이라는 증거가 없다면 A가 언급한 '잘못이 행해진다는 것이 알려진 한'을 부정하는 것이다. A 주장의 전제가 부정되었으므로 결론이 따라 나올 수 없다.

ㄴ. (O) '행위자가 어떤 행위를 하느냐 마느냐를 결정할 능력이 있다'를 X, '그가 그 행위를 할지에 대해서 타인이 미리 아는 것'을 Y라 하면 선지는 'X이면 Y가 불가능하다'로 줄여 말할 수 있다. 이때 본문의 ㉠은 타인이 Y를 할 수 있다는 것을 전제한다. 따라서 ㉠이 참이라면 X가 부정된다. 다시 말해 행위자는 어떤 행위를 하느냐 마느냐를 결정할 능력이 없다. 이는 B의 전제를 부정한다. 따라서 양립할 수 없다.

ㄷ. (X) 테러리스트를 가둔 시점에서 더 이상 테러리스트는 범죄를 저지를 수 없다. 본문의 논쟁은 범죄가 반드시 일어난다는 것을 전제한다. A 또한 범죄가 반드시 일어나기 때문에 사전 처벌이 정당화된다고 주장한다. 따라서 테러리스트가 범죄를 저지를 수 없는 상황에서는 A에 따르더라도 사전 처벌을 할 수 없다.

04
정답 ②

ㄱ. (X) 甲은 장애아동도 자신의 잠재능력에 비례하는 성과를 낼 수 있게끔 지원해야 한다고 주장한다. 따라서 상급 학년으로 진급하는 것을 넘어 청각장애를 얻기 전의 성적을 회복할 수 있음이 확인된 이상 종전의 성적을 낼 수 있게끔 무상으로 공교육을 제공해야 한다고 볼 것이다. 반면 乙은 장애아동이 상급 학년으로 진급하는 학업 성취를 내는 데까지만 지원하여도 무관하다고 주장하므로, 상급 학년으로 진급하는 데 어려움이 없는 이상 추가로 교육을 제공할 필요는 없다고 볼 것이다.

ㄴ. (O) 장애아동들이 모두 상급 학년으로 진급하는 데 성공하였으므로, 乙은 추가로 교육을 제공할 필요가 없다고 볼 것이다.

ㄷ. (X) 甲은 자신의 잠재능력에 비례하는 성과를 낼 수 있게끔 지원하는 것을, 乙은 상급 학년으로 진급할 수 있는 정도의 성과를 낼 수 있게끔 지원하는 것을 주장하고 있다. 따라서 甲과 乙 모두 장애아동의 학업 성취 결과를 고려하고 있다. 이를 고려하지 않아도 된다는 주장은 甲과 乙 모두 받아들이지 않을 것이다.

05
정답 ④

ㄱ. (X) A는 범행에 가담한 정도와 관계없이, 乙, 丙, 丁 모두가 범행에 가담한 상황에서 乙만을 기소한 것을 두고 차별적 기소라고 보고 있다. 검사가 乙이 범행에 가담한 정도를 근거로 삼았다고 하더라도 A의 견해에는 영향이 없다. F는 검사가 부당한 의도를 가진 경우에만 권한 남용이라고 보아야 한다고 주장하는데, 검사가 乙의 범행 가담 정도를 근거로 삼았다는 사실은 검사의 기소에 타당한 근거를 마련해줌으로써 F의 '이 사안에서는 그런 의도를 찾을 수 없다'는 견해를 강화한다.

ㄴ. (O) B는 경미한 사건을 재판 대상에서 제외함으로써 법관이 중요한 사건의 재판에 전념할 수 있게 되어 사회 전체적으로 더 이득이 된다고 주장하는데, 외부 압력으로 중요한 사건도 재판 대상에서 제외되어 왔다는 사정은 사회 전체적으로 해가 되므로 B의 견해를 약화한다. C는 기소에 검사의 재량을 인정하면 외부의 압력 행사를 피할 수 없다고 주장하는데, 실제로 외부 압력이 가해져 기소에 영향을 미친 사정이 확인되므로 C의 견해가 강화된다.

ㄷ. (O) D는 기소되지 않은 자의 인권을, E는 기소된 자의 인권을 보호하고자 하므로 각 주장이 보호하고자 하는 구체적 대상이 다르다.

06 정답 ③

ㄱ. (O) 甲은 태아의 상태나 유전적 질환 등에 대한 임신 여성의 알 권리를 침해해서는 안 된다고 주장하므로, 무분별한 선택적 출산을 장려하는 것이 아닌, 진료 목적상 태아 상태의 고지가 필요한 경우 이를 고지할 수 있어야 한다고 볼 것이다.

ㄴ. (O) 乙은 낙태가 거의 불가능하게 되는 시기가 있음을 근거로 그 시기에는 태아의 유전적 소질을 알려 줘도 무방하다고 주장하고 있으므로, 실제로 임신 말기에 낙태 건수가 현저히 줄어든다는 통계는 乙의 견해를 강화한다.

ㄷ. (X) 丙은 인간의 존엄성을 중시하여, 이것이 경시되는 현상을 막기 위해 태아의 정보를 무조건적으로 알려서는 안 된다고 주장하므로, '태아의 생명을 호기심의 충족보다 중시하여야 한다'는 ㄷ의 주장은 丙의 견해를 지지한다.

07 정답 ②

지문을 통해 ㉠과 ㉡의 공통점과 차이점을 명확하게 파악하고, 각 상황의 차이와 연결지을 수 있어야 한다.

ㄱ. (X) (1)과 (3) 두 상황에서 행위자는 약속을 준수할 수 있는 능력을 가지고 있지 않다. 그러므로 甲이 ㉠을 채택하더라도, 두 상황 모두 도덕적으로 비난하지 않을 수 있다.

ㄴ. (X) ㉡은 예외를 인정하지 않는다. 다시 말해 행위자가 어떤 행위(약속을 준수하는 행위)를 할 수 있는 능력을 가지고 있다면, 이를 어길 시 예외 없이 도덕적으로 비난을 받아야 한다. 따라서 (2)의 상황에서 乙은 丁을 도덕적으로 비난할 수 있다.

ㄷ. (O) ㉠과 ㉡은 모두 행위를 할 수 있는 능력이 있어야 비난할 수 있다고 여긴다. 이러한 점에서 (3)의 丁은 행위 능력이 없으므로, 어느 의견을 채택하더라도 丁이 비난의 대상이 될 수는 없다.

08 정답 ①

ㄱ. (X) '병역 기피 목적'을 달성하는 경우, 사회에 부정적인 영향을 주므로 을1의 자신에게만 피해를 주는 행동으로 볼 수 없다. 따라서 을1의 주장과 무관하다.

ㄴ. (O) 갑2는 범죄의 가능성, 위험성이 높아지는 경우 형벌 부과의 정당성이 높아진다고 여긴다. 그러나 선지는 직접 위해를 가하는 경우에만 형벌 부과의 정당성이 인정된다고 가정한다. 이는 갑2의 주장과 반대된다.

ㄷ. (X) 인터넷 중독의 예방정책이 타당성을 인정받은 예시를 사용하고 있다. 이는 을2와 같은 주장이므로 약화하지 않는다.

09 정답 ④

	처벌	의도	인지 가능성
갑	불가	없음	언급 X
을	가능	없음	긍정
병	가능	있음	부정

ㄱ. (O) 갑과 을은 처벌 여부에 대해서 다른 의견이며, A의 의도에 대해서는 모두 '의도 없음'을 주장하고 있다.

ㄴ. (O) 을과 병은 모두 A를 처벌할 수 있다고 생각한다. 그러나 A가 손가락의 절단 가능성을 인지했는지에 대한 판단은 서로 다르다.

ㄷ. (O) 갑과 병 모두 상해의 의도를 처벌 요건으로 판단한다. 그러나 갑은 피해 규모가 의도와 일치해야 하지만, 병은 피해 규모가 의도보다 더 큰 경우에도 처벌할 수 있다. 병은 갑의 처벌 대상을 모두 포함하여 더 많은 경우를 처벌한다.

ㄹ. (X) 을은 의도와 무관하게 결과를 기준으로 처벌할 것을, 병은 결과와 무관하게 의도 기준으로 처벌할 것을 주장한다. 교집합은 존재할 수 있으나 주어진 조건에서는 어느 한쪽의 포함관계를 상정할 수 없다.

10 정답 ⑤

ㄱ. (O) 시위를 진압하는 것은 국민의 권리를 제한하는 행정이다. A에 따르면 국민의 권리를 제한하는 경우 법적 근거 없이는 행정부가 해당 정책을 자유롭게 시행할 수 없다.

ㄴ. (O) B에 따르면 행정부의 모든 행위는 법적 근거를 필요로 한다. 따라서 그 행위가 국민에게 이익이 되는 경우라도, 법에 그 내용이 없다면 해당 정책을 시행할 수 없다.

ㄷ. (O) C에 따르면 중요한 행정의 영역일 경우, 행정부의 행정에는 법적 근거가 필요하다.

11 정답 ①

갑과 을은 '일반인의 인식·예견 가능성'을 인과관계의 근거로 인정할 것인지에 대해 서로 판단을 달리한다.

ㄱ. (O) 땅콩에 대해 특이체질이 있는 A가 땅콩을 먹으면 상해를 입게 된다는 것은 X와 일반인 모두 인식할 수 있었으므로 갑은 인과관계를 인정할 것이다. 을 역시 객관적으로 존재하는 모든 사실에 기초해 보았을 때 A의 상해는 이례적이지 않으므로 인과관계를 인정할 것이다.

ㄴ. (X) 갑은 행위자가 몰랐더라도 일반인이 인식 또는 예견할 수 있었다면 인과관계를 인정한다. 졸음운전의 결과 사고가 발생할 수 있다는 것은 명백히 예측할 수 있다. 따라서 을과 마찬가지로 갑도 Y의 행위와 B의 사망 사이의 인과관계를 인정한다.

ㄷ. (X) 건장한 보행자가 저속의 자전거와 부딪힌 후 정상적으로 자리를 떴는데, 그 후 사망한다는 것은 행위자뿐만 아니라 일반인도 예견하기 어려운 일이다. 따라서 갑은 Z의 행위와 C의 사망 사이의 인과관계를 인정하지 않을 것이다.

12

ㄱ. (O) 동물과 로봇의 발생적 이력 차이가 쾌락 및 고통의 감각 능력을 평가하는 데 중요한 요소라면, 동물과 로봇은 유비를 할 수 없는 대상이다. 따라서 ⓒ은 약화된다. 그러나 ⓐ은 동물에게 도덕적 지위를 인정하는 내용이기에, 로봇과 동물의 유사성이 성립하지 않더라도 충분히 설득력을 유지할 수 있다.

ㄴ. (X) 동물과 로봇의 소재 차이가 극복할 수 없는 것이라면 ⓒ은 약화된다. 하지만 ⓐ은 동물의 도덕적 지위만을 말하고 있으므로, 동물과 로봇의 소재 차이와는 무관하다.

ㄷ. (X) ⓐ은 동물에게 도덕적 지위를 인정해야 하는 이유를 인간보다 우월한 종족이 있을 가능성을 제시하면서 설명하고 있다. 따라서 그러한 대상이 없다면 ⓐ은 약화된다. 하지만 ⓒ은 동물과 로봇의 유사성에 기반한 논증이므로 강화되지 않는다.

13

창당준비위원회를 법령으로 해산되는 일반 결사로 볼 것인지, 헌재 심판에 의해 해산되는 정당에 준하는 것으로 볼 것인지를 다룬 논쟁이다. A는 창당준비위원회를 일반 결사로 보아 법령에 의해 용이하게 해산이 가능하다고 본다. B는 창당준비위원회는 사실상 정당에 준하는 것으로 헌법상의 절차가 요구된다고 본다. C는 실질적 요건을 기준으로 이를 갖추지 못했다면 일반 결사로, 갖췄다면 정당에 준하는 것으로 볼 것을 주장한다.

① (O) 창당준비위원회가 등록기간 안에 등록신청을 하지 아니하면 '자동 소멸'된다는 주장이 옳다면, 헌법상의 정당 해산 절차를 따르지 않는 것이다. 이 주장이 옳다면, 창당준비위원회는 정당에 준하는 것으로 보기 어렵다. 따라서 일반 결사에 해당한다는 A의 설득력을 높인다.

② (O) 창당준비위원회를 집권 여당과 정부가 손쉽게 봉쇄할 위험성이 있다는 주장은, 창당준비위원회를 일반 결사로 보아 비교적 쉽게 해산할 수 있게 하는 A의 견해를 따랐을 때 발생할 수 있는 남용의 위험성을 지적하는 것이다. 따라서 A의 설득력을 낮춘다.

③ (O) 창당준비위원회가 향후 설립될 정당의 주요 당헌과 당규를 실질적으로 입안한다는 주장이 옳다면, 창당준비위원회가 정당이나 다름없는 조직임을 뒷받침하는 논거가 된다. 따라서 B의 설득력을 높인다.

④ (X) 정당등록이 통과의례의 형식에 불과하다는 사실은 C가 기준점으로 삼고 있는 '실질적 요건'이 중요함을 뒷받침하는 논거이다. 오히려 C의 설득력을 높인다.

⑤ (O) 정당설립의 실질적 요건을 강화할수록 창당준비위원회를 정당에 준하는 조직으로 인정할 가능성이 낮아질 것이다. 따라서 창당준비위원회를 일반 결사로 취급하는 A의 주장과 비슷한 결론을 내리게 될 것이다.

14

① (O) A의 견해 중에서 '위 조항은 국민에게 법적 권리를 부여하는 것이 아니'라는 부분은, '모든 국민'에게 '인간다운 생활을 할 권리'를 부여하는 원문의 내용과 반대된다. 문언에 반하는 해석을 하고 있다는 비판을 제기할 수 있다.

② (O) B는 '입법부가 그 권리의 내용을 법률로 구체화한 다음에라야 비로소 국민은 국가기관에 주장하여 실현할 수 있는 구체적인 법적 권리를 가진다'고 주장한다. 구체화되지 않은 법은 추상적 권리에 불과하므로 실현할 수단이 없다. 따라서 구체적인 내용이 법률로 정해져야 한다.

③ (O) C의 견해에 따르면 헌법 제34조는 법적 권리를 부여하지만 구체적인 내용에 대해서는 잠정적으로만 정하고 있어, 개별적이고 구체적인 사태가 발생하면 제반 상황을 고려하여 구체적인 내용을 확정하여야 한다. 이는 곧, 구체적인 내용이 상황에 따라 달라질 수 있음을 의미한다. 법률의 구체적인 내용이 유동적이라면, 해석의 일관성 또한 기대할 수 없다. 따라서 권리의 내용이 불안정한 상황이 발생할 수 있다.

④ (O) D에 의하면, '인간다운 삶'의 수준은 사회에서 요구하는 최소한의 물질적인 생존 조건에 따라 정해지므로, 사회마다 다른 수준에서 정해지는 것으로 추론할 수 있다.

⑤ (X) C의 견해에 따르면 개인은 헌법 제34조를 근거로 국가기관에 확정된 권리를 주장할 수 있다. 이때 국가의 다른 조치는 필요하지 않다.

15

ㄱ. (O) 두 번째 문단에서 무질서가 법을 대체하거나 국가가 자유를 상실할 기로에 선 상황이 아니면, 사형이 정당화될 수 없다고 하였다. 법의 지배가 구현되는 평화로운 상황에서는 사형이 정당화되지 않으므로 허용되지 않을 것이다.

ㄴ. (X) 지문에서는 형벌을 통해 범죄를 억제한다고 했지만, 범죄자의 습관 자체를 교정한다는 내용은 언급된 바 없다.

ㄷ. (X) 형벌이 진행되는 장면을 오래도록 보게 하는 것이 지문에서 언급한 해결책이다. 따라서 형벌의 공개 집행에 반대한다는 진술은 지문과 충돌한다.

I | 존재론

01	02	03	04	05
①	⑤	①	①	④
06	**07**	**08**	**09**	**10**
④	④	③	④	②
11	**12**			
③	①			

01
정답 ①

ㄱ. (O) 갑은 '현존하지 않는 욕구'는 당사자에게 무차별하다고 주장한다. ㉠은 돈에 대한 '현존하지 않는 욕구'가 당사자의 판단 기준이 될 수 있음을(유익할 수 있음을) 보여주는 사례이다. 따라서 ㉠이 합리적이라면 을의 주장이 강화되고, 갑의 주장은 약화될 것이다.

ㄴ. (X) 갑에게 있어 시신을 훼손하는 것은 당사자에게 해를 입히는 행위가 아니다. 죽은 사람에게는 욕구가 존재하지 않기 때문이다. 반면 을의 경우 고인의 욕구가 자손을 통해 전이·계승될 수 있다고 보았다. 따라서 을의 입장에서는 시신을 훼손하는 행위가 자손에게 정신적으로 해를 입힌다면 당사자에게도 해를 입히는 행위가 될 수 있다.

ㄷ. (X) 갑과 을이 공통으로 인정하는 견해이다. 다만 갑은 현존하지 않는 욕구 또는 주체가 현존하지 않는 경우를 부정할 따름이다.

선생님 Tip
ㄱ. 을은 갑의 의견에 반박하기 위한 사례를 제시하고 있다. 상세한 내용을 검토하지 않더라도 갑의 주장이 약화될 것이 자명하다.

02
정답 ⑤

ㄱ. (O) 甲은 신이 기적을 일으킬 수 있다고 명시적으로 밝힌다. 또한 乙은 아직 결정되지 않은 일에 대해서는 신이 무한한 능력을 가진다고 주장한다. 최소한 결정되지 않은 영역에서는 乙 또한 신이 기적을 일으킬 수 있다고 여길 것이다.

ㄴ. (O) 甲은 신이 완전하기 때문에 자신의 계획대로 역사를 진행시킨다고 주장한다. 하지만 乙은 우리의 기도를 통해 계획이 변경될 수 있다고 본다. 乙에게 있어서 신의 계획과 역사 진행은 달라질 수 있는 것이다.

ㄷ. (O) 乙은 신이 사전에 계획을 완벽히 한 뒤 역사를 진행하는 것이 사실이라면, 과거를 바꿀 이유가 없다고 여긴다. 즉, 과거를 바꿀 이유가 있다면 신의 계획이 불완전했기 때문이다.

03
정답 ①

지문형 문제에서는 주장과 근거를 분리하고, 근거의 핵심 키워드를 기억해두는 것이 좋다. 이 지문의 주장은 정신적 현상이 물리적 현상이라는 것이고, 근거의 키워드는 각각 '물리적 결과의 야기', '물리적 원인', '두 가지 원인 있을 수 없음'이다.

ㄱ. (O) 이 선지는 첫 번째 근거와 모순되는 선지이다. 논증의 출발점이 되는 근거를 반박했으므로, 더 이상 지문의 논증은 성공할 수 없다.

ㄴ. (X) 아무 원인 없이 일어나는 물리적 사건이 있다는 사실은 세 가지 근거 중 어느 것도 부정할 수 없다. 두 번째 논리는 다름이 아니라 '어떤 물리적 사건이 원인을 갖는다면'이라는 가정으로 시작하기에, 그 가정이 실제로 참이 아니라는 사실과는 상관이 없다.

ㄷ. (X) 정신적 현상이 물리적 현상을 야기하기만 하면, 이 논증은 성공할 수 있다. 여기에 추가적으로 정신적 현상이 야기되는 것은 아무 문제가 없다.

04
정답 ①

수정 이후 태아를 인간으로 보는 시점에 대한 논쟁이다.
- 갑: 출생은 인간의 조건이 아니다.
- 을: 의식과 감각이 인간의 조건이다.
- 병: 의식과 감각이 주어지는 시점을 판단할 수 없다.

ㄱ. (X) 만약 발달 정도가 태아가 인간인지의 여부와 무관하다면, 굳이 갑이 발달 정도를 근거로 '출생이 인간인지의 여부를 결정하는 요인이다'라는 진술을 반박할 이유가 없다.

ㄴ. (O) 을에 따르면 의식이나 감각이 있어야만 인간이 될 수 있다. 의식이나 감각을 갖지 않는 초기의 태아는 인간의 지위를 갖지 않는다.

ㄷ. (X) 병의 진술은 의식이나 감각의 존재 여부가 인간인지의 여부를 결정하는 진술을 부정하지는 않는다. 다만, 의식이나 감각의 존재 여부를 현재 기술로는 증명할 수 없다는 것을 주장하고 있는 것이기 때문에, 의식과 감각의 존재 여부가 인간인지의 여부와 관련성이 있는지는 해당 진술의 쟁점이 아닐 뿐이다.

05
정답 ④

시간적인 차이가 관점의 차이를 불러온다는 사실이 〈보기〉 속 사례에 나타나 있는지 찾는다.

ㄱ. (X) 이 선지에는 시간의 차이가 나타나 있지 않다.

ㄴ. (O) 시간이 많이 남았을 때에는 여행의 본질적 요소가 더 중요시되지만, 출발 시점이 다가오면 저차원적 수준이 중요시된다. 이는 시간의 차이에 따라 개인의 관점이 변하는 것을 예시하고 있다.

ㄷ. (O) 60일 후와 내일이라는 시간적 차이에 따라 우리의 관점 변화가 일어남을 보여주고 있다. 냉장고 구매에 있어서는 '더 저렴한 가격'이 본질적인 요소이다.

06

하일라스와 필로누스의 주장과 사례를 정리하여 그 차이점을 분석한다.

- 하일라스: '강렬한' 뜨거움이나 차가움 → 통증 → 불쾌감 → 사물의 성질이 아닌 개인의 지각(ⓐ)

  '강렬하지 않은' 뜨거움이나 차가움 → 통증이 아님 → 사물의 성질(ⓑ)

- 펠로누스: 하나의 대상에 대해서도 상대적인 감각 지각이 있을 수 있음 → 사물의 성질이 아님(ⓒ)

ㄱ. (O) ⓐ 앞의 문장은 강렬한 뜨거움이나 차가움이 '불쾌감'이라 판단한다. '불쾌감'이 사물에 있을 수 있다면 ⓐ의 결론이 따라나올 수 없다. 그러므로 '불쾌감'은 사물이 아닌 지각하는 주체에만 존재한다고 보아야 한다.

ㄴ. (X) 해당 전제를 부정해도, ⓑ의 타당성이 낮아지는 것은 아니다. ⓑ는 인간에 의해 지각되는 속성 중에 사물에 내재된 것이 있음을 주장할 뿐, 지각될 수 없는 속성에 대해서 언급하고 있지 않다.

ㄷ. (O) "그 물에서 자네의 한 손은~느끼는 것이네."에서 같은 물이 다른 느낌을 주는 것은 불합리하다는 결론을 내리면서, 가정 자체를 반박한다는 점을 확인할 수 있다.

선생님 Tip

'~라고 가정을 해보자'는 어구는 귀류법의 시그널이다. 화자의 결론은 가정의 부정이 될 것이다.

07

- (가) 분류학자들의 생물 종 분류 기준은 다음과 같다.

  ⓐ 다른 종의 형태와 분명히 확인될 수 있을 만한 차이를 보이는지 여부

  ⓑ 차이가 있다(ⓐ)면 새로운 종으로 이름을 부여할 만큼 그 차이가 충분히 중요한 것인지 여부 → 충분히 중요한 차이인지 여부는 두 종 사이를 연결해주는 중간 형태의 존재 유무에 따라 결정된다.

  분류학자들이 생각하는 독립적인 종은 다른 종과의 "그러한 방식의 연결고리"를 오직 과거에만 가지고 있어야 한다. 이를 통해, 변종은 "그러한 방식의 연결고리"가 과거뿐만 아니라 현재에도 존재한다는 점을 추론할 수 있다.

- (나) 분류학자들의 생물 종 분류 기준을 반박하는 근거는 다음과 같다.

  ⓐ 종이라는 용어(혹은 분류 방식)가 편의상 임의적으로 붙여진 것이라는 점

  ⓑ 변종과 종이라는 용어 사이에 본질적 차이는 없다.

  "그 차이의 정도가 좀 덜 분명한 것일 뿐"이라는 문장에서 차이나 종 사이의 경계라는 개념이 이분법적인 경계 개념이 아닌, 연속적인 개념이라 전제함을 알 수 있다.

① (X) (나)의 주장에 부합한다.

② (X) (가)의 주장에 부합한다.

③ (X) (나)의 주장에 부합한다.

④ (O) (나)의 주장에 부합한다. (가) 또한 '충분히 일정하게 유지될 수 있는' 차이를 언급하며, 불변하는 고유의 속성을 주장하지 않는다.

⑤ (X) 종 내의 개체들은 한 종으로 분류되어 있다는 점에서, 정의상 그 차이가 변종이나 다른 종들 사이에서 갖는 차이보다는 당연히 적어야 할 것이다.

08

- 갑: $t_4 \neq t_5$ – 복제만이 동일성에 영향을 미친다.
- 을: $t_1 \neq t_2$ – 인공지능 회로(두뇌)가 달라지는 경우에만 동일성에 영향을 미친다.
- 병: $t_2 \neq t_3$ – 정신이 달라지는 경우만이 동일성에 영향을 미친다.

ㄱ. (O) 예시의 신체는 거지, 정신은 왕자이다. 신체의 구성요소가 변하지 않은 이상 을의 관점에서는 신체를 기준으로 거지로 판단한다. 병은 정신을 기준으로 개체가 변화하는 것으로 본다. 대상이 왕자의 정신을 가지고 있으므로 병은 왕자라고 판단한다.

ㄴ. (X) 복제 행위가 없었으므로 갑은 같은 사람이라고 판단하고, 두뇌를 교체하였는지 여부에 따라 을의 입장은 달라질 수 있다. 인공지능(두뇌)의 상위 개념인 하드웨어(신체)로 확장하여 해석할 경우, 하드웨어에 변화를 준 것으로 을은 다른 사람이라 판단할 것이다.

ㄷ. (O) 원격 전송은 기존의 대상을 지우는 복제 행위다. 갑에 따르면 복제는 동일성에 영향을 준다. 따라서 갑은 두 존재를 다른 사람으로 판단한다. 반면, 병에 따르면 복제는 동일성에 영향을 주지 않으며, 정신이 복제되었다면 정신이 달라진 것도 아니므로 동일성에 영향을 주는 요인이 없다. 병은 두 존재를 같은 사람으로 판단한다.

09

지문의 논증 구조를 파악할 수 있는지 평가하는 유형의 문제다. 각 문장은 다음과 같이 정리할 수 있다.

- ⓐ: 영혼의 동일성을 확인할 길은 없다.
- ⓑ: 영혼은 물질적인 것이 아닌 신비로운 것이기 <u>때문이다</u>.

  "때문이다"는 선행 문장에 대한 이유 제시를 목적으로 사용된다. [ⓑ → ⓐ]

- ⓒ: 이것이 행위 책임 소재를 영혼의 동일성에서 찾을 수 없는 이유이다.

  "이것"이 지칭하는 것은 [ⓑ → ⓐ] 논증이다. [ⓑ → ⓐ → ⓒ]

ⓓ: 그런데 행위주체와 책임주체가 동일한 육체를 가지는 것은 경험적<u>으로 확인할 수 있다.</u>

  근거 제시 문장이며, "그런데"는 선행 문장의 한계 등을 논하는 대등한 문장이다. [ⓒ+ⓓ] or [ⓒ, ⓓ]

ⓔ: 그렇다면 주체의 동일성을 육체의 동일성에서 찾을 수 있는 것처럼 보인다.

  "그렇다면"은 선행 문장이 이 문장의 근거임을 나타낸다. [ⓓ → ⓔ]

ⓕ: 육체의 동일성이 유지된다고 하더라도 의식이 동일하지 않은 경우가 있는데, 의식이 다른데 책임을 지는 것은 부당하다.

ⓖ: 따라서 행위주체와 육체가 동일하다는 것이 책임을 져야 한다고 말할 수 없다.

  "따라서"는 선행 문장이 이 문장의 근거임을 나타낸다. [ⓕ → ⓖ]

ⓗ: 의식의 동일성이 없다면, 주체의 동일성이 없기 <u>때문이다</u>.

  "때문이다"에 의해 [ⓗ → ⓖ]

ⓘ: 의식의 동일성은 경험을 통해 확인할 수 없다.

ⓙ: <u>그러므로</u> 육체의 동일성이 아니라 의식의 동일성이 유지되어야 책임을 물을 수 있다.

  "그러므로"에 의해 [ⓘ → ⓙ]

모든 선지가 ⓙ를 최종 결론으로 하고 있다. 선지 ①~⑤에서 ①, ③은 ⓖ, ⓗ, ⓘ가 함께 ⓙ를 지지한다. 그러나 앞서 본 바와 같이 ⓗ는 ⓖ를 지지한다. 따라서 ①, ③은 기각한다. ②는 [ⓐ → ⓑ → ⓒ]로 제시하고 있는데, 이는 앞서 분석한 것과 상이하므로 기각한다. ④와 ⑤는 ⓓ와 ⓔ의 관계, ⓔ와 ⓖ의 관계 등에서 보이는데, ⓒ와 ⓓ는 대등한 논증 층위에 있어야 하므로 ⑤는 기각된다. 따라서 정답은 ④이다.

10   정답 ②

ㄱ. (X) ⓑ와 ⓒ를 받아들이면 '우리가 일상적으로 볼 수 없는 것'들은 구성요소들로 이루어진 결합물이 아니다. ⓐ를 더하면 '우리가 일상적으로 볼 수 없는 것들은 소멸하지 않는다'라는 결론이 나온다.

ⓒ 일상적으로 볼 수 없는 것들은 변화하지 않는다.
ⓑ 변화하지 않는 것들은 구성요소들로 이루어진 결합물이 아니다.
일상적으로 볼 수 없는 것들은 구성요소들로 이루어진 결합물이 아니다.

+

ⓐ 구성요소들로 이루어진 결합물일 경우에'만' 소멸 가능하다.
일상적으로 볼 수 없는 것들은 소멸하지 않는다.

ㄴ. (O) 수 3이 불변의 대상인 것이 사실이라 하더라도, 일상적으로 볼 수 없는 모든 것들이 변화한다는 증거가 되지 않는다. 수학적 대상은 일상적으로 볼 수 없는 여러 대상 중 한 가지 유형일 뿐이다.

ㄷ. (X) ⓓ와 ⓒ를 합칠 경우, 영혼이 '우리가 일상적으로 볼 수 없는 것들'에 대항한다. 이 결론을 ㄱ의 ⓐ까지 가면 영혼은 소멸 불가능하다는 결론이 나오게 된다.

11   정답 ③

(가-ㄴ) 빈칸 바로 앞 문장인 "세계라는 복합체는 자아의 한 부분이다. 그러나 신체라는 복합체는 세계라는 복합체의 한 부분이다."를 바탕으로 '신체는 세계의 일부이며 세계는 자아의 일부'임을 알 수 있다. 또한 첫 문단 네 번째 줄에서 "따라서 신체가 파괴되면 자아도 해소된다고 믿을 수밖에 없다."에 따라 신체가 파괴되면 자아가 파괴되고, 세계 또한 파괴됨을 알 수 있다. 따라서 빈칸에는 ㄴ이 적절하다.

(나-ㄱ) 빈칸 바로 뒤 문장인 "신체는 세계의 부분이므로 신체가 없어져도 세계는 없어지지 않는다."가 내포하는 암묵적 전제는 '부분이 없어져도 전체가 없어지지 않는다'이다. 이 명제가 빈칸의 결론과 모순되기 위해서는 '부분이 없어지면, 전체가 없어진다'가 되어야 한다. 따라서 빈칸에는 ㄱ이 적절하다.

(다-ㄷ) 빈칸 바로 뒤의 문장인 "자아의 신체가 파괴된다고 해서 세계도 사라질 이유는 없어"지게 되는 조건을 고려한다면, 자아의 신체와 세계 사이의 밀접한 관계를 부정하는 문장이 빈칸에 들어가야 한다. ㄷ과 같이 자아를 인정하지 않고 세계만을 인정하는 경우, 자아와 세계 사이의 부분과 전체로서의 관계도 해소될 것이다.

12   정답 ①

ㄱ. (X) 두 번째 문단에서 인간은 양태이며, 의존적 대상임을 알 수 있다. 양태는 실체일 수 없는 존재이다. 선지의 내용처럼 인간이 자기 외부에 자기 존재를 간섭하는 그 어떤 것도 두지 않는다면, 인간이 실체임을 의미하게 되는데 이는 지문의 내용과 배치된다.

ㄴ. (O) 스스로 존재하는 현상은 실체이며, 의존적으로 발생하는 현상은 양태이다. 하나의 존재가 실체이면서 동시에 양태일 수는 없다. 마지막 문단의 스피노자가 언급한 것과 같이 실체는 '자기원인'이므로 B가 실체이면서 동시에 A의 발생에 의존할 수는 없다.

ㄷ. (X) 첫 번째 문단에서 크기는 연장속성이며, 감정은 사유속성이라 하였다. 또한 실체의 본질이 연장속성과 사유속성이라 하였으므로, 선지의 사례는 실체에 대한 것이다. 따라서 양태적으로 구별되는 것이 아닌 실체적으로 구분되는 것이다.

Ⅱ | 인식론

p.116

01	02	03	04	05
④	④	⑤	①	④
06	**07**	**08**	**09**	**10**
③	②	③	③	③
11	**12**			
⑤	②			

01   정답 ④

JTB 조건에 대한 설명이다.

① (X) C는 페달을 밟은 결과를 행위가 아니라고 판단할 것이다. 갑은 '페달을 밟으면 차가 설 것'이라 믿으나, 선지에서는 페달을 밟아도 차가 서지 않았다. 믿음이 참인 것은 어떤 것이 행위가 되기 위한 필수요건 중 하나이므로 행위가 될 수 없다.

② (X) B는 '믿음의 유무'를 행위 여부의 판단 기준으로 보았다. 따라서 B는 을이 페달을 밟은 것을 행위로 본다. 그러나 C는 '지식에 근거하여 차를 세운 경우'만을 행위로 본다. 을이 믿음에 근거하여 행동했더라도, 이 믿음이 참이 아닌 경우에는 지식이 될 수 없으므로, C는 을이 페달을 밟은 것을 행위로 보지 않는다. 따라서 B와 C의 견해는 서로 다르다.

③ (X) A는 '믿음이 실제 세계에서 참인지 거짓인지'를 행위 여부의 판단 기준으로 본다. 병의 믿음은 '페달을 밟으면 차가 설 것'이고, 선지는 '페달을 밟아도 차가 서지 않은 것'을 가정하므로, 병의 믿음은 거짓이다. 따라서 A는 병이 페달을 밟은 것을 행위로 보지 않는다. 한편 B는 ②에서 제시한 바와 같이 믿음의 유무가 행위 여부의 판단 기준이다. 따라서 병은 믿음을 가지고 있으므로, B는 병이 페달을 밟은 행위를 행위로 본다. 따라서 A와 B의 견해는 서로 다르다.

④ (O) C는 믿음이 지식인 경우에만 행위로 여긴다. 또한 C는 믿음이 지식이기 위해서는 실제와 일치할 것을 요건으로 한다. A는 믿음이 실제와 일치할 때만을 행위로 여긴다. 따라서 C가 행위라고 여기는 것은 A도 행위로 여긴다.

⑤ (X) B는 믿음의 유무가 행위 여부의 판단 기준이지만, C는 믿음이 참인 경우에 한해서 행위로 인정하고 있다. 따라서 C가 행위라 여기는 경우 B도 행위로 여긴다. 그러나 C가 행위라 여기지 않는 모든 경우에 대해 B도 행위로 여기지 않는 것은 아니다. 가령 X가 Y라는 믿음을 가지고 행동하였지만 그 믿음이 참이 아닌 경우 C는 행위가 아닌 것으로, B는 행위로 판단한다.

선생님 Tip

A, B, C 각각의 주장과 갑, 을, 병의 사례를 구분하여 볼 필요가 있다.

02
정답 ④

소크라테스의 세 번째, 네 번째 발언에 의하면 '거짓된 판단을 하는 자'가 판단 대상을 알거나 알지 못하는 경우 모두 불가능하다. 따라서 마지막 발언과 마찬가지로 소크라테스에게 있어 '거짓된 판단을 하는 경우'는 존재하지 않는다. 또한 모르는 대상에 대해서 판단하는 것도 불가능하다.

ㄱ. (X) b를 모른다면 b에 대해 판단할 수 없다. 따라서 'a는 b이다'와 같이 b에 관련된 문장에 대해서도 판단할 수 없다.

ㄴ. (O) 소크라테스에 따르면 모르는 대상에 대해서는 참, 거짓을 판단할 수 없다.

ㄷ. (O) 소크라테스는 거짓된 판단이 불가능하다고 주장하였다. 따라서 거짓된 판단이 가능하다면 소크라테스의 주장은 약화된다.

03
정답 ⑤

ㄱ. (O) ㉠은 철학자는 (가)를 [독해 1]로, 일반인은 (가)를 [독해 2]로 읽기 때문에 동의율에 차이가 발생한다고 주장한다. 즉, 철학자와 일반인 사이에 (가)에 대한 독해의 차이가 있을 가능성이 높아지면 ㉠이 강화된다. 추가적인 조사 결과를 통해 대다수의 철학자들이 [독해 2]를 거부할 경우, 일반인에 비해 [독해 1]을 선택한 비율이 높아질 것이다. 따라서 ㉠은 강화된다.

ㄴ. (O) 본문에 따르면 (가)는 참임의 객관성을 긍정하는 문장이다. 또한 철학자들은 (가)를 [독해 1]로 해석하고 동의한다. 즉, 철학자들은 [독해 1]을 참임의 객관성을 긍정하는 문장으로 이해한다. 만약 일반인 대다수가 [독해 1]에 대해 '동의'한다면, 일반인 또한 참임의 객관성을 긍정하는 것으로 볼 수 있다. 철학자와 일반인 모두 참임의 객관성에 대해 긍정하므로 ㉡은 강화된다.

ㄷ. (O) (나)에 대해서는 일반인과 철학자 모두 동의하지 않는 비율이 훨씬 더 우세한데, 이는 참임의 객관성을 부정하는 (나)를 부정하는 것으로 해석된다. 따라서 일반인과 철학자 모두 참임의 객관성을 긍정하고 있다. 이때 동의함의 비율이 철학자 그룹에서만 더 높았던 이유가 선지에서와 같이 잘못 응답한 실수 때문이라면, 일반인과 철학자 사이에 차이는 더욱 좁혀질 것이다. (나)를 부정하는 비율이 증가하므로 ㉡은 강화된다.

04
정답 ①

인식	믿고 있는 정보를 기준으로 행위를 수행	주관적 입장
	실제 참인 정보를 기준으로 행위를 수행	객관적 입장
목적	자신에 대한 직접적 해악과 무관하면 합리적	내재주의
	도덕이론의 관점에서 부당하지 않으면 합리적	외재주의

사례	인식	현실	목적	목적의 도덕성	주관적 내재주의	주관적 외재주의	객관적 내재주의	객관적 외재주의
A	이온음료	벤젠	수분 섭취	부당하지 않음	합리	합리	비합리	비합리
B	중고 거래 사이트의 취약성 인식	중고 거래 사이트의 취약성 인식	이웃돕기 성금의 마련	부당하지 않음	합리	합리	합리	합리
C	동료의 이메일로 메일 전송	잘못된 이메일 주소로 전송	금품 편취	부당함	합리	비합리	비합리	비합리

05
정답 ④

① (X) 객관적 내재주의와 객관적 외재주의 모두 A와 C의 행위를 비합리적이라 평가한다.

② (O) 주관적 내재주의는 A와 B를 모두 합리적이라 평가한다.

③ (O) 주관적 내재주의와 주관적 외재주의 모두 A의 행동을 합리적이라 평가한다.

④ (O) 본문에서 C의 합리성을 평가하는 기준은 온전히 C의 인식과 목적에 근거한다. C의 인식이 왜곡되어 있더라도 그 원인은 중요하지 않다.

⑤ (O) 〈사례〉에서 B의 행동은 외재주의 관점에서 모두 합리적이다. 이는 B의 목적이 '이웃돕기 성금을 마련하는' 도덕적으로 정당한 것이며, 외재주의가 목적의 정당성만을 평가하기 때문이다. 그러나 B의 수단은 도덕적으로 정당하지 않다. 만약 외재주의가 수단의 도덕적 정당성도 함께 평가한다면 B의 행위는 비합리적으로 평가될 것이다.

고전적인 지식의 요건은 '③ 정당화된 ⑤ 참인 ⓒ 믿음'이다. 갑은 ㉠을 통해 예술작품에서 얻는 믿음이 정당화될 수 없다고 지적하고 있다. 을은 ㉡을 통해 제도적 보증 또한 믿음을 충분히 정당화할 수 없다고 지적하고 있다. 을이 ㉡을 제시하는 것은 '예술작품의 믿음이 정당화될 수 없다'는 주장을 위한 것이 아닌, 백과사전 등 예술작품이 아닌 다른 것들도 정당화가 쉽지 않음을 지적하고 있을 뿐이다.

ㄱ. (O) 갑은 ㉠에서 모든 예술작품이 정당화될 수 없다고 주장하였다. 또한 백과사전과 예술작품의 중요한 차이점으로 제도적 보증 등의 정당화 절차 여부를 들었다. 선지에서와 같이 사실주의 소설이 정당화 절차를 거친다면, 정당화 절차는 백과사전만의 특별한 것이 아니다. 당연히 백과사전과 예술작품과의 경계선도 사라진다. 따라서 ㉠은 약화된다.

ㄴ. (X) 「히틀러 일기」가 날조라면 오히려 갑이 언급한 '제도적 보증'의 한계를 증명하는 것이다. 따라서 ㉡을 강화한다.

ㄷ. (O) 백과사전과 「황량한 집」 사이의 차이를 추가로 제시하고 있으며, 그 차이가 정당화 방식이 객관적이지 않음을 지적하고 있다. 따라서 갑의 견해에 가깝다.

06
정답 ③

ㄱ. (O) '속기 쉬운 상태'는 부정적인 상황이다. A는 '불충분한 증거에서 어떤 것을 믿지 말 것'을 주장한다. A에 따르면 이를 거부할 경우, 불충분한 증거에 기반한 믿음을 가지게 될 것이고, 사회가 '속기 쉬운 상태'가 될 것이니, 바람직하지 않은 결과가 나타날 것이다. 이를 막기 위해서는 A의 결론을 따라야 할 것이다.

ㄴ. (O) B는 '진리를 믿는 것'과 '오류를 피하는 것'을 구분하고 있다. B에 따르면 클리포드는 '오류를 피하는 것'에 초점을 맞추고 있다. 특히 이에 대해 '증거에 기초한 것'이 아니라 '정념에 기초한 것'이라고 비판한다. '증거에 기초한 것'과 '정념에 기초한 것'을 구분한다는 것은 곧, 두 개념이 서로 다르다는 것을 의미한다. 따라서 '정념에 기초한 것'은 '증거에 기초한 것'이 아니다.

ㄷ. (X) ㄴ에서 알 수 있듯, B의 논증은 A의 논증이 증거가 부족하다는 점을 지적하고 있을 뿐, 충분한 증거에 기초한 믿음이 완전무결하다는 것이 아니다.

07

정답 ②

ㄱ. (X) 〈이론〉에 따르면 '나'를 주어로 삼는 발화는 객관적인 보고가 아닌, 담화맥락에 따른 완곡한 표현이다. 반면 선지의 사례는 '너'를 주어로 삼는 것인 만큼 주관적이고 완곡한 표현이 될 수 없다. 〈이론〉의 사례와 다르다. 따라서 난센스로 들릴 수는 있으나, 〈이론〉이 옳기 때문은 아니다.

ㄴ. (O) 〈이론〉은 '나는 p라고 믿는다'가 'p이다'의 완곡한 표현이라 주장한다. 따라서 〈이론〉에 따르면 선지의 내용은 '지금은 여름이지만, 지금은 여름이 아니다'가 된다. 이 경우 모순된 내용을 표현한 것이며, 난센스로 들리게 된다.

ㄷ. (X) 말없이 스스로 믿음을 가지는 것과 발화 상황은 본질적으로 다르다. 〈이론〉은 발화 상황에서 표현의 문제를 지적하고 있는 것이므로 비교할 수 없다.

08

정답 ③

ㄱ. (O) C는 사람이 모순된 믿음을 가질 수 없다고 단정한다. 반면 A는 한 사람 내에서 참과 거짓이라는 두 믿음을 모두 가질 수 있다고 주장한다. 따라서 A와 C는 양립 불가능하다. 하지만 B는 믿음 형성 과정에서의 편향을 지적하고 있을 뿐, 모순된 믿음을 가질 수 있는지 여부에 대해서는 평가하지 않았다. 따라서 B와 C는 양립 가능하다.

ㄴ. (X) A 또한 '자신의 지적 능력이 상대적으로 뛰어나다'라는 형태로 자기기만을 할 수 있다. 자기기만이 가능한 믿음의 종류는 두 주장을 가르는 차이점에 해당되지 않는다.

ㄷ. (O) 선지에 따르면 '자신이 자기자신을 속이려고 할 때, 자기자신을 속이려는 자신의 의도가 만일 자기자신에게 알려진다면 자기자신은 자신에게 속지 않을 것이다'가 참이라 주장한다. 자신의 의도를 자신이 모를 수 없다면, 자신의 의도로는 자신을 속일 수 없다. A에 따르면 자기기만은 자신의 의도로 자신을 속이는 것이다. 이는 선지의 전제와 배치된다. 따라서 A는 약화된다.

09

정답 ③

ㄱ. (O) 영우가 가진 정보와 경수가 가진 정보를 종합하면 '1번, 2번 활주로는 모두 폐쇄되어 있었으며, 두 활주로 중 하나를 통해서만 이륙이 가능하다'라는 사실을 도출할 수 있다. 어떤 활주로도 사용할 수 없는 상황이므로, K공항에서는 비행기 이륙 자체가 불가능함을 알 수 있다.

ㄴ. (O) (가)는 일상적인 조건문 해석의 방식으로, 전건을 참이라고 가정한다. 따라서 영우가 가진 정보를 통해 ⓒ을 (가)로 해석하면 '폐쇄된 활주로로 비행기가 이륙했다'라는 모순적 상황이 발생한다.

ㄷ. (X) 영우나 경수가 가진 어떤 정보도 갖지 않은 사람은 활주로의 폐쇄 여부를 알지 못한다. 따라서 ㉠을 해석할 때는 비행기가 2번 활주로를 통해 이륙할 가능성을, ⓒ을 해석할 때는 1번 활주로를 통해 비행기가 이륙할 가능성을 고려하게 될 것이다. 이때 ㉠과 ⓒ 중 어느 하나가 참이면 나머지 하나가 거짓이 된다.

10

정답 ③

ㄱ. (O) 농부는 큰 도시에는 낙타가 있고, B는 큰 도시라는 그가 가지고 있던 지식을 통해 B시에 낙타가 있을 것임을 추론하고 있다. 이것이 설령 사실은 아닐지라도 논증 과정 자체에는 문제가 없다.

ㄴ. (X) 지문에서는 농부의 지식이 사실인지 혹은 사실이 아닌 알 수 있는 문장이 제시되지 않는다.

ㄷ. (O) 농부는 일관되게 '독일에 낙타가 없다고 가정하자'는 문장에서 시작하는 추론을 거부하고 있다. 따라서 그가 순전히 가정적인 전제에서 시작하는 추론을 의미 없게 여겼다고 볼 수 있다.

11

정답 ⑤

지문에 따르면 수학적 대상은 비시간적, 비공간적, 비인과적, 추상적 대상이다.

ㄱ. (O) A는 수학적 대상, 즉 추상적 대상이 존재한다고 본다. 하지만 B는 비인과적 대상이 존재한다고 볼 이유가 전혀 없다고 말하고 있다. 즉, B는 추상적 대상을 부정하고 물리적 대상만을 긍정한다.

ㄴ. (O) B는 바로 첫 문장에서 수학적 대상을 추상적 대상이라고 명시하고 있다. 하지만 C는 마지막 문장에서 수학적 대상이 추상적 대상이 아니라고 말한다.

ㄷ. (O) C에 따르면 우리는 수학적 지식을 가지고 있고, 그러므로 수학적 대상은 추상적 대상이 아니라 인과적 대상이다. 이 말은 추상적 대상에 관해서는 지식을 가질 수 없고, 인과적 대상에 대해서만 지식을 가질 수 있다는 것이 암묵적으로 전제되어 있어야만 참일 수 있다.

12

정답 ②

• 정보의 양 ∝ 놀라움 정도 ∝ 1/예측의 정도
• 부여한 확률 ∝ 1/예측의 정도

① (O) 서로 다른 두 사람은 이미 가지고 있는 정보의 양이 완전히 일치할 수 없다. 따라서 한 사건에 대해서도 획득할 수 있는 정보의 양이라 하더라도 두 사람이 서로 같을 것이라 단정 지을 수 없다. 획득한 정보의 양으로 사건이 같은지를 판단하는 것은 더더욱 불가능하다. 서로 다른 사건이더라도 아무런 문제가 없다.

② (X) 놀라움 정도의 차이는 곧 예측 정도의 차이에 해당한다. 예측 정도의 차이 또한 부여한 확률의 차이와 비례한다.

③ (O) 관찰되었을 때와 관찰되지 않았을 때는 배중률을 충족하는 사건이다. 따라서 관찰되었을 때 정보량과 관찰되지 않았을 때 정보량은 언제나 반비례한다.

④ (O) '어떤 사건이 반드시 발생한다'고 생각하는 사람은 그 사건의 발생 확률을 1로 부여한다. 따라서 놀라움은 0에 수렴하고, 정보의 양도 0에 수렴하게 될 것이다.

⑤ (O) 주사위 던지기 시 각 눈의 확률이 모두 다르다면, 각 눈에 대한 예측의 정도도, 놀라움의 정도도, 정보의 양도 다를 것이다.

p.131

01	02	03	04	05
①	②	①	②	②
06	**07**	**08**	**09**	**10**
②	①	④	③	⑤
11	**12**			
③	⑤			

01 정답 ①

ㄱ. (O) 을은 '타인에게 기쁨을 준다'는 목적을 달성하기 위해서, 그 수단으로 '공부를 포기한다'를 선택할 수 있다고 주장한다. 목적이 수단을 정당화하지 않는다면, 수단을 정당화할 다른 근거가 필요하다. 따라서 을의 논증은 약화된다.

ㄴ. (X) 을이 공부를 하여 점수가 오른 경우에도, 을이 꼴등일 수 있다. 즉, 더 많은 응시생의 등수가 오른다는 을의 전제는 참이 아니다.

ㄷ. (X) 갑은 부재인과를 논하는 것이 아니다. 무언가를 하지 않는 것이 다른 것의 원인이 될 수 있다 하더라도, 무언가를 하지 않는 것이 항상 다른 것의 원인이 되는 경우가 아니라면, 갑의 논증은 참이 될 수 있다.

02 정답 ②

• ㉠ 순수이타주의 가설
  총 기부액=수혜자 효용 극대화를 위해 필요한 금액
  총 기부액=Σ다른 기부자로부터 받은 금액+기부자의 기부 금액
  기부자의 기부 금액은 수혜자의 필요와 다른 기부자의 기부 금액에 의해서만 변한다.
• ㉡ 비순수이타주의 가설
  총 기부액=수혜자 효용 극대화를 위한 금액+소비자(기부자) 효용 극대화를 위한 금액
  총 기부액=Σ다른 기부자로부터 받은 금액+기부자의 기부 금액
  기부자의 기부 금액은 기부자의 사정에 따라 달라질 수 있다.

ㄱ. (X) B와 E의 차이는 두 가지이다. ⓐ참가자의 소득이 6만큼 증가하고, ⓑ자선단체의 기부액이 6만큼 감소하였다. b=e−6인 경우 이는 E에서 자선단체의 기부액이 6만큼 감소한 부분을 기부자가 보전하는 것으로 볼 수 있다. 자선단체의 기부액이 감소한 금액만큼 정확히 기부금액이 증가하였으므로 ㉠을 지지한다. ㉠과 ㉡은 대립하는 가설이므로 ㉠을 강화하는 근거는 ㉡을 약화한다.

ㄴ. (X) A, C, E, F를 비교하는 선지이다.

E	46	e	4	F	46	f	28
A	40	a	4	C	40	c	28

A와 E는 참가자의 소득에서 6의 차이가 있다. 이는 C와 F 또한 마찬가지이다. 자선단체의 기부액에는 변함이 없다. ㉠에 따르면 참가자(기부자)의 소득은 참가자의 기부액에 영향을 미치지 않는다. 즉, 주어진 상황에서 참가자의 소득이 기부액에 영향을 미치지 않는다면 e와 a, f와 c는 서로 같아야 한다. e=a, f=c를 변형하면 다음과 같다.

$$e-a=0,\ f-c=0 \rightarrow e-a=f-c$$

선지에서 e−a<f−c라 하였으므로, ㉠의 가설이 참이라면 나타날 상황과 다르다. 따라서 ㉠을 약화한다.

ㄷ. (O) ㉠이 참이라면 a+4=b+10=c+28=d+34=X(총 기부액)이 되어야 한다. 양변에 34를 빼면 다음과 같다.

$$a-30=b-24=c-6=d=X-34$$

선지에서는 0<a−30<b−24<c−6<d라 제시하였는데, 이는 a−30≠b−24≠c−6≠d임을 의미한다. 즉 ㉠을 부정하는 사례이다. 따라서 ㉡을 강화한다.

03 정답 ①

ㄱ. (O) 갑1은 〈이론〉에 따르면 '아무 이유 없이 이익이 되는 행동을 할 수 있을 때, 이를 하지 않은 것도 손해를 주는 것'이라는 판단을 내려야 하므로 불합리하다고 주장한다. 선지는 갑의 해석에서 이익이 되는 행동을 불이익이 되는 행동으로, 손해를 이익으로 바꾼 것이다. 타당하다.

ㄴ. (X) 갑2는 "아이를 구조하지 않은 것은 명백하게 손해를 준 것이지."에서, 을2는 "아이를 구조하지 않은 것은 하나의 행위로 보아야 해."에서 갑과 을 모두 아이에게 손해를 준 것임을 긍정하고 있다.

ㄷ. (X) 갑3에 대한 대답으로 'A가 B에게 선물을 주지 않은 것은 B에게 손해를 준 것이 맞다'고 주장한 경우, 이미 A가 'B에게 줄 선물'을 산 사건이 발생하였고, 선물을 주지 않을 '의도와 결심'을 가지고 선물을 주지 않은 것이므로, 을은 A의 행동을 행위로 볼 것이다. 따라서 을의 입장을 일관적으로 적용하고 있는 것이다.

04 정답 ②

ㄱ. (X) 을의 두 번째 발언을 보면, 우아함을 지각하기 위한 요건으로 '적절한 음악적 감수성 갖출 것'을 제시하고 있다. 이러한 요건을 충족하는 사람의 수에 따라 우아함을 지각하는 사람의 집단이 변화할 수 있다.

ㄴ. (X) 병은 문화나 집단에 따라서 공유하는 음악적 감수성이 다를 수 있다고 주장한다. 쇼팽의 야상곡을 지루하다고 여기는 사람의 집단 내에서도 다양한 음악적 감수성을 가진 사람들이 있을 수 있다. 따라서 잘못된 선지이다.

ㄷ. (O) 을은 쇼팽의 야상곡이 우아한 이유에 대해서 우아함이 본질적인, 속하는 속성이기 때문이라 생각한다. 반면 병은 음악적 감수성에 따라 우아함을 느낄 수 있는지 여부가 달라질 수 있다고 본다. 따라서 서로 다른 이유에서 받아들일 수 있다.

05 정답 ②

ㄱ. (X) A에서는 α가 5보다 작든, 5와 같든, 5보다 크든 이와 관계없이 나쁘게 대우받는 사람이 나타나지 않는다.

ㄴ. (X) B에서 甲~丁 중 한 사람만 나쁘게 대우받는 경우는 α가 5와 같은 경우이다. 이때 乙이, A에서 존재하는 사람 중에 A보다 B에서 더 많은 행복을 누리게 되는 자가 존재하지 않아 'B에서 나쁘게 대우받는다'는 결론이 도출된다.

ㄷ. (O) α가 5보다 큰 경우, A에서도 나쁘게 대우받는 사람이 없고, B에서도 나쁘게 대우받는 사람이 없다. α가 5와 같을 경우, ㄴ에서 보았듯 乙이 B에서 나쁘게 대우받게 된다. α가 5보다 작을 경우, B에서 乙과 丙이 나쁘게 대우받는다.

06　정답 ②

ㄱ. (X) 본문에 따르면, 연민은 모든 이성적 반성에 앞서는 자연의 충동이므로, 이성적 반성을 전제로 하지 않아 이성적 반성이 없이도 작동될 수 있다.

ㄴ. (X) 본문에 따르면, 혐오감은 연민이라는 자연의 감정 속에서 그 근원을 발견할 수 있으므로 연민의 감정에서 비롯된다고 할 수 있으나, 자기애는 본성에 의해 연민과는 별도로 우리에게 새겨진 또 다른 감정이므로 연민의 감정에서 비롯된다고 할 수 없다.

ㄷ. (O) 본문은 연민과 자기애가 모두 존재한다는 것을 전제로, 타인에 대한 연민의 감정이 자기애가 과도하게 작용되는 것을 방지한다고 설명한다. 타인에 대한 연민의 감정과 자기애는 양립할 수 있다.

07　정답 ①

• 가설

	판단의 객관성 비교
가설 1	신체에 직접 물리적인 해를 끼치는 행위 > 나머지 행위
가설 2	나쁘다는 도덕적 판단 > 옳다는 도덕적 판단

• 〈실험〉

갑의 행위	직접 물리적인 해를 끼친 행위
을의 행위	해를 끼친 행위이나 직접적이지 않음
병의 행위	옳다는 판단에 포함되는 행위

• 측정방식: 0~5까지 객관성이 높으면 높은 점수를 부여

ㄱ. (O) 갑과 을의 행위가 비슷하다면 직접 위해를 가한 것과 직접 위해를 가하지 않은 것이 동일한 점수를 받았을 것이다. 가설 1을 부정한다.

ㄴ. (X) 갑이 병보다 객관적인 것으로 판단된 상황이다. 가설 2를 지지하는 선지에 해당한다.

ㄷ. (X) 병이 을보다 객관적인 것으로 판단된 상황이다. 따라서 가설 2를 약화하는 것은 맞지만, 가설 1에 대해서는 평가할 수 없다.

08　정답 ④

ⓐ는 최종 결론이 될 수 있는 문장이지만 ⓘ는 근거로 쓰이는 문장이다. 따라서 선지 ①, ②는 배제된다. 한편, ⓑ와 ⓗ는 대등한 관계이다. '당위의 근거' 또는 '도덕의 기초'가 될 수 없는 서로 다른 두 대상을 제시하고 있기 때문이다. 선지 ③, ⑤는 ⓑ와 ⓗ 사이에 추론적 관계를 제시하고 있으므로 배제된다.

09　정답 ③

ㄱ. (O) A는 고정된 공통 감정에 기반한 미적 취향을 언급한다. '고정된 공통'은 곧 보편성을 의미한다. 따라서 보편적 기준을 부정하는 ㉠과는 정면으로 배치된다.

ㄴ. (X) B는 미적 취향이 자연 본성에 기반한 것이 아닌, 사회적 부산물임을 주장한다. 이는 미적 취향의 근원에 관한 주장일 뿐, 취향 사이의 우열에 대한 주장이 아니다. 따라서 B가 '사회를 구성하는 모든 이의 미적 취향을 동등하게 인정해야 한다'는 주장에 대해 어떤 평가를 할지는 알 수 없다.

ㄷ. (O) B는 결론으로 미적 취향의 가변성을 인정하고 있다. 따라서 선지에서 제시한 사례는 부합한다고 할 수 있다. A 또한 공통 감정에 의한 평가가 시간에 따라 달라질 수 있다는 점을 인정한다.

10　정답 ⑤

A에 따르면 거짓말하는 사람은 결과에 책임을 져야 한다. 반면, B는 거짓말의 결과를 모든 상황에서 책임질 필요는 없으며 그 상황에서 최선의 결과를 낳을 것으로 생각되는 행위를 하면 될 뿐이라고 이야기한다.

ㄱ. (O) A는 사실을 말한다면 비록 그 결과가 나쁘더라도 우리의 잘못은 아니라고 말한다. 잘못이 아니라는 것은 곧 책임이 없다는 의미이다. 하지만 거짓말은 죄악이기에 그로 인한 결과를 모두 책임져야 한다고 주장한다. 따라서 이 선지는 옳다.

ㄴ. (O) B는 실제 결과가 아니라 행위 시 최선의 결과를 낳을 것으로 예상되는 행위를 하는 것이 중요하다고 말한다. 따라서 실제 결과가 예상과 달리 나쁘더라도, 그것이 반드시 올바르지 않은 선택인 것은 아니다.

ㄷ. (O) A에 따르면 결과가 나쁘더라도, 사실을 말했다면 옳은 행위이다. B에 따르면 결과가 예상과 달리 나쁘더라도, 최선의 선택을 하였다면 옳은 행위이다. A와 B 모두 결과가 행위의 옳고 그름을 판단하는 기준이 아니다.

11　정답 ③

제안자 갑이 최소한의 돈을 제안할지 관대함을 보일지에 대한 논쟁이다. A는 인간이 이기적인 존재이기에 전자를, B는 인간이 이기적인 존재만은 아니기에 후자를 선택할 것이라 주장하고 있으며, C는 인간의 본성이 아닌 제3의 요인이 제안자의 선택을 다르게 만들 수 있음을 언급하고 있다.

ㄱ. (O) 변형된 실험은 을이 갑의 제안을 거부할 수 없다는 조건이 추가된다. 그런 상황에서 갑이 최소한의 금액만을 제안한다면, 갑이 40% 이상의 몫을 제안하는 관대함을 보이는 것은 갑의 본성 때문이 아니라, 상대방이 거부할 것을 고려하여 이루어진 선택임을 알 수 있다. 즉, 인간이 이기적인 존재만은 아니기에 상대에게 40% 이상의 몫을 제안한다는 B의 주장이 반박된다.

ㄴ. (X) 인간이 이기적인 존재인지 아닌지의 여부는 '갑'의 행위를 기준으로 평가해야 한다. '이기적'이라는 단어를 그대로 사용하여 '을'이 이기적인지에 따라 달라지는 결과를 논하고 있는 ㄴ은 지문과 무관한 선지로 함정이다.

ㄷ. (O) 변형된 실험이 이전 실험과 다른 점은 오직 한 가지로, 을의 거부 가능성이 00라는 것이다. 해당 추가 장치로 인해, 갑의 선택 여부가 달라진다면 을의 거부 가능성이 갑의 행동에 영향을 미치는 것이다.

12　정답 ⑤

A, B, C는 유용성의 원리에 대해 서로 다른 입장을 가지고 있다. A는 유용성의 원리를 개별 행위에 적용할 것을, B는 개별 행위가 아닌 행위 규칙에 적용할 것을 주장한다. 이 둘은 유용성의 원리만을 기준으로 삼는데 공통점이 있다. 이에 반해 C는 유용성의 원리를 공동체의 차원, 즉 가족, 도시, 부족, 민족으로부터 물려받은 부채와 유산, 기대와 책무들 속에서 판단되고 적용되어야 함을 주장한다.

ㄱ. (O) A는 개별 행위에 유용성의 원리를 적용한다. 한 명의 전우를 적진에서 구하기 위해 두 명의 전우가 죽음을 무릅쓰는 행위가 더 큰 유용성을 가져온다면 A는 해당 행위가 도덕적이라 볼 것이다. B는 행위 규칙에 유용성의 원리를 적용한다. 이에 위험에 처한 아군을 구하는 규칙이 더 큰 유용성을 가져온다면 B는 해당 행위가 도덕적이라 볼 것이다. 따라서 옳은 분석이다.

ㄴ. (O) A는 개별 행위에 유용성의 원리를 적용한다. 거짓말을 하는 상황이 더 큰 유용성을 산출한다면 A에게 거짓말이 도덕적으로 옳을 수 있다. 또한 공동체의 차원에서 거짓말이 더 큰 유용성을 산출한다면 C에게 거짓말이 도덕적으로 옳을 수 있다. 따라서 옳은 분석이다.

ㄷ. (O) A, B, C는 각각 생각하는 유용성의 원리에 대한 구체적 내용은 서로 다르지만, 각 주장의 서두인 '유용성의 원리'라는 어구에서 알 수 있듯이 유용성의 원리를 통해 도덕적으로 옳고 그름을 판단하고 있다. 따라서 옳은 분석이다.

선생님 Tip

행위공리주의(A)와, 규칙공리주의(B)는 고등학교 생활과 윤리 과목의 기초적이고도 핵심적인 개념이다. 배경지식으로 알아놓으면 빠른 문제풀이에 도움이 된다.

I | 언어철학

p.150

01	02	03	04	05
①	③	②	④	⑤
06	**07**	**08**	**09**	
③	①	③	④	

01

정답 ①

반가능문 ⊂ 반사실문

ㄱ. (O) 불가능세계는 개념적으로 불가능한 '어떤 것'이 성립하는 세계를 의미한다. 세계를 구성하는 모든 것들이 개념적으로 불가능한 것으로만 이루어질 필요는 없다. 따라서 어떤 불가능세계에서 '스포츠카를 판매하는 사람'이 있는 경우는 충분히 가능하다.

ㄴ. (X) 네 번째 문단 마지막 문장은 다음과 같다. "이때, 철수가 둥근 사각형을 그리는 수많은 불가능세계 중 현실 세계와 가장 유사한 불가능세계에서 기하학자들이 놀란다면 (2)는 참이고, 그렇지 않다면 거짓이다." (2)가 참인 경우 현실 세계와 가장 유사한 불가능세계에 한해서는 기하학자들이 놀라는 것이 확정되지만, 현실 세계와의 유사도가 낮은 불가능세계에서도 기하학자들이 동일한 반응을 보일 것이라 기대할 수는 없다.

ㄷ. (X) '대한민국의 수도가 서울인 것'은 명백한 사실이므로, 전건이 거짓임을 전제로 하는 반사실문의 정의에 위배된다. 첫 번째 문단에서는 '전건 P가 실제 사실이 아닌 거짓인 조건문'을 반사실문으로 정의한다.

02

정답 ③

ㄱ. (O) ㉠은 '또는'이 포괄적 의미와 배타적 의미를 모두 포함하고 있다는 견해이다. 포괄적 의미에서는 'p 또는 q'가 참이 되는 조건에 모두 참인 경우가 포함된다(T/F, F/T, T/T 중 하나일 경우 참). 배타적 의미에서는 'r 또는 s'가 참이 되는 조건에 모두 참인 경우가 배제된다(T/F, F/T인 경우에만 참).

ㄴ. (O) ㉡은 ㉠의 배타적 의미가 특정 맥락에서 전달되는 '함의'에 의해 결정된다고 본다. 즉, 문자적 의미에서 직접적으로 드러나는 것은 '함의'라 할 수 없다. 〈철수는 빵을 먹었다〉는 "철수는 밥과 빵을 먹었다."에서 직접적으로 제시되는 문자적 의미이므로 '함의'로서 전달될 수 없다.

ㄷ. (X) ㉢에 따르면 배타적 의미 "커피와 녹차 중 택일"은 함의로서 전달되는 것이다. 그러나 포괄적 의미는 문자적 의미이므로 포괄적 의미에서 확인할 수 있는 〈후식으로 커피와 녹차 모두를 드릴 수 있다〉는 함의로서 전달될 수 없다.

03

정답 ②

① (X) 두 번째 문단 후반부에서 근거를 찾을 수 있다. "세종의 장남"과 "세조의 형"이라는 표현은 같은 대상을 가리키지만, 서로 다른 말을 하는 두 문장에서 사용될 수 있다. 즉, 다른 말을 하는 두 문장에 사용된 표현 중에서도 같은 대상을 가리키는 경우가 존재한다.

② (O) 첫 번째 문단 후반부와 두 번째 문단 전반부에서 근거를 찾을 수 있다. 본문에 제시된 것처럼, 비가 온 어느 화요일에 "오늘은 비가 왔다"라고 말하고, 다음날 "어제는 비가 왔다"라고 한 경우, 언어적으로는 오늘 → 어제로 서로 다른 표현이 사용되었으나, 두 문장은 같은 말을 하고 있다.

③ (X) 다른 단어로 바꿔 쓴 이상, 두 단어의 언어적 의미가 동일하다고 단정 지을 수 없다.

④ (X) 단어가 가리키는 대상이 다른 경우 그 의미가 변화한다. 같은 말을 할 수 없다.

⑤ (X) 가리키는 대상도 같고 언어적으로 의미도 같은 단어라면 바꿔 쓰더라도 말의 의미가 변화하지 않는다. 맥락에 따라 다른 말을 하기 위해서는 바꿔 쓴 표현으로 말의 의미에 변화가 있어야 하는데, 의미가 변화하지 않으므로 발화자의 맥락에 따라 다른 말을 할 수 없다.

04

정답 ④

지문은 올바른 번역이 되기 위해서는 ⓐ 번역할 문장의 의미가 엄격히 보전되어야 하고 ⓑ 인용 부호 안의 표현을 일정히 유지해야 한다고 주장하고 있다.

ㄱ. (O) (6)은 한국어 단어 '돼지'의 시작 글자가 '돼'임을 의미하지만, (7)은 영어 단어 'pig'의 시작 글자가 'p'임을 의미한다. 한국어 단어에 대한 설명과 영어 낱말에 대한 설명이 같은 의미를 나타낼 수는 없다. 따라서 올바른 번역이 아니다.

ㄴ. (X) (8)의 '~는 동물이다'와 (9)의 '~ is an animal'은 동일한 의미이다. 양 문장에 들어가는 '돼지'는 인용 부호 안의 표현 자체를 그대로 유지하고 있다. 따라서 (8)을 (9)로 번역하는 것은 올바르다.

ㄷ. (O) 진리값이 같은 경우에도 그 의미가 다를 수 있다. 의미가 다르다면 올바른 번역이 아니다. 따라서 진리값이 다른 것이 올바른 번역이 되기 위한 필요조건은 아니다.

05

정답 ⑤

① (O) "그 작가는 원고를 만년필로는 쓰지 않는다."에서 '-는'은 두 가지가 나타난다. '작가는'과 '만년필로는' 중에서 '작가는'은 주어의 자리에 있으므로 본문의 내용에 부합하지 않는다. '만년필로-는'은 주어의 자리가 아니다. '만년필로-는'을 기입하여 "그 작가가 원고를 쓰기는 쓴다."는 전제가 있음을 알 수 있다.

② (O) "소나무는 상록수이고, 낙엽송은 그렇지 않다."에서 '낙엽송-은'의 '-은'은 앞의 소나무와 비교, 대조되는 대상이다.

③ (O) "바람은 분다."에서 '바람-은'은 일반적 의미의 '기상현상 바람'이 아닌 '트랜드 등의 바람'을 의미한다.

④ (O) "그 사람-이 결국 시험에 합격하였다."가 아닌 "그 사람-은 결국 시험에 합격하였다."가 올바른 문장이다. (일상생활에서 이 예시처럼 엄밀히 구분하여 사용하지 않으며, 특히 구어로 발화되는 경우는 오히려 후자가 더 어색하게 느껴질 수 있다.)

⑤ (X) "영미는 노래를 잘 한다."의 의미는 영미가 잘하는 것(특기)을 의미할 뿐, 다른 이들과 비교하여 더 우월함을 나타내는 문장으로 보기 어렵다. 본문의 내용을 반영하여 문장을 수정하면 "여러 아이 중에서 영미-는 노래를 잘 한다."가 되는데, 이는 명백히 어색하다.

06 정답 ③

ㄱ. (O) 본문의 〈이론〉에 따르면 '만일 어떤 사람이 A의 개념을 가지고 있다면, 그는 어떤 대상이 A에 속하는지 아닌지 판단하는 데 A의 개념을 사용'해야 한다. 이때, 실험참여자들이 새의 개념을 갖고 있지 않다면 본문의 〈이론〉과 무관하다.

ㄴ. (X) 참새와 펭귄 각각이 새의 개념을 구성하는 특성을 가지는지를 확인하는 시간이 다르기에 "x는 새입니까?"에 대한 대답에서 차이를 보이는 것이다. 오히려 〈실험〉의 결과는 〈이론〉을 강화한다.

ㄷ. (O) 〈이론〉에 따르면 인간은 '이성적'이라는 속성과 '동물'이라는 속성을 모두 가지고 있다. 따라서 〈이론〉에 따르면 어떤 대상을 '동물'로 판단하는 것이 '인간'으로 판단하는 것보다 짧은 시간에 이루어져야 한다. 선지에 따르면 '인간'으로 판단하는 것이 '동물'로 판단하는 것보다 더 짧은 시간에 이루어지므로, 이는 〈이론〉에 대한 반례이다. 따라서 〈이론〉을 약화한다.

07 정답 ①

A이론은 과학적 연구의 선행 조건으로 개념의 정의를 들고 있다. 甲은 이를 반박하면서 실제 연구의 사례를 들고 있다. 각 사례가 어떠한 맥락에서 제시되는지 빠르게 파악하는 것이 중요하다.

ㄱ. (O) A이론은 과학적 연구보다 개념이 먼저 정의되어야 한다고 말한다. 하지만 결정적인 실험들이 용어(개념) 정의보다 앞서 실행되었다면, 이 사례는 A이론의 반례가 될 것이다.

ㄴ. (X) A이론은 '과학적 연구'와 '개념 정의' 사이에 순서를 나눈다. 이는 곧 두 활동을 각각 다른 활동으로 취급한다는 의미이다.

ㄷ. (X) 甲은 '과학계에서 용어의 정의가 변화해 왔음'을 지적하고 있다. 이는 과학계에서 용어의 정의가 어느 한 시점에서는 고정된 의미로 쓰이더라도 시점에 따라 변화할 수 있음을 의미할 뿐이지, 특정 시점 이후에 변화하지 않을 것이라 주장하는 것이 아니다. 따라서 현재 과학자들이 사용하는 '중력'의 개념이 뉴턴 역학과 일반상대성 이론의 '중력'과 다르다고 해서 甲의 주장이 약화되지 않는다.

08 정답 ③

어떤 대상의 본질적 속성을 포함하여야만, 그 대상이 될 수 있다.

ㄱ. (O) 초롱이는 젖을 짜낼 수 없다. 따라서 젖을 짜내는 것이 암소의 본질적 속성이라면 초롱이는 암소가 될 수 없다.

ㄴ. (O) 초롱이는 뿔을 사슴의 본질적 속성으로 여기고 있다. 따라서 깡총이가 뿔이 없다면, 초롱이는 그를 사슴으로 여기지 않을 것이다.

ㄷ. (X) 초롱이는 사슴의 본질적 속성으로 '다리 네 개'와 '꼬리 하나', '뿔'을 들고 있다. '음매'하고 우는 것은 본질적 속성이 아니다. 따라서 초롱이가 날쌘이를 사슴으로 여긴다고 해도, '음매'하고 울 수 있는지는 판단할 수 없다.

09 정답 ④

(1)은 사실 판단, (3)은 당위 판단임을 지문을 통해 바로 알 수 있다. 하지만 (2)가 사실 판단인지 아니면 당위 판단인지는 지문 안에서 바로 알 수 없다. 이 문제의 핵심은 (2)가 어떤 판단인지 미리 편견을 갖고 예단하지 않는 것이다.

ㄱ. (O) A는 (2)가 사실 판단인지 아니면 당위 판단인지에 관해 설명하고 있지 않다.

ㄴ. (X) B에 따르면 (2)와 (3)을 연결하기 위해 사실과 당위를 연결하는 암묵적 전제가 필요하다. 이를 통해 B가 (2)를 사실 판단으로 본다는 것을 알 수 있다. 하지만 C는 (2)가 사실 판단인지 아니면 당위 판단인지 알 수 없다고 주장하고 있다.

ㄷ. (O) A에 따르면 연극의 대사나 문법책의 예문을 읽는 등의 경우가 아니라면 (1)로부터 (3)이 도출된다. 이를 통해 사실 판단에서 당위 판단이 도출될 가능성을 인정하고 있다. 하지만 C는 마지막 문장을 통해 당위 판단으로부터만 당위 판단이 도출된다고 주장하고 있다.

p.163

01	02	03	04	05
①	①	⑤	②	③
06	07	08	09	10
⑤	⑤	④	③	④
11	12			
①	③			

01
정답 ①

최종 결론이 될 수 있는 문장을 선지에서 확인하고 검토한다. 선지에서 ㉠(1, 3, 5선지)과 ◎(2, 4선지)이 최종 결론의 자리에 위치한다. ◎은 "~었다는 연구 결과가 있다."로 끝난다. 즉, ◎은 연구 결과(근거)를 제시하는 문장으로 결론의 자리에 올 수 없다. 최종 결론뿐 아니라 소결론의 자리에도 올 수 없는 문장이다. 이에 따라 ②, ③, ④, ⑤를 제외할 수 있다.

㉠ 대결론: 로봇을 사람처럼 대하는 현상에는 동서양의 차이가 있으며, 이는 문화선택에 근거한다.

㉡ 근거1: 아이보에 대한 동서양의 인식 차이1 - 친구가 될 가능성 (한국인>서양)

㉢ 근거2: 아이보에 대한 동서양의 인식 차이2 - 도덕 판단의 가능성 (한국인>서양)

㉣ 소결론1: 한국인이 서양인에 비해 로봇을 사람처럼 대하는 경향이 크다.

㉤ 근거1: 한국인의 문화선택1 - 묵가의 이론

㉥ 근거2: 한국인의 문화선택2 - 유가의 이론

㉦ 소결론2: 묵가와 유가의 이론에 따르면 아이보를 친구로, 도덕 판단의 대상으로 여길 수 있다.

◎ 근거: 한국에서는 묵가와 유가의 이론을 따르는 문화선택이 발생하여, 한국인의 감정과 도덕성에 대한 일반적 경향이 형성되었다.

02
정답 ①

ㄱ. (O) 갑의 첫 번째 견해에서 '사회적 지원을 받은 것'은 '진정으로 진보적'이라는 근거가 될 수 없다고 주장하였다. 을 또한 첫 번째 견해에서 "외재적 요소의 영향을 받지 않는다."라고 주장하였다. 따라서 사회적 요소로만 해명되는 것이 아니다.

ㄴ. (X) 갑은 두 번째 견해에서 이론의 장래성을 비교할 수 없다고 하였으므로, 갑에 따르면 과학 이론의 변화가 과거의 예측을 보존할 수 있는지 판단할 수 없다.

ㄷ. (X) 뉴턴 이론의 한계를 상대성 이론이 극복하더라도, 상대성 이론이 가진 한계를 뉴턴 이론이 해소할 수 있다면, 두 이론 중 어느 한쪽이 '더 일반적'인 이론이라 말할 수 없다.

03
정답 ⑤

〈이론〉의 핵심은 두 가지이다. ⓐ 가설은 예측 결과에 따라서만 시험을 통과할 수 있고, ⓑ 이 시험 통과 여부로만 입증 정도가 달라진다는 것이다.

① (X) A가설과 B가설은 같은 증거(C증거)를 활용해 다른 예측을 제시하고 있다. 본문의 사례가 곧 선지의 반례이다.

② (X) 〈이론〉의 첫 번째 문장에 따르면, 예측에 실패했을 때 해당 이론의 입증 정도는 무조건 낮아질 것이다.

③ (X) 〈이론〉의 첫 번째 문장에 따르면, 예측에 성공했을 때 해당 이론의 입증 정도는 무조건 높아질 것이다.

④ (X) 〈이론〉의 두 번째 문장에 따르면, 한 가설은 시험 통과 여부로만 입증 정도가 결정된다. B이론은 아직 예측을 통한 시험에 통과하거나 실패한 적이 없다. 따라서 B이론은 입증되지 않았다.

⑤ (O) A가설은 99번의 시험에서 통과했다. 각각 시험에 통과할 때마다, 입증 정도가 상승했으므로 어느 순간에는 어느 정도 입증된 이론이 되었을 것이다.

선생님 Tip

'어느 정도'는 추상적이며 포괄적인 표현이다. 이와 같은 표현들은 극단적인 반례를 찾지 못한다면 정선지로 평가하는 것이 편하다.

04
정답 ②

ㄱ. (X) 선지의 내용대로 추가적인 분석이 이루어지지 않았다면, 해당 사례에 대해서 이론에 적합한지를 판단하지 않은 것으로 볼 수 있다. '데이터 요리'는 이론에 부합하는 사례를 취사선택하는 것이다. 이론에 적합한지 판단하지 않은 사례로는 '데이터 요리'를 할 수 없다. 따라서 B를 강화하는 사례일 뿐, A를 강화하지 않는다.

ㄴ. (X) 모든 사례에 대해 계산한 결과가 기존과 다르다면, 기존 연구의 사례들이 이론에 맞게 선별되었을 가능성을 의미한다. 따라서 A를 뒷받침하는 내용이다.

ㄷ. (O) '실험 조건이 완벽하지 못한 것'이 논문에 포함되지 않았다면, B의 주장에 부합한다. 따라서 B는 강화된다.

05
정답 ③

㉠은 각 영역의 연결 방식에 의해서 대뇌피질의 전담 영역이 결정됨을, ㉡은 대뇌피질로 입력되는 신호의 유형은 동일함을, ㉢은 뇌에 의해 파악된 경계는 달라질 수 있음을 이야기하고 있다.

ㄱ. (O) ㉠은 대뇌피질의 전담 영역이 물리적 특성에 의해 결정되지 않는다고 말한다. 이 선지는 대뇌피질 영역들 사이에 물리적 특성의 차이가 없다는 뜻으로, ㉠을 강화한다.

ㄴ. (X) ㉡은 대뇌피질로 입력되는 신호의 유형을 말하고 있을 뿐, 대뇌피질 속에서 어떻게 신호가 처리되는지를 이야기하고 있지 않다.

ㄷ. (O) ㉢에 따르면 우리 몸의 경계가 변할 수 있다. 선지에 따르면 갈퀴를 쥐었을 때, 뇌가 갈퀴를 우리 몸의 일부로 여기므로 경계가 변화한 것이다.

06

지문에 설명된 세 가지의 오류를 이해하고, 사례가 적절히 연결되었는가를 판단하는 문제이다. A 오류는 생태학적 오류로 집단이 갖는 속성을 집단 내 개인의 속성으로 간주할 때 발생한다. B 오류는 선입견과 편견을 바탕으로 특정 집단과 특정 성향을 섣불리 연결할 때 발생한다. C 오류는 집단의 규모를 고려하지 않은 채로 발생 건수만을 단순 비교할 때 발생한다.

ㄱ. (O) 젊은 유권자가 많은 선거구와 나이 든 유권자가 많은 선거구라는 '집단'의 투표 속성을 각 선거구에 속한 '개인' 투표자의 투표 속성으로 간주하고 있다. 이는 생태학적 단위의 특성에 대한 판단을 바탕으로 개인의 속성에 대한 판단을 이끌어내는 것으로 A 오류에 해당한다.

ㄴ. (O) 외국인과 내국인 사이에 발생한 범죄가 증가하고 있다는 자료를 통해서는 가해자와 피해자가 외국인인지 내국인인지 알 수 없다. 그런데 가해자가 외국인이고 피해자가 내국인이라고 섣불리 연결하고 있으므로, 이는 외국인에 대한 편견이 작용한 B 오류에 해당한다.

ㄷ. (O) 50~54세에 해당하는 집단의 인구 규모를 포함한 전 연령 집단의 인구 규모를 고려하지 않은 채로 단순히 해당 집단에서 관찰된 행위 건수가 많다는 이유만으로 집단의 성향을 판단하는 것은 C 오류에 해당한다.

07

① (O) 화자는 첫 번째 문단 다섯 번째 문장에서 동물은 "식사의 윤리성을 반성할 능력이 없다. 그러므로 동물에게 그들이 하는 일에 대한 책임을 지우거나 ~하는 것은 타당하지 않다."라고 하였다. 화자가 '윤리성을 반성할 능력이 없다면 책임을 물을 수 없다'를 암묵적 전제로 두고 있음을 알 수 있다.

② (O) 첫 번째 문단 네 번째 문장에서 "사람은 생존을 위해 반드시 고기를 먹을 필요가 없다."는 점을 지적하고 있다. 이에 따라 인간은 현재의 식사습관을 정당화하는 것이 필요하다. 그러나 동물은 생존을 위해 반드시 고기를 먹어야 한다. 여기서 인간과 동물을 대비한 것은 '고기를 먹지 않으면 생존을 위협받게 되는 동물에게, 고기를 먹지 않을 것을 의무로 부과해서는 아니 됨'을 보여주기 위함이다.

③ (O) ②에서 알 수 있듯 해당 지문은 인간과 동물의 상황을 대조하여 비교하고 있다. 대안을 고려할 능력과 윤리적 대안이 있다면 정당화의 의무를 부담해야 한다는 것이 전제되어야. 인간에게는 정당화의 의무가 있지만, 동물들이 대안을 고려할 능력이 없으므로 책임을 질 필요가 없다는 결론이 나온다.

④ (O) 화자는 두 번째 문단 다섯 번째 문장에서 '인간이 동물을 먹는 것이 자연적인 진화 과정'이 아니라고 주장하였다. 특히 '공장식 농장에서 가축을 대규모로 길러내는 것에 대해서는 참일 수 없다'고 하였다. 이 '참'은 자연적 진화 과정인지 여부를 의미한다.

⑤ (X) 자연적인 방식이 개선되었다고 하여 기존의 자연법칙이 반드시 더 이상 유효하지 않은 것은 아니다. 자연스러운 방식은 그대로 유효히 존재하지만 간섭할 수 있을 뿐이다. 이는 두 번째 문단 여섯 번째 문장에서 확인할 수 있다.

08

주장	음모론 속 가설의 설명력이 가설에 대한 과학적 근거를 제공하지 못한다.
근거	음모론은 '최선의 설명으로의 추론'에 부합하지 않는다. '최선의 설명으로의 추론' 없이 기존 또는 미래 증거에 대한 올바른 설명을 제공할 수 없다.
예상 반론	ⓐ 음모론 속의 가설이 미래 증거에 대한 올바른 설명을 제공할 수 있다. ⓑ '최선의 설명으로의 추론' 없이도 미래 증거에 대한 올바른 설명을 제공할 수 있다. ⓒ 음모론 속의 가설 또한 '최선의 설명으로의 추론'의 형태를 지닐 수 있다.

① (X) 예측의 부정확성이 높다면 미래 증거에 대한 올바른 설명을 제공한다고 보기 어렵다. 기존 증거와 미래 증거 모두에 대한 설득력이 필요하다는 본문 견해의 주장에 가깝다.

② (X) 과학사에 등장했던 이론적으로 아름다운 가설들이 '최선의 설명으로의 추론'에 부합하고 있음을 보여주고 있으므로 본문 견해의 주장을 지지한다.

③ (X) '음모론 속의 가설이 가지는 설명력'을 긍정할 수 있어야 적절한 반박이다. 이론적 아름다움 때문에 채택된 가설이 존재한다는 것은 본문의 핵심 견해를 부정할 수 없다. 오히려 이론적 아름다움은 음모론이 가지지 못한 것이므로 음모론이 채택될 수 없는 이유를 다시금 제시한 것에 불과하다.

④ (O) 기존 증거들을 잘 설명하지만 복잡한 형태로 제시된 가설은 '음모론 속의 가설'과 그 속성을 공유한다. 이러한 가설들이 후속 연구에 의해 '최선의 설명으로의 추론'으로 변화할 수 있다면, 음모론 속의 가설 또한 '최선의 설명으로의 추론'이 될 수 있다. 이는 마지막 문단을 부정하는 것이다.

⑤ (X) 정신적, 사회적 이익의 문제는 지문에서 언급된 내용과 무관하다.

09

각 조건 (F-조건(학문적 지식에 비추어 최초의 것), I-조건(독립적으로 성취된 것), P-조건(학술지, 저서를 통해 공개되어야 할 것)을 통해 사례에 적용이 되는지를 파악하는 문제라고 볼 수 있다. 또한 첫 번째 사례에서 3차 방정식과 '약화된' 3차 방정식이 독립적인 대상임을 파악해야 한다.

① (X) F-조건 적용 시 델 페로는 '약화된' 3차 방정식에 대한 우선권을 가짐을 확인할 수 있다. 그러나 3차 방정식에 대한 해법은 델 페로가 아닌, 타르탈리아에게 우선권이 돌아간다.

② (X) I-조건 적용 시 3차 방정식 일반 해법은 독립성을 지닌 타르탈리아에게 우선권이 있고, 이를 설득한 카르다노에게는 '독자적으로'라는 조건이 적용될 수 없다.

③ (O) F-조건과 I-조건을 적용 시 타르탈리아는 3차 방정식의 일반 해법에 대한 우선권을 지님을 확인할 수 있고 뉴턴의 경우 미적분법에 대해 각각 우선권을 지닌다.

④ (X) 세 조건을 모두 만족하는 자는 뉴턴으로 1687년 출판하여 P-조건 또한 만족한다.

⑤ (X) 약화된 3차 방정식에 대해 델 페로와 타르탈리아에게 모두 우선권을 주는 조건은 I-조건(독립성)으로 이를 미적분법에 적용하면 라이프니츠와 뉴턴 모두 미적분법에 대한 독자성을 가짐을 확인할 수 있다.

10

- 지문의 논증: 사람은 자유로운 존재이다.
  1. 사람과 뇌는 구분 가능하다.
     - 뇌는 행동에 대한 결정을 내리지만, 책임을 물릴 수 없다.
     - 반면 사람은 책임을 물릴 수 있는 대상이다.
  2. 행동의 원인이 뇌에 있더라도, 사람이 자유로운 행동을 할 수 있다면 책임이 면제되는 것은 아니다.
  3. 책임은 사회적으로 발생하는 것이다. 개인 안에 존재하는 것이 아니다.
- 논증에 대한 비판
  1. 사람과 뇌는 구분 불가능하다.
  2. 행동의 원인이 뇌에 있다면 인간은 자유롭게 행동하는 행위자로 볼 수 없다.
  3. 책임은 개인 안에 존재할 수 있다.
- ㄱ. (X) 해당 선지는 우리의 행위가 뇌의 작용에서 비롯된다고 보고 미시적 차원에서는 이해할 수 있어도 거시적으로 이를 완벽히 파악하는 것이 불가능하다고 말한다. 이는 '사람'과 '뇌'를 구분하는 것이다. 해당 지문을 비판하는 것이 아닌 지지하는 것이다.
- ㄴ. (O) "나는 나의 육체와 구별되지 않는다."는 "사람과 뇌는 구분될 수 있다."에 대한 부정이다.
- ㄷ. (O) "~가 인간이 실제로 자유롭다는 것을 보여주지 않는다"는 화자의 주장인 '자유라는 개념의 발생'을 부정하는 것이다.

11

이 문제의 핵심은 ⓐ 전체로서의 구조개념과 ⓑ 원자주의적이고 물리주의적인 구조개념을 두 가지 축으로 설정하고, 지문의 내용을 이 축들 아래 포섭하는 것이다.
- ㄱ. (O) 월츠는 신현실주의자에 해당하며, 지문에서는 신현실주의자들의 문제점 중 하나로 전체로서의 구조개념과 원자주의적이고 물리적인 구조개념 사이를 쉽게 오간 것을 들고 있으므로 옳은 선지이다.
- ㄴ. (X) 원자주의적 개념의 핵심 키워드는 요소들 간의 외적 결합이다. 첫 번째 문단의 밑에서 네 번째 줄을 보면, 이러한 원자주의적 관점은 전체를 외연적인 관계로 다루고 있다. 월츠가 말한 '국제체제' 역시 국가라는 부분과 다른 전체로서의 구조이다. 따라서 이 선지는 전체로서의 구조개념이 아니라 원자주의적 관점이 주장할 내용이다.
- ㄷ. (X) 원자주의적 입장에서는 구조를 물질적이거나 도구적으로만 다루어져야 할 개념으로 본다. 따라서 이 선지는 월츠 자체에 대한 내용은 맞지만, 그 내용이 원자주의적 입장에서 나온 것은 아니다.
- ㄹ. (O) 두 번째 문단의 밑에서 다섯 번째 줄을 보면, 월츠는 현실주의의 유산인 주관적 관계를 추방한다. 나아가 마지막 문장을 보면 이러한 주관적 관계는 환원주의로 낙인찍히게 되므로 이 선지는 옳다.
- ㅁ. (X) 부분과 전체를 결합하는 선재적 존재로서의 간주관적 통일체를 거부하는 것은 전체로서의 구조개념이 아니라 원자주의적 관점임을 첫 번째 문단 마지막 부분에서 알 수 있다.

선생님 Tip
지문의 내용이 완벽히 이해되지 않을 때에는 단순하게 입장을 나눠서 분류하는 방식으로 독해하면 정답률을 높일 수 있다.

12

새로운 과학이론이 좋은 과학이론이 되려면 어떤 조건을 가져야 하는지를 설명하는 글이다.
① (X) 양자역학과 일반상대성 이론의 경우에서 알 수 있듯이, 과거 이론의 예측을 새 이론이 예측하지 못한다는 이유만으로는 새 이론이 폐기되지 않는다. 공존할 가능성이 여전히 있다.
② (X) 이상 기체 이론은 비유적 요소를 통해 미래 연구를 안내하는 기능을 수행했다. 하지만 그 비유적 요소가 참신성에 기인했는지는 본문에 나와 있지 않다.
③ (O) 글 전체에서 볼 수 있듯이, 화자는 좋은 과학이론의 조건들은 이러한 조건을 가졌던 이론이 과거에 성공적이었으므로 이론에 유리한 '조건'으로서의 역할을 할 수 있다고 말한다. 이는 연역적인 방식이 아닌 귀납적인 방식이라고 할 수 있다.
④ (X) 화자는 과학이론의 선택이 형이상학적 신념에 의해 인도된다고 주장한다. 그리고 이러한 형이상학적 신념 아래에서 많은 성과를 거뒀다고 말한다. 화자는 형이상학적 신념으로부터의 독립을 전혀 말하고 있지 않다.
⑤ (X) 본문은 정신세계에 대한 이야기를 하고 있지 않다. 나아가 통합 이론을 가장 바람직하게 볼지도 알 수 없다.

Ⅱ | 인과·가설·실험추론

p.193

01	02	03	04	05
⑤	②	①	②	④
06	**07**	**08**	**09**	**10**
①	①	③	③	⑤
11	**12**	**13**	**14**	**15**
②	②	①	⑤	②
16	**17**	**18**	**19**	**20**
⑤	②	③	③	③
21	**22**	**23**	**24**	**25**
⑤	④	③	⑤	②
26	**27**	**28**		
⑤	③	④		

01
정답 ⑤

① (O) 집단 1에서 사후조사의 편견 정도가 사전조사보다 낮게 나타났다면, 실험자극(처치)이 효과적이었음을 보여준다. 따라서 ㉠을 지지한다.
② (O) 집단 1과 집단 2는 처치 유무에서 차이를 보인다. 처치가 이뤄진 경우가 이뤄지지 않은 경우보다 낮으므로 ㉠에 유리한 증거이다.
③ (O) 집단 2의 사전조사는 처치가 이뤄지지 않은 상황에서의 인식조사이다. 집단 3은 사후조사는 처치가 이뤄진 후의 결과이므로 더 낮은 편견 정도가 나타나야 ㉠에 유리하다.
④ (O) 집단 3의 사후조사는 처치가 이뤄진 후임에도, 처치가 이뤄지지 않은 집단 4보다 편견 정도가 더 낮으므로 ㉠에 유리한 증거이다.
⑤ (X) 먼저, 집단 4의 사후조사 편견 정도가 집단 1의 사후조사 편견 정도보다 낮을 수는 있다. 본문에 제시된 것처럼 사전조사 자체가 일종의 처치이기 때문이다. 그러나 이는 ㉠에서 요구하는 실험자극과는 다르다. 따라서 이를 ㉠을 지지하는 증거로 사용할 수는 없다.

02
정답 ②

ㄱ. (X) D → α & β
α & β → D
─────────────
D ↔ α & β

질병 D와 병원균 α, β는 필요충분의 관계에 있다고 할 수 있다.
따라서 병원균 α 또는 β 둘 중 하나의 보균자가 아닌 경우, 질병 D가 발병하지 않는다.
1) 병원균 α의 보균자이나 병원균 β의 보균자가 아닌 경우, 질병 D가 발병하지 않으므로 병원균 α는 조건 2를 만족하지 않는다.
2) 병원균 β의 보균자이나 병원균 α의 보균자가 아닌 경우, 질병 D가 발병하지 않으므로 병원균 β는 조건 2를 만족하지 않는다.
ㄴ. (O) D → ~(α & β)
질병 D를 앓는 환자에서 병원균 α와 β가 함께 검출되는 경우가 없다면, 병원균 α가 검출되고 β가 검출되지 않는 경우, 병원균 α가 검출되지 않고 β가 검출되는 경우, 모두 검출되지 않는 경우의 세 가지가 가능하다. 따라서 두 병원균 모두 조건 1을 충족하는 경우는 불가능하다. 다시 말해, 어느 한 병원균이 조건 1을 충족하면 나머지 한 병원균은 조건 1을 충족할 수 없다.
ㄷ. (X) D → α or β
병원균 α의 보균자이나 병원균 β의 보균자가 아닌 질병 D의 환자와, 병원균 β의 보균자이나 병원균 α의 보균자가 아닌 질병 D의 환자가 동시에 존재하는 경우라면, 선지의 가정을 만족하면서도 조건 1을 만족하지 않을 수 있다.

03
정답 ①

• 갑은 존재하지 않는 것이 원인이 될 수 없음을 말하고 있다.
• 을은 '~가 없었다면 ~는 일어나지 않았을 것이다'라는 조건문을 통해 인과관계를 파악하고 있다.
• 병은 인과관계에서의 시간 순서를 이야기하고 있다.
ㄱ. (O) 갑의 견해에 제시된 '화초에 물을 주지 않았다는 것'에 '오아시스가 없다는 것'을, '화초가 죽음'에 '사망'을 대입하면 완전히 동일한 구조임을 알 수 있다. 따라서 갑에게 오아시스가 없다는 것은 A가 사망한 사건의 원인이 아니다.
ㄴ. (X) B의 행위가 없었더라도 A는 물통이 없었을 것이기에 사망했을 것이다. 또한 C의 행위가 없었더라도 A는 소금밖에 없는 물통으로 인해 사망했을 것이다. 즉 B와 C 모두의 행위가 없었어도 A의 사망이라는 결과는 일어난다. 따라서 을은 두 행위를 모두 원인으로 평가하지 않을 것이다.
ㄷ. (X) 병은 원인의 필수조건만을 이야기할 뿐, 충분조건을 제시하지 않는다. 따라서 병의 B의 행위가 원인이라고 단정할 것이라는 사실은 알 수 없다.

04

확률과 설문조사에 관한 내용으로, 조사방법론을 미리 공부했다면 익숙한 소재일 것이다. 기본적으로 모집단의 모든 요소가 동일한 추출 확률을 갖도록 하는 것이 좋은 설문조사임을 기억하자.

ㄱ. (X) 모든 기독교인을 무작위로 추출한 사례가 아니다. 교회를 먼저 선택하고, 그다음 교인을 추출하는 방식이다. 따라서 교회가 선택될 확률에 따라 개별 교인이 추출될 확률이 달라진다. 모든 기독교인들이 뽑힐 확률이 동일한 경우가 아니다.

ㄴ. (X) 지문에 따르면 같은 교회의 교인들은 동질성을 지닌다. 따라서 더 많은 교회를 조사할수록 대표성은 올라갈 것이다.

ㄷ. (O) 이 조사의 대표성을 높이기 위해서는 각 개인의 추출 확률을 최대한 동일하게 하여야 한다. 교회가 뽑힐 확률을 교인 수에 비례하도록 설정하는 경우, 교인 수가 많으면 교회와 교인 수가 적은 교회 사이에 뽑힐 확률의 차이가 발생한다. 이러한 확률의 차이로 각 개인이 뽑힐 확률을 일정하게 조정할 수 있다. 가령 N개의 교회에 대하여 교인 수와 관계없이 교회를 선택하는 경우 개인이 뽑힐 확률은 $1/N \times 1/m_0$ (m은 해당 교회의 교인 수)이 된다. 반면 N개의 교회에 대하여 교인 수를 고려하여 교회를 선택하는 경우 개인이 뽑힐 확률은 $m_0/M \times 1/m_0$ (M은 전체 교회 교인의 수)이 된다. 전자는 $1/N \times m_0$인 반면 후자는 $1/M$이다. 후자는 소속 교회 교인의 수와 무관히 뽑힐 확률이 결정된다.

05

C는 원인 E는 결과이다.

ㄱ. (X) 대조 사례의 경우 한쪽은 C와 E가 모두 있고 다른 쪽은 둘 다 부재한 상황이 펼쳐져야 하는데 선지의 경우 유전자가 같다는 원인(C)은 모두에게 존재하고 조현병(E)도 모두 존재하기 때문에 대조 사례라고 볼 수 없다.

	C	E
갑	O	O
을	O	O

ㄴ. (O) β형 모기에 물린 것(C)과 말라리아에 걸린 것(E)을 기준으로 할 때 갑과 을은 대조 사례의 조건을 충족할 수 있다.

	C	E
갑	O	O
을	X	X

더하여 본문의 세 가지 조건 중 첫 번째를 충족하기 위해서는 갑과 을이 C의 결여 외에 모든 측면이 유사하여야 하므로, 말라리아에 대한 선천적 저항력도 차이가 없어야 한다.

ㄷ. (O) 총 식사량 감소(C1)와 저탄수화물 식단(C2) 각각이 C임을 파악하여야 한다.

	C1	C2	E
갑	O	O	O
을	X	X	X

속성이 하나가 아니므로 선지의 내용처럼 C2의 영향력을 무시할 수 있는 수준으로 축소하지 않으면, C1과 C2 중 어느 것이 E에 영향을 미쳤는지 파악할 수 없다.

06

결정론과 자유의지, 그리고 책임에 관한 문제이다.

ㄱ. (X) 지문의 첫 번째 문장은 필요조건을 나타내고 있다. 지문에 따르면 우리 행위가 우리 자신의 자유로운 선택의 결과일 때에'만' 도덕적 책임을 진다. ㄱ은 충분조건을 서술하고 있으므로 옳지 않은 진술이다.

ㄴ. (O) 지문의 "만약 우리가 우리의 의지가 자유롭다는 것을 정말로 안다면, 우리의 의지가 자유롭다는 것은 참일 수밖에 없다. 사실이 아닌 어떤 것을 알 수는 없기 때문이다."를 통해 옳은 진술임을 파악할 수 있다.

ㄷ. (X) 우리가 자유롭게 행했다고 여기는 많은 행위들을 인과 법칙적으로 설명할 수 있다면, '우리가 자유롭다고 느낀다는 사실이 우리가 실제로 자유롭다는 것을 보여주지는 못한다'는 글쓴이의 논거를 약화하지 않고 오히려 지지한다.

07

마지막 문단은 인과관계와 상관관계가 서로 이어지지 않는 '일상의 지식에 반하는 사례'를 보여준다.

ㄱ. (O) 대칭성의 원리에 따라 분자와 분모를 뒤바꿔도 상관관계의 방향성은 보존된다. 그렇다면 (비만인 또는 정상인)/흡연 등의 비율을 추론하여, 상관관계의 방향성을 파악할 수 있다.

ㄴ. (X) 지문의 관계가 전제하고 있는 변수들은 절대적인 수치가 아닌 비율 등의 상대적인 수치이다. 따라서 선지에서 언급하고 있는 절대적인 수치는 지문의 논리를 그대로 적용할 수 없는 대상이다. 의도와 부합하지 않는다.

ㄷ. (X) 마지막 문단은 '인과관계와 상관관계 간 관계가 있다'라는 진술을 정면으로 반박하기 때문에, 두 종류의 관계 사이에 단정적으로 관계가 있다는 결론을 내릴 수 없다. 지문의 논리와 사례를 그대로 인용하면, 흡연과 심장 발작 사이에서 상관관계가 없어지거나 아니면 부정적인 상관관계를 가질 가능성도 존재한다. 따라서, 한 변수 A가 다른 변수 B와 인과관계를 갖고, 그 다른 변수 B가 C와 상관관계를 갖는다고 하더라도, A와 C 사이의 상관관계가 없어지는 상황은 가능하다.

08

〈인과 이론〉

A는 B의 원인이라는 것은 A가 발생하지 않으면 B가 발생하지 않는다는 의미이다.

$$\sim A \rightarrow \sim B \quad \Leftrightarrow \quad B \rightarrow A$$

〈영민의 판단〉

ⓐ	S_1의 낙하가 S_2 낙하의 원인이다.	$\sim S1 \rightarrow \sim S2$
ⓑ	S_2의 낙하가 S_1 낙하의 원인이다.	$\sim S2 \rightarrow \sim S1$

ㄱ. (O) "$\sim S_1 \rightarrow \sim S_2$"가 참이라면 영민의 판단 ⓐ와 동일하다.

ㄴ. (O) 선지는 원인의 요건으로 시간적 선행성을 제시하고 있다. 판단 ⓑ는 시간적으로 앞선 사건인 S_2를 원인으로 제시하므로 요건에 부합한다.

ㄷ. (X) S_1을 힘을 가하는 사건(S_1힘)과 낙하하는 사건(S_1낙)으로 구분하면, $\sim S_1$힘 → $\sim S_1$낙 → $\sim S_1$낙이 될 것이다. 이때 판단 ⓐ는 $\sim S_1$낙 → $\sim S_2$낙이라 주장하므로 잘못되었다. 판단 ⓑ는 옳다.

09

실험 결과를 통해 두 독립 변수의 영향을 평가한다.

(가)

일란성 쌍생아의 범죄성 일치율	40%
이란성 쌍생아의 범죄성 일치율	10%

(나)

생부의 범죄	양부의 범죄	입양아 범죄 비율
O	O	40%
X	O	15%
O	X	35%
X	X	10%

양부의 범죄 유무에 따른 범죄 비율 차이	5%
생부의 범죄 유무에 따른 범죄 비율 차이	25%

ㄱ. 일치법에 대한 선지이다.
   (가) 단 하나의 공통요인이 나타나지 않는다.
   (나) 양부의 범죄 유무에 따른 차이도 존재하므로, 두 변수 모두 결과에 영향을 미친다.
   (가), (나) 모두 일치법에 해당하지 않는다.
ㄴ. 차이법에 대한 선지이다. 차이법은 하나의 변수를 제외한 나머지 모든 변수를 통제한다.
   (가) 유전 요인의 유무에 따라 범죄성 일치율이 차이를 보인다.
   (나) 생부의 범죄 유무와 양부의 범죄 유무 모두 범죄 비율에 영향을 미친다.
   (가), (나) 모두 차이법에 해당한다.
ㄷ. 선형상관관계에 대한 선지이다.
   (가), (나)의 독립 변수는 모두 명목(O, X)적이며 등간, 비율적이지 않다. 연속적인 값을 갖지 않으므로 (가), (나) 모두 사용할 수 없다.
따라서 (가)-ㄴ, (나)-ㄴ이다.

10

ㄱ. (O) (가설 1)이 맞다면, 반응자는 본인들의 기대 수익을 최대화하는 선택을 해야 한다. 이 경우 반드시 8-2를 받아들인다. 제안을 거부하게 되면 아무것도 받을 수 없다. 받아들인다면 최소한의 수익이나마 얻을 수 있다. 따라서 제안을 받아들이는 것이 (가설 1)에 부합한다. 그러나, 반응자의 과반이 거부를 했다면 (가설 1)에 부정적인 근거이다.
ㄴ. (O) (가설 1)이 옳다면 각 개인은 기대 수익만으로 결정을 내린다. 제안자의 기대 수익은 다음과 같다.

	수락확률	거부확률	기대 수익
5-5안	1	0	5,000×1=5,000
8-2안	0.2	0.8	8,000×0.2=1,600
동전안	0.8	0.2	(0.5×5,000+0.5×8,000)×0.8=5,200

동전안은 80% 확률로 수락되며, 이 경우 절반의 확률로 제안자가 5천 원 또는 8천 원을 받을 수 있다. 20% 확률로 거부되면 아무런 수익도 얻지 못한다. 이를 바탕으로 기대 수익을 구하면 5,200원으로 5-5안의 5천 원보다 기대 수익이 크다. 따라서 동전안을 선택하는 경우 (가설 1)은 강화된다.

ㄷ. (O) [실험 2]는 [실험 1]과 달리 동전안의 선택 근거를 비공개로 한다. [실험 1]에서는 동전안을 선택하여 8-2안이 채택될 가능성이 확률적으로 반반이지만, [실험 2]에서는 8-2안의 선호에 따라 거짓말을 할 수 있다. 이때 [실험 2]에서 8-2안의 선택 비율이 높아졌으므로, 발각되지 않을 가능성이 높아짐에 따라 거짓말을 한 것으로 볼 수 있다. 따라서 (가설 2)는 강화된다.

11

호랑이 카멜레온의 대륙이동 원인
㉠ 호랑이 카멜레온의 조상이 살던 대륙 자체가 분리 및 이동하였다.
㉡ 호랑이 카멜레온의 조상이 해류를 타고 이동하였다.
ㄱ. (X) 다른 대륙과 연결된 적이 없는 섬에 카멜레온이 서식할 수 있다면, 카멜레온은 자생적으로 태어날 수 있는 종이다. 다시 말해 카멜레온이 한 지역에 모여있었어야 할 필요가 없다.
ㄴ. (X) 해당 연구 결과에 따르면 호랑이 카멜레온의 조상이 동쪽으로 표류하여 세이셸 제도에 도착할 수 있음을 보여준다. 이는 ㉡을 지지하는 근거이다.
ㄷ. (O) 지문에 따르면 아프리카와 인도-마다가스카르가 먼저 분리되고, 그다음 인도와 마다가스카르가 분리되었기 때문에, 세이셸에서만 서식하는 카멜레온은 가장 나중에 나타나야 한다. 그러나 선지에서는 아프리카와 마다가스카르 카멜레온의 출현 시기가 반대로 제시되어 있다. 이 경우 아프리카와 인도, 마다가스카르 모두에 동일한 카멜레온이 발견되어야 한다. 따라서 ㉠은 약화된다. 그러나 카멜레온의 출현 시기와는 상관없이, 카멜레온들이 뗏목을 타고 이동하는 것은 가능하다. 따라서 ㉡은 약화하지 않는다.

12

P는 '甲의 폐암은 흡연에 비해 유발되었을 개연성이 낮다'고 주장한다.
ㄱ. (X) 흡연에 노출되지 않은 집단에서 폐암이 발병할 확률이 흡연자 집단(흡연에 노출된 집단)에서의 발병 확률보다 낮았다는 사실은, 흡연이 폐암 발병에 영향을 주었을 가능성을 의미한다. 따라서 P의 주장은 약화 된다.
ㄴ. (X) 甲의 부친이 폐암으로 사망했고, 甲이 폐렴을 앓았으며 폐암이 비소세포암이라면 부자간의 유전을 의심할 수 있다. 즉, 해당 폐암 발병이 유전이나 질병 이력으로 인해 발생했을 확률이 높다. 따라서 甲의 폐암의 원인이 흡연이 아니라는 P의 주장은 약화 되지 않는다.
ㄷ. (O) 마지막 문단 후반부에 따르면 소세포암은 흡연과의 관련성이 높다. 따라서 甲의 폐암이 소세포암이라면, 흡연이 폐암에 의해 유발되었다는 甲의 주장에 타당성이 생긴다.

13

• A: 약한 독성을 가진 모델
• B: 강한 독성을 가진 모델
• C: 의태자
㉠ C가 A보다 B의 형태로 진화하는 것이 생존에 유리하다. (강한)
㉡ C가 B보다 A의 형태로 진화하는 것이 생존에 유리하다. (약한)
ㄱ. (O) 닭들이 강한 독을 가진 개구리(B)는 잡아먹지 않고, 약한 독을 가진 개구리(A)는 잡아먹는다면, 개구리는 강한 독을 가진 개구리의 형태(B)로 진화하는 것이 생존에 유리하다. 이는 ㉠이 주장하는 바이며, ㉡에 따르면 약한 독을 가진 형태로 의태한다고 말하므로 이 사례와 맞지 않다.

ㄴ. (X) 강한 독이 있는 나방을 잡아먹은 닭은 모두 죽었으니 존재하지 않고, 오로지 약한 독이 있는 나방을 잡아먹은 닭들만 살아남아 약한 독이 있는 나방(A)과 동일하게 생긴 나방을 잡아먹지 않는다. 그러므로 의태를 할 때는 약한 독을 가진 형태(A)로 진화하는 것이 더 유리할 것이다. 이는 ⓒ을 강화하는 사례이다.

ㄷ. (X) 독에 대한 경험이 없는 닭들이 나방을 잡아먹은 이후에 개구리를 잡아먹은 사례는 자극과 반응의 대상이 서로 달라 본문의 가설들과 관련이 없다.

14 정답 ⑤

가설 H의 현재 강화 수준을 X_0, 증거 E가 추가되었을 때의 가설 H의 강화 수준을 X_1, 증거 E의 부정이 추가되었을 때의 가설 H의 가설수준을 X_2라 하자. 이를 바탕으로 증거-대칭성 관계를 나타내면 다음과 같다.

증거	가설 H의 강화 수준의 변화
증거 E	$X_1 - X_0$
증거 E의 부정	$X_2 - X_0$

증거-대칭성 $|X_1 - X_0| = |X_2 - X_0|$

ㄱ. (O) 갑이 범인이 아니다 하더라도 을이 범인일 가능성은 가능하기 때문에 을이 범인이 아니라는 가설을 최대한 강화할 수 없다.

ㄴ. (O) 수식으로 표현하자면, 병을 이제 고려 안 해도 되기 때문에, 갑이 범인일 확률과 을이 범인일 확률만 고려하면 된다. 이 중 한 사람만 범인이라는 사실을 우리가 알고 있기 때문에, 갑이 범인이면 을이 범인이 아니고, 역도 성립한다. 따라서 두 가설은 서로 최대로 약화하는 관계에 있다. 그 이유는 갑이 만약 범인이 아닐 경우, 을은 범인이 되는데 이는 을이 범인이 아니라는 진술과 정면으로 모순되기 때문이다. 정면으로 모순되는 두 진술은 서로 최대한으로 약화하는 관계이다.

ㄷ. (O) ㄴ의 논리를 따르게 되면, 갑이 범인이라는 진술은 을이 범인이 아니라는 진술과 동치이기 때문에 서로를 강화한다. 또한 갑이 범인이 아니라면 을은 범인이 맞기 때문에 증거-대칭성 관계에 놓여있다는 점을 확인할 수 있다.

15 정답 ②

경쟁가설 속의 가설 $h_1 \sim h_n$에 대해 각각이 참일 확률을 $p_1 \sim p_n$이라 하자. 지문에 따라 $\Sigma p_k = 1$이다.

① (O) 한 증거가 세 개의 가설 $h_1 \sim h_3$에 대해 부정적 증거라면, p_1, p_2, p_3의 값을 낮춘 것이다.
$\Sigma p_k = 1$이 유지되기 위해서는 최소한 p_4 하나는 존재하고 그 값이 늘어나야 한다.

② (X) $\Sigma p_k = 1$임에도 $p_n = 1$이라면, 나머지 가설들의 확률이 모두 0이 된다. 그렇다면 그 증거는 반드시 다른 가설들에 부정적 증거가 된다.

③ (O) $\Sigma p_k = 1$이므로 어떤 증거가 어떤 가설이 참일 확률(p_n)을 높이면, 그 증거는 필연적으로 다른 가설이 참일 확률을 줄여야 한다.

④ (O) 영향을 미치는 가설의 수는 다를 수 있다.

⑤ (O) 세 개의 가설만 있는 경우, $\Sigma p_k = 1 = p_1 + p_2 + p_3$가 된다. 가령 h_1과 h_2에 대해 중립적이어서 p_1과 p_2의 값이 일정하다면, p_3 또한 변함이 없어야 한다. 따라서 두 가설에만 중립적인 자료는 존재할 수 없다.

16 정답 ⑤

• 논리적 관계
E(증거)와 H(가설) 사이에는 반드시 논리적 관계가 존재하거나 존재하지 않는다. 존재하지 않는 경우 중립이며, 존재하는 경우 입증 또는 반증이 된다.

• 논리적 관계는 확률적 관계를 함축한다. 즉, 논리적 관계가 성립하면 확률적 관계 또한 성립한다. 그러나 그 역은 성립하지 않는다.

① (O) 논리적으로 반증하지도 않고 중립적이지도 않다면, 입증하는 관계이다. 논리적 입증은 확률적 입증을 함축한다. 따라서 중립적이지 않다.

② (O) 본문 여섯 번째 줄에 따르면, 논리적 입증의 부정은 논리적 반증이다.

③ (O) 논리적 반증이면, 그 부정은 논리적 입증이다. 따라서 확률적 입증을 함축한다.

④ (O) 대우를 취하면 'E가 H를 논리적으로 입증하는 경우, E는 H에 확률적으로 중립적이지 않다'가 된다.

⑤ (X) ④와 마찬가지로 대우를 취하면, '논리적으로 반증하지 않는다면, 확률적으로 입증한다'가 된다. '논리적으로 반증하지 않는다'라는 문장은 입증뿐만 아니라 중립인 경우도 포함한다. 따라서 '확률적으로 입증한다'를 추론할 수 없다.

17 정답 ②

(A)는 한 종에 대한 가설이며, (B)는 진화적으로 가깝지 않은 두 종에 대한 가설이다.

ㄱ. (X) 진화적으로 서로 가깝지 않은 종에 대해서 공통된 변화가 관찰되었다면 (B)를 강화할 수는 있지만, (A)는 종간의 비교를 한 가설이 아니므로 무관하다.

ㄴ. (O) 진화적으로 서로 가깝지 않은 종에서 수렴진화가 일어난 사례는 (B)를 강화하고, 감칠맛 수용체가 불필요해진 한 종이 과감히 이를 제거한 것은 (A)를 강화한다.

ㄷ. (X) 선지에서 사람과 오랑우탄은 진화적으로 서로 가까운 종임을 알 수 있다. (B)는 진화적으로 가깝지 않은 두 종에 대한 가설이므로 선지의 내용과 무관하다. 따라서 약화할 수 없다.

18 정답 ③

A	혈액 = 세포성분 + 액체성분 액체성분을 제외한 세포성분만 흡수 혈액 섭취 ∝ 세포성분 흡수량 ∝ 액체성분 분비
B	액체성분 분비로 체온 상승 억제 혈액 섭취 ∝ 온도 ∝ 액체성분 분비

※ 혈액흡수를 선행 변인으로 두고, 혈액흡수는 증가한 것으로 가정한다.
※ A는 세포성분을, B는 온도를 독립 변인으로 본다.

ㄱ. (O) 온도가 통제된 상태에서 단위당 흡수하는 세포성분의 양이 감소하자, 분비하는 액체성분의 양이 증가하였다. 이는 흡수하는 세포성분의 양을 일정히 유지하기 위해 혈액 섭취량을 늘리고, 더 많은 액체성분을 분비한 것으로 해석할 수 있다. 이는 A의 주장과 일치한다.

ㄴ. (O) A의 주장이 옳다면, 세포성분이 완전히 제거된 상태에서 온도 변인이 변화하는 것으로는 액체성분의 분비량에 변화가 없어야 한다. 그러나 세포성분이 통제된 상태에서도 온도 증가에 따라 액체성분의 분비량이 증가하였으므로 B의 주장은 강화된다. 본문에 따르면 모기의 체온은 인간의 체온보다 낮다.

ㄷ. (X) 두 변인을 모두 통제되지 않은 상태에서 실험을 진행하는 경우, 각 변인의 효과를 명확히 분리할 수 없다. 하나의 현상에 대해 서로 대립하는 두 가설을 실험을 통해 평가하기 위해서는 반드시 변인에 대한 통제가 필요하다.

19 정답 ③

- 조직별 조작 시스템: 프로모터 삽입 → 특정 조직에서만 A효소 발현 → 유전자 발현
- 시기별 조작 시스템: 프로모터 조작 → 약물 투입시에만 A효소 발현 → 유전자 발현
- 실험 분석
  X 약물 투입 → 프로모터 발현 → 세포 색 변화(파란색)
  X 약물 투입 중단 이후 생성된 세포는 색 변화 없음

세포 종류	X 약물 처리 후		고지방 식이 후	
	파란 세포 수	세포의 크기	파란 세포 수	세포의 크기
내장 지방 세포	100	정상	20 (ⓑ)	증가
피하 지방 세포	100	정상	100 (ⓒ)	증가
근육 세포	0 (ⓐ)	정상	0	정상

ⓐ X 약물 처리 후에도 근육 세포에서는 파란 세포가 발견되지 않는다. 따라서 근육 세포는 조직별 조작 대상에 속하지 않는다.

ⓑ 고지방 식이 후에 내장 지방 세포의 파란 세포 비율이 감소하였다. 이때 고지방 식이는 X 약물의 처리를 중단한 후에 진행한다. 따라서 X 약물의 처리를 중단한 후 새로 생겨난 정상 세포가 있어 파란 세포의 비율이 감소한 것으로 볼 수 있다.

ⓒ 고지방 식이 후에도 피하 지방 세포의 파란 세포 비율은 변화하지 않았다. 이는 X 약물의 처리를 중단한 후에도 새로 생겨난 정상 세포가 없음을 의미한다.

ㄱ. (O) ⓑ와 ⓒ에 의해 설명된다.

ㄴ. (X) 추론할 수 없다. 단서(*)에 따르면 표의 '파란 세포 수'는 임의의 세포 100개당 파란 세포의 수를 의미한다. 세포의 수와 부피의 연관성에 대해서는 본문에 언급된 바가 없다.

ㄷ. (O) ⓐ에 의해 설명된다.

20 정답 ③

- 비정상적 면역 활성화 메커니즘
  바이러스 감염 → 수지상 세포(DC) 활성화 → T_H17 면역 세포 활성화 → IL−17 단백질 전달 → 뇌 발달 저해
- 가설 ㉠: 특정 장내 세균의 존재 유무가 비정상적 면역 활성화에 중요하다.

ㄱ. (O) 가설 ㉠은 강화된다. X1의 DC는 이미 바이러스에 노출되어 활성화되어 있으므로 T_H17을 활성화할 가능성이 있다. X2는 장내 공생 세균이 있고, Y2의 경우 장내 공생 세균이 없다는 차이만 존재한다. 두 생쥐 군의 T_H17은 모두 비활성화된 상태이다. 이때 X2의 T_H17만이 X1의 DC와 만나 활성되었으므로(IL−17 생산), 장내 특정 공생 세균이 T_H17의 활성화(즉, 비정상적 면역 활성화)에 영향을 미쳤다고 볼 수 있다.

ㄴ. (O) 가설 ㉠은 강화된다. Y2의 T_H17은 비활성화된 상태이다. X1과 Y1 모두 바이러스에 감염된 상태이므로 DC가 활성화되어 있어야 한다. 이때 X1의 DC만이 Y2의 T_H17을 활성화시켜 IL−17을 생산하였다. 이는 Y1의 DC가 바이러스 감염에도 불구하고 활성화되지 않았거나 Y1의 DC가 활성화되었더라도 T_H17를 활성화하지 못한다는 것을 의미한다. X1과 Y1은 장내 특정 공생 세균의 유무에서만 차이를 보인다. 따라서 T_H17의 활성화 여부는 장내 특정 공생 세균에 영향을 받는다.

ㄷ. (X) 가설 ㉠은 강화되지 않는다. X1과 Y2는 장내 특정 공생 세균의 유무와 바이러스 감염 여부의 두 변수에서 차이를 보이고 있다. 두 표본에서 나타난 결과를 비교하여 가설을 평가하기 위해서는 한 변수를 제외한 나머지를 모두 통제하여야 한다. 따라서 X1과 Y2를 비교하는 것은 아무런 의미가 없다. 가설 ㉠을 강화할 수도, 약화할 수도 없다.

선생님 Tip

가설 ㉠의 바로 다음 문장을 참고하면 "바이러스 감염에 더하여 특정 장내 세균이 존재하지 않으면 비정상적 면역 활성화가 일어나지 않는다."로 해석할 수 있다.

21 정답 ⑤

표가 길어서 당황스러울 수 있다. 표 세 번째 줄과 일곱 번째 줄에만 차이가 있다는 점에 주목하면 편하게 풀 수 있다. A 단백질이 존재하고, 세포 내 농도가 낮은 경우에만 1분 후 HCO_3^-가 수송되고, 그 이후 농도가 유지되는지 여부는 B 단백질에 의해 결정된다.

	세포 내 Cl^- 농도	A 단백질	B 단백질	수송되는 이온 종류		
				1분 후	5분 후	10분 후
3행	낮음	O	×	HCO_3^-	Cl^-, HCO_3^-	Cl^-
7행	낮음	O	O	HCO_3^-	HCO_3^-	HCO_3^-

ㄱ. (O) CFTR의 기능이 전환되는 사례는 표의 3행과 7행뿐이다. 이 두 경우 모두 A 단백질이 존재한다. 다른 모든 조건이 동일한 상황(표의 4행, 8행)에서 A 단백질이 존재하지 않는 경우 CFTR의 기능이 전환되지 않은 것을 확인할 수 있다. 따라서 A 단백질이 필요하다.

ㄴ. (O) 표의 3행과 7행을 통해, A 단백질이 있는 동일한 조건에서 Cl^- 농도에 따라 CFTR의 기능이 변화함을 확인할 수 있다. 이는 Cl^- 또한 CFTR의 기능 변화에 중요한 변수임을 의미한다.

ㄷ. (O) 표의 3행과 7행의 차이점은 B 단백질의 유무이다. 그리고 두 경우에서는 수송되는 이온이 유지되는 시간에 차이가 나고 있다.

22 정답 ④

㉠의 독립 변수는 '활성산소의 유무', 종속 변수는 '병독균의 성장'이다. 세균 C는 병독균이다.

ㄱ. (X) ㉠은 병독균의 성장이 저해되는지 아닌지를 평가할 수 있는 실험 결과만이 강화 또는 약화할 수 있다. 세균 A나 세균 B는 병원균이 아니므로 ㉠과 무관하다.

ㄴ. (O)

		세균 C	죽음
물질 X	활성산소 분비	세균 C	생존

물질 X는 활성산소를 분비케 한다. 물질 X를 주입하여 활성산소가 분비되었을 때 병독균인 세균 C가 성장하였다면 초파리가 죽음에 이르렀을 것이다. 하지만 생존하였으므로 세균 C는 성장하지 못한

것이다. 이는 물질 X의 주입으로 인한 활성산소 분비가 세균 C의 성장을 저해하였음을 의미한다. 따라서 ⊙은 강화된다.

ㄷ. (O)

| 세균 D | 활성산소 (다량) 분비 | 세균 C | 죽음 |
| | | 세균 C | 생존(염증) |

세균 D는 활성산소를 다량 분비케 한다. 이때 병독균인 세균 C의 성장이 억제되지 않는다면 초파리는 죽음에 이르렀을 것이다. 하지만 생존하였으므로 세균 C는 성장하지 못한 것이다. 이 또한 ㄴ과 마찬가지로 활성산소 분비가 세균 C의 성장을 저해하였음을 의미한다. 따라서 ⊙은 강화된다.

23 　　　　　　　　　　　　　　　　　정답 ③

지문에 따르면 상염색체 STR을 통해 부모−자식 관계를 추론할 수 있고, Y염색체는 부계를 따라, 미토콘드리아는 모계를 따라 유전된다.

ㄱ. (O) 검체 A와 갑은 Y염색체 값이 같다. 또한 상염색체 STR의 경우에도 한쪽 씩은 일치한다. 따라서 부자관계의 가능성이 존재한다.

ㄴ. (O) 이모의 자녀라면 모계적 특성이 같아야 한다. 따라서 미토콘드리아 정보만 같다면, 가능성이 배제되지 않는다.

ㄷ. (X) 이복형제라면 같은 아버지로부터 태어났으므로, 무조건 Y염색체가 같아야 한다. 하지만 C와 갑의 Y염색체 STR이 서로 다르므로 같은 부계일 수 없다.

24 　　　　　　　　　　　　　　　　　정답 ⑤

원인	SV40		니트로벤젠	
암세포	A1	A2	B1	B2

	X1	X2	Y1	Y2
(나) 1차 이식	A1	A1	B1	B1
(다) 2차 이식	A2	B2	A2	B2
발병 여부	X	O	O	O
(라) 3차 이식				
발병 여부				

위 표로 추론컨대, A1과 A2는 동일한 항원으로 인식될 것(X1)이며, B1과 B2는 서로 다른 항원으로 인식될 것(Y2)이다.

ㄱ. (X) Y1은 이미 A2를 접하였으므로, A1도 효율적으로 제거할 수 있을 것이다.

	X1	X2	Y1	Y2
(나) 1차 이식	A1	A1	B1	B1
(다) 2차 이식	A2	B2	A2	B2
발병 여부	X	O	O	O
(라) 3차 이식	A1	A1	A1	A1
발병 여부	X	X	X	O

ㄴ. (X) X2는 이미 A1을 접하였으므로, A2를 효율적으로 제거할 수 있을 것이다.

	X1	X2	Y1	Y2
(나) 1차 이식	A1	A1	B1	B1
(다) 2차 이식	A2	B2	A2	B2
발병 여부	X	O	O	O

(라) 3차 이식	A2	A2	A2	A2
발병 여부	X	X	X	O

ㄷ. (O) Y1과 Y2는 B1을 이미 접하였으므로, B1을 효율적으로 제거할 수 있다. 그러나 X1과 X2는 B1을 접한 적이 없고, Y2의 사례에서 알 수 있듯 B1과 B2는 서로 다른 항원으로 인식된다. 따라서 X2도 암이 발생한다.

	X1	X2	Y1	Y2
(나) 1차 이식	A1	A1	B1	B1
(다) 2차 이식	A2	B2	A2	B2
발병 여부	X	O	O	O
(라) 3차 이식	B1	B1	B1	B1
발병 여부	O	O	X	X

ㄹ. (O) B1과 B2는 서로 다른 항원으로 인식된다. X2와 Y2는 (다)에서 이미 B2에 대한 면역을 갖추었으므로 암이 발병하지 않을 것이고, X1과 Y1은 그렇지 않다. 따라서 X1과 Y1에서 암이 발생할 것이다.

	X1	X2	Y1	Y2
(나) 1차 이식	A1	A1	B1	B1
(다) 2차 이식	A2	B2	A2	B2
발병 여부	X	O	O	O
(라) 3차 이식	B2	B2	B2	B2
발병 여부	O	X	O	X

25 　　　　　　　　　　　　　　　　　정답 ②

- 갑: ⟨표 1⟩을 통해 하층계급이 중간계급보다 시민권에 대해 긍정적으로 평가하고 있다고 주장
- 을: ⟨표 1⟩과 더불어 ⟨표 2⟩를 통해 중간계급이 하층계급보다 시민권에 대해 긍정적으로 평가하고 있다고 주장
- ⟨표⟩

가중평균을 이용하여 인종의 비율을 추론할 수 있다.

ⓐ 중간계급: B인종>A인종

중간계급 A인종의 긍정적 비율	70%	X시에서 중간계급 A인종의 비율	a1
중간계급 B인종의 긍정적 비율	30%	X시에서 중간계급 B인종의 비율	b1

$$a1 \times 0.7 + b1 \times 0.3 = 0.37$$

- a1과 b1이 0.5인 경우의 X시 중간계급의 긍정비율은 0.45가 되어야 한다.
- a1이 0.5보다 크다면 0.45보다 더 큰 값을 가지게 될 것이고, 0.5보다 작으면 0.45보다 더 작은 값을 가지게 될 것이다.
- 따라서 a1이 0.5보다 작아야 한다. 이때 a1+b1=1이므로, b1>a1
- a1=0.175, b1=0.825

ⓑ 하층계급: A인종>B인종

위와 같은 방법으로 구할 수 있다.

하층계급 A인종의 긍정적 비율	50%	X시에서 하층계급 A인종의 비율	a2
하층계급 B인종의 긍정적 비율	20%	X시에서 하층계급 B인종의 비율	b2

$$a2 \times 0.5 + b2 \times 0.2 = 0.45$$

- a2와 b2가 0.5인 경우의 X시 중간계급의 긍정비율은 0.35가 되어야 한다.
- a2가 0.5보다 크다면 0.35보다 더 큰 값을 가지게 될 것이고, 0.5보다 작으면 0.35보다 더 작은 값을 가지게 될 것이다.
- 따라서 a2가 0.5보다 커야 한다. 이때 a2+b2=1이므로, a2>b2
- a2=5/6, b2=1/6

ㄱ. (X) 중간계급은 B인종이 더 많다. 본문의 조건과 일치하지 않는다.
ㄴ. (O) 하층계급은 A인종이 더 많다. 본문의 조건에 부합하며, 인종 편향은 태도를 왜곡할 수 있다.
ㄷ. (X) 〈표 1〉과 〈표 2〉를 바탕으로 중간계급과 하층계급의 사람의 수를 비교할 수 없다. 따라서 한 인종 내의 계급 비중 또한 알 수 없다.

26   정답 ⑤

사형 찬성론자들의 가설	사형 집행(독립 변수) 증가 → 살인 행위(종속 변수) 감소

ㄱ. (O) 제도적으로 사형 제도를 도입했지만 실제로는 사형을 집행하지 않았다면, 사형 찬성론자들이 독립 변수(사형 집행)로 상정하는 것에 변동이 없는 것이다. 따라서 효과적으로 반박할 수 있다.
ㄴ. (O) 독립 변수와 종속 변수 사이의 상관관계를 억제, 왜곡하는 변수가 있다는 주장이다. 가설에 부합하지 않는 통계를 반박하는 전형적인 방법이다.
ㄷ. (O) 〈표〉의 '사형 제도가 없는 주'가 이미 사형 제도가 시행되었다가 폐지된 주라면, 낮은 살인 범죄율이 사형 제도의 효과로 발생하였을 수 있다는 주장이다. 이러한 경우 '사형 제도가 없는 주'와 '사형 제도가 있는 주'를 사실상 구분할 수 없다. 따라서 타당하다.

27   정답 ③

• 대화

돼지고기 삼겹살의 기름	동물성 지방	상온에서 고체
기름장의 참기름	식물성 지방	상온에서 액체

- 상온에서 상에 차이가 나는 것은 포화지방산 대 불포화지방산 조성비율이 다르기 때문이다.

포화지방산	탄소와 탄소 사이 단일결합
불포화지방산	하나 이상의 이중결합 존재

• 〈표〉
- 〈표1〉: 탄소 개수가 증가할수록 녹는점 상승
- 〈표2〉: 이중결합수가 증가할수록 녹는점 하락
  * 이중결합이 0인 경우는 포화지방산이다.

〈표2〉의 단서(*)에 의해 모든 지방산에 대해 이중결합수가 증가할수록 녹는점이 하락함을 알 수 있다. 즉, 동일한 탄소 개수의 포화지방산에 비해 불포화지방산은 항상 녹는점이 낮다.

① (X) 탄소 개수 12인 포화지방산의 녹는점은 45이며, 탄소 개수 14인 포화지방산은 54이다. 〈표2〉에 의해 이중결합수에 따라 불포화지방산과 포화지방산의 녹는점이 큰 차이를 보임을 알 수 있다. 특히 이중결합수가 0인 경우와 1인 경우 사이의 차이가 1인 경우와 2인 경우 사이의 차이의 5배에 달한다(이하, 0-1 차이, 1-2 차이 등으로 표기한다).

② (X) 동일한 탄소 개수를 가진 지방산의 이중결합이 적을수록 녹는점이 높다. 녹는점은 고체가 액체로 변하는 지점으로, 녹는점이 높을수록 상온에서 고체상태로 존재할 가능성이 더 높다. 이중결합이 많을수록 상온에서 액체상태로 존재할 가능성이 더 높다.

③ (O) 〈표2〉에 따르면 0-1 차이가 가장 크다. 탄소 개수 16의 0-1 차이와 탄소 개수가 2개 더 적은 탄소 개수 14의 0-1 차이를 비교하면, 기본 녹는점이 더 높은 탄소 개수 16의 0-1 차이가 더 클 것이다. 탄소 개수 14의 1-2 차이는 0-1 차이보다 작을 것이 자명하다.

④ (X) 상온에서 고체가 되기 위해서는 녹는점이 상온보다 높아야 한다. 현재 액체인 식물성 지방을 고체 마가린으로 만들기 위해서는 녹는점을 끌어올려야 한다. 곧, 이중결합수를 줄여야 한다. 따라서 이중결합을 만들어야 한다는 선지의 주장은 잘못되었다.

⑤ (X) 동물성 지방은 고체상태로 존재하기 때문에 포화지방의 함량이 식물성 지방보다 높을 것이다.

28   정답 ④

각 변인이 테니스채의 성능이라는 결과에 어떻게 영향을 끼치는지 파악하는 것이 중요하다. 결과에 미치는 변인은 하나만 있을 수도, 여러 가지가 복합적으로 영향을 미칠 수도 있다. 이때, 나머지 모든 변인이 통제된 상태에서 변인 하나만을 서로 다르게 처치하는 차이법으로 단일 변인의 영향력을 평가할 수 있다. 여러 변인이 복합적으로 영향을 미치는 경우에는 표를 복합적으로 비교평가하여야 한다.

• [줄의 소재]의 영향 평가 (1행, 9행 비교)

성능	변인			
	줄의 소재	프레임의 넓이	손잡이의 길이	프레임의 재질
O	천연	넓다	길다	보론
O	합성	넓다	길다	보론

나머지 모든 변인을 통제하고 [줄의 소재]만을 바꾸어도 성능에는 차이가 없다.

• [손잡이의 길이]의 영향 평가 (1행, 5행 비교)

성능	변인			
	줄의 소재	프레임의 넓이	손잡이의 길이	프레임의 재질
O	천연	넓다	길다	보론
O	천연	넓다	짧다	보론

나머지 모든 변인을 통제하고 [손잡이의 길이]만을 바꾸어도 성능에는 차이가 없다.

• [프레임의 넓이]와 [프레임의 재질]의 영향 평가
성능이 "O"인 경우는 1행, 5행, 9행, 13행의 경우이다. 모두 [프레임의 넓이]는 "넓다"이고, [프레임의 재질]은 "보론"이다.
성능이 "X"인 사례에 [프레임의 넓이]가 "넓은" 경우가 있다. 또한 [프레임의 재질]이 "보론"인 경우도 있다. 그러나 [프레임의 넓이]는 "넓다"이고, [프레임의 재질]은 "보론"인 경우엔는 성능이 "X"인 사례가 없다.
따라서 프레임의 넓이와 재질이 함께 성능에 영향을 준다.

선생님 Tip
하나의 변인(ex. 줄의 소재)이 성능에 영향을 주지 않는 것이 확인되었다면, 이후 다른 변인을 통제할 때 그 변인은 고려하지 않고 비교할 수 있다.

합격을 꿈꾼다면, 해커스로스쿨
lawschool.Hackers.com

부록

수강 후기 모음집

"적성시험도 암기 시험처럼" 최고점 합격

수강생 최○○님

원점수 25점 → 37점 +12점

백분위 64.5% → 99.7% +35.2%p

구분	원점수(점)	표준점수(점)	백분위(%)
2022학년도 추리논증	25	65.0	64.5
2023학년도 추리논증	37	88.6	99.7

2022년 3월부터 LEET 시험 직전까지 전진명 선생님의 추리논증 강의를 수강했습니다. 기초, 심화, 독서 스터디, 기출분석, 파이널, 클리닉 강좌까지 모두 참여하였으며 그 과정에서 추리논증 성적이 큰 폭으로 상승(64.5 → 99.7)했고, 적성시험을 대비하는 것에 전반적으로 많은 도움을 받아 이렇게 후기 남깁니다. 서론이지만 결론부터 이야기하자면 전진명 선생님의 추리논증 강의, 진심으로 추천합니다. 특히 재시생이나 N시생 분들께 더욱 추천합니다. 기존에 흔히 수험가에서 떠도는 '~하면 좋다더라' 식의 공부가 아니라, 지금 이 공부를 왜 해야 하고 이 공부는 왜 하지 말아야 하는지를 명확히 이해하면서 수험기간을 진행할 수 있을 것입니다.

1. 적성시험을 바라보는 새로운 시각

언어이해를 소재별로 나누어 풀이하는 것은 저에게도 익숙한 방향이었지만, 추리논증 역시 소재별로 세분화될 수 있다는 점은 새로웠습니다. 특히 선생님께서 직접 분류하신 레이아웃별 문제 유형에 더해 지문 내용을 중심으로 문제를 다시 한번 생각하다 보면 적성시험에 나오는 여러 문제들의 유기성을 발견할 수 있어 신기했습니다. 이는 선생님께서 LEET뿐만이 아니라 PSAT 등 다양한 적성시험에 대해서도 방대한 지식을 가지고 계시기에 가능한 일이라고 생각합니다. 이러한 과정을 지속하다 보면 적성시험 점수를 올리기 위해 필요한 공부량이 생각보다 많다는 점을 느끼게 됩니다. 그렇기에 '이미 기출문제는 다 풀어봤고 이제 무엇을 해야 할지 막막한' 재시생들에게 이 강의를 더욱 추천드리는 것입니다. 아마 선생님의 강의를 듣다 보면 적어도 공부할 거리가 없어 머뭇거리는 상황은 없을 것입니다.

2. 개인별 맞춤 관리

선생님께서는 학생들의 현재 강점과 약점에 맞게 수업을 이끌어 가주십니다. 물론 학원 강의의 특성상 모든 수업이 과외식으로 진행될 수는 없으나, 전진명 선생님께서는 클리닉이나 개인 상담 등의 경로를 통해 적성시험 점수를 올리기 위해서 지금 내가 부족한 것과 해야 할 것을 논리적으로 제시해 주십니다. 나아가 적성시험 단톡방을 운영하시고 있기 때문에 궁금한 문제나 멘탈적인 부분도 케어를 받으실 수 있습니다.

3. 적성시험 초고득점자의 풀이 방법

전진명 선생님께서는 LEET와 PSAT 등 다양한 적성시험에서 항상 초고득점을 기록하고 계신 것으로 알고 있습니다. 선생님께서 시험 스킬적인 측면을 강조하는 편은 아니지만 시험이 다가왔을 때 어떤 방식으로 시험을 운영하면 좋을지 가장 좋은 조언을 들을 수 있는 이유입니다.

2023학년도 LEET를 보면서 선생님과 같이 봤던 소재가 문제에 녹아들어 있는 것을 보았을 때 신기하기도 하고 정말 감사했습니다. 특정 문제에서는 내가 보는 것이 분명 적성시험임에도 어떻게 보면 학교 암기 시험처럼 아는 문제를 푸는 듯한 느낌까지 들었습니다. LEET 성적을 올리고 싶다면 선생님께서 제시해 주신 방법보다 더 정확하고 확실한 방법은 없다고 생각합니다. 감사합니다.

"낼 수 있는 최대한의 점수를 끌어내는 전문가"

수강생 전○○님

원점수 21점 → 31점 +10점
백분위 38.1% → 91.6% +53.5%p

구분	원점수(점)	표준점수(점)	백분위(%)
2022학년도 추리논증	21	56.5	38.1
2023학년도 추리논증	31	76.2	91.6

저는 직장을 다니며 LEET를 준비했던 터라 LEET 공부에 많은 시간을 할애할 수 없었습니다. 취직하며 계획했던 다른 스터디는 할 수 없게 되어 제가 LEET 공부를 하는 시간은 전진명 선생님 강의+수업에서 내주는 과제를 하는 시간뿐이었습니다.

전진명 선생님 수업은 단지 수업을 수강하는 것만이 아닌 수강생 관리를 포함한 패키지(수업+추가 수업+질의응답+상담)라고 생각합니다. 특히 개인에게 맞춰 목표 점수를 위한 맞춤형 전략(저의 경우에는 논리 퀴즈는 아예 X표를 치고 한 번호로 찍었습니다)을 제시해준다는 점에서 수강생이 개인적으로 슬럼프에 빠지더라도 시키는 대로 하면 된다는 심적 안정감을 얻을 수 있었습니다.

저는 LEET가 말 그대로 적성시험이기 때문에 공부한다고 해서 극적으로 오르지 않는다고 생각하던 사람이었습니다. 실제로 문제 유형도 모르고 가서 본 재작년보다 나름대로 공부하고 본 작년 점수가 더 낮았습니다. 따라서 올해 전진명 선생님이 하라는 대로 공부하면서도 130점대를 기대하지는 않았습니다. 그러나 실제 시험에서 136.1점이라는 제 실력에서 낼 수 있는 최대한의 점수를 끌어낸 것을 보니 확실히 전문가의 맞춤형 전략을 따라 공부하는 것이 중요하다는 생각을 하게 됩니다.

또한 전략 외에도 점수 상승을 위해 필수적인 것을 꼽으라면 언제든지 질문할 수 있는 멘토라고 생각합니다. 공식 해설지를 읽어도 무슨 말인지 모를 때, 해설지와 내 풀이가 다를 때 이게 왜 그런지를 실력이 증명된 추리논증 고득점자에게 언제든지 물어보고 피드백 받았던 것이 개인적으로는 가장 효용이 높았습니다.

전문가의 체계적인 관리를 받고 싶거나 추리논증 고득점자의 시각을 체화하고 싶다면 전진명 선생님 강의를 수강하는 것을 추천해드립니다.

"저득점자도 따라갈 수 있는 떠먹여주는 강의"

수강생 정○○님

원점수 21점 → 29점 +8점
백분위 38.1% → 83.9% +45.8%p

구분	원점수(점)	표준점수(점)	백분위(%)
2022학년도 추리논증	21	56.5	38.1
2023학년도 추리논증	29	72.1	83.9

글을 시작하기에 앞서 저는 고득점은 아니고 완전 최하위에서 성적을 어느 정도 올린 케이스(38.1 → 83.9)라 LEET를 풀었을 때 풀면서 어렵거나 헷갈린다고 생각 못한 문제도 우수수 다 틀리는 현상을 겪고 있는 저점수대 학생분들이 참고하시기에 맞는 후기일 것 같습니다.

저는 적성시험을 처음 접했을 때 이때까지 접해왔던 시험과는 상이한 형태여서 어떻게 공부해야 할지 난해했습니다. 그래서 혼자 기출문제를 풀며 준비했던 시험에서 백분위 38.1%가 나왔고 우연한 인연으로 전진명 선생님 강의를 수강하게 됐습니다.

제가 사과를 보고 "빨갛네."라고만 생각할 때 선생님은 형태와 식감, 사과 내부구조 등도 다 떠올리십니다. 처음에는 '저건 타고나는 건가 보다.'라고 생각했지만 선생님이 모두 다 할 수 있는 거라고 공언하신 바와 같이 수업시간마다 그렇게 될 수 있도록 트레이닝 시켜주십니다. 그리고 강의 이후 개인적으로 질문을 해도 기꺼이 선생님 사고과정을 베낄 수 있도록 다 내어주시기 때문에 큰 걱정 없이 수강하셔도 됩니다.

제재별로 어떤 것들이 쟁점화되는지 설명해 주시는데, 저 역시 이번 시험장에서 언어이해를 망쳐 멘탈이 무너진 상태라 추리논증을 칠 때도 영향이 있었지만 선생님께서 짚어주신 쟁점들이 많이 나와서 다시 평온을 되찾고 문제풀이를 할 수 있었습니다. 그래서 사실 몇 문제는 제 실력이라기보다는 선생님께서 떠먹여 주신 것 같다고 채점하면서도 생각했습니다.

로스쿨은 가고 싶은데 혼자 기출문제 풀어보니 너무 많이 틀려서 도대체 이건 어떻게 접근해야 하는 시험인가라는 생각이 드시는 학생들께 특히 자신 있게 추천드립니다.

"다양한 고득점자의 노하우를 배울 수 있는 강의"

수강생 곽○○님

원점수 19점 → 26점 +7점

백분위 26.0% → 66.9% +40.9%p

구분	원점수(점)	표준점수(점)	백분위(%)
2022학년도 추리논증	19	52.5	26.0
2023학년도 추리논증	26	65.9	66.9

안녕하세요. 전진명 강사님의 추리논증 강의를 수강한 N시생입니다. 저는 해커스 현장강의로 기초, 기본, 심화실전을 수강하였으며, 강사님께서 자체적으로 제공해주시는 LEET 및 PSAT 기출 해설 강의와 추천도서 줌 강의도 모두 수강하였습니다.

추리논증 점수 때문에 N시생이 된 저는 언어이해의 경우 평균에서 최소 2개 이상 늘 맞아왔지만 추리논증은 표점평균인 60점에 한참 못 미치는 점수를 받아왔습니다. 언어이해와 추리논증의 공부량이 1:9에 가까웠던 작년 역시 처참한 점수를 받았습니다.

상당히 많은 추리논증 강의가 존재함에도 불구하고 시험을 직접 치르고 점수를 인증하여 강의하는 강사는 아직까지도 드뭅니다. 적성시험의 특성상 점수가 잘 오르지 않기 때문에 '누구의 강의를 듣느냐'가 가장 중요한 만큼 검증된 강사의 강의를 들어야만 점수 상승에 가까워질 수 있다고 생각합니다. 강사님께서는 LEET 고득점자로 상위 로스쿨에 재학중이십니다. 이보다 더 검증된 강사는 전무하다고 생각합니다.

기초강의부터 수강한 제가 점수 향상에 가장 큰 도움을 받았던 것은 바로 강사님이 직접 분류하신 6유형법입니다. 일반적으로 시험지를 받으면 보통 1번부터 차례대로 풀기 마련인데 강사님은 40문제를 6가지 유형으로 분류하여 접근하십니다. 이는 공식 기관의 유형 분류와는 다른데 실전에서 사용할 수 있는 고득점자의 접근법이라고 생각합니다.

실제로 저는 심화강의 때부터 해당 접근법으로 문제를 풀기 시작하였고 LEE, 행정고시 PSAT 12개년, 입법고시 PSAT 2개년 기출문제 등을 혼자 공부할 때도 유형별로 푸는 연습을 하였습니다. 또한, 해당 유형법을 활용하여 모의고사를 볼 때 가장 최적화된 풀이 순서를 찾아갔고 이를 실전에서 적용하였습니다. 이뿐만 아니라 지문을 보고 문제의 유형 예측하기, 선지 제거하기 등 다양한 고득점자의 노하우를 배울 수 있는 강의라고 생각합니다.

혹자는 추리논증 점수가 공부하면 오른다고 하지만, 사고가 바뀌지 않는 이상 점수 상승은 어렵다는 것은 N시를 한 제가 누구보다 잘 안다고 생각합니다. 그런 맥락에서 올해 강사님의 수업을 수강한 것은 가장 잘한 결정이었던 것 같습니다. 초저득점에서 평균 이상의 점수를 받아본 사람으로서 강사님께서 말씀하신 것을 믿고 잘 따라하면 분명 이전과는 다른 점수를 받을 수 있다고 확신합니다.

"첫 단계부터 마지막 단계까지 구체적이고 모범적인 풀이"

수강생 이○○님

원점수 28점 → 32점 +4점
백분위 81.8% → 94.3% +12.5%p

구분	원점수(점)	표준점수(점)	백분위(%)
2022학년도 추리논증	28	71.3	81.8
2023학년도 추리논증	32	78.3	94.3

안녕하세요, 2022학년도 그리고 2023학년도 LEET 시험을 응시한 전진명 선생님 강의 수강생 이○○이라고 합니다. 로스쿨에 관심 있는 분들은 LEET신수설(LEET 점수는 하늘이 내리는 것이어서 점수를 올리기 어렵다)과 추리논증은 노력으로 점수를 올릴 수 있다는 이야기를 모두 들어보셨을 것입니다. 이렇게 소문도 많고 강사도 많은 LEET 판에서 저는 LEET를 '올바른' 방법으로 '꾸준히' 연습하면 점수를 올릴 수 있다고 생각하고, 그 과정에서 전진명 강사님의 도움을 받으면 좋을 것 같아 수강 후기를 작성합니다.

시험 직전에 유형별 대비 방법, 포스트 LEET 준비 방법 등을 강사님께 개인적으로 여쭤봐서 도움을 많이 받았으며, 줌 기출 해설 강의 수강 중간 중간에도 제 문제풀이를 채팅에 올려서 강사님의 실시간 피드백을 받은 기억이 있습니다. 소통이 잘 되는 강사가 갖는 강점은 인강의 한계점인 피드백이 부족하다는 점을 보완할 수 있는 것입니다. 전진명 선생님의 피드백 기회를 수강 중에 적극적으로 이용하시기 바랍니다.

전진명 선생님의 풀이를 모범 답안으로 삼아 자신의 풀이와 비교하며 계속 교정해 나가며 그의 풀이를 체화할 때 시험장에서 자연스럽게 고득점자처럼 문제를 풀 수 있을 것입니다. 실제로 전진명 선생님의 풀이는 수업에서 문제를 풀 때 단순히 문제 푸는 과정만 보여주는 것이 아니라 문제의 레이아웃을 따지는 첫 단계부터 답을 골라내는 마지막 단계까지 구체적으로 보여줘서 학습하기에 좋은 모범 풀이 과정이라고 생각합니다.

LEET와 비슷한 적성고사인 PSAT, NCS와 심지어 각종 수학 올림피아드 퀴즈 문제까지도 이미 빠삭한 강사이기에 LEET 기출 문제를 다루면서도 타 시험에서 나온 유사 문제를 연계하여 제시하는 점도 전진명 선생님이 갖는 강점입니다. 그뿐만 아니라 강사 본인이 스스로 인터넷 커뮤니티, 뉴스, 나무위키 등을 보는 것을 좋아한다고 얘기할 만큼 각종 시사 이슈도 잘 아는 편인데, 이러한 시사 이슈 중 시험에 나올 법한 주제를 정리한 시사 특강은 전진명 강사의 시그니처 강의라고도 할 수 있겠습니다.

또한 아직 기본기가 부족한 학생이 기본기를 닦을 때 읽으면 좋은 분야별 책 추천도 해줄 수 있습니다. 이렇게 다양한 범위를 수업에서 다루어주니 학생의 입장에서 배울 점이 많은 강의라고 할 수 있습니다. 이러한 강점을 가진 전진명 선생님의 수업을 통해 본인의 약점을 보완하고 LEET 점수를 올려서 원하는 로스쿨에 합격하시기 바랍니다.

"체계적 사고와 논리구조의 틀 속에서 안정적인 고득점을"

원점수 22점 → 28점 +6점

백분위 76.7% → 88.1% +34.4%p

구분	원점수(점)	표준점수(점)	백분위(%)
2022학년도 추리논증	27	69.2	76.7
2023학년도 추리논증	30	74.1	88.1

전진명 선생님은 로스쿨에 재학중이신데도 불구하고 소통이 잘되는 분이십니다. LEET 줌 강의를 하시던 시절부터 오픈 카톡에서 많은 질문을 받고 대답해주셨습니다. 그렇기에 수강생들은 빠른 피드백을 받고 많은 도움을 받을 수 있었던 것 같습니다.

올해 LEET와 PSAT를 공부하면서 느꼈던 점은 고득점자들의 문제에 대한 접근방식이 다르다는 것입니다. 그중에서는 감으로 푸는 분도 계시겠지만 그와 반대로 체계적 사고와 논리구조의 틀 속에서 푸는 분들은 성적의 큰 편차가 없이 안정적으로 고득점을 받습니다. 이런 구조 속에서 답을 골라내는 과정을 보며 자신의 풀이법에 대입하고 교정할 수 있는 기회를 얻었습니다.

전진명 선생님과 함께 공부하며 저는 LEET 점수는 정확한 방법론을 통한 노력으로 상승할 수 있음을 알게 되었습니다. 여러분들도 전진명 선생님의 수업으로 원하는 로스쿨에 진학하시길 바랍니다.

"점수 상승의 벽을 깨주는 고득점자의 사고방식과 풀이습관"

원점수 34점

백분위 97.7%

구분	원점수(점)	표준점수(점)	백분위(%)
2023학년도 추리논증	34	82.4	97.7

수많은 실전 LEET에서 입증된 최상위권의 실력자라는 점에서 전진명 선생님의 강의를 추천합니다. 단순히 실전 경험이 있는 것이 아니라 실제로 높은 점수를 받는 수험생의 입장에서 현장에서 문제를 만나면 어떻게 풀어나가야 하는지를 가르쳐 주시기에 강의의 효용이 매우 높습니다.

기출문제나 모의고사를 풀어보면 어느 수준에서 더 올리기 어려운 벽이 느껴지는 순간이 있을 겁니다. 저는 그 벽을 깨줄 수 있는 것이 전진명 선생님께서 알려주시는 고득점자의 사고방식과 풀이습관이라고 생각합니다. 전진명 선생님의 수업을 통해 이를 배우고 체화하여 그 벽을 깨고 고득점자가 될 수 있을 거라 생각합니다.

기출문제를 풀 때는 추리논증이 25~30개 사이에서 진동했으나 강의 수강 후 실전에서는 34개를 맞을 수 있었습니다. 또한 선생님께서 수업시간에 시험에 나올 만한 예상 유형이나 주제들을 알려주십니다. 이런 문제가 완전히 똑같이 나오는 일은 드물지만, 이번 실전에서 주제나 유형이 겹치는 경우는 굉장히 많았습니다.

사소한 지점에서부터 실전에 적합하면서 저에게 실전적인 도움을 준 강의였다고 생각합니다. 강의를 듣고 내가 고득점자가 될 수 있는 방향을 알려주는 강의이며 실전에 적합한 도움을 줄 수 있는 강의라는 점에서 전진명 선생님의 강의를 적극 추천합니다.

"수강한 모든 학생들이 인정하는 현실적인 풀이"

수강생 김〇〇님 [초시]

원점수 29점
백분위 83.9%

구분	원점수(점)	표준점수(점)	백분위(%)
2023학년도 추리논증	29	72.1	83.9

저는 솔직하게 말씀드리자면 처음에 전진명 선생님 수업만 듣지 않고 정말 유명한 다른 선생님의 수업도 같이 병행하였다가 그 선생님은 포기하고 전진명 선생님 수업만을 따라갔습니다. 2023학년도 LEET 수업을 위해 준비하신 두 선생님의 강의를 같이 수강한 시간도 있었기 때문에 전진명 선생님과 다른 선생님의 차별점을 더 잘 설명할 수 있을 것이라고 생각합니다.

LEET 추리논증은 시간 압박이 심한 시험이기 때문에 시험지를 보게 되면 과거에 공부했던 복잡한 풀이법이나 복잡한 지식은 상기할 시간이 없습니다. 전진명 선생님은 뻔히 보이는 유형 구분을 하지 않으시고 선생님만의 유형 구분법을 사용하십니다. 그리고 그 유형에서 디테일도 놓치지 않으십니다. 작은 예를 들어보자면 사람들이 나와서 논쟁을 하는 문제라면 갑, 을로 나와있는지 갑1, 을1로 나와있는지도 구분해서 출제자의 디테일을 캐치하는 눈이 있으시다고 생각했습니다. 선생님의 풀이는 길지 않고 깔끔하고 군더더기가 없습니다.

전진명 선생님은 문제 글자를 넘어서 더 넓은 사고를 확장하는 것을 도와주십니다. 전진명 선생님의 수업을 듣지 않았다면 한번 보고 그냥 다 알았다 하고 치웠을 기출문제들을 확장해서 생각해볼 수 있었고 이는 매우 큰 도움이 되었으며 지루하지 않게 기출문제를 보고 또 볼 수 있는 힘을 주었습니다. 다른 선생님은 문제 글자에 집중하시는 모습을 보여주셨는데 저는 전진명 선생님의 방법이 훨씬 지평이 넓다고 생각합니다.

또 차이점을 강조하고 싶은 점은 배경지식입니다. 다른 선생님은 전공에 따라서 배경지식이 다르니까 어쩔 수 없다고 이야기해주신 부분이 많았습니다. 그 부분을 들으면 저 자신이 답답해지기도 했습니다. 하지만 전진명 선생님께서는 직접 LEET 적합성에 맞는 책을 고르셔서 수업을 진행하시고 부족한 부분을 채워주시려는 노력을 멈추지 않습니다. 언어철학부터 과학까지 다양한 분야를 차곡차곡 설명해주셔서 좋았습니다.

전진명 선생님 한 명이면 주변에 같이 시작하는 사람이 없어도 든든했습니다. 일단 전진명 선생님이 입시를 이미 경험하셨고 주변에 LEET 관련해서 아시는 분들도 정말 많으셔서 선생님이 직접 경험한 것 말고도 정보가 정말 많으십니다. 그렇더라, 저렇더라 이런 정보 말고 전문가한테 정보를 얻고 개인 맞춤 상담을 받고 싶으시면 전진명 선생님을 매우 추천합니다(다른 선생님은 전진명 선생님처럼 디테일하게 안 해주십니다. 직접 받아보시면 아실 겁니다).

사실 이렇게 후기를 쓰는 와중에도 제 성적이 생각나면서 좀 민망하기도 한데 선생님이 없었고 방향을 몰랐다면 지금 제 추리논증 성적도 절대 얻지 못했을 점수라고 생각하기 때문에 이렇게 후기를 남깁니다. 지금 전진명 선생님은 강의를 시작하신 지 얼마 안 되셨기 때문에 지금이 여러분이 선생님께 특별하고 소중한 제자가 될 수 있는 기회라고 생각합니다.

마지막으로 전진명 선생님 감사합니다!

더 상세한 수강 후기는 인스타그램(@jeonmj9110) 및 카페(cafe.naver.com/lpn2021)에서 확인할 수 있습니다.

해커스 LEET

전진명

추리논증 기본

초판 2쇄 발행 2024년 2월 12일
초판 1쇄 발행 2023년 1월 27일

지은이	전진명
펴낸곳	해커스패스
펴낸이	해커스로스쿨 출판팀

주소	서울특별시 강남구 강남대로 428 해커스로스쿨
고객센터	1588-4055
교재 관련 문의	publishing@hackers.com
학원 강의 및 동영상강의	lawschool.Hackers.com

ISBN	979-11-6880-972-7 (13360)
Serial Number	01-02-01

합격을 꿈꾼다면,
해커스로스쿨 lawschool.Hackers.com

 해커스로스쿨

• 해커스로스쿨 스타강사 전진명 교수님의 **본 교재 인강**(교재 내 할인쿠폰 수록)